유일신 야훼

유일신 야훼

2019년 4월 15일 초판 1쇄 펴냄
2019년 11월 20일 초판 2쇄 펴냄

펴낸곳 도서출판 **삼인**

지은이 김기흥
펴낸이 신길순

등록 1996.9.16 제25100-2012-000046호
주소 03716 서울시 서대문구 성산로 312 북산빌딩 1층

전화 (02) 322-1845
팩스 (02) 322-1846
전자우편 saminbooks@naver.com

디자인 디자인 지폴리
인쇄 수이북스
제책 은정제책

©2019, 김기흥
ISBN 978-89-6436-158-0 93230

값 23,000원

유일신 야훼

역사와 그의 실체

김기흥 지음

삼인

목차

* 『성경』 본문의 인용은 '야훼'를 드러내 표기한 대한성서공회의 『공동번역성서 개정판』을 기본으로 함. 다만 인명, 지명, 『성경』의 편명 등은 통상적으로 널리 사용되는 것을 이용하고 다른 표기가 필요한 경우 [ ] 안에 넣어 이해를 도왔다.

| 책머리에 |

신은 있다고 한다. 없다고도 하며, 죽었다고도 한다.
사람들이 그저 신이 있다고 믿었을 뿐이라고도 한다.
알 수 없는 (그)에 대해 침묵하는 것이 좋다고도 한다.

현대 서구 과학자들의 대다수가 무신론으로 기울고 있는 가운데, 세계의 많은 사람들은 여전히 신을 스스로 존재하는 불변의 실재로 믿고 의지하며 살아간다. 물론 대중들 가운데도 신에 무관심한 이들이 적지 않으며, 지나치게 열정적인 신앙인들 때문에 불편하고 불안하다고도 한다. 이러한 가운데 세계 인구의 절반에 이르는 이들이 여전히 신앙하는 가장 대표적인 신, 유일신 야훼(야웨 혹은 여호와)와 연관된 종교들로 인한 논란과 분쟁도 적지 않다.

고대 이스라엘 민족 형성 과정에서 성립된 야훼 신앙은, 남북 왕국의 멸망 이후 민족 대고난의 역사를 겪으며 유대교로 자리잡아 갔고, 다시 그 안에서 갈릴리 예수의 개방적이고 종말론적인 개혁 운동을 통해 그리스도교를 탄생시키고 나아가 아라비아에서 시작된 이슬람교의 연원

7

이 되었다. 결국 이들 소위 아브라함의 세 종교는 현재 전 세계에서 가장 많은 신자를 두고 있으니, 실로 야훼 신은 가장 영향력이 큰 유일신으로 숭배되고 있는 것이다. 물론 이들 세 종교는 신의 성격이나 신앙 양태에 상당한 거리감이 있고 근대 이후 서구 그리스도교 신앙은 크게 쇠퇴하는 듯 보이지만 흔히 '신'으로 통칭되는 이 존재의 위세가 갑자기 소멸할 가능성은 없어 보인다.

근대화, 산업화 과정을 겪으면서 한국의 개신교와 천주교는 크게 성장했다. 약자를 사랑하고 복 주기를 좋아한다는 인격적인 이들 종교의 신은, 민족 해방과 급속한 경제 발전을 통한 근대화를 추구하는 가운데 기복적인 성향의 한국인들과 의기투합했다. 이제는 국민의 30퍼센트 가까운 이들이 그 기이한 삼위일체의 하나님(하느님)을 신앙하고 있다. 이들 종교는 수입된 서양 종교를 넘어 사회·문화·정치적으로 커다란 영향력을 발휘하는 가장 대표적 종교로 자리했다. 한국 역사를 전공한 필자가 야훼 신의 문제를 깊이 알아보고자 나선 이유도 이렇게 변화한 한국사회의 종교적 현실과 무관치 않다.

그런데 한국의 그리스도교가 처한 현실과 전망이 그리 밝지만은 않다. 예배당은 크고 화려해졌지만 젊은이들은 교회를 다소 비이성적 집단으로 여기고 기피하는 편이며 교인의 고령화는 가속화되고 있다. 대다수 신학자들과 목회자들도 위기감은 느끼고 있으나 당장의 평안에 머물며 교회 개혁에 적극 나서지 않는 중에, 상당수의 비판적 지식인, 교양인 신자들은 보수적인 교회에 대해 회의하며 교회를 벗어난 신앙 방식을 모색하기도 한다. 다소 의도적으로 교회에 출석하지 않으면서도 신자임을 자임하는 소위 '가나안 성도'의 급증도 나타나고 있다.

무엇보다 급속하고 과도한 성장의 결과로 교회와 신도들의 소유가 크게 증대되고 기득권화하면서 교회가 인맥 형성을 위한 사교의 장으로 더욱 중요성을 띠기도 하고, 신화적, 기복적 신학을 여전히 선포하며 교회의 담임목사직을 부자간에 세습하고 교회 공동 재산을 사유화하려는 퇴행적 시도가 공공연히 이루어지며, 이 고달픈 사회에서 적자생존, 무한경쟁의 자본주의 체제를 앞장서 옹호하기도 한다. 그리하여 그리스도교가 외쳐온 자기 비움과 약자에 대한 희생적 사랑을 통해 자신은 물론 사회의 구원 실현이란 목표와 오히려 대립하는 처지에 서게 되었다. 이에 대해 내부적으로는 논란이 적지 않고, 일반 사회도 세속화된 이 고루한 거대 조직에 실망을 금치 못하고 있다.

더구나 다른 종교를 통한 구원의 가능성을 낮게 보며 자신들의 신만을 참 신이라 주장하는 유일신 신앙을 여전히 고수하려 하고, 자신들도 그대로 지키지 않는 먼 고대에 저술된 『성경』 내용이 전혀 오류가 없는 진리라 고집하기도 한다. 그런데 과학의 획기적인 발전 속에 『성경』이 전하는 창조 신화의 허구성이 드러나고 창조주로서의 신이라는 존재 자체가 크게 회의되고 있다. 아울러 과학 만능의 사유 속에 이 종교의 역사적, 현실적 과오에도 주목하는 무신론자 리처드 도킨스 등의 저서가 한국에도 널리 소개되어 그리스도교의 허물과 약점을 집중 공격하기도 했다. 무엇보다도 첨단 과학과 인터넷 세상을 통해 과거의 어떤 신보다 빠르고 다양한 정보를 신속하게 전하는 소위 '데이터교'의 출현은 기존의 신이나 제도적 종교의 필요성을 크게 흔들고 있다.

이처럼 한국의 대표적 종교가 된 그리스도교와 이 시대의 괴리와 불화는 앞으로도 상당 기간 지속될 것이다. 동성애나 낙태 문제 등은 물론, 사회적 분배의 확대 등 정치·경제·문화적 이슈 등에 그리스도교 신자들은 비교적 유연하고 다양한 견해를 갖고 있으나, 그들을 대표하는 기득권 지도층이 주도하는 대다수 교회들은 보다 보수적인 입장을 견지하고 있다. 그리하여 그들 교회는 시대의 과학적, 진보적 흐름과 충돌하고 있으며 나아가 해묵은 이념 대립으로 치달아 남북한의 평화적 공존이나 통일 문제에도 부정적 영향을 미치는 등 사회적 분란의 당사자가 되기도 한다.

이러한 문제를 해결하기 위한 선각자들의 염려와 노력이 있어왔으나, 전체적으로 보아 교회는 시대적 전환에 따른 신학적 대안 마련이나 구체적이고 혁신적인 대응을 하지 못한 채 존재감이 크게 약화된 신과 함께 표류하고 있다. 대다수 지성인들도 이러한 점을 그저 한 종교와 연관된 별도의 상황으로 방관하는 편이다. 사회 구성원의 지지를 통해 존속되는 종교 중 가장 대표적인 집단이 사회와 부조화를 이루고, 배타적이고 이기적이며 소외된 조직으로 변질되어 가는 현실은 사회적, 역사적으로 문제가 아닐 수 없다. 급속하게 노령 사회로 진전되어 활력과 비전을 잃어가고 있는 한국사회의 안녕이나 발전에 부정적으로 작용할 가능성도 높다.

물론 이러한 현실은 세계적 추세이고 한국사회 전반의 발전과 함께 자연스럽게 나타나는 제도적 종교의 쇠퇴 현상으로 볼 수 있으며, 다른 한편 합리적이고 과학적인 삶의 확장을 반영하는 것으로 크게 걱정할 일은 아닐 수도 있다. 그런데 종교는 비이성적 과오들을 적지 않게 저질러 왔음에도 인간다운 삶과 진리와 구원에 이를 최상의 삶의 가치들을 모색해 제시해 왔고, 여전히 많은 사람들의 가치관과 행동에 큰 영향을 미치고 있다. 따라서 아직은 인간의 삶을 자신 있게 주도해 인류 구원의 전망을 제시할 정도에 이르지 못한 과학 등만을 바라보고 종교 문제를 방치할 수는 없다.

종교와 대립각을 세우기도 하는 과학은 근대 사회를 보다 합리적이고 인간이 해방되는 길로 인도하기도 했지만, 대대적인 인명 살상을 가져온 1, 2차 세계 대전과 그 후 여러 처참한 지역 전쟁 유발에 일조했으며, 인류 필멸을 가져올 수 있는 핵무기들을 불완전한 인간들의 손에 쥐어주기까지 했다. 아울러 과학과 더불어 진전된 산업화가 가져온 대량의 공해 물질은 기후 변화와 생태계의 파괴를 가져와 인류 생존에 위협을 가하고 있다. 과학 덕분에 수명이 비약적으로 늘어났으나, 문명사회들에서는 높은 자살률을 보이고 우울증 환자가 격증해 살아갈 의미를 찾지 못하겠다는 이들도 많다. 아울러 생산성의 향상을 결코 멈출 수 없는 자본주의 기업들이 주도할, 각종 첨단 과학기술에 의한 4차 산업혁명이 가져올 고효율과 편리란 은총과 함께 동반할 인간 소외는 앞으로 얼마나 더 심각하게 펼쳐질지 두려운 것이기도 하다.

우리는 일부 무신론자들의 확신과 달리, 이처럼 불안한 면이 있고 탐구의 여지가 많아 보이는 과학에 의지하여 지금껏 인간들의 삶에서 전통적 가치관의 중심에 있어온 신이 불필요하다고 확언할 수 없는 처지에 있다. 과학적 지성으로 보면 신앙은 유치한 신화적 상상과 관념의 산물에 불과해 보일 수도 있다. 그러나 그것은 유전자를 실어 나르는 기계라고 할 수도 있는 생명체 중 의식을 비롯해 창의적이고 체계적인 지성을 가진 인간만이 누려온 비약적 차원이자 문화의 요소로서, 오랜 세월 인간의 삶과 역사와 함께하며 모든 분야에 흡수·융합되어 있어 완전한 분리나 극복은 사실상 불가능한 것이다. 더구나 과학과 종교적 진리간의 괴리와 모순을 크게 의식하지 않고 살아가는 평범한 대중들에게 흔들리는 신을 대신해 제시할 마땅한 대안이 없는 상황이기도 하다.

종교로 인해 필요 이상의 억압을 받고 고통 중에 있는 이들이 적지 않지만, 과학이나 경제의 발전이 다 해결해 줄 수 없는 삶의 의미를 그것에서 찾고 행복해하며, 정신적으로 위로를 얻고, 물질적으로도 혜택을 누리는 이들 또한 적지 않다. 한국은 물론 세계적으로도 가장 적극적이고 헌신적인 봉사 단체 다수가 여전히 그리스도교를 기반으로 하고 있음은 부인할 수 없는 실정이다. 종교적 근본주의자들에 의해 처참한 테러들이 발생하고 있지만, 그것들은 종교가 가진 본래의 속성 때문이라기보다는 경제, 민족, 문화, 역사, 심리적 갈등 요인들이 복합적으로 작용하고 있기 때문이다. 아울러 현대의 종교계는 과거 유대교나 그리스도교가 주장하던 것처럼 특정 신만 배타적으로 신앙할 것을 주장하는 단계에 머물지 않고, 인류가 오래 전부터 찾아온 여러 궁극적 실재들-신, 브라만, 아트만, 열반, 도 등-과 진화론이나 빅뱅이론 등 과학적 성취를 포용성 있게 받아들이며 인간의 참된 해방과 구원의 가능성을 타진하는 정도에 이르기도 했다.

　이 책은 세계적으로는 물론 한국사회에서도 가장 중요한 종교로 자리하고 있으나 비난의 표적이 되었으며 시대 앞에 뚜렷한 방향을 제시하지 못하고 쇠퇴 징후를 보이는 그리스도교 신앙의 근본이 되는 고대 이스라엘 야훼 신의 실체를, 지식인은 물론 일반인들도 쉽게 수긍할 만한 역사적 사실에 근거해 역사학적 논리로 탐구하고 서술하려고 했다. 여전히 많은 추종자들이 확신하는 것과 같이 야훼 신이 과연 자존하고 살아 역사하는 전능 불변의 유일한 객관적 실재인지, 아니면 고대 이스라엘인들에 의해 숭배된 상상 속의 관념적 실재에 불과한지를『구약성경』등을 중심으로 역사학적으로 검토했다.

　사실 이 주제는 참된 신의 존재 문제와도 연관된 것으로, 약 3천 년간 진실을 추구하던 많은 인간들, 특히 『성경』에 보이는 욥Job은 물론 그리스도교 신자들의 상당수도 매우 궁금해했으나 드러내 언급하기에 부담스러워하던, 근본적이며 너무나 큰 질문이었다. 한 고대 약소민족에 의해 지나치게 포장된 신의 절대적 위세 앞에 그에 대한 진실 탐구는 움 츠러들 수밖에 없었던 것이다. 그런데 그 신의 배타적 유일성 인식이 그 리스도교 내에서도 일부 약화되는 상황에서 그 신이 어떠한 실재인지 역사적 연구를 통해 확인해 보려는 것은 먼저 필자 자신의 신앙적 정체 성과도 연관된 이 오랜 궁금증에 대해 역사학자로서, 역사적 진실 자체 를 보다 분명히 밝혀보고 싶어서이다. 아울러 역사적으로나 사회적으로 매우 큰 비중을 지닌 채 격심한 시대 변동에 표류 중인 이 종교의 방향 을 모색하는 데에는, 전통적 신앙을 가진 사람들 일반이 그 신을 보다 명 확히 이해하는 것이 가장 기초가 되리라 여겨졌기 때문이다.

물론 야훼 신앙의 연원이나 발달 과정은 국내외 구약학이나 신학 그 리고 종교사학 분야 학자들을 통해 매우 심도 있게 연구되었다. 그런데 그들 연구 결과물의 대부분은 그리스도교 신앙에 우호적이고 관념적인 면이 적지 않으며 전문 분야 밖의 사람들, 그리고 이스라엘이나 서구 세계와는 너무 다른 역사적 풍토에서 살아온 이들이 쉽게 이해하고 수 긍하기에는 거리가 있는 실정이다.

이 분야의 기존 연구자 대다수는 이스라엘의 야훼 신에 그리스 철학 의 일자一者 개념이 융합되어 보강된 삼위일체의 신(하나님)을 유일신으 로 2천년 가까이 섬겨온 서구의 전통적 그리스도교 신앙에 서 있거나 그 영향의 그림자를 벗어나지 못하고 있다. 이러한 상태에서는 그리스 도교의 하나님(하느님)이 곧 일반적으로 말하는 신처럼 인식되기도 한 다. 그들 중에는 교회의 전통과 막강한 권위를 의식해 연구 결과를 자

13

유롭게 일반 사회에 소개하는 데 주저하는 이들도 있다. 창조주이자 역사를 주관한다는 계시의 신 하나님이라는, 오랜 세월 지지받아 온 절대적 존재의 권위는 알게 모르게 연구자들의 사유의 자유를 제어해 그 신을 옹호하는 논리로 흐르게 하며, 객관적이고 새로운 견해 산출에 장애가 되고 있다.

그런데 종교는 신비적 사건을 통해 얻게 된 권위를 기반으로 하지만, 역사학자로서 볼 때 『성경』의 신화적, 신앙적 자료들이 말하는 특정 신의 의지적 계시를 통한 역사의 주도를 적당히 타협적으로 인정하고서는 종교사를 포함한 인간이 살아낸 역사를 연구하는 것은 불가능하며 정당하지도 않다고 생각한다. 추종자들만 지지하는 신을 중심으로 전승되고 기록된 내용을 그대로 신뢰하면서 보편적이고 객관적인 인간들의 역사로 구성해 낼 수는 없다.

『성경』은 자연과 인간사의 알 수 없는 인과관계를 흔히 신의 작용으로 보았던 당대의 사유 방식에 따라 6일 만에 우주와 만물을 창조하고, 홍해를 갈라 수많은 사람들을 건너게 하고, 십여만 적군을 신의 사자가 하룻밤 사이에 죽였다는 등, 야훼 신이 주도적으로 베푼 놀라운 기적과 신비가 흔히 일어난 것으로 언급하고 있다. 그런데 수많은 인간들의 절실한 애원과 기도에도 불구하고 현대의 홀로코스트나 세월호 침몰 참사(2014)는 물론, 약 32만 명이 죽은 아이티 대지진(2010) 등 세계 도처에서 일어난 자연 재앙에도 죽은 듯 침묵한 신이, 전능하고 사랑 그 자체라는 위대한 신이, 고대사회에서만 특별히 인간사에 애정을 갖고 기적을 베풀었을 리는 없는 것이다.

『성경』에는 "어리석은 자는 그 마음에 이르기를 하나님이 없다 하도다."라고(「시편」14:1 『개역한글 성경』) 했는데, 어리석기보다는 어쩌면 과학자로서의 자질을 가졌던 그들은 고대 이스라엘에서도 현실에서 일어난 일들을 보며 살아있다는 신의 존재를 의심하기도 했던 것이다. 진실하고 곧은 성품을 가졌다고(「욥기」 1:1) 알려진 욥 같은 인물들도 납득할 만한 이유 없이 고통을 주는 신에 대해 회의했던 것은 물론이다.

따라서 『성경』이 전하는 종교적 신비나 기적의 대부분은 심층적인 자료 비판과 다양한 분석을 통해 신의 역사 이면에 숨겨져 있는 인간들의 역사로 재해석되어야 할 것이다. 옛 이스라엘 민족은 결코 자랑일 수 없는, 대 시련 속에 망국(BC 586)과 그리고 바벨론 유수에서 본토로의 귀환(BC 538) 이후에도 대부분의 시절을 페르시아나 로마 등 제국들의 종속 민족으로 살다 끝내 예루살렘 성전의 소실(AD 70)과 함께 대 이산離散의 비극을 맞았다. 이렇게 엄연한 비극적, 역사적 사실이 있는데 전쟁에 뛰어나고 전능하다는 야훼 신의 신비롭고 영광스러운 현현이나 계시나 역사의 주도라는 것이 과연 어떤 설득력이 있는 것인지, 고대 이스라엘의 종교 엘리트나 그 추종자들의 아전인수식 내부용 신앙 변증 논리를 벗어나 냉철하고 정직하게 바라보아야 할 것이다.

더구나 『구약성경』은, 기원전 7세기말 유다 요시야왕대에 민족과 국가의 중흥을 위한 정치적 목적에서 야심차게 추진된 야훼 유일신 신앙 운동 이후, 열렬한 유일신 신앙의 엘리트들에 의해 그 이념을 상고사에 까지 소급 반영해 뼈대가 재구성되고 내용이 수차례에 걸쳐 편집되며 변형된 신앙 우선의 책이다. 역경과 고난을 극복하기 위해 분투한 약소민족 고대 이스라엘인의 역사와 신앙의 여정에 성원의 마음을 가질 수는 있지만, 그들이 절실한 역사적 상황에서 전능한 신을 끌어들여 그려낸, 판타지가 다수 포함된 전승들을 온통 사실로 믿고 지지할 수는 없다. 만약 교회의 설교자들이 흔히 주장하는 대로 전통 그리스도교의 신

양심에 따라서 그 모든 신비와 기적을 『성경』의 문자대로 지지하고 본다면, 자신이 선택해 자기를 신앙하도록 한 민족의 멸망을 막지 못해 제국들의 종이 되게 만들고도 오히려 철저한 숭배를 요구하는, 전능을 주장하나 무능하고 염치없는 창조주라는 기이한 신을 만나게 될 것이다.

따라서 인간 역사의 엄중함을 신뢰하고 진리는 불편한 역사적 진실조차 반긴다고 여기는 역사학자로서 필자는, 유일신 야훼 신앙의 역사성과 그 현대적 의미를 보다 더 깊이 이해하기 위해 『성경』과 기존 연구들을 활용하되 보다 자유롭고 비판적이며 객관적인 탐구가 절실하다고 생각하게 되었다. 무엇보다도 고대 이스라엘 역사의 주인공은 야훼 유일신 신앙의 엘리트들이 지은 『성경』이 말하는, 다른 신들을 용납 못하고 심한 질투도 마지않으며 인간에게 늘 연민을 갖고 있다는 파토스 pathos의 야훼 신이[1] 아니라, 힘든 세월을 살아내며 역사적 실패의 책임을 (그 신으로부터 늘 추궁당하며) 감당한 이스라엘 백성들이었다는 진실의 확인에서부터 출발했다.

『성경』은 고대 이스라엘인들이 무한 전능하고 우호적인 자신들의 민족신에 대해 유독 배은망덕하고 불충해 숱한 실수와 갈등을 야기한 것처럼 묘사하고 있다(「민수기」14:11, 「예레미야」2:9 등). 그 책의 저자들은 약소민족 이스라엘이 이방 강국들의 침략으로 당했던 패배를 그 민족신의 책임으로 돌리지 않으려고 그처럼 불충한 이스라엘인상을 각색했던 것이다. 사실 고대 이스라엘인들은 주변 팔레스타인의 여러 민족들처럼 민족신인 야훼 신을 주신으로 섬기되 농업신인 바알 등 다른 신들도 자연스럽게 섬기며 주위 민족과 별다를 것 없이 목축을 겸한 농경민

---

1) 아브라함 J. 헤셸 지음, 이현주 옮김, 『예언자들』, 삼인, 2015, 375~379쪽

으로 살았다. 그러다가 민족 국가 멸망의 위기 속에 국가 발전을 위한 정치적 의도에 따라 민족 국가의 정체성을 강화하기 위해 민족신 야훼만을 유일하게 섬기고자 하는 종교상의 대 개혁정책을 펼치게 되었던 것이다.

결국 필자는 신보다는 인간의 역사에 주목함으로써, 전통 그리스도교 신앙적인 '계시의 신'이나 그에 반해 신을 '만들어진 망상'으로 보는 시각을 넘어 인간이 역사를 통해 발견해 간 (그래서 계시의 신처럼 보이기도 했던), 곧 '발견된 신'이라는 역사학적 관점에서 야훼 신이 고대 이스라엘 역사에서 어떠한 존재였는지 확인해 보고자 했다. 그 과정에서 엘 신과 함께 한 여러 신들, 곧 엘로힘 중에 하나였다가 민족신이 되고, 이어 국내적 유일신을 거쳐 마침내 우주적 유일신 개념에 이르는, 고대 이스라엘인들이 역사를 통해 발견하게 된 '야훼 신'에 대한 인식의 진 전사를 만나게 되었다. 그리하여 그 신이 『성경』이 주장하는 대로 과연 스스로 존재하고 살아 역사하는, 전능하고 유일한 객관적 실재라고 볼 수 있는지를 점검해 보았다.

고대 이스라엘의 유일신 신앙과 관련해 구약학이나 신학 그리고 종교사학 등 관련된 분야의 연구들이 매우 많다. 그럼에도 불구하고 이 책을 저술하게 된 것은, 신앙적 인식과 신에 대한 관념적 타성에서 온전히 탈피하지 못해 객관적 설득력에 한계를 보이는 기존 대다수 신학 기반의 연구들에 만족할 수 없었기 때문이다. 나아가 필자는 이 분야 연구자 중에서는 극히 소수라고 할 수 있는 고대사학자, 그것도 대한민국의 역사학자로서 서구 신학 중심의 연구자들과 다른 감각과 방법론, 그리고 적절한 거리감을 유지하며 문제를 새롭게 바라볼 수 있다. 그리스도교적 유일신 신앙 풍토에서 살아 온 대다수의 연구자들은 물론 최근 서양의 무신론자들에 비해 한국의 연구자는 불교, 유교, 그리스도교 등 다양한 신앙이 공존하는 역사와 풍토 속에서 살아온 만큼 유일신 신앙을 보다 객관적으로 바라보는 데 유익한 지적 체질을 가지고 있다. 연구자가 지닌 색다른 자질은 매우 소중한 잠재적 가능성인데, 거기에도 기대를 걸며 새로운 인식을 향해 제법 고단하고 외로울 길을 나서 본 것이다.

이 책을 저술하는 작업에는 교회나 서구 중심의 기존 연구나 그 풍토로부터의 자유로움 이외에도 필자가 이미 40년 이상 몸담아온 세계적 연구 수준에 있는 한국 역사학의 저력이나, 사회경제사와 신화, 그리고 종교사에 대한 꾸준한 학문적 관심과 탐구의 여정이 큰 힘이 되어주었다. 아울러 소년 시절부터 꾸준히 여러 번(20회 내외) 읽은 『성경』과 다년간 공들인 전작 『역사적 예수』(창비, 2016)의 저술 경험이 크게 도움이 되었다.

이러한 바탕에서, 야훼 신의 실체와 나아가 이스라엘 고대사에 대해 신앙고백 수준의 기존의 이해를 벗어나 보다 객관적이고 체계적인 진실을 알기 원하는 이들이나, 시대의 대변동에 따른 종교적 위기 속에서 퇴색한 신을 붙잡고 표류 중인 그리스도교인은 물론, 추락하는 신의 모습을 호기심이나 착잡한 마음으로 바라보는 일반인들도 함께 할 수 있도록 사실에 기초한 연구 성과들에 역사학적 방법론에 의한 엄정하며 독창적인 해석을 가미해 새롭고 현실적인 이해가 가능한 이야기로 구성했다. 따라서 보다 객관적이며 넓고 자유로운 시각과 역사의 흐름에 따라 쉽게 서술된 이 책을 읽으면 야훼 신의 실체와 그 종교의 발달사에 대해 합리적이면서도 전혀 다른 이해가 가능함은 물론이며, 신학을 기반으로 한 국내외 학자들의 저술들에 보이기도 하는 이스라엘 고대사에 대한 관념적이고 신앙적인 인식의 한계를 크게 벗어날 수 있을 것이다.

물론 이러한 저술 의도의 저변에는 그 많은 신학자와 사제와 목회자 그리고 신학도들도 시원하게 말해주지 않는 이 고대 이스라엘인들의 유일신을 첨단과학의 시대인 현대와 미래에도 여전히 신앙할 만한 것인지, 나아가 표류중인 기성 종교의 전망은 어떠하고 장차 어떠한 신을 찾아가야 할 것인지, 그리고 역사를 넘어 존재할지도 모를 참 신은 존재하는 것인지에 대한 질문과 모색이 자리하고 있다. 미흡한 수준이지만 그것들에 대한 보다 구체적인 견해는 이 책의 끝에 실은 보론에 피력했다. 아울러 이러한 문제의식은 전작 『역사적 예수』를 통해서도 이미 추구해 본 바 있음도 말씀드리고 싶다.

공부의 외연을 확장하고 실력을 기르기에 제법 힘들었던 상당한 세월을 격려해 주고 양해하며 함께 해온 사랑하는 가족들과 친지와 동료들에게 깊은 고마움을 전하고 싶다. 대학교수로서 연구자의 삶을 살다가 이제 정년에 이르러 또 하나의 결실을 거두게 된 필자 자신에게도 고마운 마음이 든다. 저술의 의도를 알아주고 책을 정성스럽게 만들어준 도서출판 삼인에도 감사를 드린다.

2019년 3월

김기흥

1

『구약성경』

– 역사를 말하지만 기본적으로 신앙의 책

『구약성경』은 유대교의 경전이며, 그리스도교에서는 이와 더불어 『신약성경』까지 경전으로 받아들이고 있다. 『구약성경』의 저술, 편집 등 형성사나 그 신학에 대한 연구 결과는 이미 많이 나와 있고 견해도 실로 분분하다.

　『구약성경』은 고대 이스라엘의 제사장이나 예언자, 서기관 등 야훼 신앙을 가진 상층 엘리트들이 저술·편집했다. 저자나 편집자의 신분과 신앙에 따른 특성과 한계가 있음을 유념할 필요가 있다. 일부 예언자를 예외로 한다면 이들은 대체로 국왕이나 대제사장 등 종교 권력자들의 지휘를 받고 그들을 위해 일했으므로 왕권과 사제권을 옹호하고 있다. 이처럼 이 책은 그 저술이나 편집 상황으로 보아 결국 국가문서, 성전 문서의 성격을 벗어날 수 없는 것으로, 백성들을 효과적으로 지배하기 위한 정치적 이데올로기로서 야훼 신을 역사적 주인공으로 앞세웠던 것이다. 따라서 이 경전을 통해 고대 이스라엘의 역사적 실상을 이해하기 위해서는 이 책의 진술 너머, 다양한 인간들이 살아낸 역사가 있음을 잊어서는 안 될 것이다.

　그러나 한 사회의 지배 이념이라고 통치자나 지배층의 일방적이고 강압적인 요구만을 반영할 수는 없었던 것이니, 피지배층이 절실히 원하던 공평과 정의, 나아가 민족 일반의 이익과 안전도 추구되었다. 더구나 고대 이스라엘인은 왕권의 공고화보다는 가족이나 마을 지파 등 공동체 유지에 대한 미련을 강하게 가지고 있었다. 따라서 이스라엘 사회는 왕권이 약하고 그 부침이 심한 중에 약소민족으로서 대외적 시련이 극심한 편이라 이 책은 왕과 사제들이 중심이 된 종교적 삶을 추구하면서도 민족 구성원의 다양한 이해와 요구를 반영하려는 면도 있었다.

『구약성경』의 저술은 고대 이스라엘이 남북으로 대립하던 국면에서 북이스라엘 왕국이 아시리아에 의해 멸망당함으로써 끝나는 기원전 8세기 말 이후에 시작되었다. 본격적인 저술과 편집은 야훼 유일신 신앙을 확립해 자주적 민족 정체성을 확고히 하고 이를 통해 왕권을 강화하고자 했던 기원전 7세기 후반 유다왕국 요시야왕대부터, 바벨론 포로기를 거쳐 귀환 이후 시대까지 이루어졌다. 그 후에도 일부 가감이 이루어지는 중에 「다니엘서」 등의 저술이 추가로 이어졌으며, 기원전 2세기에는 체계가 대부분 갖추어지고, 예루살렘 성전이 로마군에 의해 파괴된 후 유대교가 재정립되는 기원 후 1세기 말에 경전 체제로 자리 잡게 되었다.

『구약성경』의 중심 부분이 저술된 시기는 남유다왕국의 멸망, 포로 생활과 귀환 등 민족적으로 극적이고 절실한 역사를 경험하던 시대였다. 이러한 사실은 고대 이스라엘 민족의 역사적 대 고난이 없었다면, 전 세계적으로 유일하게 하나의 민족을 중심으로 이 같은 종합적이고 유기적인 대규모 종교 경전은 이루어지지 않았으리라는 것을 보여준다. 이러한 시대 상황 속에서 형성된 이 책의 내용은 민족 멸절의 위기를 겪거나 겪고 난 상층 엘리트 유일신 신앙인들의 역사적 경험을 반영해, 야훼 유일신 신앙의 확립 추구와 야훼에 대한 불신앙의 철저한 반성, 나아가 민족 회복의 기대 속에 서술되었다. 민족 형성의 초기 역사에서부터 동반한 약소민족으로서의 불안감이 위기적 시대상과 더불어 증폭 반영되어, 자기 민족에 대한 신의 선택과 더불어 그 신과의 계약이나 언약이 시종 강조되고 있다. 과거와 현재는 물론 심지어 종말적 역사에 대한 신의 개입까지도 지나치게 확신하는 고대 이스라엘 민족의 역사관은 이와 같이 약자로서의 불안 심리를 반영하고 있는 것으로 보인다.

한편 바벨론 포로 생활은 절망과 치욕의 역사였지만, 수십 년 내에 해방을 맞음으로써 야훼에 대한 절망에서 희망으로의 반전의 역사 경험의 장이 되어 전통 신앙을 더욱 공고히 하는 배경이 되었다. 수많은 이스라엘 엘리트들의 당시 세계의 중심 바벨론 제국에서의 장기 체류 경험은 세계적 안목을 넓혀주고 수메르 문명에서 바벨론으로 계승된 여러 신앙과 풍부한 신화에 대한 지식을 습득하게 해, 패전으로 회의에 빠진 야훼 신앙의 체계화를 비롯해 특히 경전의 저술과 편집에 큰 도움이 되었다.

그런데 이미 전승 과정에서 사실의 변질 가능성이 높은 구전口傳 자료의 비중이 적지 않고 자료의 양이 부족한 중에 자료 수집 방법이나 역사 서술의 방법론 등이 확립되지 않은 상태에서, 절실한 마음과 신앙적 열정으로 저술·편집된 만큼 내용의 사실성에는 아쉬움이 큰 편이다. 더구나 지금 우리가 보는 『성경』이 최종 형성되기까지는 저자의 저술 외에도 추가로 가해진 편집이나 부분적 보충, 첨삭, 윤문 등이 있었는데 그 부분까지 제대로 밝히기는 힘든 만큼 이에 따른 내용의 사실성 판단의 어려움도 적지 않다.

특히 뒤늦게 확립된 유일신 신앙의 기준으로 저자나 편집자들이 과거 역사를 재구성했기 때문에 여러 문제점이 보인다. 유일신이 아니라 많은 신들과 함께 했던 상고기의 신화적 세계가 의도적으로 배제되어 약간의 흔적만 보일 뿐 시대상이 크게 훼손되었다. 본격적인 역사시대의 사건이나 사실도 당대적 상황이 경시되는 중에 역사적 진실이 왜곡되고 심지어 잘 알 수 없게 된 경우도 생겼다. 야훼 신의 이스라엘 역사 주도와 그 전능성을 강조하다 보니, 역사에서의 인간의 역할이 과소평가되고 인간들이 펼친 성공과 실패라는 결과에 대해 야훼 신앙의 준수 여부와 연관시켜 해석하는 경향이 강하다. 아울러 야훼 유일신 신앙 확립에 장애가 되었던, 일반 대중이나 여성들이 전통적으로 널리 믿어온 다신신앙, 혼합주의적 신앙 양태는 단죄의 대상이 되고 무시되었다. 남유다왕국의 입장을 지지하며 북이스라엘 왕국의 역사를 폄하고 죄악시해 균형 감각을 잃기도 했다. 민족 형성 이전 신앙의 조상인 아브라함 등의 역사는 크게 미화되고, 설화를 역사화하기도 했다. 후대 유일신 종교 개혁의 근거 등을 상고사에 설정하기 위해 의도적으로 창작적 편집이 행해진 혐의도 적지 않다.

그러나 『구약성경』은 여러 문제점에도 불구하고 전 세계적으로 가장 이른 시기에 한 약소민족이 아시리아, 바벨론, 페르시아, 프톨레마이오스 및 셀레우코스 왕조 그리고 로마의 제국주의 지배라는 역사적 고난 속에서 엮어낸 자민족의 역사와 종교에 관한 종합적이고 체계적인 성찰의 기록으로서 실로 위대한 업적이 아닐 수 없다

여기서는 유일신 야훼의 실체를 신앙의 변화상을 통해 역사학적인 방법으로 찾아보고자 하는 목표와 관련해 『성경』 중에서도 오경과 역

사서, 그리고 예언서를 중심으로 역사적 자료로서의 이용 가능성을 염두에 두고 간략히 살펴 이해를 돕고자 한다. 『구약성경』의 저술·편집의 역사에 관한 이견들은 다양해 정설 여부를 언급할 수 없는 만큼 널리 양해하며 보아주었으면 한다.

1) 오경

『구약성경』의 가장 앞부분에는 출애굽 사건의 대지도자 모세가 지은 소위 '모세 오경五經' 흔히 '토라Torah'라고 하는 유대교의 기본 경전이 편성되어 있다. 모세 오경-「창세기」, 「출애굽기」, 「레위기」, 「민수기」, 「신명기」-은 신의 창조사, 이스라엘의 조상과 하나님 간의 언약의 형성 과정, 그리고 애굽(애급, 이집트) 탈출의 해방 역사와 율법 반포의 역사, 그 내용들을 싣고 있다.

널리 알려진 아담과 하와의 에덴동산 이야기나 노아의 홍수 이야기 등도 오경의 첫 책인 「창세기」에 나온다. 이어 모세가 이끄는 이집트로부터의 대탈출을 기술하고 있는 「출애굽기」-「탈출기」라고도 함-가 나온다. 여기에는 설화성이 농후한 탈출의 역사뿐 아니라 이스라엘 야훼 신앙의 기초라고 할 수 있는, 후대에 체계화된 십계명과 연관된 율법이 신에 의해 계시되고 야훼 신과 이스라엘 민족 간에 언약식이 있었던 것으로 구성되어 있다. 이어 제사나 예배에 관한 율법과 그에 관련된 역사를 말하는 「레위기」, 그리고 가나안을 향한 진군 과정의 인적 편성과 율법 관련 내용들을 적은 「민수기」가 나온다. 그 다음으로는 모세가 죽기 전에 기왕의 역사를 회고하면서, 가나안에 본격적으로 들어가기 직전의 이스라엘 민족에게 준수를 다짐하는 율법 내용을 중심으로 다시 한 번 설교한 「신명기」라는, 신학적으로 중요한 책이 따른다. 「신명기」는 『구약성경』의 본격적인 저술·편집 과정에서 처음으로 이루어진 책인데, 그 책을 모세가 회고하는 방식으로 다른 오경의 책들에 연결해 제시하는 편집을 했다. 이 책은 야훼 이외의 다른 신을 섬기는 제단이나 성소를 파괴하고 그 신들을 나타내는 주상-기둥 상-이나 신상을 찍어 진멸할 것을 명하고(「신명기」12:2,3), 선택된 한 곳에서의 야훼 제사를 주장해 예루살렘 성전으로 야훼 신앙의 중앙 집중화를 추구하고 있다. 이러한 내용은 다른 신에 대한 신앙을 철저하게 파괴하고 금지하면서 예루살렘 성전 중심의 야훼 유일신 신앙 운동을 적극적으로 펼친 요시야왕대의 역사상을 반영하는 것으로, 이 책이 곧 그 시기에 저술되었다는 사실을 보여주고 있다. 이 「신명기」의 철저하게 배타적이고, 그래서 파괴적이기도 한 야훼 유일신 신 개념은 이후 다른 책들의 저술·편집에 기본적으로 적용되면서 시기심 많은 무서운 야훼 신이라는 부정적 인상을 보여주기도 했다. 이처럼 오경은 후대 이스라엘 야훼 유일신 신앙의 기본 신조나 체계인 '신의 창조와 언약, 구원, 율법, 성전' 등의 근거를 상고사에 설정한 것으로 사실성과는 거리가 먼 편이나 『성경』의 기본이자 핵심이라고 할 수 있다.

오경은 여러 단계를 거치며 완성되었다. 현재 학자들은 모세가 오경을 지었다고 생각하지 않으며, 오랜 세월을 두고 점진적으로 저술·편집된 것으로 본다. 오경 중 최초로 「신명기」가 기원전 7세기말 요시야왕대에 거의 완성되었다고 보는데, 오경 체제의 저술과 편집이 완성된 것은 바벨론 포로에서 돌아온 이후 상당 기간이 지난 기원전 400년경의 일로 보고 있다.

『구약성경』에서 오경에 이어 편성된 「신명기」계 역사서-「여호수아」, 「사사기」, 「사무엘 상,하」, 「열왕기 상,하」-가 이미 바벨론 포로기에 완성된 것에 비해 오경은 오히려 보다 뒤에 완성되었다. 「신명기」계 역사서는 민족 국가가 멸망 위험에 처한 때부터 결국 멸망한 포로기를 거쳐, 이스라엘 민족의 형성사와 국가의 흥망사를 이미 대부분의 체계를 갖춘 「신명기」의 가치관에 의해 기술했다. 「신명기」 신학은 형식상 야훼 신과 이스라엘 민족 간 쌍무적인 계약으로 율법에 바탕을 둔 인과응보관을 특징으로 하나 회개와 용서도 인정하고 있다.

이에 비해 오경은 바벨론 포로기로부터 특히 본토 귀환 이후, 민족 국가 체제가 부재한 상태에서 예루살렘 성전 체제를 중심으로 페르시아의 식민지로서 민족사가 운영되던 시기에 저술·편집되었다. 오경은 페르시아의 제국 지배에 협조했던 제사장 그룹이 저작을 주도했을 뿐 아니라, 페르시아 당국의 제국주의 지배 정책상의 지원이 있던 중에 간섭과 검열을 받았다고 여겨진다. 이때 유대인들의 주요 관심사는 자신들의 민족적 정체성을 확립하는 데 있었고, 페르시아 제국은 피지배국 유다의 삶을 페르시아 제국에 충성할 수 있는, 분란 없이 통일된 규범으로 묶는 데 있었다. 이에 따라 오경의 정경화 작업이 추진되어 대략 기원전 5세기 초에 완성되었던 것이다.[2] 이러한 제약 속에 저술·편집된 오경의 자료로는 제사장 계통 문서뿐 아니라 다양한 자료들이 이용되었다. 민족의 정체성을 확고히 해 민족사회를 지속적으로 존속시키기 위해 민족이나 국가의 형성 이전으로 올라가 팔레스타인 정착 이전시대에도 은혜의 언약으로 옛 조상들을 인도했던 창조주 야훼의 역사

---

2)   라이너 알베르츠, 『이스라엘종교사 II』 193-200쪽, 강성열 옮김 (크리스챤다이제스트, 2004)

가 있었음을 보여주며 희망을 다짐했던 것이다. 결국 이들은 오경을 통해 바벨론 등 여타 제국들 못지않은 민족 역사의 구원久遠함을 확보하고 야훼 신앙을 중심으로 한 민족 정체성의 연원을 올려 그 기초를 확장하고자 했던 것이다.

「신명기」는 현재 전해지는 오경 중에서 최초로, 야훼 유일신 신앙 운동이 국가 공식적으로 추진된 기원전 7세기 말에 거의 완성되었다. 따라서 「신명기」 신학은 그 뒤에 저술·편집된 「신명기」계 역사서는 물론 오경의 나머지 부분과 예언서의 저술이나 편집에도 큰 영향을 미치게 되었다. 그런데 오경의 저술·편집사에는 다른 중요하고 복잡한 문제가 더 있다. 오경에는 파편적인 구전 자료들뿐 아니라 「신명기」 보다 전후 시대에 편집·편찬되었을, 제법 체계와 일관성을 보이기도 하는 다른 문서 자료들이 곳곳에 저자나 편집자에 의해 주요하게 사용된 것으로 보인다는 점이다. 이러한 오경 내의 문서들을 그 특성에 따라 나누면서 소위 '문서 가설(문헌 가설)'이 나왔다. 그런데 워낙 고대에 편찬된 오경의 원 자료를 추적하는 일이라 연구자들의 견해는 매우 다양해 실로 혼란한 상황이다. 이러한 점을 전제로 기왕의 몇몇 연구들을 참고하여 살펴보겠다.[3]

가장 오래된 문서 자료는 'J 문서'라고 불린다. 이 계통의 자료들은 신의 이름을 야훼Yahweh로 칭하는데, 초기부터 이 분야 연구를 주도한 학자들의 모국어인 독일어에서 이 신의 이름 첫 글자가 'J'였기에 이렇

---

3) 리차드 S. 히스 지음, 『이스라엘의 종교』 56~72쪽, 김구원 옮김 (CLC, 2009)
    에리히 쳉어, 『구약성경 개론』 130~228쪽, 이종한 옮김 (분도출판사, 2012)
    R.E. 프리드만, 『누가 성서를 기록했는가』 22~42쪽, 이사야 옮김 (한들출판사, 2010)
    노희원, 「오경의 문서설과 새전망」, 『현대와 신학』 25권 1호, 1~25쪽 (연세대학교 연합신학대학원, 2000)

게 명명된 것이다. 이 문서는「창세기」2:4의 창조와 에덴동산 이야기로부터 시작해,「창세기」의 유명한 설화들과「출애굽기」와「민수기」의 일부 기사, 그리고「신명기」의 일부 구절이 해당된다고 여겨진다. 전반적으로 소박한 설화시대를 보여주고 있는데 그만큼 자료 형성이 일찍 이루어진 면을 보여준다. 야훼 신은 인간과 함께하는 친근한 인격적 존재로 나타나고 있다. 이 문서 자료는 기원전 10세기 중반 솔로몬왕대나 9세기 중반 유다왕국 여호사밧왕대에 유다 예루살렘 왕궁에서 기록된 것으로 다윗 왕조의 정당성을 추구하기 위한 목적에서 기록된 것으로 여겨진다. 본래 구전이었을 가능성도 높은 편인데 문자가 본격적으로 국가 행정에 사용된 기원전 8세기 이후 문자화되었을 것으로 보인다.

다음으로 오래된 문서 자료는 'E 문서'라고 한다. 이 문서는 신의 이름을 야훼로 부르지 않고 고대 이스라엘에서 보다 널리 사용된 엘로힘 Elohim으로 칭하기에 이렇게 불렸다. 이 문서는 J 문서와 같은 이야기 형식이지만 단편적인 이야기들로서 연속적으로 연결 구성된 것은 아닌 듯하다.「창세기」15장에서부터「민수기」23장까지 간헐적으로 나타나고 있다. J 문서에 나오는 이야기를 상당 부분 반복해 전하기도 한다. 아직 본격적인 문서 예언자들이 등장하기 이전인 여로보암2세왕(BC 789~748)대에 북이스라엘 왕국에서 기록된 것으로 여겨진다. 왕정과는 거리가 있으며, 사회 정의를 외쳤던 선지자(예언자)들의 신앙과 유사하게 윤리적인 면에 주목하고 가나안의 일반 신앙 전통에 반발하는 특성이 있다. 이러한 E 문서 자료는 북이스라엘 멸망 시 남하한 사람들과 함께 남유다왕국에 전해져 J와 E가 융합되는 현상이 나타났다고 여겨지기도 한다.

그 다음으로는 'D 문서'이다. 여기서 'D'는 「신명기」(Deuteronomy) 에서 왔다. 「신명기」는 기원전 7세기말 요시야왕대에 종교 개혁을 불러 일으킨, 예루살렘 성전에서 발견된 율법책을 기반으로 해 이루어진 것으로 본다. 발견된 율법책은 소위 '원신명기'로서 「신명기」의 중요 부분을 이루고 있다. 「신명기」의 전승은 북이스라엘 쪽에서 기원한 것으로 '시내산 전승'과 'E 문서' 전승에 더욱 밀접하다고 여겨지고 있다. 그런데 그것이 현재 전해지는 형태로 문자화된 장소가 어디였는가에 대해서는 의견 차이가 있다. 북이스라엘에서 기록된 것으로 보기도 하나, 히스기야왕에서 요시야왕대에 이루어진 민족주의적 종교 개혁과 더불어 체계가 갖추어진 것으로 보는 편이다. 「신명기」에는 모세의 시내산 계약이 강조되고 있지만, 남유다왕국의 시온 신학과 궁정 신학을 수용하고 있기도 하다. 이 점은 본래 북이스라엘 예언자 계통이 다윗 왕조의 신학과 충돌하지 않은 신학을 가졌거나 또는 그들이 유다에 합류하여 융합 기록되면서 나온 현상일 듯하다.

  「신명기」는 본격적인 문자 시대의 산물로서 경전이 드디어 책으로 묶였다는 큰 역사적 의미가 있음에 주목할 필요가 있다. 종교적 신조 등을 전하는 전승은 비록 구전口傳이라고 함부로 가감하는 것은 아니지만, 문자화되어 책으로 만들어짐으로써 경전으로서 보다 확고한 지위를 갖게 된 것이다. 이를 통해 종교의 조직화, 제도화가 한결 용이해지고 국가나 중앙 성전 지도부에 의한 종교 정책 운영도 보다 효율적으로 이루어지게 되었다. 이것은 결국 요시야왕대에 펼쳐진 고대 이스라엘 유일신 신앙 운동의 바탕이 되었다. 한편 경전의 문자화는 이스라엘 각 지방 전통에 따른 야훼 신앙 형태의 다양성을 제어하고, 사제 간의 구전 전승의 교수 등에 따르기 마련인 종교적 신비나 감수성 등의 전수,

깊은 종교적 사유 등을 제약하고 문자적 교조화와 배타적인 종교를 향하도록 한 면도 있다.

마지막으로 'P 문서'가 있다. 이것은 제사장들(priesthood)이 저자라고 추정되는 문서이다. 바벨론 포로에서 귀환하고 제2 성전이 건축된 기원전 515년 이후의 종교 생활에서 나온 것으로 여겨진다. 포로 생활에서 귀환 후 유다는 페르시아의 식민지로서 예루살렘 성전의 제사장들을 중심으로 일종의 신앙 공동체처럼 운영되었다. 따라서 제사장들은 종교뿐 아니라 페르시아의 식민 통치에도 협조하며 민족사회 운영의 중심에 위치하게 되었다. 그들 제사장들은 기원전 6세기 후반에서 기원전 5세기에 걸쳐 오경의 저술·편집에 적극 참여하며 자신들의 신앙적 의도를 반영했던 것이다. 그런데 이 같은 견해와 다르게 P 문서의 출현을 8세기 말 히스기야왕대로 올려보기도 한다.[4] P 문서는 네 문서들 중 가장 분명하게 성격이 드러나는 편으로, 성전에서 행해진 예배나 제사장, 평신도들이 준수해야 할 종교적 규정 제반과 그에 관련된 내용을 전한다. 「창세기」 1장의 보다 세련되고 체계화된 창조 신조 기사로부터 시작해 「신명기」34장 마지막 부분 모세의 죽음 기사까지 나타나고 있다. 그중 전형적인 것으로는 「레위기」를 꼽을 수 있다. 왕이 아니라 제사장이 통치자로 등장하며, 성전과 제사장의 기능과 역할이 크게 강조되고 있다. 포로기에 확립된 안식일, 할례, 그리고 보다 확대된 보편적 신관, 세계관 등이 반영되어 나타나고 있다.

다양한 이견이 있으나 이들 문서들은 중대한 몇 차례의 편집을 거친 것으로 본다. 우선은 J와 E를 결합한 편집이 기원전 722년 북이스라엘

---

4)　R.E. 프리드만, 이사야 옮김, 앞의 책 281쪽

의 멸망 후 남유다에서 이루어졌다고 한다. 그 뒤 포로기인 기원전 6세기 중엽 「신명기」계 역사가가 「신명기」와 「신명기」계 역사서를 결합했다고 한다. 이 편집자는 「신명기」의 내용과 신학을 도입해 「신명기」계 역사서를 저술한 것으로 보인다. 그보다 뒤에, 이미 결합되어 있었던 JE 문서를 P와 결합했거나 P의 틀 속으로 JE 문서를 삽입한 편집이 있었던 것으로 보인다. 이 편집자는 P문서 기자 자신이거나 제삼의 편집자일 수도 있다.

그런데 위와 같은 문서 가설은 너무나 많은 견해 차이로 인해 알아갈수록 혼란이 더하는 지경이다. 비교할 만한 다른 자료가 거의 없는 고대 서책의 저술·편집 역사를 분명하게 밝히고자 하는 것은 지나친 욕심일 수도 있다. 앞서 언급한 야훼 문서(J 문서)나 북이스라엘에서 편찬되었다고 여겨진 엘로힘 문서(E 문서)에 대한 이해도 근래 많이 달라졌는데, 해당 시기를 보다 후대로 보기도 한다. 예컨대 J 문서가 솔로몬 왕대에 편찬되었을 가능성은 강력한 도전을 받고 있다. 현대 이스라엘 국가의 건국 이후 고고학적 조사나 발굴이 널리 행해졌는데, 성경에서 전하는 다윗왕이나 솔로몬왕 때의 제국적인 국가 경영은 건축물 등의 유적, 유물에 의해 전혀 확인되지 않는다. 많은 학자들은 『구약성경』이 전하는 이스라엘 왕국 초기 제국 경영의 역사상은 후대 저자나 편집자들에 의해 크게 과장된 결과일 것으로 여기고 있다.

그런데 여러 문제점에도 불구하고 문서 가설에는 『구약성경』을 이해하는 데 여전히 무시할 수 없는 기능이 있다. 문서 가설이 제시하는 각 문서의 특성이나 시대성 등은 나름의 설득력이 있으며, 이스라엘 고대사를 체계적으로 이해하는 데 여러 시사점을 준다.

이렇게 복잡하고 혼미한 문서 가설이 제시하는 오경의 편집·편찬 역사 위에 보다 근본적인 문제가 하나 더 있다. J 문서나 E 문서의 전승이 어떤 것인지를 대강 알 수 있다 해도, 그 오래된 설화적 전승의 역사적 사실성은 여전히 문제로 남는 것이다. 「창세기」의 창조 기사나 초기 인간들의 행적은 아예 사실과는 별도의 신조나 설화라 하더라도, 출애굽 사건보다 수백 년 이전에 있었다는 이스라엘의 조상 아브라함, 이삭, 야곱, 요셉 등 족장들의 역사(「창세기」 12장~50장)도 그 신빙성이 의심받을 수밖에 없다. 다른 자료들이 뒷받침되지 않는 아주 먼 옛날, 기원전 거의 20세기에 육박하는 아브라함의 메소포타미아 고향 탈출 기사나, 이어지는 그의 아들 이삭과 특히 야곱(이스라엘) 등 소위 '족장'들의 흥미진진한 역사 이야기는 사실을 알 수 없는 설화들의 조합·재구성이거나 일부 의도적 창작이 가미된 것임을 부인하기 어렵다.

아브라함은 물론, 이집트 고센에서 죽었다는 야곱조차 멀고 먼 유다의 유서 깊은 도시 헤브론의 가족 장지에 묻히게 된다는 이야기 등은, 고대 이스라엘 사회의 인구나 문화 등으로 보아 본래 종속적 존재였던 남유다를 민족의 정통으로 세우고자 하는 남유다왕국 측의 의도를 반영한 것으로 보인다. 아브라함이 조카 롯을 찾기 위한 전투에서 승리하고 돌아오는 중에 떡과 포도주를 가져와 그를 축복했다는 살렘(예루살렘)왕 멜기세덱에게 십일조를 드렸다는 이야기도, 본래 이스라엘이나 유다에 속하지 않았던 여부스족의 도시국가 예루살렘을 수도로 삼은 이후에 생성된 설화이다. 야곱의 아들인 요셉이 형제들에 의해 낙타를 타고 다니는 대상들에게 팔려가는 장면이 자세히 기록되어 있지만, 낙타는 기원전 10세기 이후에나 이들 지역에서 교통수단으로 사용되었음이 밝혀졌다. 이러한 점을 참작해 보면 이들 족장 이야기의 상당 부분이 『구약성경』이 설정하고 있는 시대보다 훨씬 후대에 만들어졌을 가능성이 있다. 후술하겠지만, 무엇보다도 초기 이스라엘 민족은 다양한 출신의 주민들도 이루어졌다고 여겨지는 만큼 성경에서 말하는 아브라함과 야곱의 후손들에 의한 이스라엘 민족 형성은 역사적 사실과는 거리가 먼 후대 민족주의적 관념의 산물에 불과한 것이다.

오경의 많은 부분을 차지하는, 모세가 지도한 출애굽 이야기도 그 사실성에서는 의문이 적지 않다. 히브리 백성의 고통에 공감하고 나선 야훼 신의 활동은 눈부시고 감동적이기도 하지만, 고대 중동 지역의 신화적 요소를 많이 차용한 듯 홍해를 가르고 이루어지는 기적의 이야기를 사실 그대로 볼 수는 없다. 신화의 역사화를 잘 보여주는 이 이야기에서 역사적 진실을 찾는 일은 매우 힘든 작업이다. 『성경』에 보이는 고대 전승에 기적이 비교적 흔하게 나타나는 것 같지만, 우리가 알고 있는 자연의 원리나 법칙을 넘어선 기적이 현대에 나타날 수 없듯이 그 먼 옛날에도 실재할 수는 없는 것이다. 신화적 사고에 익숙했던 고대인들이 사건을 그렇게 이해하고 전하면서 현대인들이 보기에는 믿어지지 않는 기적을 말했던 것뿐이다.

오경이 전하는 내용의 원천이 어느 정도 먼 이전으로 소급될 여지가 있다 해도, 사실성 여부가 여전히 문제로 남은 채 저술된 것도 상당히 후대의 일이다. 그리고 그 작업은 종교적 신념에 투철한 이들이 자신들의 유일신 신앙이나 민족적 소망을 과거에 투사하며 재구성한 것이다. 아울러 포로 귀환 이후 행해진 적극적인 편집이나 부분적 보충, 첨삭 등에 의해 상당한 변형이 더해졌다.

2) 역사서

야훼 신앙의 역사적 실상을 추적하기 위해서는 오경의 바로 뒤에 편성되어 있는 역사서들을 주목해야 한다. 「여호수아서」를 위시해 「사사기」, 「사무엘서」, 「열왕기」, 「역대기」 등이 그 중심이다. 이들 역사적 기록은 대개 이야기 형태로 구성되어 있는데, 사실성 자체의 검증은 『구약성경』 이외 자료들과 견주어 보며 별도로 행할 필요가 있다.

「여호수아서」에서 「열왕기 하」까지는 「신명기」와 연결해 체계적으로 편집된 소위 「신명기」계 역사서이다. 여호수아가 이끌었다는 이집트 탈출민에 의한 가나안 정복의 역사를 필두로 (「여호수아서」), 카리스마적 인물들인 사사(판관)들이 민족과 신앙을 위해 분투했다는 정착 과정의 지난한 역사와(「사사기」), 엘리와 사무엘 같은 제사장의 활약과 사울왕을 거쳐 특히 다윗의 등장과 활약이 장문으로 대서특필되고 있다(「사무엘 상,하」). 솔로몬의 성전 건축과 영광이 이어지고 남북왕조가 이끈 고대 이스라엘 민족의 역사가 기술되고 있다(「열왕기 상,하」). 이미 체계를 갖추고 있던 율법적 신앙서 「신명기」에 이어 민족 형성사를 접목시켜야 했던 「여호수아서」는 어쩔 수 없이 관념적이고 신앙적인 면이 적지 않아 사실성과는 거리가 멀다. 「여호수아서」가 제시하는 가나안 정복사는 역사학자, 고고학자들에 의해 근거 없는 내용으로 판명되었다. 「사사기」로부터 「열왕기」에 이르는 내용은 저술, 편집, 가감, 포폄의 윤문 등으로 많은 문제점을 보이고 있으나 주변 나라들의 역사나 금석문, 고고학 발굴 성과 등의 도움을 통해 비판적으로 그 사실성이 인정되고 있다.

히스기야왕대를 거쳐 기원전 7세기 말 요시야왕대에, 유다왕국 내에서 수도 예루살렘 중심의 철저한 야훼 유일신 신앙의 중앙 집중화가 강화되는 중에 「신명기」가 대체로 완성되었다. 더불어 「신명기」의 유일신 계약 신학에 의해 역사에 관통하는 신의 확고한 의지의 실현을 입증하고자 하는 관점에서 당대까지의 역사를 정리하고자 했던 것이다. 「신명기」 사가들은 '역사는 신의 말씀(예언)의 성취'라는 신앙적 역사관에 서서 율법 이행 곧 축복, 불이행 곧 저주와 멸망, 부수적이나 회개와 용서라는 도식까지의 소위 「신명기」 역사관을 민족 역사에 시종일관 적용하고자 했다. 신앙 축복, 불신앙 저주라는 도식은 고대사회에 널리 퍼진 응보 사상의 반영으로 당대의 제국과 속국 간 종주 조약에도 속국의 힘든 의무 이행을 강제하기 위해 적용되고 있었다. 신의 너그러움과 은총으로 해석되고 있는 회개와 용서도 제국 왕의 예외적 용서와 은총 사례와 대비될 수 있겠으나, 자기를 숭배하는 휘하 백성을 끝내 버린다면 자신의 존재 기반이 무너질 수밖에 없는 민족신으로서는 그럴 수밖에 없는 면도 있었던 것이다. 아울러 회개와 용서는 율법 이행 축복, 불이행 저주라는 도식으로만 설명할 수 없는, 인간 사회의 실제 역사를 진실에 가깝게 해석하기 위한 유용한 도피처가 된 면도 있었다고 여겨진다.

「신명기」 사가들에게 역사서 서술을 시도하는 데 큰 영향을 준 것은, 북이스라엘의 멸망으로 촉발된 국가와 민족의 위기감(「예레미야」 3:6~11), 그 대응으로 추진된 유다왕국의 의욕적인 유일신 신앙 개혁 운동과 실패의 현실이었다. 당시 지성들은 '새 언약'의 필요성을 언급할 만큼(「예레미야」 31:31) 자민족의 역사가 실패했을 가능성을 높게 보며 야훼 신에 희망을 두고 민족의 존속 가능성을 역사를 통해 점검하고자 했던 것이다.

기원전 722년 북이스라엘의 멸망은 북 왕조의 신앙 일반, 심지어 그 나라의 야훼 신앙까지도 우상 숭배와 혼합된 결과, 질투하시는 심판주인 야훼의 처벌로 이해되었다. 이에 반해 유다왕국의 신앙도 북이스라엘 왕국과 거의 유사했으나, 북 왕국의 멸망을 보고 반성·회개해 여타 우상 숭배 등을 타파하고 야훼 유일신 신앙을 고수함으로써 국가 존속과 발전이 가능하다고 전망했던 것이다. 그런데 유다왕국은 과거에는 북이스라엘에 치어 종속적인 존재에 불과했으나, 멸망당하지 않음으로써 자신들의 예루살렘 성전, 야훼 신앙의 민족신앙상의 정통성을 주장할 수 있게 되었다. 그리하여 과거 역사까지도 자신들이 세운 신앙 관점에서 강력한 편집을 시도할 여지가 있었고 그것을 실행에 옮겼다.

　　지금까지 구약학자, 종교사학자 그리고 고고학자들이 노력을 기울여 『구약성경』 중에서도 역사서의 사실성에 대해서는 어느 정도의 공감대가 형성되었다고 할 수 있다. 이제는 이 책의 역사 기록 그대로를 믿을 수 있다는 학자들은 거의 없다. 그대로 믿을 수 있다는 주장을 하는 책은 오래 전에 편찬되었거나 학문에서도 신앙을 고수하려는 이들, 타협적인 이들이 펴낸 것들이다. 「여호수아서」에 보이는 역사적 기록에 대해 불신하는 학자들이 많으며, 「사사기」 이하에 대해는 비판적으로 받아들여지는 실정이다. 강력한 신앙적 가치관으로 무장한 역사서 저자들의 역사 서술은 신앙의 신조를 벗어나기 어렵고, 후대에 참여한 편집자들의 성향도 기본적으로 저자들과 별다르지 않은 만큼 사실성에 한계를 가질 수밖에 없는 것이다. 특히 역사서들에 보이는 잘 구성된 장문의 이야기들은 그 전체가 사실일 가능성이 낮다. 그것들은 성공 혹은 실패한 해당 사건이 구전되고 해석이 덧붙으며 재구성된 것으로 여겨진다.

「신명기」계 역사서를 포함한 『구약성경』의 역사서들의 편찬과 관련해 고대 이스라엘사에 세 번의 대 전환점이 있었다. 이스라엘의 건국과 두 왕국의 멸망, 그리고 바벨론 포로 생활로부터의 해방이다.

현재 자료상으로 이스라엘의 건국은 기원전 11세기 말에서 기원전 10세기경의 사실로 밝혀졌다. 국가의 규모와 성격에 대한 이해에는 적지 않은 견해 차이가 있다. 고대 성읍인 실로Shiloh를 중심으로 엘리나 사무엘 같은 제사장이 중심이 된 종교적 통합 과정을 거치고, 다시 군사적 지도자인 사울을 지나 정략적이며 탁월한 전략가인 다윗 대에 이르러 이스라엘은 단순한 지파 연합을 넘어 강제력을 갖춘 군주에 의한 국가체제를 이루었던 것으로 보인다. 『구약성경』의 역사서들은 야훼 신앙에 투철했다고 보는 다윗 왕에 대해 매우 우호적으로 기술하고 있다.

그런데 이런 다윗도 야훼의 신전을 짓는 데 주저했다. 그것은 이스라엘 지파들의 지지가 충분하지 않은 중에 여부스족 등 다양한 민족들을 휘하에 거느린 상태에서 이스라엘 민족신을 단일한 신앙으로 내세우는 것이 망설여졌기 때문일 것이다. 다윗은 고대 중동의 왕이 도시에 신전을 짓고 그 신의 대리자로서 국가 통치의 정당성을 얻었던 데 비해 스스로 자신감을 가질 수 없는 상태였던 것 같다. 그의 아들 솔로몬왕 대에 이르러 야훼 신앙은 성전의 건축과 함께 공식적 신앙으로 선포되었다. 성전이 건축되고 제사장을 포함한 제사 체계가 갖추어지면서 야훼 신은 국가적 주신으로서의 입지를 갖게 된 것이다. 야훼 신의 신전을 건축해 신을 예루살렘에 거하게 함으로써 솔로몬은 야훼를 대리해 예루살렘을 수도로 야훼의 백성들을 지배할 수 있는 정당성을 주장한 것이다. 예루살렘 성전 건축과 제사 체계의 정리는 곧 야훼 신앙의 신화적 체계를 정리하는 작업을 수반했을 것이다. 그 신이 누구이며 어떻게 이스라엘 민족과 왕조 국가의 신으로 모시게 되었는지 그 본연의 이야기가 구성되었을 것이다. 종래의 전승을 수용해 공식적 야훼 신의 본풀이가 체계를 갖추게 되었을 것이다. 이 작업의 흔적은 뒤에 『구약성경』 중 오경 부분에 자료로서 영향을 미치게 되었을 가능성이 높다.

솔로몬의 제국적 국가 경영 가능성은 그 고고학적 건물 흔적 등이 거의 없기에 부정적으로 논의되고 있으나, 예루살렘 성전의 존재 가능성을 굳이 부정할 수는 없다. 유사한 시기에 시리아에 건축되어 유적이 전해지는 아인다라 신전 등과 성경이 전하는 솔로몬 성전의 형태가 거의 유사한 것으로 밝혀졌고, 그 시대는 신전 건설이 그렇게 어려운 일은 아니었던 만큼 다윗 왕조가 건국 초기에 야훼 성전을 건축했을 개연성은 높다고 할 수 있다. 그런데 「열왕기」 등 성경의 역사서에 기록된 내용을 보면 솔로몬왕은 야훼 신앙의 대 수호자처럼 묘사되지만, 전통적인 여러 신앙 형태를 배격하지 않고 이방신들의 신전도 건설해 숭앙케 하는 등, 당대의 현실인 다신적인 신앙 형태 속에 야훼를 주신으로 섬기는 신앙을 추구할 수밖에 없었음도 보여주고 있다.

이스라엘 고대사에서 국가 건설은 솔로몬왕의 사망과 더불어 예루살렘과 유다 지파의 지역을 제외한 여타 지역에서 재연되었다. 다윗 왕조에 대해 자신들의 안전에 도움을 얻고자 마지못해 협조하던 예루살렘 북방의 에브라임을 중심으로 지파들의 연합 세력에 의해 일어나게 되었다. 에브라임 지파 출신 여로보암을 새로운 왕으로 이스라엘 왕국이 다시 건국·선포되기에 이르렀다(BC 928).

이 뒤에 이스라엘의 고대사는 북부의 이스라엘 왕국과 다윗의 후손들이 왕으로 재위한 남부의 유다왕국으로 분립된 상태로 이루어졌다. 다윗의 후손들이 왕위에 있었던 예루살렘을 수도로 한 국가가 마땅히 이스라엘이라는 본래 왕국명을 사용할 만한데, 오히려 북방 왕국이 이스라엘이라는 국명을 쓰고 있는 것이다. 이것은 아무래도 다윗과 솔로몬 체제 하의 국가가 초보적인 고대 왕국 체제로서 이스라엘 지파들의 확고한 지지를 얻지 못했다는 사실을 반영하는 듯하다. 이러한 중에 다윗의 등장 훨씬 이전부터 중앙 산간 지역 중북부를 중심으로 이스라엘이라는 민족을 형성해 공동 운명체로서 활동해온 에브라임 지파 등을 중심으로 건국을 선포하게 된 것이다. 그들은 오랫동안 사용해 온 이스라엘이라는 민족명이자 국명을 자타가 공인하는 중에 쓰게 된 것으로 보인다. 역사적 전통성에서도 밀리고 주민 규모 등에서 절대적 소수였던 남쪽 다윗 왕조 세력은 자신들의 출신 지파이자 주요 지지 세력인 유다 지파를 중심으로 유다왕국을 자임할 수밖에 없었던 것이다.

북이스라엘 왕국의 성립과 함께 건국주인 여로보암왕(BC 928~907)은 당연하게도 국가의 종교 체계를 정리해 체계화했다. 그는 새 왕국의 야훼 신앙을 위해 영토 내의 남방인 베델Bethel과 북방인 단Dan에 제단을 설치하고 새로운 제사장들을 임명했다. 그중 베델은 예루살렘과 가까이 마주보이는 높은 산지로 북이스라엘 왕의 주 제단으로 사용되었던 것으로 여겨진다. 그때 그는 솔로몬 성전과는 다르게 금으로 소를 만들어 소위 '황금송아지'를 두 제단에 설치해 주민들에게 숭앙케 했다. 성경의 저자들은 이것을 우상 숭배로 보고 이스라엘 왕국 멸망의 근본 이유로 크게 비판하고 있다. 그러나 주민들의 적극적인 성원에 힘입어 왕이 된 여로보암이 자의로 우상 숭배를 강요했을 가능성은 없다. 당시 팔레스타인에서 널리 행해진 신상 숭배와 지지 지파들의 신앙 양태를 반영한 것이었을 가능성이 크다.

그런데 『구약성경』을 보면 북이스라엘 내부에서도 이러한 국가적 야훼 신앙 형태에 대한 예언자들의 비판이 있었다. 여러 지파들이 국가에 소속되어 있었던 만큼 신앙 양상이 다양했을 가능성이 있음은 물론, 국가 성립 이전 중앙 성소로 기능했던 실로 성소 계통 지성들의 비판도 있었을 만하다. 예언자들은 유다보다 일찍 번성했던 북이스라엘의 사회·경제적 분화가 심화되어 전통적인 평등을 추구하는 공동체적 이상이 훼손되고 아시리아의 강성과 국가의 멸망 가능성이 예측되는 기원전 8세기에 이르러, 우상 숭배로 여겨질 소지가 있는 공식적 야훼 신앙 양태를 강력히 비판했다. 이들 중의 상당수가 북이스라엘 왕국이 망한 후 남유다로 내려오면서, 남유다왕국 내에서의 야훼 신앙 개혁 운동에 상당한 동력이 되었다고 추정되기도 한다.

『구약성경』의 역사서와 관련해 이스라엘 역사에서 두 번째 중요 계기는 물론 이스라엘과 유다 두 왕국의 멸망이었다. 그것은 매우 충격적인 역사였던 만큼 신앙 양태의 질적 변화를 낳았다. 두 왕국 중 북이스라엘 왕국이 먼저 아시리아에 의해 망하고 말았다(BC 722). 그런데 시리아의 아람 왕국과 북이스라엘이 반아시리아 동맹에 참여할 것을 강청하는 협박에 시달리던 약소국 남유다가, 아시리아에 공격을 요청해 북이스라엘의 멸망을 재촉한 면도 있었다. 상당 세월 자신들을 억압해 온 귀찮은 인접 적대국을 다른 제국의 힘을 빌려 물리치고자 했던 것이다. 그런데 북이스라엘을 멸망시킨 아시리아는 주민들을 대거 강제 이주시켜 약화시키고 그 지역을 자국의 영토로 편입했다. 유다는 결국 세계적인 제국과 국경을 맞닿게 된 것이다.

북이스라엘의 멸망으로 남유다는 순망치한脣亡齒寒의 형세를 만나게 되었다. 괴롭히던 형제국이 사라지면서 산지의 은둔국이자 약소국 유다는 과거처럼 이스라엘을 앞에 두고 아시리아 제국의 직접적인 위협에서 벗어나 살던 종속적 변수에만 머물 수 없게 되었다. 북이스라엘의 멸망으로 패배한 야훼 신을 같이 숭배하고 있으며 유다 국가의 멸망이 충분히 예상되는 상황에서, 유다 왕 히스기야나 지도층의 고민이 없을 수 없었다. 다행히 북 왕국의 멸망과 함께 제사장 등이 포함된 다수의 주민이 유다로 내려와 국력의 획기적 증대를 가져오기도 했다. 멸망한 형제 나라의 신을 여전히 숭배하고 있는 남유다의 왕과 엘리트들은 종교적 조치와 해명이 필요한 상황을 맞은 것이다. 결국 그들은 북이스라엘의 멸망은 아시리아의 아슈르 신의 승리가 아니라 이스라엘 야훼 신의 심판이라는 해석으로 대응할 수밖에 없었던 듯하다. 타국에 의한 패전을 자체 민족신의 분노와 그에 따른 징벌로 해석하는 일은 이미 인접 민족의 경우에도 있었는데, 이는 기원전 9세기 모압족 메사왕의 비문을 통해서 확인할 수 있다.[5]

그리하여 결국 크게 약화된 남유다국의 야훼 신앙을 한층 강화해 정비하는 정책을 시행했던 것이다. 전통적으로 있어온 산당의 철폐 등도 그 가운데 나왔다. 혼합주의 다신 신앙의 다양한 신앙들을 대거 폐지하는 개혁이 시도되었던 것이다. 히스기야왕 재위 말의 아시리아 왕 산헤립의 대대적 유다 침략(BC 701)은 야훼 일신 신앙의 추진을 용이하게 해준 면이 있었다. 적군의 침략에 대비해 지방민을 도시와 수도 예루살렘으로 대거 이주시킴으로써 다신 신앙 혼합주의적 성격이 강했던 지방 산당 등의 신앙 활동이 크게 약화되었다. 그러나 이러한 사태는 전쟁을 대비해 일시적으로 나타난 현상인 만큼 이것을 야훼 유일신 신앙이나 중앙 집중화 추진 정책의 성과로 평가할 수만은 없을 것이다. 히

---

5) 레스터 L. 그래비 지음, 『고대 이스라엘 역사』 224쪽, 류광현·김성천 옮김 (CLC, 2012)

스기야왕의 아들인 므낫세왕 시대에 유다가 아시리아에 적극 충성하면서 지방의 회복과 더불어 다신 신앙이 여전히 행해진 사실을 보아서도 알 수 있다. 다만 전시 상황에서 비롯된 신앙의 중앙 집중화 현상은 차후 요시야왕대 야훼 신앙의 중앙 집중화 정책 수립과 추진에 역사적 선례로서 도움이 되었을 것이다.

므낫세왕 시대의 반동에 크게 위축되었던 야훼 신앙은 아시리아의 쇠망이라는 호기를 맞이했다. 요시야왕(BC 639~609)을 앞세우고 「신명기」 언약을 선포하면서 강력한 야훼 유일신 신앙과 예루살렘 성전으로의 제의 집중화를 추진했다. 히스기야왕이 추진한 자주 독립 정책의 핵심을 이루었던 야훼 신앙을 한층 강도 높여 추진했던 것이다. 그들은 전통적인 다신 신앙 혼합주의 형태의 다양한 신앙들을 철저히 제거하고 히스기야왕이 남겨 둔 이방신의 산당조차 파괴했다. 기존의 신앙 토착화에 의한 지방 성소별 야훼 신앙 양태의 다양성을 거부하고 지방 성소, 신전을 폐기해 그곳에서도 행해온 야훼에 대한 제사도 폐지했다. 그리하여 오직 하나의 신 야훼를 예루살렘 성전에서만 제사하는 유일신 야훼 신앙을 세우게 되었다. 이러한 과정에서 제의의 단일화와 유일신 신앙을 적극 요구하는 「신명기」가 완성되고 「신명기」계 역사서가 저술되기 시작했을 것이다.

그런데 야훼 유일신 운동의 상징이라고 할 수 있는 요시야왕이 이집트의 파라오 느고[네코Ⅱ]에게 죽임을 당하는 일이 벌어졌다(BC 609). 유일신 신앙에 취해 야훼의 은총으로 팔레스타인의 강대국으로 부상하리라 믿고 파라오의 지배에 저항하려다 죽임을 당했을 개연성이 높다. 요시야를 중심에 두고 야훼 유일신 신앙 운동을 적극 추진했던 유다의 「신명기」 개혁가들이 크게 당황했던 것은 물론이다. 그러다 곧 유다는 멸망의 수렁에 빠지고 바벨론(신바빌로니아)의 침략에 의해 마침내 멸망하기에 이르렀다(BC 586). 「신명기」 개혁가들은 물론 민족과 국가의 부흥이나 존속을 기대하던 민족주의적인 인사들의 실망은 매우 컸을 것이다. 그들 상당수는 지배층으로서 바벨론에 포로로 끌려갔다. 물론 이 과정에서 멸망이 당연한 신의 징벌이라고 외치며 그 죗값을 치르면 수십 년 내에 야훼에 의한 해방이 올 것이라 외치던 예레미야 같은 선지자들은 바벨론의 침략을 수용하면서 희망의 끈을 놓지 않기도 했다. 예언자 예레미야는 국가 성립 직전 사사 시대 말 실로의 제사장들에 뿌리를 둔 이들의 후예일 가능성이 있는데, 그가 「신명기」계 역사서의 저자일 가능도 있다.

기원전 597년과 586년에 있었던 바벨론 군의 예루살렘 함락과 성전 파괴, 그리고 국가 멸망에 의해 수많은 유다 인들이 바벨론에 잡혀갔다. 그런데 그들은 포로라지만 사실상 강제 이주민 정도였다. 그들은 노예로 강제 사역당하는 입장이 아니었다. 그들은 이주된 다른 민족들처럼 집단적으로 거주하고 농경 정착 생활을 했다. 종교적 자율성도 누렸다. 전통적으로 신전이 없는 제단 제사 등을 경험했고, 이미 우상 파괴 운동을 통해 신상이 없는 종교 생활이 가능해져 야훼 신앙은 성전이 없는 이방 땅에서도 가능했다. 더구나 포로로 잡혀간 여호야긴왕이 생존해 있었다는 사실이나 예레미야의 예언 등은 막연하게나마 포로민 사회의 희망이 되기도 했다. 에스겔과 같은 제사장도 야훼신이 예루살렘을 떠나 오히려 바벨론으로 이거하는 환상을 보기도 했으니, 포로민 사회는 절망 중에도 그나마 패망한 민족신을 섬길 이유가 있었던 것이다.

그러다 기원전 562년에, 앞서 포로로 옥에 갇혀 있던 여호야긴왕이 석방되었다. 왕의 석방은 유다왕국 재건의 가능성으로 해석되었을 것이다. 여기서 그동안 절망 속에 있었을 「신명기」계 역사가들이 다시 힘을 내 소위 「신명기」계 역사서들의 편집을 마친 것으로 여겨진다. 「신명기」계 역사서의 끝 부분인 「열왕기 하」 마지막 구절은(25:27~30) 수감되어 있던 여호야긴 왕이 옥에서 석방되어 바벨론 왕 앞에서 식사하고, 종신토록 바벨론 국가의 부양을 받게 되었다는 기사를 싣고 있다. 그들은 유다왕국의 부활을 긍정적으로 기대했을 것이다. 그런데 기본적으로 포로민 생활이 수십년 경과되어 포로로 위축된 상태에서지만 제법 안정화된 그 시점에 일반 포로민들은 왕정의 회복 가능성에 큰 희망을 걸지는 않았을 듯하다.

이처럼 「신명기」계 역사서가 저술되는 중에 그 뒤를 이어 앞서 언급한 소위 모세 오경의 편찬이 뒤따르게 되었다. 오경의 저자들은 「신명기」계 역사서를 의식하며 구전 전승과 문서 자료들을 이용하고 상당한 창작까지를 무릅쓰며 「신명기」계 역사서가 다루지 못한 창조로부터 출애굽과 광야 생활 그리고 율법의 반포까지를 저술·편집했다. 바벨론 포로 생활을 통해 오히려 확대된 종교 및 역사적 인식으로 인해 이스라엘의 제사장이나 율법학자 등의 엘리트들은 자기 민족의 역사를 창조로부터 가나안 정착 이전까지로 확장할 여력을 갖추게 된 것이다. 이로써 고대 이스라엘인들은 역사적 질곡 속에서 민족신인 야훼 종교의 기본 경전과 민족의 역사에 대한 기본 인식을 상당 부분 체계화했다.

한편, 야훼의 역사, 이스라엘 고대사를 탐구하는 데 『구약성경』에 있는 「역대기」라는 역사서도 나름 중요한 자료이다.[6] 「역대기」 초기 역사

---

6) 에리히 쳉어, 『구약성경 개론』 438~456쪽.
    트렘퍼 롱맨·레이모든 딜러드 지음, 『최신 구약개론』 250~263쪽, 박철현 옮김 (크리스챤다이제스트, 2009)

부분인 「역대기 상」 1~9장은 족보들로 채워져 있으며, 전체 구성의 일관성이나 균형 감각이 아쉬우나 아담으로부터 고레스(키루스)왕의 바벨론 포로 귀환 명령(BC 538)에 이르는 이스라엘 전체 역사를 재조망하고자 했다. 그런데 초기 역사가 족보로 채워진 것도 이미 정경화된 오경을 잘 알고 있었기에 나올 수 있을 것이라고 양해하고, 갈등 요소가 적지 않았던 귀환 후 유다 공동체 질서 확립의 근거로 족보의 필요성이 절실했을 수도 있다고 보면 실수나 허점으로만 볼 수는 없다.

「역대기」의 저술과 편집 연대는 정확히 알 수 없고 학자들의 견해 차이도 적지 않다. 포로 귀환 이후 상당한 세월에 거쳐 수차례의 편집, 보충을 통해 기원전 4세기 말 알렉산더 대왕의 동방 원정 이후 개시된 헬레니즘 지배 하에서 세월을 경과하며 완성되었다고 여겨진다. 「역대기」에는 성전 관련 건축에 관한 매우 자세한 사항이나 제사장은 물론 심지어 문지기에 이르는(「역대기 상」26:1~19) 성전 종사자 가계의 자세한 구성 내용 등이 기술된 것 등으로 보아, 그 저자나 편집자는 성전에서 종사했던 레위인과 율법학자 등으로 보인다.

포로 귀환 이후 옛 유다는 페르시아의 속주로 편제되었다. 국가 부흥의 기대가 일시 일어났지만 페르시아 제국 전체의 지배 구도 내에서 유다의 독립은 허락될 수 없었다. 유다는 속주로서 총독의 지배를 받으면서도 예루살렘 성전의 대제사장을 중심으로 상당히 민족 자율적 행정을 펼쳤다.

「역대기」는 페르시아를 거쳐 헬레니즘 외래 문화의 가중된 압박 속에서 민족의 전통적 신학을 고수하고 재확인하고자 했다. 비록 다윗이나 솔로몬 그리고 다른 왕들의 역사가 기술되고 있으나, 「신명기」계 역사서인 「사무엘서」나 「열왕기」 등의 기사를 참고하면서도 그들이 관심을 두고 있었던 정치, 군사 등의 일반 역사보다는 야훼 신앙의 관점에서 재구성했다. 야훼 신앙 중심의 민족 정체성을 보다 확고히 하려는 의도에 의해 「신명기」나 「열왕기」 등에 보이는 역사에서의 응보론이 더욱 철저하게 적용되어 서술되었다. 아울러 당대의 유다 공동체가 국가가 아닌 식민지로서 민족 신앙 공동체로서 운영되면서 야훼 하나님의 왕권과 성전이 중심이 되고 있으며 율법의 가치를 절대 지지하고 있다. 사실 이러한 당대의 변화된 민족 현실이 앞서 정리된 「신명기」계 역사서를 두고도 이스라엘 전체 역사를 다시 정리하고자 한 이유이기도 했다.

당시 유대인들은 사마리아인들과 갈등이 있기도 했지만, 이 책은 하나님의 백성으로서 '온 이스라엘'이라는 인식에서 12지파에 의한 민족 구성 관념을 고수하고 있다. 그런데 남북 분열 시대는 유다왕국 중심으로 서술되면서 북이스라엘 왕들에 대한 연대기는 거의 다루지 않고 유다 왕들의 역사는 크게 미화되어 있다. 따라서 「신명기」계 역사서에 비해 그 사실성이 떨어진다고 여겨지는데, 앞선 성경 내용에 없는 일부 자료들을 인용하고 있어서 신중한 비판 속에 받아들인다면 보다 나은 역사 파악에 도움을 받을 수 있다.

이와 같이 『구약성경』의 역사서들은 저자인 사가들이 처한 역사적 현실에서 큰 영향을 받았고, 특히 그들이 종교적 신념에 의해 역사를 보았기 때문에 서술 내용의 객관성에서는 상당한 문제점이 있다. 물론 사가와 가까운 후대의 역사로 갈수록 사실 변질의 가능성은 상대적으로 적지만 왕국 시대 중기 이전으로 올라갈수록 기술된 내용의 사실성은 크게 약해지는 편이다. 근거가 부족한 상고사로 갈수록 약간 있는 전승 등에 상상력을 가미할 가능성은 높아갔던 것이다.

그리고 앞서 지적한 대로 유다왕국을 정통으로 여기면서 북이스라엘 왕국은 그 인구수나 면적, 대외적 활동 등에서 실제 비중에 비해 너무 저평가되고 있으며, 특히 야훼에 대한 신앙의 관점에서 인물평이 행해지면서 실제 시대상 등이 경시되고 있기도 하다. 성경의 역사서는 9세기에 북이스라엘 왕국을 전성기로 이끌었던, 타민족 국가와 매우 개방적인 관계를 가졌던 오므리 왕조를 이방신을 숭배한 가장 사악한 왕조의 표상으로 묘사하고 있다. 남유다 히스기야왕의 아들 므낫세왕은 아시리아에 적극 신속臣屬해 장기간의 평화와 국가 재건을 이루었지만, 아시리아와 타협해 야훼 신앙을 망쳐 야훼의 저주를 받아 결국 유다왕국이 멸망하게 되었다는 혹평을 받기도 한다.

3) 예언서

『구약성경』을 구성하는 내용 중에는 상당수의 예언서들이 있다. 기원전 8세기의 예언자들로 알려진 아모스와 호세아 등을 필두로, 저명한 예언자들인 이사야나 예레미야는 물론이고 제사장 출신 에스겔 등과 관련되어 많은 내용이 남아있다.

　예언자에 의한 예언 행위는 고대 이스라엘에 훨씬 앞서 고대 메소포타미아나 이집트에서도 보인다. 그러나 전해지는 자료로 볼 때 이스라엘의 예언은 고대 중동의 다른 나라들과 다르게 종교뿐 아니라 사회적 비판을 가하고 있다는 데 큰 특징이 있다.[7] 전해지는 성경의 저명한 예언자들은 반체제적인 면을 보여주는 편이다. 이들이 왕정에 대해서도

---

7)　에리히 쳉어, 앞의 책, 733쪽, 이종한 옮김.

비판할 수 있었던 것은 왕권이 약했다는 사실을 보여주는 동시에, 씨족이나 지파 등 공동체 사회적 전통에 서서 그것을 유지하고자 하는 기층 사회의 지향이 강력했던 데서 가능했다. 사실 고대 이스라엘의 남북 왕국 시대까지도 예루살렘 성전이나 베델 제단이 두 국가의 중앙 성소로 자리하고 있었지만, 각 지역에는 저명한 여러 야훼 성소들이 존속하고 있어서 민족 신앙인 야훼 신앙조차 여전히 지역별 다양성을 가지고 있었다. 결국 이스라엘의 야훼 신앙은 예언자들의 비판적 성찰에 대한 국가와 사회의 종교적 대응이라는 과정을 통해 발전된 면도 크다고 할 수 있다.

예언서에는 신탁을 받는 과정에서 신의 말씀에 의한 부르심의 신비 경험들과 많은 예언들이 전해지는데, 예언자를 둘러싼 당대의 사회, 종교, 정치, 국제적 사건이나 상황 등을 비교적 상세하게 보여주는 내용도 기록되어 있어 역사적 연구에 큰 도움이 되는 편이다. 기원전 8세기에 활동한 아모스나 호세아를 필두로 이사야까지는 제국의 침략 가능성을 의식하기도 하나 주로 사회적 공평과 정의 그리고 종교적 불신앙과 관련한 것들이 문제되고 있다. 이는 사회 경제적 분화의 심화에 따라 계층 및 계급 갈등이 커지면서 주민 일반의 전통적인 공동체적 삶이 본격적으로 위협받게 되었기에 비롯된 일이었다. 따라서 이때는 희생 제사 자체보다는 구성원들 간의 윤리 도덕이 더 강조되기도 했다. 이렇게 국가 사회가 사회 경제적으로 분화, 분열되는 중에 아시리아 제국이나 아람 등 외세의 압력도 강화되었기에, 위기에 처한 국가 사회 그리고 민족 신앙인 야훼 종교를 위해 예언자들은 사회 정의의 회복을 위한 심판의 가능성까지도 높이 외쳤던 것이다. 내부 구성원들의 불만 고조와 경제 사회적 파탄은 국가 사회의 통합력을 약화시켜 국가는 물론 민족 신앙의 존립을 위험에 빠뜨릴 수 있었기 때문이다.

「예레미야서」(총52장)나 「에스겔서」(총48장)는 매우 많은 분량으로 구성되어 있다. 두 예언자가 활동한 기원전 7세기 말에서 6세기 전반 유다왕국의 혼란상과 멸망사와 바벨론 유수시의 포로 사회의 야훼 신앙과 관련한 중요한 내용들을 많이 전해주고 있다. 여기에 「이사야서」의 후반부에 첨부 편성된 내용은(40~55장) 바벨론 포로로부터 해방의 역사와 의미 등을 탁월한 필치로 전해 준다. 당시 세계의 중심인 바벨론에서의 역사 경험을 통해 이스라엘 민족은 드디어 야훼를 민족신을 넘어 우주적 차원의 창조주 유일신으로 인식하게 된다. 이들 세 예언서들을 통해 요시야왕대의 국내용 야훼 유일신 신앙이 바벨론 포로민의 역사 경험을 통해 보다 확신되고 다른 나라와 민족 등을 향해 열리게 되는 큰 변화를 볼 수 있다.

그런데 예언서들에도 다 알 수 없는 사실의 인과관계를 흔히 신이 이루어준 것으로 보곤 하던 당대인들의 사유 방식에 따라 신화적인 내용이 적지 않은 것은 물론이고, 예언자의 제자나 추종자들에 의해 상황 설명이나 해설 등이 수차 가해지고 내용이 첨가되며 윤문되거나 편집된 경우가 많아서 그 내용의 사실성 여부를 가리는 데는 신중을 기해야 한다.

「이사야서」의 경우도 기원전 8세기 말 유다왕국에서 활동한 대예언자 이사야의 예언이나 행적 외에도 다른 이들의 예언이나 여타 기록들이 편성되어 있어 그 편집의 역사를 제대로 이해하는 것은 매우 어려운 편이다. 「이사야서」는 두 부분으로(1~39장, 40~66장) 대별하기도 하고, 흔히 세부분으로(1~39장, 40~55장, 56~66장) 나누어 보기도 한다. 이들 각 부분이 한 사람에 의해 작성·편집된 것은 아니고, 다른 누군가에 의해 삽입되고 편집된 내용 등도 적지 않은 형편이다. 최근에 나온 한『구약성경』개론서는 수용할 만한 가설로서 「이사야서」 합성에 네 개의 주요 단계가 있었다고 보기도 했다. 그 단계들은 기원전 8세기 후반의 역사적 이사야의 말, 기원전 7세기 말의 요시야 이사야서, 기원전 6세기 말엽의 편집, 기원전 5세기 중엽 혹은 말엽의 편집 등이다. 그러면서도 전체 「이사야서」는 기원전 8세기 중엽에서 기원전 3세기 중엽까지의 유다와 예루살렘의 신학사를 증언한다고 말하고 있다.[8]

「예레미야서」는 요시야왕 사후의 유다와 예루살렘 사회의 불신앙의 실상에 대해 가차 없이 비판하고 국가 멸망을 공언하고 있다. 그럼에도 불구하고 야훼 유일신 신앙에 대한 확신에 서서 절망 중에서 오히려 민족의 회복을 강하게 전망하고 있기도 하다. 예레미야의 독특함과 죽음조차 초월한 삶의 태도는 심지어 그가 실제 인물인지를 의심받게 할 지경에 이르기도 한다. 그는 기존의 이스라엘 왕들의 역사가 실패라는 확신에 이르러 있었고 새 언약의(31:31) 필요성을 제시하는 만큼, 역사에 대한 확고한 통찰력에서 생사를 초월한 태도를 가질 수 있었다고 여겨진다. 「예레미야서」도 예레미야 자신의 신탁과 보고를 비롯해 3, 4 단계의 보완, 편집 과정을 거친 것으로 보인다.

「에스겔서」는 일관성이 있고 문체도 통일되어 있다. 한 사람이 포로기 바벨론이라는 시공적으로 한정된 상황에서 일정한 대상을 상대로 한 언설에 이은 후대의 편집이 있었으나 큰 일탈이 없었던 것으로 보인다. 기원전 6세기 중엽 에스겔이나 그의 직계 제자에 의한 일차 저술이 있은 후 추종자들에 의해 부기된 것으로 여겨지는데, 마른 뼈의 부활을

---

8) 에리히 쳉어, 같은 책, 768·769쪽, 이종한 옮김.

말하는 것 등으로 보아 부활 사상이 구체화되기 시작한 기원전 2세기 마카베오 항쟁기까지 편집이 있었던 것으로 보인다.

『성경』이 주목해 전한 예언자들은 이사야 같이 국왕 등 기존 지배 체제에 협조적인 이들도 있으나 대체로 시대의 문제점을 지적, 비판해 기득권 세력과 갈등 관계에 서는 편이다. 이들은 꿈이나 환상, 환청 등을 통해 신의 계시를 받는 모습이 적지 않은데 그들의 예언 중에는 이루어지지 않은 것이나 이후 상황 변화에 따라 내용을 수정하는 경우도 있다. 이러한 현상이 전승상의 착오라고 보이지는 않기에, 그들이 받은 신의 계시가 진정한 것인지 논란이 될 만하며, 실제로『구약성경』에는 참된 예언자와 거짓 예언자 문제가 끊임없이 제기되고 있다.

편집자들은 이런 문제점을 알면서도 일부 틀린 예언 내용이나 수정된 예언을 함께 전하는 경향이 있다. 당시인들은 사회적, 민족적으로 신임을 받은 저명한 예언자의 말을 일단 신의 계시로 여기며 일시적으로 이루어지지 않더라도 신의 의도가 있을 것이라는 신앙에서 그다지 문제 삼지 않는 편이었던 듯하다. 아울러 역사가라기보다는 종교인인 편집자들은 사실성 자체보다는 율법의 역사관이나 신앙 정신 등에 비추어 편성 여부를 가린 듯도 하다.

그런데『구약성경』에 보이는 성취되지 않거나 수정된 예언들의 문제는 당연히 진정 참 신, 전능한 신이 계시를 한 것인지 하는 의문으로 이어진다. 더구나 야훼 신이 스스로 선택하고 주관했다는 고대 이스라엘 민족의 역사가 망국과 이산의 실패로 끝난 사실은『성경』이 말하는 유일한 참 신 경험의 진실성이 근본적으로 의심을 받을 수밖에 없게도 한다.

이와 연관해 볼 때, 예언자들이 자신의 한계를 벗어나 신과의 종교적, 신비적 접속 양태까지 보였지만 결국은 자신의 현실에 대한 판단과 예측을 말하는 것이 아니었을까 하는 면이 있다. 예를 들자면 「예레미야」 28장에는, 유다왕국이 바벨론 제국의 지배를 받아들일 것을 적극 주장하는 예언자 예레미야와, 바벨론 제국의 왕을 2년 내에 멸망시키겠다는 예언을 하며 항복에 반대한 예언자 하나냐가 크게 대립했다는 사실이 전해진다. 이들은 다 같이 야훼의 예언자를 자임하므로 적어도 둘 중 하나는 자신의 정세 판단을 예언으로 말했다고 볼 수밖에 없을 것이다. 신앙의 권위가 압도적인 시대에 바른 말이나 이색적인 것을 말하기 위해서는 신과의 접속을 보장처로 해야 하는 것이 당대의 언론 행태였을 가능성도 있다. 이 경우 예언자들은 오늘날의 정치 평론가나 언론인들의 사명을 한 면도 있다고 보인다. 가짜 예언자 문제가 자주 거론되는 것으로 보아 예언은 당대가 처한 상황의 급박도 등에 따라 횡행했던 듯한데, 후대에 그 효력이 입증된 것이나 정치, 사회, 신앙적으로 크게 의미가 있다고 여겨진 예언자들의 예언 등이 전승과 일부 기록을 통해 전해진 것으로 보인다.

덧붙여 예언은 『구약성경』의 예언서에만 나오는 것이 아니고 「창세기」를 위시한 오경이나 역사서들의 내용 가운데서도 자주 보인다. 그리고 「신명기」계 역사서를 '전기 예언서'라고 할 만큼 고대 이스라엘에서는 역사는 (모세를 위시한 예언자의) 예언과 그것의 성취라는 역사관에서 기술되었다. 이 가운데 오경이나 역사서에는 이루어진 것으로 기록되어 있는 저명한 역사적 예언들이 많다. 노인인 아브라함 부부에게 아들을 준다는 언약적 예언은 물론 출애굽 예언, 엘리 제사장 가문, 사울 왕조, 북이스라엘 시조 여로보암 왕조의 멸망 등, 북이스라엘 및 남유다왕국의 멸망은 물론 바벨론 포로로부터의 해방에 관한 예언 등이다. 그런데 이러한 예언들 중에는 결과에 의해 예언이 있었던 것처럼, 사후事後에 구전 등이 만들어지거나 편집에 이해 관련자들이 관여해 내용을 삽입하고 윤문한 혐의가 있는 경우도 적지 않다. 이를 보다 객관적으로 이해하기 위해서는 기존의 신앙적 해석을 넘어 전면에 드러난 신의 역할에 의해 숨겨지고 홀시된 인간의 활약을 중심으로 역사상을 재구성해 사실성을 검토해야 한다.

2

이스라엘 민족은
야훼와 무관하게 형성되기 시작했다

1) 『구약성경』의 출애굽 사건은 사실인가?

『구약성경』이 전하는 바에 의하면, 이스라엘의 민족 및 국가 형성 과정에서 가장 획기적인 사건은 기원전 15세기경에 있었다는 출애굽 사건이다. 이집트에서 노예살이하던 히브리인들의 고통과 신음에 마음이 쓰인 야훼 신이 모세를 지도자로 세워 파라오를 열 가지 재앙으로 제압하고 젖과 꿀이 흐르는 가나안 땅으로 인도했다는 사건이다. 이집트의 파라오는 살아있는 신의 현신으로 여겨져 왔는데 그를 이긴 것은 야훼야 말로 살아있는 신임을 입증한 일이기도 했다.

야훼는 이집트를 탈출한 이들을 홍해를 갈라 통과시키고 40년간 광야의 수련을 통해 단련했다. 그런데 야훼는 자신에게 크게 충성스러운 여호수아와 갈렙을 제외한 본래 탈출민들이 다 죽은 다음, 광야에서 태어나 온전히 야훼 백성으로 훈련받은 이들만을 가나안 땅으로 인도했다고 한다. 율법 체계에 의한 지배를 관철할 수 있는 12지파로 이루어진 야훼의 새로운 백성을 구성해 마침내 가나안 일대에 정착하게 했다는 것이다.

유대교나 그리스도교의 전통적인 신자들은 이 사실을 달리 문제 삼지 않았으나 그 사실성에 대한 의문은 오래 전부터 제기되어 왔다. 이 사건에 대해 최근 역사학계는 주로 거의 사실성이 없거나 약한 것으로 보는 편이며 사실의 일부분이 신화화, 이데올로기화한 신앙적 고백에 가까운 내용으로 이해하기도 한다.

이 사건의 내용 중에는 당대의 상황과 다른 자료들로 보아 도저히 있을 수 없는 일들이 적지 않다. 우선 『성경』이 말하는 바, 솔로몬 성전이 건축되기 480년 전에 있었다는, 기원전 15세기에 해당한다고 볼 수 있는 이 엄청난 규모의 인구와 기간이 소요된 출애굽 사건 자체가 『성경』 이외의 자료로는 전혀 입증되지 않는다. 현재 역사학적 연구들에 의하면 출애굽 사건은 아마도 상당히 다른 양상으로 기원전 13세기 중에 있었던 것이 아닐까 하는 정도로 받아들여진다.

이집트로부터 탈출해 온 (남자)장정 60만이라는 인구는 동반 가족을 생각할 때 200~300만 명이 되는 대집단이다. 그런데 이러한 대단위 집단이 숙박시설도 없고 음식이나 마실 물도 여의치 않는 광야에서 40년간 생활했다는 내용은 지극히 순박하거나 다소 엉뚱한 정도의 신앙심을 가진 사람이 아니고서는 신뢰할 수 없을 것이다. 그러한 사실이 믿어진다고 하는 이들은, 자신과 가족이 살고 있는 도시의 온 주민이 갑자기 신의 명령에 의해 그 광야에 가서 40년을 살게 되었다고 상상해 보면 다른 판단이 설 것이다. 그리고 철기시대 1기(기원전 1150-900)의 팔레스타인 중앙 고원 지대 이스라엘인의 인구가 약 4만 5천 명 정도일 것이라는 고고학적 연구 결과나,[9] 기원전 12세기 팔레스타인에

---

9) 이스라엘 핑컬스타인·닐 애셔 실버만, 『성경: 고고학인가 전설인가』 142쪽, 오성환 옮김 (까치, 2003)

정착한 원이스라엘인들은 7만 5천 명 정도라고 추정하는 다른 고고학자의 견해를 보아도[10] 『성경』이 말하는 출애굽 히브리인의 수는 도저히 믿을 수 없이 과도한 것이다.

수백만의 탈출민이 광야에서 수십 년간 거의 아무런 고고학적 흔적도 남기지 않은 채 유숙했다는 것은, 야훼 신의 무한한 능력을 자랑해 보여주기 위한 신화적 세계에서나 가능하다 할 수 있다. 고고학의 발달로 보다 소규모 유목민들의 고대 주거 흔적 등도 찾아내는 형편에서 수백만 명의 40년간 광야 거주 흔적이 전혀 없다는 것은 그러한 사실 자체가 없었다는 것을 말해준다.[11]

『구약성경』의 오경뿐 아니라 「역대기」 등에 보이는 고대 이스라엘이나 유다왕국과 관련되어 나오는 숫자 중 과장된 수치들이 적지 않음은 잘 알려진 일이다. 위의 인구 문제는 물론이고 9백 살 이상을 살았다는 숱한 선조들의 족보나, 북이스라엘에 상당 기간 대체로 종속되어 있었던 유다국의 왕들 중 여호사밧 같은 이의 경우 휘하에 군병이 116만 명이나 되었다는(「역대기 하」17:13~19) 내용 등은 의도적으로 지나치게 과장한 것임을 부인할 수 없다. 사실을 흔히 과장하기도 하는 구전 전승 자료가 갖는 속성은 물론, 자료가 거의 없는 상고기의 역사를 어림잡아 미화하며 기록하는 데 흔히 따르는 현상이다.

홍해(갈대 바다)를 갈라 이 많은 탈출민을 통과시켰다는 내용도 그 신의 능력을 선양하기 위한 신화적 화소임을 부인하기 힘들다. 메소포타미아의 장편 서사시 「에누마 엘리쉬」에 보이는 마르둑의 신화나 우

---

10) 윌리엄 데버, 「이스라엘인과 가나안인을 어떻게 구별할 수 있을까?」 72쪽, 『고대 이스라엘의 기원』, 강승일 번역 (한국신학연구소, 2008)

11) 이스라엘 핑컬스타인·닐 애셔 실버만, 앞의 책 81쪽

가릿 문서에 보이는 가나안의 바알 신화 등에도 위대한 신이 물이나 바다 등을 처단하거나 물리치는 줄거리가 등장하곤 하는데, 변형된 것이나마 큰 장해물인 바다를 제압하는 야훼 신의 권능을 자랑하고자 나온 이야기인 것이다. 한국사의 경우에도 고대의 부여나 고구려의 동명(주몽)설화에 보면, 주몽이 도망 중에 큰 강물을 만나 배가 없어 건너지 못하는 형편에서 가지고 있던 활로 강물을 내리치자 물고기와 자라가 올라와 다리처럼 되어 강물을 건넜다는 이야기가 있는데, 상식을 가진 현대 한국인이라면 천신의 손자라는 동명과 관련된 이 기적을 사실이라 믿지 않는다.

노예 생활을 그토록 불쌍하게 여겨 탈출시킨 히브리인들을 두 사람만 남기고 다 죽게 하고 광야에서 태어난 이들만으로 새로운 민족을 형성케 했다는 내용도, 야훼 신앙을 중심으로 한 신정정치를 이상으로 했던 후대 이스라엘 고대 제사장 등의 관념을 반영하고 있는 작위적인 것이다. 광야의 시련과 훈련을 통해 이집트의 종교적, 문화적 오염을 떨쳐버리고 새로 태어난 새롭게 훈련된 집단으로서 야훼의 새로운 백성을 상정하고 있는 것이다. '이것이 야훼의 백성, 이스라엘 민족'이라는 선포인 것이다. 그런데 사실 이러한 것은 기원전 6세기 있었던 바벨론 유수의 곤경을 극복하며 야훼 신앙을 새롭게 다지고 본토로 돌아온 오경 저자들을 위시한 귀환자들의 자부심과 신앙적 이상의 반영이다.

보수적 신앙심을 가진 연구자들을 중심으로 출애굽 사건의 역사성을 지지해 보려는 시도들이 여전히 있지만, 보다 객관적인 연구를 하고자 하는 이들은 『성경』이 전하는 출애굽 사건을 신화적, 신앙적인 것으로 인정하고 있다. 이러한 가운데 부분적으로라도 어떤 사실성이 있으리라는 가능성을 생각하는 연구자들도 있다. 그러한 학자들은 왜 『성경』

을 저술한 이스라엘인들이 민족적으로 부끄러운 이야기인 민족의 노예 상태를 전제로 이런 민족 생성 신화를 만들어냈겠느냐며 일말은 사실의 반영을 기대하기도 한다. 고대의 신화라는 것이 흔히 고난 극복의 모티브를 싣고 있지만, 민족 전체의 노예 상태를 출발점으로 한 민족 형성 신화의 파노라마를 썼겠느냐 하는 질문은 나름의 설득력이 있다.

원이스라엘인들(proto-Israelites)이 이집트에서 나와 시나이 일대를 돌아서 팔레스타인으로 들어왔을 가능성을 생각해볼 수도 있다. 비교적 오래된 전승이라고 여겨지는『구약성경』「사사기」에 전하는 여선지자이자 사사인 드보라의 노래(「사사기」 5장)나「시편」등에 전하는 일부 노래 등을 통해 보면, 야훼신은 팔레스타인 남방, 즉 이집트와 연결해 말할 수 있는 방향에서 오거나 전해진 신일 가능성을 보여준다. 「사사기」5:4,5를 보면 "야훼여, 임께서 세일에서 나오실 때, 임께서 에돔 땅에서 진군하실 때, 땅은 흔들리고 하늘은 진동해 구름이 비를 쏟았습니다. 산들이 야훼 앞에서 녹아나고 저 시나이 산도, 이스라엘의 하느님 야훼 앞에서 녹아내렸습니다."라고 했다. 팔레스타인 남쪽 광야 지대에 있는 미디안 출신의 제사장인 이드로가 모세의 장인으로서 탈출 중인 히브리인들에게 야훼 신앙을 소개했을 가능성을 보이는 내용도 있다(「출애굽기」18장). 설화적 일면이 강하지만, 기원전 9세기에 북이스라엘 왕국에 활동한 야훼 신앙의 대예언자인 엘리야가 아합왕과 왕비 이세벨의 탄압에 지친 심신으로, 남으로 내려가 유다를 지나 모세가 야훼의 부름을 받았다는 광야의 호렙산에 이르러 야훼 신을 만난다는 내용도 보인다(「열왕기 상」19장). 적어도 소수 히브리인들의 이집트(애굽) 탈출 사건 정도는 개연성을 마냥 부인할 수 없는 면이 있다. 일부 학자들 중에는 어떤 규모나 형태로든 출애굽 사실이 없었다면 다른 무엇에서 민족 형성의 대 서사시가 나왔을 것인가 하는 의문을 제기하는 경우도 있다.

　위와 같이 출애굽 사건의 사실성에 우호적인 내용들이 있지만 그것만으로 그 대규모 역사적 사건의 사실성을 입증하기에는 크게 부족하다. 우선 위와 같은 내용들이 출애굽 신화가 생성된 이후에 만들어진 설화나 전승일 가능성이 없지 않다. 사사 드보라나 선지자 엘리야와 관련된 전승이 사실이라고 해도 그들조차 이미 신화로 전해진 출애굽 사건을 믿는 입장에서 그렇게 노래하고 행동했을 수도 있는 것이다. 그리고 소수의 사람들이 이집트를 탈출해 원이스라엘 사회에 들어와 자신들의 경험을 전하고, 그것을 중심으로 출애굽 신화가 생성되었을 가능성도 높다고 보기는 조심스럽다. 많은 주민들이 경험하지 못하고 공감하지 못한다면 이 같은 민족적 대 파노라마가 형성될 수 있을지 의문이다. 오경은 물론 「여호수아서」나 「사사기」를 보면 새로 유입된 야훼 신앙이 기존 바알 신앙 등에 비해 심히 고전을 하고 있던 현실도 상기해 보아야 할 것이다.

　이집트 공주가 강물에서 건져내 궁궐에서 왕자처럼 길렀다는 모세가 출애굽 사건의 지도자로 부름을 받아 맹활약한 사실도 사실성에 있어 온전한 지지를 받기는 역부족이다. 『성경』은 그 역사적 대사건 발생 시의 이집트 파라오의 이름조차 전하지 않고 있으며, 오경에 나오는 그와 관련된 전승들은 여러 다양한 부류의 사람들이 수집한 실로 다기한 자료들의 조합·편집물로서 자체 혼란상을 보이기도 한다. 「사사기」의 경우까지 포함하면 모세의 장인 이름은 르우엘(「출애굽기」2:18, 「민수기」10:29), 이드로(「출애굽기」3:1, 4:18, 18:1,2,5,6,9,12), 호밥(「사사기」4:11) 등 세 가지로 서로 다르게 나오기도 한다.

모세의 후손이라는 이들이 이스라엘 북방인 단 지방의 제사장으로 활약했다는 사실 등을 보면, 그가 팔레스타인 중앙 고원 지대에서 기원전 13세기경부터 농경 정착민이 크게 증가해 이스라엘 민족이 형성되는 과정에서 종교 정치적으로 어떤 역할을 한 인물이었을 가능성 정도를 생각해볼 수 있겠다. 좀더 너그럽게 본다면 어떤 계기에 의해 처가인 미디안 등 남부 팔레스타인 유목민의 사위가 되어 그들의 야훼 신앙을 수용해 전파했을 가능성 등도 생각해볼 수 있을 것이다. 그런데 이러한 가능성을 가진 인물도 야훼 신과 이스라엘인들을 연결했다는, 실제 존재 여부를 알 수 없는, 어떤 신비한 인물이나 존재를 역사적으로 인격화한 결과일 수도 있다.

나일강에 버려졌다가 이집트 공주의 아들로 자란다거나, 말을 더듬는 그를 야훼 신이 자신의 대언자로 선택한 것이나, 전능하고 거룩한 신 야훼를 그 혼자만 직접 대면해 대화를 나누는 것 등은 신화적 세계에서나 가능한 일로 보인다. 그러면서, 이 이스라엘 역사상 너무도 위대한 인물이 벳브올 맞은편에 있는 모압 땅 골짜기에 묻혔는데 「신명기」가 저술되던 시기에도 이미 그 무덤을 아는 자가 없다고 했다(「신명기」 34:6). 훨씬 앞대 선조인 아브라함이나 이삭, 야곱 그리고 그의 부인들 무덤이 헤브론에 있고, 아울러 그의 형이라는 제사장 아론의 무덤이 호르산에 있다고 분명하게 기록되어 있으며 현재까지도 유적이 전해지고 있는 것과 대조된다. 이것은 모세라는 인물이 실제 인물이 아니고 전설적인 존재일 가능성이 높다는 것을 보여주는 면이다.

그런데 광야에서 모세가 형인 아론을 지도한 것으로 전해지면서도, 결국 아론의 후손에게 이스라엘의 영원한 제사장 직분을 준다는 야훼의 언약이 그 가문의 제사장으로서의 대표성을 굳건히 보장하고 있음을 주목해야 한다(「민수기」 25:10~13). 거기에 비해 모세의 후손이라는 이들은 이스라엘 가장 북단 변방 이방인의 땅이었던 단의 야훼 성소의 제사장으로 활동한 것으로 전해지고 있다(「사사기」18:30).

오경을 중심으로 보면 아론은 모세가 야훼를 만나러 간 사이에 사람들의 요청에 의해 황금 송아지상을 만들어 야훼로 섬기려고 했다. 산에서 내려온 모세는 야훼가 써준 돌판으로 그 신상을 내리쳐 부숴버렸다 한다(「출애굽기」32장). 아론과 미리암 남매가 모세가 구스(에티오피아) 여인을 아내로 얻은 것을 비난하자, 야훼는 이들을 불러 모세는 다른 예언자들과 달리 자신이 직접 대면해 말하는 사람이라고 하며 두 사람을 꾸짖고 결국 미리암에게 일시 한센병이 들게 했다(「민수기」12장). 이때 아론은 별다른 징벌을 받지는 않았지만 아론의 아들인 나답과 아비후도 야훼 성소에 규정된 불을 바치지 않아 야훼 앞에서 나온 불에 타죽고 말았다(「레위기」10장). 이렇게 보면 아론은 초대 제사장으로 임명을 받았지만 허물이 매우 많은 사람의 모습을 벗어나지 못하고 있다.

이렇게 허물 많은 이스라엘 야훼 신앙의 원형적 대제사장 아론을 어떻게 보아야 할지는 많은 논란이 있다. 이 이야기들은 너무 오래 전 옛일을 전하고 있어서 사실보다는 설화적 전승일 가능성이 높다는 점을 유의해야 할 것이다. 불에 타 죽었다는 아론의 두 아들 나답과 아비후는 뒤에 북이스라엘 왕국의 시조 여로보암왕의 두 아들의 이름과 같다. 여로보암의 두 아들은 나답과 아비야인데, 후자 아비야는 아비후와 같은 뜻의 이름이다.

여로보암왕은 야훼를 황금 송아지상으로 만들어 섬겼는데, 이에 대해 실로의 선지자 아히야가 그의 배신과 불신앙에 대한 징벌로 여로보암 집안의 모든 남자들을 멸족시키겠다는 예언을 한 바 있다(「열왕기 상」14:10). 결과적으로 아비야는 병들어 죽고, 나답은 왕이 되었으나 재위 2년 만에 시해를 당해 예언대로 되었다(「열왕기 상」15:29). 제사장 아론과 여로보암왕은 모두 금송아지상을 야훼로 섬기도록 한 행위로 비난을 받는 것인데, 요절한 두 아들의 이름이 같다는 것은 누군가가 의도적으로 어느 한편을 이용해 다른 쪽의 이야기를 구성했을 가능성을 보여 준다.

일단 『성경』의 이와 같은 기록들은, 신상 숭배를 우상 숭배로 보아 철저하게 신상들을 파괴했던 요시야왕대의 종교 개혁 이후에 나올 수 있는 내용이다. 그렇다면 「신명기」계 역사서가 저술되던 기원전 7세기로 본다면, 당연히 그 시기에 상대적으로 가까이 있었던 여로보암왕 아들들의 죽음을 알리는 내용이 사실에 더 가깝게 전해졌을 것이다. 결국 황금 송아지상 숭배를 철저히 규탄하기 위해 여로보암왕대의 사실에서, 사실 관계를 알 수 없었을 광야시대 아론의 아들의 죽음 이야기가 만들어졌을 것이다. 아론의 아들 이름을 다르게 할만도 한데, 이야기를 전하던 이들은 자신들이 알고 있던 여로보암가의 저주 이야기와 혼동하며 그렇게 말했을 수도 있다. 만약 후대의 『성경』 역사서의 저자나 편집자가 만들어 넣었다면, 그들은 우상으로 여긴 야훼 신상 숭배의 죗값을 확실하게 보여주기 위해 의도적으로 이름조차 같게 해 연관성을 강조했을 것이다.

전통적으로 높이 평가되었을 초대 대제사장을 지속적으로 폄하하는 이 이야기들은, 아론이나 그의 제사장 가문과 대립하는 위치에 있는 이들이 의도적으로 유포하거나 삽입, 편집했을 가능성도 생각해 볼 수 있다. 다윗 왕조에서 예루살렘 성전의 제사장직을 아론 가문보다는 사독이라는, 다윗왕과 솔로몬왕에 의해 제사장으로 임명된 이의 후예들이 장악했다는 사실을 유의할 만하다. 여러 학자들은 제사장 사독이 예루살렘이 다윗에 의해 점령되어 수도가 될 당시 그곳의 주민인 여부스족 출신일 것으로 추측하고 있다. 따라서 그의 가계는 기존 아론계 제사장들과는 대립적인 입장에 있었다.

그런데 또 한편으로는, 이것이 아론계 제사장들을 견제하는 면이 있다고 해도 상고기 당대의 역사상을 반영하고 있을 가능성에도 유의해야 한다. 기원전 6세기 전반, 바벨론 포로기의 사독 가문 출신 예언자 에스겔은 사독 계열 제사장만이 앞으로도 만들어질 성전에 제사장으로 봉직할 수 있다고 했다. 그 이유는 범제사장 지파라고 할 수 있는 레위인 제사장들이 백성들과 더불어 우상을 숭배하는 데 동조했고, 사독계 제사장들만이 야훼 유일신 신앙을 지켜냈기 때문이다(「에스겔」 44:10~15). 그런데 이스라엘에서 일반적인 신앙은 엘이나 바알, 아세라 신은 물론이고 조상신이나 이방의 여러 신들 그리고 해와 달과 별 등을 섬기고 점술도 행하는 등 당시 주위 다른 민족과 다를 것 없는 다신 신앙 혼합주의적인 신앙 형태였다. 그러한 형태는 윗대로 올라가도 다르지 않았다.

아론이 실재 인물인지를 떠나서 이스라엘 민족이 막 형성되기 시작한 기원전 13세기 말이나 12세기의 원이스라엘인들의 신앙은 바알이나 아세라 신상 숭배는 물론이고 다양한 신들을 섬기는 상황이었다. 그러한 시기에 만들어진 황소상이 이스라엘 영토인 하솔 등에서 출토되기도 했다. 그때의 황소상은 엘 신이나 바알 신의 신상으로 만들어졌다. 따라서 아론이 만들었다는 금송아지는 그러한 전통 가나안 신앙 양태를 보여주는 것으로 볼 수 있다. 아론이나 그의 아들들이 야훼 신앙 제사장으로서 자격 미달이라고 여겨질 수도 있으나 그들이 끝내 제사장으로 인정받고 있는 것은, 이 같은 당대 가나안의 신앙 형태가 있었기 때문일 것이다. 어쩌면 아론은 새로 유입된 야훼 신앙을 기존 가나안의 신앙 기반, 곧 다신 신앙 혼합주의 신상 숭배 등에 서서 다소 어설프고 거칠게 받아들이고 있는 그 지역 기존 제사장을 표상하고 있을 가능성도 없지 않다. 기존 제사장으로서의 그들의 기득권은 매우 강했기에, 위와 같은 대 실수가 연속되어도 새로운 신인 야훼를 전파하고자 하던 초기 전도자들은 오히려 그들을 용납할 수밖에 없었을 것이다.

아무리 보아도 『성경』이 말하는, 이집트 궁궐에서 성인으로 자라고 광야로 도망해 수십 년을 산 나이 든 모세가 야훼 신을 만난 후 갑자기 더 늙었을 형과 누나를 만난다는 것은 이해하기 힘든 일이다. 기원후 1세기 후반 이후 저술이 시작된 『신약성경』에는 당시 모세가 80세였다고 전하고 있다(「사도행전」 7:23,30). 더구나 야훼와 직접 대면하고 마치 신처럼 제사장인 아론에게 지시를 내리는 모세가, 말은 잘하나 곧잘 실수를 범하는 아론의 동생이라는 설정이 부자연스럽기도 하다. 구전 설화에서나 있을 만한 일이다. 새로운 신앙의 내용을 잘 모르나 다신 신앙적 전통에서 야훼 신을 거부하지 않고 받아들여주는 팔레스타인의 전통적 제사장을 아론이 표상한다면, 그는 마땅히 동생보다는 형님으로 그려질 만한 것이다. 기존 제사장들이 용납해주지 않는다면 새로운 신앙 전파는 매우 어려움을 겪었을 것이다. 더구나 원이스라엘 사회에 야훼 신앙이 수용되면서, 그들의 일부가 야훼 신앙을 보다 적극 숭앙하면서 야훼의 제사장으로서 자부하고 나갔다면 그들의 존재감을 낮게 볼 수 없었을 것이다. 그들 아론의 후예인 제사장들은 상당 기간, 나아가 후대에도 야훼의 정통 제사장으로 여겨졌을 것이다.

이처럼 아론 계열 제사장들을 폄하하려는 사독 계열 제사장들의 의도가 후대 오경의 저술이나 편집 과정에 반영되었을 가능성도 있지만, 야훼 신앙 유입 초기의 실상이 반영되었을 가능성도 없지 않다. 종교적 신념이나 특별한 의도만으로, 사실성이 전혀 없는 600~700년간의 지나간 역사를 그 먼 고대에 창작하는 일은 쉽지 않은 일이기도 하다.

야훼 신앙의 초기 수용에 결정적인 역할을 했을, 모세로 여겨지거나 전해진 인물이, 그 새로운 야훼 신앙을 받아들인 원이스라엘 사회에 있었던 기존 제사장을 표상하는 아론을 만나는 설정으로 야훼 신앙 초기 전파 설화가 만들어졌을 듯하다. 이미 야훼 신앙 초기 전파사와 관련해 상당한 전승을 형성하고 있었던, 신비화된 인물 모세의 역할을 전면 부정할 수 없었던 만큼 보다 강성한 제사장 계열이 있었다 해도 두 사람이 형제 정도의 관계를 맺는 선에서 타협이 이루어졌을 개연성을 추정해 볼 수 있다. 다양한 지역 출신의 신들이 가족 관계를 형성하게 되는 것은 가나안이나 메소포타미아는 물론 전 세계적으로도 흔한 일인 만큼, 설화상 모세와 아론의 형제 관계 설정은 충분히 가능성이 있는 것이다. 아론의 후예들로서는 물론 아론 위주의 설화를 형성하고 싶었겠지만, 국가 권력이 성립되지 않고 지방마다 각기 성소나 신전을 중심으로 야훼 신앙이 여러 신앙 가운데 하나인 원이스라엘 사회의 다신 신앙 혼합주의 상태에서, 한 제사장 가문의 독주나 전횡은 용납되지 않았던 것이다. 여기서 아론 가문은 자신의 조상을 중심으로 한 초기 민족 신앙 신화 생성에 한계가 있을 수밖에 없었을 것이다.

출애굽 사건과 관련해 어찌 보면 좀 가벼운 문제로 보일지도 모르지만 필자는 소년 시절부터 『구약성경』의 출애굽 사건을 읽거나 생각할 때 의아했던 점이 한 가지 있었다. 어떻게 히브리인들은 파라오를 제압하기 위해 행해진 야훼 신의 여러 가지 권능과 기적을 보고, 특히 홍해가 갈라져 통과하는 기적을 경험하고도 그렇게 야훼나 모세에 불순종하고 저항했나 하는 점이었다. 갈라진 홍해 바다의 바닷물 벽을 보면서 바다 바닥을 밟고 가족이나 친지들의 손을 잡고서 통과했다면 그 경이감이 실로 엄청났을 터인데 그리도 불만들이 많을 수 있었을까 하는 것이었다. 인간이란 과거의 자신이 받은 은혜를 곧잘 잊어버린다지만, 수족관과 같았을 바닷물벽 속의 물고기들이나 해초들도 보았을 텐데 어찌 그 감격을 그리 쉽게 잊었단 말인가 하는 생각이 들곤 했다. 소박한 생각이지만 홍해 바다를 바람으로 갈라 넘어서 출애굽이 있었다면, 그들이 그리 불순종의 행위를 끊임없이 저지를 가능성은 거의 없었을 것이다. 이러한 기적은 일어날 수 없는 일로서 사람들에 의해 상상되고 만들어져 오랜 세월 믿어진 이야기인 것이다.

2) 출애굽 사건의 진실과 원이스라엘의 형성

이처럼 수많은 학자들이 연구에 연구를 거듭했지만, 여전히 명쾌한 해석을 만나지 못하고 있는 이 사건의 진실은 무엇일까? 이제 필자는 여러 문제점을 안고 있는 사건의 기록 자체에 너무 매이지 않고 오히려 그것이 무엇을 말하고 있는지, 그 진실을 중심으로 사건의 실상에 접근해 보고자 한다. 이를 통해 자연스럽게 초기 이스라엘 민족 형성사를 알아보겠다.

『성경』이 말하는 출애굽 사건의 핵심 주제는 무엇일까? 그것은 이스라엘 민족 형성이 야훼 신의 의지에 의해 비롯되고 그의 역사에 의해 이루어졌다는 것이다. 그러므로 이스라엘 민족은 자신들의 계획이나 노력이 아니라 순전히 야훼 신에 의해 노예 상태에서 해방되어 구원된 야훼의 종으로서 그의 백성임을 확실히 알자는 것이다. 『구약성경』에는 너무나 다양한 인물들이 가지가지 사연을 가지고 나오고 있지만 그 주인공은 유별나게 정열적이며 인간에 애착을 보이는, 인간사에 적극 참여하는 야훼 신임을 잊어서는 안 된다. 약소민족인 이스라엘로서는 민족 국가간 경쟁 속에서 의지할 것이 민족신밖에 없었던 만큼 사나운 전쟁의 신 야훼를 그렇게 끈질기게 믿은 것이다. 이웃 나라들의 숱한 침략들을 당했던 그 약소민족의 민족신은 배타적이고 사나울 수밖에 없었을 것이다.

이 출애굽 전승이라는 민족적 대 서사가 일부 엉뚱한 공상가들에 의해 우연히 창작되었다고 볼 수는 없다. 『성경』이 전하는 내용은 그것이 신화적인 것으로 사실 자체와는 거리가 상당히 멀다고 해도, 어떤 역사적 상황을 반영해 많은 이들의 공감 속에 전해졌을 가능성을 부인할 수 없다.

이스라엘의 민족 형성은 역사학이나 고고학적 연구 등을 통해 후기 청동기시대에서 초기 철기시대로 전환하는 기원전 1200년경을 전후해 구체화된 것으로 알려져 있다. 그런데 이 시기에는 이스라엘이 자리하게 되는 팔레스타인 지방에 큰 역사적 변동이 있었다.

기원전 1200년경 이스라엘과 관련된 역사적 자료로 크게 주목되는 것이 있다. 그것은 당시의 이집트의 파라오인 메르넵타Merneptah의 공적을 기록한 돌 비문이다. 이 비는 '메르넵타 석비'라고 불리며, 연대 추정에 학자들 간에 약간의 차이를 보이기도 하나 대체로 기원전 1207년에 새겨진 것으로 보고 있다. 이 비문에는 이스라엘이 언급되기도 했다. '이스라엘'이라는 칭호가 전하는 것으로는 현재 가장 오래된 금석문이다. 관련 부분을 인용하면 다음과 같다.

"트제헤누Tjehenu는 점령당하고, 카테Khatte에 평화가 회복되었다.
페카나안Pekana'an(가자)은 극악무도하게 노략질 당했다.
아스글론은 공격받았고 게셀은 점령당했다.
예노암Yeno'am은 전멸했고
이스라엘은 벌거벗긴 채, 모든 씨가 결여되었다! [*Ysr3r fk (w)
bn prt.f*]
카루Kharu는 이집트에 과부가 되었고
모든 땅은 평화를 되찾았다."[12]

해석상 논란은 있지만 여기에 보이는 '이스라엘'이 원이스라엘 민족
임에 의견이 모아지고 있다. 위 비문에는 리비아나 터키 인근 지역, 그
리고 팔레스타인 등의 외국이나 도시 그리고 주민 집단 등에 대한 이집
트의 승리가 쓰여 있다. 어떤 이유에서인지 이스라엘도 이집트의 공격
을 받아 약탈되고 후손까지 둘 수 없는 지경에 이르렀거나 아니면 곡식
의 종자조차 다 빼앗긴 상황이다.

물론 이 이집트 비문에 보이는 이스라엘이 유대인의 조상인 고대 이
스라엘인지에 대한 의문이 제기되기도 하지만, 팔레스타인의 다른 도
시들과 함께 이집트의 공격을 받았던 집단이 원이스라엘 주민일 가능
성을 부인할 수는 없을 것이다. 후기 청동기시대에서 철기시대로 가면
서 팔레스타인 중앙 산간 고원 지역의 주민들의 집주集住가 급증해 이

---

12) 레스터 L. 그라비 지음, 『고대 이스라엘 역사』 139·140쪽, 류광현·김성천 옮김 (CLC, 2012)

후 수백 년간 그 문화가 지속된 것으로 보아도 이들을 원이스라엘 민족으로 보는 데 주저할 필요는 없다. 물론 후기 청동기시대에서 초기 철기시대에 이르는 중앙 고원 지역 정착민들의 '방 네 개짜리 집(four-room house)'의 주거 형태나 계단식 농경지, 농경과 가축 사육의 혼합 경제 형태 등은 주위의 다른 지역에도 나타나는 것으로 원이스라엘의 고유한 민족 문화라고 보기에 거리가 있다는 견해도 있다.

그런데 생활 문화는 환경이나 생태적 여건에 따라 흔히 인접 지역 주민 간에 공유되기도 한다. 따라서 이러한 생활 문화 형태가 나타나는 팔레스타인 중앙 산간 지역 거주지들의 주민 집단들을 중심으로 정치나 경제적 이유, 지형, 지세 등 다른 여건에 의해 별도의 집단 정체성을 형성해가며 민족이 되었을 가능성은 있다. '방 네 개의 집'은 「사사기」에 나오는 기드온 이야기 등에 보이는 '아버지의 집'에 살고 있다는 대가족 거주 형태 기술을 통해 확인할 수 있는데, 3세대 정도가 가운데 뜰을 두고 가축을 키우며 사는 다세대 돌집 구조이다. 이 집들은 벽을 연결해 건축함으로써 몇 개의 집들로 이루어지는 100~300명 정도 인원의 마을을 형성했다. 산간 경사지의 자연적으로 만들어진 석회암 테라스 끝부분에 돌로 둑을 쌓아 토사 유실을 막고 물이 흡수되도록 한 계단식 농경지는 산간 지역 거주를 가능하게 한 생산 기반이었다. 아울러 이 지역 주민들은 생활과 농사, 가축 사육에 필수적인 물을 저장, 확보하기 위해 대형 목깃이 달린 단지들(collared-rim jars)을 사용했는데, 철기문화가 발달해 철제 공구가 사용되면서는 암반에 대형 종모양의 수조를 파서 대신했다.[13]

---

13) 윌리엄 데버, 앞의 책, 61~84쪽

다시 인용된 비문으로 돌아가 보면 이 비문의 내용은 이집트 내의 카르낙 사원의 부조 그림들과도 상당히 조응하는데, 대체로 기원전 12세기 중반까지도 팔레스타인에 대한 이집트의 지배가 있었던 중에 모종의 정치, 사회적 변동을 맞이해 무력 진압이 일어난 상황을 기록한 것으로 볼 수 있다. 연구자에 따라서는 이 기록이 메르넵타의 재위 기간에 있었던 것이라 확신할 수는 없다며 그 전 파라오들 시대에 있었던 사실들이 포함되었을 개연성까지 생각하기도 하지만, 그런 경우에라도 이 비문이 새겨지기 전에 '이스라엘'이라는 주민 집단이 이집트와 어떤 관련을 갖고 대립하게 되었다는 사실만은 부인할 수 없다.

여기에 앞서 기원전 14세기에 메소포타미아나 팔레스타인 등에 있었던 여러 도시국가 등이 이집트에 보낸 토판 외교 문서들인 아마르나 문서(Amarna Letters)를 보면, 팔레스타인 일대에는 이미 이집트의 지배가 강력하게 펼쳐지고 있었음을 알 수 있다. 메소포타미아나 가나안 인들이 사용한 아카드어로 기록된 아마르나 문서는 이집트의 제18왕조 아멘호테프 3세 즉위 제30년(BC 1359)부터 아멘호테프 4세를 거쳐 투탕카문 Tutankhamun 제3년(BC 1334)까지 기록되었다. 외교 서신의 발신자들은 메소포타미아의 바빌로니아와 아시리아를 비롯해, 미타니Mitanni, 히타이트, 우가리트Ugarit, 아르자와Arzawaa, 알라시아Allasia(현재의 키프로스), 그리고 가나안 지역의 여러 도시국가들이 포함되어 있다. 이들 문서 중 약 300개는 시리아-팔레스타인 지역의 여러 도시국가들이 보낸 정치, 사회적 상황 보고를 포함한 외교 서신이어서 후기 청동기시대 가나안이 이집트에 지배받고 있는 상황을 잘 보여준다.[14]

---

14) 서울대학교 역사연구소 지음, 『역사용어사전』 '아마르나 문서(Amarna Letters)' 항목 참조 (Daum 백과)

아마르나 문서는 이스라엘 민족의 기원과 연결되어 주목받는 '하비루Habiru'라는, 국가적 지배를 벗어나 유리하는 일종의 사회적 난민 집단 같은 존재들이 정치·사회적으로 문제가 되고 있었다는 사실을 전하고 있다. 이러한 사회적 하층민이 청동기문화의 발달과 이어 철기문화가 보급되는 단계에 이르면 여건에 따라 주민이 별로 거주하지 않았던 중앙 고원 지대의 산지 개발과 농경 정착에 합류할 수 있었으리라는 짐작도 크게 무리가 아닐 것이다. 물론 새로운 정착민의 출신은 다양했던 것으로 여겨지고 있다.

이제 메르넵타 석비에 보이는 '이스라엘'의 존재를 다시 주목해 보자. 먼저 이들은 이집트의 정벌의 대상임을 알 수 있다. 이들 주민 집단은 이집트의 직접적인 지시나, 아니면 도시국가 등을 통해 펼쳐지던 지배에 협조하지 않았던 것이다. 적어도 이들 집단이 새로운 독립 세력으로 나서고 있었을 가능성은 충분히 읽을 수 있다. 팔레스타인 일대의 새로운 주민 유입 파동에 따른 혼란이나, 기후의 변동 혹은 지배층의 착취 증가에 따른 하층민이나 하비루 같은 떠돌이 난민들의 반발로 인해 해안 평지에 있었던 기존 도시국가들의 지배력 약화 등이 있었을 법하다. 이러한 상황에서 가나안 도시국가의 하층 농민이나 하비루와 같은 유랑 난민들, 그리고 일부 유목민 집단 등이 생계를 위해 발달한 청동기문화와 철기문화의 개시와 더불어 중앙 고원 지대의 미개척지로 몰려가 개발과 정착에 나서기 시작했을 가능성도 있다. 이들은 고원지대에, 이전 시기에서부터 있었다고 하는 저수 시설을 설치하고 계단식 농경지를 개간하며 집을 짓고 농경 정착 생활로 나아간 것이다. 그런데 기존 도시국가들은 평지의 제한된 영역 내의 도시 생활에 익숙한 구조와 체제였던 만큼, 고원 지대로 정착지를 확대하며 빠져나가던 하층민이나 하비루 등을 제대로 통제·지배할 수 없는 상황이었을 것이다.

중앙 산지 고원 지대의 개발과 정착은 가나안의 중·하층민들, 난민, 그리고 가난한 유목민들에게는 가능성이 있는 비전으로 다가왔을 만하다. 우선 이집트의 후원을 등에 업은 도시국가의 이중적, 약탈적 지배를 벗어날 수 있었다. 고율의 세금을 내지 않고도 주인 없는 땅을 개간해 농경하는 것은 과거에 비해 매우 희망적이고 생산적인 것이었다. 사회경제적 분화의 심화에 의해 구성원 간 갈등 요소가 오랫동안 쌓여왔고 별다른 전망도 없는 상태에서 일부 용기 있고 진취적인 이들에 의해 시작되었을 산지 개간과 정착 사업은 큰 호응을 얻고 진전을 이루었을 것이다. 이런 일이 막 일어나던 시기에 이 변화에 대해 도시국가의 지배자들과 그 배후 세력인 이집트의 파라오는 민감하게 반응해 새로운 생존 방식을 추구하는 주민 집단을 압박하고 정벌을 시도했을 만하다. 파라오는 대승을 거둔 것처럼 기록하고 있지만 그 주민들의 흐름은 막을 수 없었고 결국 역사는 그 민족이 상당 기간의 숙성을 거쳐 이스라엘을 건국하게 되었음을 알려 주고 있다.

특히 고고학적 근거가 없어 설득력을 잃어버린 이집트에서 탈출한 대규모 히브리인의 팔레스타인 정복 정착설을 부인하고 보면, 이스라엘 민족은 가나안 일대의 정치 사회적 변동과 주민 이동, 기후 변화, 철기문화의 보급이라는 복합적 요인에 의해 여러 부류 주민들의 산간 고원 지대 정착에 힘입어 형성된 집단임을 부인하기 어렵다. 그들은 가나안의 하층 농민을 주류로 하비루 같은 유랑민이나 여타 유목민이 다양한 방식으로 공존하는 형세였을 것이다. 이들은 기존 도시국가들과 이집트의 억압과 이웃 부족과의 대결, 그리고 블레셋 등 해양 민족들의 유입에 따른 대결 국면의 고조로 에워싸임(circumscription)을 당해 결국 하나의 민족을 형성해 갈 수 밖에 없는 형세에 처했던 것이다.

　한편 이스라엘의 고고학자 핑컬스타인은 유목민 위주의 정착과 주민 형성 가능성을 주장하기도 한다.[15] 이 시기에 해당하는 이즈벳 사르타의 주거지 발굴에서 타원형 배열의 주택 구성의 흔적이 있다고 보아, 근래까지 이 지역 사막에서 살고 있는 베드윈족 마을에서 텐트를 둥글게 배치하고 사는 것과 연관된다고 보고 그런 주장을 하는 것이다. 이에 대해 미국의 고고학자 윌리엄 데버는 발굴 보고 자체가 일부 유물 유구에 의한 지나친 추론이라 전혀 신뢰할 수 없다는 견해를 밝히고 있다.[16] 농민 출신이라도 고산 지대의 새로운 농경 정착이 쉽지만은 않을 터인데 유목민들이 짧은 기간 내에 정착해 농경민 사회로 전환해 민족을 형성했다는 것은 설득력이 약해 보인다. 유목민이 아닌 정착민들이라도 성벽이 별도로 있지 않았던 상황에서 방어를 염두에 두고 둥근 구조의 주거 형태를 건설했을 가능성도 없지 않을 것이다.

　이처럼 여러 요인에 의해 다양한 부류의 종족이나 주민들이 팔레스타인의 남북으로 비교적 길게 형성된 중앙 고원 지대로 밀려와 이스라엘 민족을 형성해갔을 가능성을 높게 본다면, 왜 출애굽 신화는 야훼와 이집트 파라오의 대결을 그처럼 강력하고 지리할 정도로 길게 말하고 있을까? 사실일 가능성이 거의 없다면 어떤 상황이 이와 같은 신화를 창출한 것일까?

　『성경』이 말하는 출애굽 사건에 깔려있는 핵심 모티브는 이집트로부터의 해방이다. 『성경』은 야훼 신의 역할을 적극 과장하며 선양하고 있

---

15) 이스라엘 핑컬스타인·닐 애셔 실버만, 앞의 책 139~141쪽
16) 윌리엄 데버, 앞의 책, 73~75쪽

는 바, 그 신의 행위는 이스라엘 백성을 이집트 제국의 지배로부터 벗어나게 하고자 하는 것이었다. 포로였던 히브리인들은 이집트의 건설 현장에서 지푸라기도 주어지지 않는 상황에 더 많은 벽돌을 구워내도록 채근받고 억압당하고 있었다고 한다. 그들은 타민족 국가를 위해 수탈당하는 삶을 살았던 것이다. 그런데 이집트 제국은 주로 가나안 하층민 출신이었을 중앙 고원 지대 정착 주민들에게도 세금을 부과하고 도시 건설 등을 위한 벽돌 굽기 등에 그들을 동원하고자 했을 가능성이 크다. 적어도 메르넵타에 저항한 이들의 일부 조상들 중에는 제국의 착취, 람세스 2세에 의한 국고성인 시나이 반도에 근접한 위치에 있었던 비돔과 라암셋 건설 등에 시달려 울부짖기도 했던 것이다. 아울러 희망 없는 상황에서 원이스라엘인들이 이집트나 가나안 도시국가들의 지배를 벗어나 중앙 고원 지대를 개척하고 정착하는 흐름을 기존 도시국가나 그 배후의 이집트 제국은 적극 제지하고 정벌전을 벌였던 것이다. 이렇게 보면 결국 이스라엘 민족의 중앙 고원 지대 개간과 정착 과정은 이집트의 지배에서 탈출하고 해방되는 역사였던 것이다.

메르넵타 석비는 정벌전이 벌어지고 대대적인 파멸을 맞은 듯 '이스라엘'이 지리멸렬했던 것처럼 전하고 있지만, 그들은 이미 기원전 13세기 후반에 이집트 군대에 항전할 만큼 공동의 위기를 맞아 행동을 같이하는, 제법 정체성이 구별될 만한 주민 집단으로 인식될 정도였다. 이집트 파라오의 정벌전에 맞서는 이들 원이스라엘인들은 이집트 제국과 맞서는 중에 오히려 일체감을 높여갔을 것이다. 뚜렷한 지배자 없이 자립과 자율적 질서를 중심으로 고원 산간에 흩어져 정착한 그들은 이제는 생존을 위해, 그리고 지속적인 생산 경제 영위를 위해 연대하고 결속하지 않을 수 없었다. 주민들 간에 협약이 이루어지고 촌락이나 씨족,

나아가 부족 간 협조의 필요성도 커져갔을 것이다.

고원 산지라는 거주 지대의 특성상 지형지세의 영향을 크게 받을 수밖에 없어서 집약적인 정치적 지배력의 형성은 지체되고 있었지만, 그들은 상부상조와 결합의 필요성을 느끼면서 대오를 정비했을 것이다. 영웅적인 지도자들이 나타나 전쟁을 대비해 활동하기도 했을 것이다. 출신 집단의 다양성과 지형 등으로 인해 주민들의 힘을 모아내는 작업은 노력에 비해 결과가 빈약했을 것이다. 그 과정은 「사사기」의 내용에서 미루어 볼 수 있는 바와 같이 숱한 시행착오와 상당한 세월이 필요했다. 국가 성립 이후에도 이 같은 주민 구성 및 지형지세가 갖는 분리·분열적 요소는 중앙집권화에 제약 요소로 작용하고 마침내 솔로몬왕 사후 남북 왕국이 분열하는 형세를 낳는 조건이 되기도 했다.

여기서 메르넵타 석비에 보이는 명칭 '이스라엘'에 주목할 필요가 있다. 『성경』은 이스라엘 12지파의 시조라는 야곱이 이스라엘이라는 이름을 신이나 신의 천사로부터 받았다고 말하고 있다. 쌍둥이 형이었던 에서의 분노를 피해 외갓집으로 달아났다가 제법 부자가 되어 아내들과 자녀들을 거느리고 귀향하는 과정에서, 야곱은 어떤 신성한 존재를 만나서 그를 부여잡고 축복해 줄 것을 간청하며 떼를 쓰게 되었다 한다. 그 정체를 알 수 없는 존재는 야곱의 환도 뼈를 쳐서 빠져 나온 후 '신과 겨루어 이긴 자'라는 의미의 '이스라엘'이라는 이름을 지어 주었다는 것이다(「창세기」32:25~29). 물론 이러한 전승을 그대로 믿을 수는 없는데, 적어도 원이스라엘인들이 야훼 신의 이름을 이용해 '이스라-야' 또는 '이스라-야후'라 하지 않고 가나안의 전통적 최고신이었던 엘 신이나 혹은 보통명사화해 신으로 쓰이고 있는 '엘'을 사용한 민족명을 사용하고 있었던 사실에 주목할 필요가 있다. 고유한 신명이 일반적인

'신'이란 의미로 변용된다는 것은, 우리 한국인들이 전통적인 천신 하느님을 그저 일반명사인 '신'으로도 사용함을 생각하면 이해하기 좋을 것이다.

엘 신은, 우가릿 문서나 『성경』을 통해 알 수 있는 바와 같이 가나안 신들의 세계(만신전)의 최고신이었으며 당시에는 바알 신에게 주도권을 물려주었으나 여전히 관념적으로는 그 권위가 인정되는 편이었다.[17] 그 신의 명칭 자체를 민족명에 사용했든지, 일반화해 그저 '신'이란 보통 명사로 사용되던 것을 따라 민족명에 사용했을 것이다. 다음 장에서 보다 자세히 찾아보겠지만 그들은 이처럼 외부에서 들어온 새로운 신 명칭이 아니라, 일단 가나안의 신앙 전통에 서서 자신들의 정체성을 표명하고 있는 것이다. 그리고 이것은 자신들만의 인식이 아니라 이집트 제국도 인정해 주는 것이었음을 알 수 있다. 신의 명칭을 민족이나 국가명에 드러내는 일은 곧 아시리아 제국의 경우에도 보이고 있는데, 가나안의 풍토에서 '엘'이라는 명칭을 민족명에 사용하는 것은 원이스라엘인들의 주축이 가나안 출신들일 가능성을 강하게 보여준다고 여겨진다. 물론 이방에서 유입해 정착한 이들이 자신들의 가나안 정착의 당위성을 드높이기 위해 그와 같은 전략을 사용했다고 생각할 수도 있으나, 그 먼 옛날에 소수의 새로운 정착민들이 그와 같은 전략까지 수립해 대응할 만큼 높은 지적 상태에 있었다고 보는 것은 설득력이 약하다.

이렇게 볼 때 이미 학계에서도 거의 정리된 바와 같이 기원전 15세기의 대대적인 히브리인 해방민의 가나안 정복에 의한 이스라엘 민족 및 국가의 형성이라는 소위 '정복설'은 설득력이 없음을 다시 확인할

---

17) 데이비드 마이클 쿠건, 『우가릿 신화의 세계』 136쪽, 유선명 역 (은성, 1992)

수 있다. 출애굽 사건의 연대를 기원전 13세기로 수정한다고 해도 『성경』에 보이는 점령, 파괴한 성들의 남녀노소 백성들을 흔히 몰살시키기를 마지않았다는(「여호수아」6:21, 8:25 등) 처참한 가나안 정복사는 고고학의 발굴 성과들에 의해 부정된다. 이스라엘 군대가 언약궤를 앞세우고 나팔을 불며 돌아 성을 무너뜨렸다는 여리고는 기원전 14세기에는 소수의 거주 흔적만 있고 기원전 13세기에는 사람이 전혀 살고 있지 않았다. 무너질 성벽은 본래 없었던 것이다. 여호수아가 훌륭한 매복 작전을 펼쳤던 아이Ai로 여겨지는 지역에서도 출애굽이 있었다는 후기 청동기시대에는 사람이 살고 있지 않았다. 정복 기사는 후대에 만들어진 작품이었다.[18]

전체적인 역사상 이스라엘 민족의 형성은 가나안의 중·하층민들이 가나안 해안 및 평지의 도시국가들과 이집트 제국의 이중적, 약탈적 지배를 벗어나기 위해, 발달한 청동문화와 새로운 철기문화의 도움으로 기존 정치력이 미치기 어려웠던 주인 없는 중앙 고원 지대를 찾아가 개척·정착하면서 시작된 것으로 보인다. 이러한 새로운 흐름에 주변 여러 민족 출신의 난민들이나 유랑민, 일부 유목민 등이 합류하면서 타 정치 세력과 지형에 에워싸인(circumscribed) 형국에서 주민 간 협약을 통해 공생을 도모하는 가운데 공동 운명체로 점차 형성되어간 것으로 여겨진다.

바로 이러한 과정에서 원이스라엘인들은 자신들이 이루어가는 새로운 역사가 이집트 제국으로부터의 해방 자체이기도 한 것에 공감했던 것이다. 그리고 자신들이 파라오의 억압과 심지어 정벌전 등을 겪으면

---

18) 이스라엘 핑컬스타인·닐 애셔 실버먼, 앞의 책 104,105쪽

서 이루어낸 지난한 생존 역사가 '어떤 신'의 도움으로 이루어지고 있고, 이루어질 것이라는 비전을 가졌던 것으로 보인다. 따라서 그 '어떤 신'은 해방자이며 구원자의 이미지를 갖게 되었을 것이다. 야곱이 얍복 나루, 곧 브니엘에서 밤새 씨름하고 '이스라엘(신과 겨루어 이긴 자)'이라는 이름을 처음 받아냈다는 신비한 존재도, 이름을 물었으나 끝내 말해주지 않았다고 했는데(「창세기」32:29) 그 신이 어느 시기까지는 알 수 없는 존재로 여겨졌을 가능성을 보여준다. 원이스라엘인들은 자신들이 '신(엘)과 겨루어 이긴 자', 신의 축복과 도움을 받아내 해방을 이루고 있다는 자부심에 공감하며 주민 집단명에 감히 '이스라엘'을 칭하게 되었을 듯도 하다. 그들은 이미 기존의 가나안 도시국가 등에서 널리 믿어왔던 바알 신 등을 여전히 신앙하는 중에도, 새로운 민족을 창출해내고 있는 이 신을 기존의 바알 등과는 다른 신일 가능성이 있다고 생각하게 되었을 것이다.

아울러 그들은 이 해방의 신이 자신들이 개척해 정착한 중앙 고원 지대를 주었다고 믿게 되었을 것이다. 이와 관련해 이스라엘 역사에서 너무나 비중 있고 현재까지도 영토와 연관되어 민감한 문제이기도 한, 신이 주기로 한 '약속의 땅'이라는 관념이 자라게 되었을 것이다. 「창세기」12:7에 보이는 야훼가 아브람에게 가나안 땅을 너의 자손에게 주리라고 한 약속은, 그 자체가 사실일 리는 없겠지만, 이러한 앞 시대의 역사 경험을 후대에 반영해 나오게 되었을 것이다. 한편 원이스라엘인들은 자기들이 부득이하게 떠나야했던 고향들을 그리워했을 것이다. 그들의 출신이 매우 다양했을 것이니만큼 돌아가고 싶고 되찾고 싶은 그들의 고향들은 중앙 산간 지대 주위의 제법 넓은 지역에 분포했을 것이다. 그곳은 그들 주민들의 고토故土로서 다소 막연하나 일종의 관념적 영토처럼 여겨져, 『성경』에 보이듯 후대 12지파에 의한 팔레스타인 지역에 대한 정복과 정착이라는 이스라엘 민족 영토 비전에 영향을 미쳤을 개연성도 있다.

원이스라엘인들에 의해 민족 형성 과정에서 의식되기 시작한 이 '역사하는 신'은, 장차 그에 대한 신앙 체계가 확보된다면 이스라엘 역사의 주체로서 등장할 가능성이 충분하였다. 그 신에 의해 주도되는 이집트 지배로부터의 해방이라는 역사는 그 신을 신화의 주체로 재구성할 여지가 있었던 것이다.

결국 원이스라엘인들이 가나안에서 펼치고 있었던 이집트 지배로부터의 탈출과 해방의 역사는 상당한 시간이 경과하며 설화화, 신화화되면서, 저 남방 이집트 제국으로부터의 탈출과 해방이라는 역사적 사실처럼 변하게 되었을 것이다. 일부 주민들의 이집트에서의 강제 부역 경험과, 팔레스타인 남방 사막 일대에서 믿어진 야훼 신앙의 북상에 의한 원이스라엘 사회로의 유입이라는 역사적 사실들까지 합세해, 신화는 매우 그럴듯한 줄거리를 형성할 수 있었던 것이다. 파라오의 저항과 홍해의 기적 그리고 시나이 광야의 고난과 만나의 기적, 약속된 땅의 회복 등의 화소가 더해지면서 민족 해방, 민족 형성의 대서사시로 나아갔을 것이다.

여기에 「신명기」가 거의 완성되고 「신명기」계 역사서의 일부분이 저술되었을 기원전 7세기 후반 요시야왕대에 이르러 아시리아 제국이 쇠멸하며 대신 이집트의 지배가 다시 팔레스타인에 펼쳐지게 되었다. 그리고 요시야왕은 결국 당시 이집트의 파라오 느고[네코Ⅱ]에 의해 죽임을 당했다(BC 609). 이러한 과정에서 이집트의 지배에 대한 두려움, 탈출의 절실함은 다시 한 번 고조되었던 것이다. 아울러 바벨론 포로기와 해방 이후 페르시아의 지배를 받는 중에 「창세기」 이하 오경의 편집, 편찬이 진행되었다. 이때 페르시아의 식민지 지배를 받았던 유대인들은 페르시아 제국의 시선을 크게 의식하지 않을 수 없었다. 민족 정체성의 확립이나 유지를 위해 제국의 지배가 미칠 위험성을 잘 알고 있었던 유대 엘리트들로서는, 과거 이집트 제국주의에 대한 경계심을 우회적으로 표현해 소기의 목적을 달성하는 방법을 취하게 되었을 듯하다. 결국 출애굽의 신화적 요소는 더욱 강력하게 윤문·포장되는 신화의 역사화 작업이 가해졌던 것이다.

3

원이스라엘에 들어온 야훼,
민족신이 되어 가다

1) 야훼 신의 등장과 그 실체

『구약성경』의 「출애굽기」 3장에는 야훼 יהוה 신이 모세에게 나타나 자신을 소개하는 명장면이 있다.

1. 모세는 미디안 사제인 장인 이드로의 양떼를 치는 목자가 되었다. 그가 양떼를 이끌고 광야를 지나 하느님의 산 호렙으로 갔더니

2. 야훼의 천사가 떨기 가운데서 이는 불꽃으로 그에게 나타났다. 떨기에서 불꽃이 이는데도 떨기가 타지 않는 것을 본

3. 모세가 "저 떨기가 어째서 타지 않을까? 이 놀라운 광경을 가서 보아야겠다." 하며

4. 그것을 보러 오는 것을 야훼께서 보셨다. 하느님께서 떨기 가운데서 "모세야, 모세야." 하고 부르셨다. 그가 대답했다. "예, 말씀하십시오."

5. 하느님께서는 "이리로 가까이 오지 마라. 네가 서 있는 곳은 거

룩한 땅이니 네 발에서 신을 벗어라." 하시고는

6. 다시 말씀하셨다. "나는 네 선조들의 하느님이다. 아브라함의 하느님, 이사악의 하느님, 야곱의 하느님이다." 모세는 하느님 뵙기가 무서워 얼굴을 가렸다.

7. 야훼께서 계속 말씀하셨다. "나는 내 백성이 이집트에서 고생하는 것을 똑똑히 보았고 억압을 받으며 괴로워 울부짖는 소리를 들었다. 그들이 얼마나 고생하는지 나는 잘 알고 있다.

8. 나 이제 내려가서 그들을 이집트인들의 손아귀에서 빼내어 그 땅에서 이끌어서, 젖과 꿀이 흐르는 아름답고 넓은 땅, 가나안족과 헷족과 아모리족과 브리즈족과 히위족과 여부스족이 사는 땅으로 데려가고자 한다.

9. 지금도 이스라엘 백성의 아우성 소리가 들려온다. 또한 이집트인들이 그들을 못살게 구는 모습도 보인다.

10. 내가 이제 너를 파라오에게 보낼 터이니 너는 가서 내 백성 이스라엘 자손을 이집트에서 건져내어라."

11. 모세가 하느님께 아뢰었다. "제가 무엇인데 감히 파라오에게 가서 이스라엘 백성을 이집트에서 건져내겠습니까?"

12. 하느님께서 대답하셨다. "내가 네 힘이 되어주겠다. 이것이 바로 내가 너를 보냈다는 증거가 되리라. 너는 나의 백성을 이집트에서 이끌어낸 다음 이 산에서 하느님을 예배하리라."

13. 모세가 하느님께 아뢰었다. "제가 이스라엘 백성에게 가서 '너희 조상들의 하느님께서 나를 너희에게 보내셨다.' 하고 말하면 그들이 '그 하느님의 이름이 무엇이냐?' 하고 물을 터인데, 제가 어떻게 대답해야 하겠습니까?"

14. 하느님께서는 모세에게 "나는 곧 나다." 하고 대답하시고, 이어서 말씀하셨다. "너는, 나를 너희에게 보내신 분은 '나다.' 하고 말씀하시는 그분이라고 이스라엘 백성에게 일러라."

15. 그리고 하느님께서는 다시 모세에게 말씀하셨다. "너는 이스라엘 백성에게 이렇게 일러라. '나를 너희에게 보내신 이는 너희 선조들의 하느님 야훼시다. 아브라함의 하느님, 이사악[이삭]의 하느님, 야곱의 하느님이시다.' 이것이 영원히 나의 이름이 되리라. 대대로 이 이름을 불러 나를 기리게 되리라.

다른 신들에 비해 너무나 역동적인 이 신은, 자기 백성이 이집트 제국의 학정에 시달림을 더 이상 두고 볼 수 없어 그들을 구원하기 위해 나서며, 공교롭게 이집트 궁궐에서 왕자처럼 자란 모세를 불러내 함께 출애굽의 역사를 도모하자고 권하는 것이다. 너무 두렵고도 떨리는 중에 어처구니없는 정도의 사명을 부여받게 된 모세가 얼떨떨해하고 당황한 것은 당연하다.

그러면서 모세가 다른 사람들을 빙자해 돌려서 당신의 이름이 무엇이냐고 묻자 숱한 논란을 가져오는 '나다(I am)'라는 의미의 야훼임을 말하고 있다(14,15절) '야훼'라는 용어의 시원이나 그 의미에 대해서는 상당한 연구들이 진행되었지만 여전히 논란이 되고 있다.

그런데 「출애굽기」에는 위의 구절에서 조금 지나 제6장에 가서 다시 야훼가 스스로를 설명하는 내용이 나온다.

2. 하느님께서 모세에게 말씀하셨다. "나는 야훼다.
3. 나는 아브라함과 이사악과 야곱에게 전능의 신으로 나를 드러

낸 일은 있지만 야훼라는 이름으로 나를 알린 일은 없었다.

4. 또 나는 그들이 유랑민으로 몸붙여 살던 가나안 땅을 주기로 그들과 계약을 세웠다.

5. 나는 이집트인들에게 혹사당하는 이스라엘 백성들의 신음 소리를 듣고 내가 세운 계약을 생각했다.

야훼는 자신이 아브라함, 이삭, 야곱에게 '전능의 신(엘 샤다이, El Shaddai)'으로 드러냈으나 그들에게 '야훼'로 알린 적은 없다는 것이다. 그러면서 그들에게 주기로 약속한 땅을 그 후손에게 마침내 주고자 한다고 말하고 있다.

엘 샤다이는 매우 연원이 깊은 용어이며 『구약성경』에 널리 나오는 대표적인 신명神名의 하나이다. 대체로 '산의 신'이라는 의미에서 시작된 것으로 보기도 하는데, 창세기에 보이는 족장들과 그의 가족 등을 축복하는 데 흔히 등장하는 이름이다. 가나안의 전통적 지고신인 엘El 과 연관되어 있는 것이니, 출애굽 사건 훨씬 전의 이스라엘 고대 족장들의 시대에 저명한 신으로 여겨져 숭앙되었을 만한 이름이다.

주목할 만한 점은, 새롭게 등장한 야훼 신이 스스로 과거 히브리인 들의 조상들이 믿었던 '엘 샤다이'라는 신이라고 밝히고 있다는 것이다. 그런데 조상들의 신이라면 굳이 그 후손들에게 신명을 바꾸어 제시하는 이유가 무엇일까. 조상과 후손의 계승 관계가 이어지고 있다면 신의 이름을 굳이 바꾸어 제시한다는 것은 자연스럽지 않다. 이는 아무래도 그 신 스스로의 계시보다는 오경을 저술·편집한 이들의 필요에서 이 내용이 의도적으로 구성되었을 가능성을 보여 준다. 사실 『구약성경』은 오래된 고대의 서적으로서는 놀랄만한 분량으로 여러 분야와 다양한 인간을 다루고, 종교만이 아니라 정치나 사회, 그리고 인간의 내면의 깊은 고뇌나 시와 음악, 그리고 지성에 관한 문제 등을 일관성 있고 나름의 통일성을 갖추어 전하는 탁월한 명저이다. 그러나 심지어 인간이 다룰 수 없다고 보는 것이 타당할 창조사로부터 장구한 상고의 역사까지 비교적 상세히 언급함으로써, 현대의 전문 연구자들의 눈으로 보면 여러 문제점을 가진 것도 사실이다.

『구약성경』의 내용 구성으로만 보아도, 이집트로 야곱의 자제들이 이주한 이래 수백 년간의 역사 공백이 아무렇지 않게 넘어가기도 한다. 조상 족장들과 동행했다는 전능한 신을 철저하게 신앙하던 야곱의 후손들이 수백 년간 조상의 신을 완전히 잊고 살았던 셈이다. 그러다 오히려 신이 자기 백성의 고초에 참지 못하고 이제 출애굽의 거사를 벌이고자 안달하고 있는 것이다. 그러면서 굳이 신명을 새롭게 바꾸어 제시하고 있다. 역사의 단절을 단숨에 메워보고자 하는 고대 이스라엘 『성경』 저자들의 의도가 느껴지는 대목이다. 합리적으로 생각해 보면 전통적 엘 샤다이 등의 전승들이 분명 있었을 것이고, 야훼라는 이스라엘의 민족신에 대한 신앙도 이미 확립되어 있는 상태에서 두 신을 연결하기 위해 그처럼 필설을 날렸을 것이다. 인용한 「출애굽기」 6:2~5은 사실 제사장문서(P문서) 자료에서 온 것으로 여겨지고 있다. 오경의 문서 자료들 중에는 가장 뒤늦게 포로기 이후에 형성된 P자료의 작성자는 이처럼 엘 샤다이와 야훼가 같은 신임을 굳이 신의 입을 통해 설명해 야훼 신앙의 역사가 매우 오래된 것임을 분명히 하고자 했던 것이다. 오경은 대개 「신명기」계 역사서들이 체계를 갖추게 된 후에 저술된 것으로 여겨진다. 이들 히브리 『구약성경』의 두 중심 부분은 기원전 7세기에서 5세기경에 저술·편집된 것들로서, 새로 확립되었던 야훼 유일신 신학의 기반 위에서 그 신앙을 야훼 이전의 시대에도 있었던 것처럼 확장하고자 한 것이다.

이렇게 보면 위에서 인용한 모세와 야훼 신의 너무나 극적인 첫 만남도 사실성과는 거리가 먼 것이다. 다른 예언자들은 환상(환시, 이상)이나 꿈 등을 통해 하나님의 말씀을 받았으나, 모세는 그들과 달리 야훼 신을 직접 만나 지시를 받았다고 야훼 신이 친히 말씀하셨다고 하지만(「민수기」12:6~8), 오경에 속한 「민수기」저자의 유별난 주장이야말로 이 사건이 후대 민중들에 의해 상상되거나 『성경』저자 등에 의해 창작된 것일 가능성을 더욱 보여 준다고 하겠다.

실제 일어난 일인지, 언제 일어난 일인지도 모를 야훼 신의 현현을 마치 현장 중계하듯이 생생하게 전할 수 있는 것은 상상의 세계, 설화의 세계에서나 가능한 일이다. 그렇게 만들어진 신화가 사실인 것처럼 기록되어 있는 것이다. 『성경』저자들은 이러한 신화의 역사화를 통해 이스라엘에 대한 야훼 신의 관심과 해방과 구원의 의지를 확실하게 보여주고자 했다. 유의할 점은 이것이 현대적 의미의 사료 조작과는 거리가 있다는 사실이다. 『성경』이 저술된 시대의 사람들은 신이 인간사에 친히 참여한다고 여겼다. 그러므로 이러한 내용은 사회적으로 흔히 말해지던 것으로 누가 처음 만들었는지를 도저히 알 수 없는 민담이 연원일 개연성이 높다. 따라서 『성경』의 특정 저자나 편집자에게 조작의 혐의를 온통 추궁하기는 쉽지 않다.

야훼 신의 초기(본래)의 실체에 대해 많은 연구들이 있다. 매우 오래된 시대부터 있었던 신의 연원이나 실체를 시원하게 알기는 쉽지 않을 것일진대, 적어도 『성경』이 전하는 야훼 신의 실체에 대한 이해는 어느 정도 공감대를 이루고 있는 듯하다. 앞에서 이미 보았지만 「출애굽기」

3장에서 야훼는 모세에게 자신의 이름을 알려주었다.

14. 하느님께서는 모세에게 "나는 곧 나다[I AM WHO I AM]." 하고 대답하시고, 이어서 말씀하셨다. "너는, 나를 너희에게 보내신 분은 '나다[I AM].' 하고 말씀하시는 그분이라고 이스라엘 백성에게 일러라."

신은 모세에게 '나다'라는 이름을 알려주고 있다. '나다'라는 신명 번역은 현대의 일반 독자가 이해하는 데 다소 용이하지 않은 면이 있다. 번역자에 따라서는 '나는 곧 나다'를 '나는 존재한다' 혹은 '나는 스스로 있는(존재하는) 자이다'라고 번역하기도 한다. 그 의미를 깊이 따지자면 이들 간에도 논란이 있을 수 있겠으나 대화 상대를 향해 단순하고 당당하게 '나는 나다'라고 대답함으로써 무한한 존재감을 보여준다. 아무것에도 의존하지 않는, 본래부터 자유로운 존재로 신 자신을 스스로 소개하고 있는 것이다. 물론 이 같은, 어쩌면 유일신적인 자존감을 보여주는 듯한 명칭은 다신 신앙의 신들 중 하나를 벗어나 다른 신의 존재를 배제했던 야훼 유일신 신앙 단계에서 나온 것으로 생각해 볼 수도 있다. 중동의 다른 신화들에 나타나는 신들은 저마다 그 기원이 있고, 창조되거나 부모 신들의 결합으로 생긴 것들이지만, 야훼는 어느 누구의 간섭이나 도움 없이 스스로 존재하는 자임을 말하고 있는 것이다. 한편 스스로 존재하는 신의 관념은 앞서 기원전 14세기에 유일신 신앙 운동을 펼쳤던 이집트의 파라오 아켄아텐이 새긴 비문에도 보인다.[19]

야훼라는 히브리어 신명은 '존재하다(be)'라는 의미의 히브리어 동

19) 도널드 레드포드, 「아켄아텐의 유일신앙」, 『유일신 신앙의 여러 모습들』 27쪽, 강승일 번역 (한국신학연구소, 2008)

사 '하야ㄸㄸ'와 연관된 것으로 널리 이해되고 있다. 존재 자체라고 여겨지는 그 신을 숭앙하는 인간의, 상대 신의 무한 영속적인 존재감에 대한 인식이나 고백과 연관되어 나올 수 있는 이름이라고 볼 수 있다. 「창세기」 등에 흔히 보이는, 아브라함 등과 동행하며 간섭하고 역사하는 어떤 신의 존재감을 느끼며 '그는 존재한다' 는 확신을 가진 사람이, 대화 과정에서 신의 입을 통해 나오는 고백처럼 나온 표현이라고 볼 수 있을 듯도 하다. 신자와 신 양자 간에는 굳건한 상호 관계를 기반으로 신뢰와 확신이 형성되어 있음은 물론이다. 가족 간의 전화 통화 등에서 흔히 부모가 자녀에게 '나다!'라고만 해도, 자녀는 상대가 누군지 즉시 알아차릴 수 있는 경우를 생각해 보면 될 듯하다.

유독 역사적으로 개입, 간섭, 지도하며 질투하고 구원하고자 하는, 만사에 뛰어드는 동행자로 신앙된 그 신이 '나다!' 하고 자신에게도 존재를 드러낼 때, 신실한 신자는 그가 누구인지 더 설명이 필요 없이 그 존재를 알아차릴 수 있었을 것이다. 따라서 위의 구절은 삼자인 현대의 독자들로서는 추가 설명이 필요한 신명이겠지만, 독실한 신자였을 고대 이스라엘의 신앙적 지성들은 늘 그렇게 말을 건네 오던 '신의 자신에 대한 언명'인 '나다!'를 신명으로 여겼을 만하다. 엄밀하게 보면 야훼는 이스라엘의 신 자신이 밝힌 신명은 아닐 가능성이 있다. 상호 관계 속에서 늘 '나다!'라며 다가오는 신의 말을 신명처럼 적고 있는 것으로 보인다. 그는 이처럼 조상들로부터 후손에게까지 존재 자체로서 체감되어 내려 왔기에 과거와 현재, 그리고 미래에도 살아있고 역사할 존재로 확신되었던 것이다.

사실 '나다'라는 야훼 신명의 의미를 『성경』에서 처음 보여주는, 위에 인용한 「출애굽기」3:14은 오경의 문서 자료 중 엘로힘문서(E문서)

에서 온 것으로 알려져 있다. E문서 자료는 북이스라엘의 예언자 계통에서 성립된 것으로 보고 있다. 야훼와 영적으로 수시로 접촉한다고 자부했을 예언자들이 '나다!'라며 다가오는 신적 존재, 곧 엘로힘의 칭호를 '나다'라고 말하며, 이 신명의 원 의미를 전하게 되었을 가능성도 있다. '나는 나다'는 비할 데 없는 유일함에서 온 듯 당당한 자존감을 보여주는 고백인데, 이스라엘에서의 유일신 신앙 운동의 시발점을 북이스라엘에서 기원전 9세기에 활약한 대예언자 엘리야로부터 찾기도 한다.[20] 아합왕의 아내, 시돈의 공주 출신 이세벨이 친정 나라에서 들여온 바알 신앙의 번성으로 북이스라엘의 야훼 신앙이 크게 위축된 상황에서 혼신의 저항을 다했던 엘리야 선지자 시대에, 야훼 신의 유일성이 강조되기 시작했을 가능성이 없지 않다.

야훼의 의미가 위와 같이 '존재하며' 또한 결국 '존재하게 하는' 역동성을 가진 역사적인 존재임을 의미한다고 해서 그 신명이 원이스라엘 사람들의 공감과 고백만으로 민족 내에서 만들어진 것이라고 단정할 수는 없다. 앞 장에서 본 바와 같이 메르넵타비에 의하면 원이스라엘인들은 민족명에 야훼 신명을 넣어 사용하지도 않았다.

그런데 이스라엘 민족 형성 이전에도 야훼라는 신이 팔레스타인 일대에 존재했을 가능성을 보이는 자료들이 있다. 기왕의 연구들을 참고로 해[21] 이 문제를 검토해 보겠다.

---

20) 카렌 암스트롱, 『축의 시대-종교의 탄생과 철학의 시작』 119쪽, 정영목 옮김 (교양인, 2010)
하경택, 「야훼 유일신 신앙의 형성 과정에 관한 소고」 『Canon&Culture』 4권1호, 174쪽

21) 트리그브 메팅거 지음, 『하나님의 이름들』 86~107쪽, 안종철 옮김 (쿰란출판사, 2006)
J. 맥스웰 밀러·존 H. 헤이스 지음, 『고대 이스라엘의 역사』 121~123쪽, 박문재 옮김 (크리스챤다이제스트, 2013)
리차드 S. 히스 지음, 『이스라엘의 종교』 195~198쪽, 김구원 옮김 (CLC, 2009)

메르넵타비에 보이는, 원이스라엘보다 훨씬 앞선 시대의 유물인 북시리아의 에블라Ebla에서 나온 수많은 쐐기문자 토판문서들에서, '존재' 동사가 들어간 신의 이름을 포함하는 개인의 이름들이 있다고 한다. 결국 그 이름은 그를 존재하게 한 신의 후손임을 나타낸다. 물론 이름에 보이는 '그는 존재한다'가 야훼 자체로 밝혀진 것은 아니지만 '나다'라는 야훼 신의 신명이 이스라엘 민족 형성 이전에 존재했던 가나안 일대의 문명 속에서 나올 수도 있는 명칭이라는 것은 유의할 만하다.

이러한 상황은 팔레스타인 남쪽, 아람어를 사용한 아랍계 나바티안 족의 비문에서도 볼 수 있다. 정확한 것은 아니지만 그 비문에서도 '스스로 있는 자의 종' 정도로 읽을 수 있는 개인의 이름이 보인다고 한다. 이 나바티안 족속은 모세의 처가로 전해지는 미디안인과 연결된다고 추정되기도 하는 바, 『성경』이 전하는 모세의 장인이자 미디안 제사장 이드로가 야훼 신앙의 선포와 초기 보급 과정에서 보이는 동조자 역할에 대한 오경의 기술이 일말의 사실을 전할 가능성을 높여 준다.

고대 이집트의 비문에는 '샤수Shasu'라고 하는 유목민 부족에 관한 언급들이 있다. 출애굽 사건의 시기이기도 한 기원전 13세기 중후반 파라오 람세스 2세 때에는 샤수의 땅을 파괴하고 세일산을 점령했다고 하며, 가데스Kadesh 전투와 관련해 히타이트를 위해 염탐을 하던 샤수 2명을 잡은 사건이 언급되기도 했다. 샤수와 관련된 문서 중에는 '샤수의 땅 사맛', '샤수의 땅 야후Yahu' 같은 지명들이 보인다. 여기에 보이는 '야후'는 지명으로 보이지만 '야훼'라는 신명과 유관할 가능성이 있다. 이들 문서에 보이는 샤수는 에돔, 세일과 아라바 동편의 트랜스 요르단 지역에서 생활했던 것으로 여겨진다. 샤수가 살던 이들 지역은 『성경』이 말하고 있는 미디안과도 인접한 곳으로, 이곳의 지명에 야후가 있었다는 것은 시나이 반도나 세일 지역 등 샤수 유목민들이 거주하던 지역에 이스라엘보다 앞서 야훼 신앙이 있었을 개연성을 보여주는 것이라 하겠다.

「출애굽기」는 모세가, 히브리인을 구타한 애굽인을 죽여 모래에 감추었다가 발각되자 이집트를 도망쳐 광야로 갔는데, 거기서 우연히 미디안 제사장 르우엘(이드로)의 딸들을 우물에서 만나 도와주고 그 인연으로 딸 중 하나인 십보라와 결혼하게 된 내용을 전하고 있다. 처가에 살게 된 모세는 장인 이드로의 양을 치다가 떨기나무의 불꽃 기적을 통해 나타난 야훼 신을 처음 만나게 되었다. 이처럼 모세는 장인이 살던 지역에서 양을 치다가 야훼를 만나게 된 것이다. 제사장이라는 이드로의 신분을 생각해 볼 때 그가 야훼 신앙의 제사장이었을 가능성을 짐작해 볼 수 있다. 만약 그 지역이 다신 신앙적 신앙 상태에 있었다면 야훼 신까지 포함해 제사하던 성소의 제사장이었을 가능성도 생각해 볼 만하다. 이드로나 그의 딸 십보라가 본격적인 출애굽 과정에서 모세를 도왔음은 『성경』에 전해진다. 그리고 「사사기」가 전하는 여선지자 사사 드보라의 노래를 보아도 야훼 신이 세일, 에돔 지역에서 나왔다고 말하고 있다(「사사기」5:3). 심신이 지친 북이스라엘 왕국의 선지자 엘리야가 유다를 지나 시나이의 호렙산에 이르러 야훼 하나님을 만났다는 이야기도 있다(「열왕기 상」19장).

전체적으로 모세가 지휘한 대규모의 출애굽 사건은 없었다 해도, 원이스라엘의 형성 초기에 아마도 팔레스타인 남방의 미디안 지역이나 에돔 지역 유목민들의 신앙이 모세라고 전해지는 인물을 중개자로 팔레스타인 중앙 고원 지대 주민들에게 전파되었을 가능성은 비교적 높다. 예레미야가 활동하던 기원전 600년경까지도 유다왕국 내에서 집을 짓지 않고 천막생활을 하며 농사를 짓지 않고 포도나무도 심지 않은 채 유목민의 생활 방식을 지키며 철저히 금주하고 야훼를 신실하게 신앙하던 레갑 족속의 존재 등도(「예레미야」35:7~11), 야훼 신과 함께 온 일부 유목민의 존재 가능성을 상정하는 데 참고가 될 수 있다. 물론 모세가 실제 인물이 아닐 가능성도 있음은 앞 장에서 이미 살펴보았다.

그렇다면 샤수 등이 신앙한 보다 본래의 야훼는 어떤 신이었을까? 유감스럽게도 이스라엘보다 앞서 팔레스타인 남부 유목인들이 신앙했을 가능성이 있는 야훼 신이 어떤 신이었는지는 자세히 알 수 없다. 단순히 산신이라고 보이지는 않으나 광야에서 높은 산악이었을 시내산 혹은 호렙산에 산다고 여겨졌고, 유목민의 신답게 회막, 곧 고정 건축물이 아닌 이동 가능한 텐트 형식의 신전에 모셔진 신이었다고 볼 수 있다. 유입 초기부터 매우 투쟁적인 전쟁의 신으로 여겨진 것은 확실하다. 「출애굽기」에 보이는 모세의 노래 가운데에는(15:3) "야훼는 용사, 그 이름 야훼이시다."라고 했는데, 「사사기」에 전하는 저명한 사사인 드보라와 기드온 이야기를 통해서도 그러한 점을 알 수 있다. 여성 사사인 드보라가 일어났을 때 원이스라엘인들이 야훼를 전쟁을 위한 새 신으로 선택했음을 볼 수 있고(5:11), 기드온을 부른 야훼는 미디안을 쳐부수는 데 그와 함께 하겠다고 했다(6:16). 『성경』에 보이는 이스라엘인들이 소급해 추정한 아브라함 등 족장 시대 신의 활약을 의미 있게 본다면, 그 신은 추종자와 매우 긴밀히 동행하는 속성을 가진 신으로 여겨졌다고 할 수 있다.

그런데 야훼 신의 이러한 속성은 당대 중동의 신들에게서 그리 독특한 것이 아니다. 따라서 야훼 신이 본래 가진 특별한 속성 때문에 야훼 신앙이 원이스라엘 사회에 수용되었다고 단정할 수는 없다. 야훼 신의 특성으로 주목받기도 하는, 추종자와 동행하며 인간의 역사에 적극 개입하는 속성도 야훼 신 이외에 여러 신들이 가지고 있었다. 메사 왕 석비에 보이는 모압 민족의 신 그모스는 원수들을 제압해 주는 등 인간 역사에 적극 개입했다.[22]

인간 역사에 개입한다고 여겨진 이들 신들은 당연히 사회적 정의에도 관심을 가지고 있다. 기원전 18세기에 재위한 고대 바빌로니아의 왕 함무라비의 법전에 의하면, 마르둑 신이 백성들에게 바른 도를 베풀라고 명령했을 때 왕은 진리와 공의를 선포하고 백성의 복락을 고양했다고 했다.[23] 유프라테스강 가까이 있는 북시리아의 마리Mari에서 출토된 기원전 18세기에 쓰여진 문서에서는 아닷Adad 신의 예언자가 왕에 오를 이에게 정의를 외치고 공정한 판단을 할 것과 전쟁에 나갈 때 반드시 자기에게 물으라는 내용이 보인다.[24]

이처럼 이스라엘보다 훨씬 앞서, 야훼 신이 이사야 등 예언자들을 통해 적극 요구하는 사회적 정의와 공정이 이미 중동의 다른 신들에 의해서도 요청되었고 그들도 야훼 신처럼 전쟁 신의 면모를 보여주었다. 더구나 마리 문서의 경우 신이 예언자를 통해 이러한 명령을 내리고 있음도 주목할 만하다. 이러한 사실들은 『성경』이 주장하는 야훼 신의 특성이나 속성이 결코 유일한 것이나 독특한 것이 아닐 가능성이 크다는 것을 잘 보여 준다. 결국 야훼가 고대 이스라엘 역사에서 보여준 여러 속성은 이스라엘이 처한 사회적, 문화적, 국제적 여건 속에서 역사적 경험을 통해 요청되어 형성되어간 것이다.

---

22) 레스터 L. 그래비 지음, 『고대 이스라엘 역사』 224쪽, 류광현·김성천 옮김 (CLC, 2012)

23) 김영진, 『율법과 고대근동의 법 연구, 율법과 법전』 198쪽, (한들출판사, 2005)

24) 리차드 S. 히스, 앞의 책 106쪽

흔히 전해지는 야훼 신의 해방자나 구원자로서의 성격도 그 신 고유의 속성은 아니었다. 앞 장에서 본 바와 같이, 가나안 농민들이 다수를 이룬 원이스라엘인들이, 이집트의 팔레스타인 지배로부터 해방되는 과정에서 역사한다고 여겨진 어떤 신(엘)의 속성으로써 뒤에 민족신이 된 야훼 신에 덧붙여진 것이라고 생각된다. 신들 간 동화 작용의 결과로 그러한 속성이 야훼 신에게 부여된 것인데, 가나안의 지고신인 엘 신이나 농경의 신이고 정복자이기도 한 바알 신의 속성이 야훼에게 전이되기도 했다. 이스라엘 야훼 신앙의 가장 큰 특성으로 여겨지는 유일신 사상의 성립도 역사적 관점에서 찾아야 할 것이다. 국가 규모의 유일신 신앙 운동은 이미 기원전 14세기에 이집트에서 나타난 바 있으며, 이스라엘에만 있었던 것이 아니다.

2) 야훼 신앙의 정착 과정 - 엘로힘의 단계

이처럼 팔레스타인의 남부, 에돔이나 미디안 지역 광야에 있었던 유목민 부족(들)의 신인 야훼 신이 팔레스타인 중앙 고원 지대 주민들에게 전파되었다고 해도, 그것이 주민들의 호응을 얻어 이스라엘의 민족 신앙이 되는 과정은 상당한 세월이 걸린 쉽지 않은 일이었다.

『구약성경』의 「출애굽기」나 「신명기」 「여호수아서」 「사사기」 등에 묘사되어 있는 신의 탁월한 능력에 비하면 백성들의 야훼 신에 대한 호응은 대체로 시원치 않다. 역사의 실패를 맛보며 바벨론 포로기를 전후해 저술되고 편집되었던 만큼, 『성경』은 선조들의 불신앙을 자주 노출시키고 있는 면이 있다. 그러나 이 같은 현상은 무엇보다도 역사적 실상에 대한 민족의 집단적 기억 및 전승과, 후대 역사서 저자들이 유일신 신앙에 서서 그것을 과도하게 옛 역사에 투사해 서술하며 생긴 괴리에서 온 면도 있었을 것이다.

『성경』의 역사서가 말하는 민족 초기 역사의 사실성에 대한 평가는 학자들에 따라 다소 갈리고 있다. 「신명기」라는 율법적 신앙서에 이스라엘 초기 민족사를 이어 접합해야 했던 「여호수아서」의 내용을 역사 자료로 보기는 거의 불가한데, 그 뒤를 잇고 있는 「사사기」부터는 조심스럽게 역사 자료로서 다룰 만하다고 여겨진다. 미국의 팔레스타인 고고학자인 윌리엄 데버도, 고고학자들은 「여호수아서」를 별로 좋아하지 않으며 「사사기」는 고고학적 지식으로 보아 상당한 진실을 담고 있다고 했다.[25]

「사사기」는 국가 성립 이전의 민간 야훼 신앙의 전파, 수용 과정의 사실감 있는 에피소드를 많이 제시해 주고 있다. 전통적 사회의 민간 생활상, 종교상 등은 장기 지속적인 속성을 띠기 마련인데, 후대 전승 과정이나 편찬 과정에서 자료의 변형이나 변질의 흔적이 보일지라도, 전통적 전승들을 중심으로 편찬되었을 이 책의 내용들은 원이스라엘인들의 신앙생활을 파악하는 데 큰 도움이 된다. 「사사기」의 저자나 편집자들은 왕국 체제가 형성되지 않은, 민족적으로 시련이 많고 안정되지 않았던 선조들의 시대를 안타까운 시선으로 바라보고 있다. 그들은 곳곳에서 야훼 신앙상으로나 민족 형성 과정에 부정적인 사건들이 있으면 "그때는 이스라엘에 왕이 없어서 사람마다 제멋대로 하던 시대였

---

25) 윌리엄 데버, 「이스라엘인과 가나안인을 어떻게 구별할 수 있을까?」, 『고대 이스라엘의 기원』 66쪽, 강승일 번역 (한국신학연구소, 2008)

다."라고(「사사기」17:6, 21:25) 나름의 평가를 하곤 했다. 그런데 이러한 내용은 『성경』 저자들이 사사 시대의 전승에 보이는 내용들이 못마땅해도 적극 윤문하지 않았음을 보여주는 면이 있다. 많은 비효율과 불신앙, 내부 집단 간의 분란이 있을 수밖에 없었던, 후대 국가 단계에서 추정해 창작해내기 어려운 민족 형성 여명기의 역사상을 전하는 내용이 적지 않았을 것이다.

물론 간헐 분산적으로 튀어나와 활약했을 영웅적인 사사(판관)들의 역사를, 마치 사사들이 대대로 지위를 계승한 듯 연대기적 기록처럼 전하는 내용을 그대로 신뢰할 수는 없다. 그러나 가나안의 선주 토착적 신앙의 장벽을 어렵게 뚫고 새롭게 유입된 야훼 신앙이 점진적으로 확산되어 가는 양상을 실감나게 전하는 내용은 백안시할 일이 아니다. 여러 집단, 지파 등의 다양한 집단 경험 기억 등을 기반으로 한 전승들에 대해서는 사료 비판을 거쳐 역사적 자료로 이용할 만하다. 사실 『삼국사기』나 『삼국유사』를 비롯해 현전하는 고대 역사서들도 당대의 저술만이 아니고 상당히 후대에 편찬된 것들이 적지 않은데, 그렇다고 해서 연관된 분야의 학자들이 내용의 사실성을 간단히 부인하지는 않는다.

「사사기」를 저술·편집한 사가들도 옛일에 특별한 관심을 가진 자로 역사가적 소질과 책임 의식을 가진 이들이었기에, 과거사에 관해 서술하면서 자신의 종교적 목적을 위해 윤문이나 창작만을 하려고 들지는 않았을 것이다. 더구나 그들의 저술 시기는 실제 역사가 진행된 때에 비해 너무 늦다고만 할 수 없는 후대이며, 오히려 그리스의 헤로도토스보다 앞선 시점에 민족의 역사를 저술한 역사학의 개척자들이라고 할 수 있는 만큼 이 저술에 대한 가치 판단은 신중해야 한다. 물론 그들의 신앙적 의도나 자료의 상태 등에 대한 엄정한 비판은 어떤 경우라도 피해 갈 수 없다.

앞 장에서 언급한 이집트의 메르넵타 석비에 보이는 '이스라엘'이라는 민족명에서 본대로, 원이스라엘인들은 가나안의 전통 엘 신에 익숙한 가나안 출신 주민들이 다수를 이룬 것으로 보인다. 따라서 이들의 종교는 가나안의 여러 신들을 자연스럽게 믿고 있었다. 엘 신이나 특히 당대에 널리 신앙된 농경신인 바알 신에 대한 숭배가 가장 흔한 신앙형태였다. 그들은 기본적으로 농민이었으며 가축 사육을 겸했다. 가나안에서 신앙되었을 여신 아세라 등에 대한 신앙도 배제될 수 없다.

야훼 신에 감응해 전쟁에서 대승하고 주민들이 왕이 되어줄 것을 간청하기도 했던 기드온의 본래 이름도 '여룹바알'이라고 바알 신의 명칭이 사용되었다. 기드온을 따르던 주민들이 그가 죽은 후 바알 신앙으로 다시 돌아가서 바알브릿을 섬기고 야훼 신을 기억치 아니했다고도 했다(「사사기」8:33,34). 길르앗 출신 사사 입다가 암몬족과의 전투에 임해 승리한다면 귀가해 먼저 만나게 되는 자를 불살라 야훼 신에게 바치겠다고 맹세해 외동딸을 번제로 드리게 되었다는 이야기도(「사사기」 11:31~40) 사사시대의 신앙 양태를 보여준다. 아브라함과 이삭의 번제 이야기에도 보이는 전통적 인신 공양의 풍습과, 전쟁에서 몰릴 때 극단적인 방식으로 군사들을 충동하고 적의 사기를 꺾을 요량으로 왕자 등을 번제로 드리던 전쟁 풍습도 있었다. 후자는 북이스라엘 여호람왕(BC 851~842)이 이끈 이스라엘과 유다 연합군에 크게 패하고 있던 모압 왕 메사가 왕세자를 번제로 바쳐 군대의 사기가 일변해 이스라엘과 유다 측이 철수했다는 사실에서(「열왕기 하」3:27) 볼 수 있는데, 이처럼 야훼 신앙 이외에도 팔레스타인 일대에는 여러 신앙들이 있었다.

주민들의 출신이나 상호 영향, 그리고 원하는 바에 따라 여러 신, 여러 주변 민족들의 신들도 숭배하고 있었던 것이다. 「사사기」10:6,7을 보면 길르앗 출신 사사 야일이 죽은 후에 "이스라엘 백성이 다시 야훼의 눈에 거슬리는 일을 했다. 그들은 바알과 아스다롯, 아람의 신들과 시돈의 신들, 모압의 신들, 암몬 백성의 신들, 불레셋[블레셋] 사람의 신들을 섬겼다. 이렇게 그들은 야훼를 저버리고 그를 섬기지 않았다. 이스라엘이 저지르는 이런 짓들이 노여우시어 야훼께서는 그들을 불레셋 사람과 암몬 백성의 손에 넘기셨다."라고 해 다양한 이방신도 섬기는 상황을 보여준다. 그런데 「사사기」10장 등에 보이는 사사들과 연관된 전쟁 기사들을 면밀히 살펴보면, 인용한 이 기사는 전시적 필요에서 전쟁에 뛰어난 신으로 알려진 새로운 신인 야훼 신을 받아들여 신앙하다가 전쟁이 끝나자 슬그머니 야훼 신앙을 등한시하고 보다 전통적 신앙으로 돌아간 사실을 말하고 있다. 새로운 신앙의 토착화는 용이한 일이 아니었던 것이다.

원이스라엘 사회에는 가족이나 개인의 신앙은 물론 촌락이나 씨족 혹은 지파들이 서로 연합·협약해 섬기는 신들도 있었다. 가족이나 개인은 자신들이 섬기는 신을 작은 신상 곧 에봇ephod으로 만들어 섬기기도 했다(「사사기」8:27). 공동체에서 섬겼을 것으로 여겨지는, 계약의 의미를 나타내는 '브릿'이란 말을 포함하고 있는 바알브릿Baal-Berith이나 엘브릿El-Berith 등의 신이 「사사기」에 보인다(8:33, 9:4, 9:46). 주민들의 종족적 출신이 다양하고 유입 정착 시기 등이 어느 정도 차이가 있었을 가능성을 상정해 보면 개인, 가족 신앙은 별도로 하더라도 촌락이나 지역의 공동 신앙의 신들은 주민 간에 서로 협의해 설정했을 것이 당연하다. 모세 때에 만들어졌다고 하는, 언약궤 안에 있다는 돌판에 새겨진 10계명도 신앙과 주민 간의 생활 규범이 중시되는 내용으로 보아 이 같은 주민 계약의 산물일 가능성이 없지 않다.

이런 다신 신앙, 거기에 동반하기 마련인 신앙간 상호 영향과 융합 등을 통한 혼합주의적 신앙 형태는 기본적으로 남유다왕국이 망하던 기원전 6세기 초반까지는 물론 포로기 이후에도 일부 지속되었다. 히스기야왕이나 요시야왕대의 종교 개혁 시도는 그러한 경향을 극복하기 위한 노력이기도 했는데, 이에 대해서는 뒤에서 언급할 것이다.

원이스라엘의 초기에 야훼신은 일단 새로운 신, 매우 생소한 신이었다. 앞서 본대로 모세조차 이 신의 정체를 몰라 이름을 물었다. 사사들이 필요에 의해 이 신앙을 받아들였다가 그가 죽은 후 해당 공동체원들이 숭배를 그만 두는 경우들이 있다. 유입된 새로운 신에 대한 확신이 없었기에 기드온 같은 사사도 야훼 신을 두 번이나 시험했다는 전승이 있다. 「사사기」 6장에는 다음과 같은 내용이 전해진다.

36. 기드온이 하느님[하나님]께 아뢰었다. "이미 말씀하신 대로 이스라엘을 제 손으로 구하시는 것이 하느님의 뜻이라면, 이렇게 해 주십시오.

37. 보십시오. 제가 타작 마당에 양털 한 뭉치를 이렇게 펴놓습니다. 만일 이 양털 뭉치에만 이슬이 내리고 땅바닥은 말라 있으면, 말씀하신 대로 이스라엘을 제 손으로 구하시려는 줄로 알겠습니다."

38. 정말 그대로 되었다. 기드온이 다음날 아침 일찍 일어나서 양털 뭉치를 짜보니 한 대접 가득 물이 나왔다.

39. 기드온은 다시 하느님께 아뢰었다. "다시 한 번 말씀드린다고 노하지 마십시오. 양털 뭉치로 꼭 한 번만 더 시험하게 해주십시오. 이번엔 양털만 말라 있고 사방의 땅바닥은 이슬로 젖게 해주십시오."

40. 그날 밤 하느님께서 그대로 해주셨다. 양털은 말라 있었고 사방의 땅바닥은 온통 이슬로 젖어 있었다

갑자기 성령이 임해 지도자로 나설 것을 명령받은 기드온은 잘 알지 못하던 야훼 신의 능력에 의심을 갖고 방법을 바꾸어가며 두 번씩 신을 시험했다. 야훼 신에 대해 일말의 기대와 관심이 생겼으나, 잘 알 수 없는 새롭게 등장한 신에 대해 확실한 신뢰를 가질 수는 없었던 것이다. 사실성 여부를 떠나 새로운 신 야훼가 일반적으로 불신받고 있는 초기 신앙 전파 단계의 실상을 잘 보여준다. 「사사기」에는 야훼를 믿고 그의 중개자로 일어나 타민족을 제압하고 승리하는 지도자 즉 사사(판관)들의 이야기들이 주로 전해지고 있다. 물론 많은 실패 사례도 전해지고 있는데 사실 원이스라엘인들은 승리 못지않게 구성원 간의 갈등도 적지 않았으며 타민족과의 관계에서 많은 패배도 경험했다. 새로운 정착 생활과 민족 형성 과정은 실로 많은 난제와 외부 집단의 도발 등에 부딪혔다. 그러한 중에 새롭게 전파되고 있는 야훼 신의 전쟁 능력 등에 대한 기대에서 기드온처럼 야훼 신의 도움을 기원하며 청하는 일들이 있게 되었던 것이다. 그리하여 결과적으로 효과를 얻었다고 여겨졌을 때에는 야훼 신에 대한 숭배가 한층 더해졌을 것이다.

「사사기」의 마지막 부분인 19장~21장에서는 원이스라엘 지파간의 처참한 대규모 살상을 부른 사건의 전말이 보인다. 에브라임 산지 오지의 (아마도 산당 형태가 아닐까 여겨지는) '야훼의 집'의 제사장으로 보이는 레위인이 있었다. 그는 유다 베들레헴 출신의 첩과 동행하고 있었는데 베냐민 기브아 사람들이 집단 강간하고 죽게 해, 베냐민 지파와 여타 지파들이 전쟁을 했다는 이야기이다. 분명치 않은 사실들이 구전 과

정에서 뒤섞여 있고, 동원된 이스라엘 전사들이 40만에 이른다는 등 (20:17) 전사들의 수가 과장되어 있지만, 원이스라엘 지파들 간의 민족 형성 과정이 순탄하지만은 않았고 점진적인 것이었음을 잘 보여준다. 이 이야기에는 뒤에 엘리 제사장이 거한 곳으로 알려진 실로 지방에서 매년 야훼의 축제가 열린다는 사실도 담겨있다(21:19).

「사사기」에서 위의 기브아 사건 바로 앞에 전해지는 또 다른 이야기는 국가 성립 이전 소위 사사시대의 야훼 신앙과 관련해 중요한 시사를 준다. 중앙 고원 지대의 중심 세력이었고 당연히 원이스라엘의 대표적 지파인 에브라임 출신 '미가'라는 사람에 관한 이야기이다. 인용하기에 다소 부담스러운 분량이지만 중요한 자료인 만큼 「사사기」 17, 18장이 전하는 미가 이야기를 인용하며 연관된 문제를 해명해 보겠다.

17:1. 에브라임 산악 지대에 미가라 하는 사람이 있었다.

2. 그가 자기 어머니에게 말했다. "어머니는 은화 천백 냥을 잃어버린 일이 있으시죠? 그때 어머니는 그것을 훔친 사람을 저주하셨습니다. 저도 이 귀로 어머니의 말씀을 들었습니다. 그런데 보십시오. 그 돈이 여기 있습니다. 그것을 훔친 것은 바로 저입니다. 여기 있으니 받아주십시오." 그의 어머니가 대답했다. "그래? 괜찮다. 너는 야훼께 복을 받아라."

3. 아들은 돈 천백 냥을 어머니에게 돌려드렸다. 어머니는 그것을 받고 말했다. "내가 이 돈을 이 손으로 야훼께 거룩하게 바쳐, 내 아들을 위해 신상을 부어 만들리라."

4. 그리고 그의 어머니는 은화 이백 냥을 은장이에게 주어 신상을 만들게 했다. 미가는 그 신상을 집에 모셨다.

5. 미가는 그 신상을 모실 신당을 짓고 에봇과 데라빔을 만들고 아들 하나를 사제로 임명했다.

6. 그때는 이스라엘에 왕이 없어서 사람마다 제멋대로 하던 시대였다.

7. 유다 지파에 속한 유다 베들레헴에 한 젊은이가 있었는데, 그는 레위인으로서 거기에 몸붙여 살고 있었다.

8. 그는 제가 살던 성읍 유다 베들레헴을 떠나 다른 데 몸붙일 곳이 없나 찾아 나섰다. 그래서 돌아다니다가 에브라임 산악 지대에 들어서 미가의 집에 다다랐다.

9. 미가는 그에게 어디에서 오는 길이냐고 물었다. 그가 대답했다. "나는 레위인입니다. 유다 베들레헴에 살다가 어디 몸붙일 데라도 없는가 하고 찾아 돌아다니는 길입니다."

10. "내 집에 있으면서 어른이 되어주시고 사제가 되어주시오. 그러면 일 년에 은화 열 냥을 드리리다. 그리고 의식주 문제는 우리가 해결해 드리지요." 미가는 이렇게 그 레위인의 귀에 솔깃한 말을 했다.

11. 레위인은 그의 집에 머물기를 승낙했다. 그 젊은이는 미가의 친자식처럼 되었다.

12. 그 젊은 레위인은 임직식을 거쳐 미가의 사제가 되어 그의 집에 머물렀다.

13. 미가는 이제 레위인을 사제로 삼았으니 야훼께서 자기에게 잘해 주시리라고 믿었다.

18:1. 그때에는 이스라엘에 왕이 없었다. 당시에 단 지파는 다른 이스라엘 지파처럼 자기네 몫으로 받을 유산이 없었으므로 정주할 땅을 찾고 있었다.

2. 그리하여 단 사람들은 저희 가문에서 용감한 사람 다섯을 보내어 돌아다니며 그럴 듯한 땅을 찾아보게 했다. 그들은 소라와 에스다올 출신이었다. 그들은 그럴듯한 땅을 찾아보라는 사명을 띠고 다니던 중 에브라임 산악 지대에 들어섰다가 미가의 집이 있는 곳에 이르러 그 곳에서 하룻밤 묵게 되었다.

3. 그들은 미가의 집 근처에서 젊은 레위인의 목소리를 듣고 그가 있는 데로 가서 물었다. "누구를 만나서 이리로 오게 되었소? 여기에서 도대체 무엇을 하고 있는 거요? 그리고 여기는 어쩐 일이오?"

4. 그는 자기가 미가에게 이러저러한 대접을 받으면서 사제로 고용되어 있는 몸이라고 했다.

5. 이 말을 듣고 그들은 저희의 사명이 성취될 것인지 하느님께 물어보아 달라고 부탁했다.

6. 그 사제는 안심하고 가라고 하면서 그들이 가는 길이 환히 트이도록 야훼께서 보살펴 주실 것이라고 일러주었다.

7. 이 말을 듣고 다섯 사람이 길을 떠나 라이스에 이르러 보니, 그 곳 사람들은 시돈 사람들처럼 태평스럽게 살고 있었다. 땅에서는 안 나는 것이 없어, 아쉬운 것 없이 걱정 없이 마음 놓고 살고 있었다. 게다가 시돈 사람들과도 멀리 떨어져 있었고 아람 사람들과도 아무 관계를 맺지 않고 있었다.

8. 그들은 소라와 에스다올로 돌아와 경과를 묻는 친척들에게

9. 말했다. "어서 치러 올라갑시다. 우리는 정말 좋은 땅을 보고 왔습니다. 이렇게 멍하니 있을 때가 아닙니다. 우물쭈물하지 말고 가서 그 땅을 차지합시다.

10. 가서들 보십시오. 땅은 넓은데 사람들은 방심하고 있습니다.

하느님께서는 정녕 우리에게 그 땅을 주셨습니다. 거기에는 세상에서 볼 수 있는 것이면 무엇이든지 다 있습니다. 없는 것이 없습니다."

11. 단 지파 사람들 육백 명이 무장하고 소라와 에스다올을 떠났다.

12. 그들은 유다 지방에 있는 키럇여아림에 올라가 진을 쳤다. 이런 일이 있었다고 해서 그 곳을 오늘날도 단의 진지라고 부른다. 그 곳은 키럇여아림 서쪽에 있다.

13. 그들은 그곳을 떠나 에브라임 산악 지대로 건너가 미가의 집에 다다랐다.

14. 그 땅을 돌아보고 온 다섯 사람이 같이 가던 사람들에게 말했다. "여기 집이 여러 채 있는데 에봇과 데라빔과 부어 만든 신상이 있는 줄 알고들 있지요? 어떻게 할지 알아서들 하시오."

15. 그들은 미가의 집에 사는 젊은 레위인의 거처 쪽으로 가서 그에게 문안하고는

16. 육백 명 무장대로 하여금 대문을 지키도록 했다.

17. 그 땅을 돌아보고 온 다섯 사람이 그 집으로 들어가 부어 만든 신상과 에봇과 데라빔을 가지고 나왔다. 그 동안 그 사제는 육백 명무장대와 함께 대문간에 서 있었다.

18. 그들이 미가의 집에 들어가 부어 만든 신상과 에봇과 데라빔을 가지고 나오는데, 사제가 어찌 된 일이냐고 물었다.

19. 그들은 그에게 가만 있으라고 하며 이렇게 말했다. "입을 다물고 따라만 오시오. 당신은 우리의 어른이 되고 사제가 되어주시오. 한 집안의 사제가 되는 것이 좋겠소? 아니면 이스라엘의 한 지파, 한 가문의 사제가 되는 것이 좋겠소?"

20. 사제는 너무 기뻐서 에봇과 데라빔과 신상을 가지고 가는 무

리들에게 둘러싸여 길을 떠났다.

21. 그들은 전사 아닌 자들을 앞세워 가축을 몰게 하고 온갖 값진 것을 가지고 발길을 돌려 떠났다.

22. 그들이 미가의 집을 떠나 얼마를 간 다음에야 미가의 이웃 사람들이 고함을 지르며 그들의 뒤를 쫓아왔다.

23. 그들이 부르는 소리를 듣고 단 사람들은 돌아서서 무슨 일로 그렇게 고함을 지르느냐고 미가에게 물었다.

24. 그가 대답했다. "너희는 내가 만들어 섬기던 신을 빼앗고 사제까지도 데려가고 있지 않으냐? 내 것을 모조리 쓸어가면서 뻔뻔스럽게도 무슨 일이냐고 묻다니?"

25. 단 사람들이 으름장을 놓았다. "네 말을 더 듣고 싶지 않다. 이 사람들이 불끈해 너희에게 달려들기만 하면 네 일족은 없다."

26. 미가는 상대가 강한 것을 알고 집으로 돌아가고 단 사람들도 가던 길을 갔다.

27. 이렇게 해서 단 사람들은 미가가 만든 신상과 그 신을 섬기던 사제를 데리고 사람들이 걱정 없이 방심하고 사는 라이스로 갔다. 거기에서 그들은 온 주민들을 칼로 쳐죽이고 성읍에 불을 놓았다.

28. 그 성읍은 시돈에서 멀리 떨어져 있었고 또 아람인들과도 아무런 관계가 없었기 때문에 와서 도와줄 사람이 없었다. 그 성읍은 벳르홉 가까운 계곡에 있었다. 단 사람들은 그 성읍을 재건해 자리를 잡고는

29. 그 성읍 이름을 이스라엘에게서 난 저희의 조상 단의 이름을 따서 단이라고 지었다. 그 성읍의 본래 이름은 라이스였다.

30. 단 사람들은 가지고 간 신상을 세우고 섬겼다. 게르솜의 아들

이요 모세의 손자인 요나단이 단 지파의 사제가 되었고, 그 땅 주민이 사로잡혀 갈 때까지 대대로 그의 후손이 사제 노릇을 했다.

31. 단 사람들은 미가가 만든 신상을 세우고 섬겼는데, 그 신상은 하느님의 집이 실로에 있는 동안 줄곧 거기에 있었다.

위의 이야기는 본래 이스라엘 가장 북부 지방인 단Dan의 성소에 있는 야훼 신상의 연원에 관한 이야기로 보인다. 여기서 에브라임 산지는 벧엘로 추정되기도 하는 만큼 벧엘에서 만들어진 그 신상이 도둑맞아 단에 가게 되었다는 이야기인 셈이다. 전체 이야기의 분위기를 보면 단에 있게 된 신상에 대한 비난의 감정이 있다. 교묘하게 윤문이 가해지고 있지만, 신상을 조상하는 것 자체를 죄악시하지는 않고 있어서 이 이야기는 신상 숭배가 일반적이었을 사사시대의 역사상에 기반하고 있음을 알 수 있다. 제법 비싼 돈을 들여 만든 아름다운 은 신상이었지만, 본래 어머니 돈을 훔친 미가라는 청년이 회개하고 도둑질한 돈을 내어놓자 그 어머니가 만들게 했다는 것이다. 미가의 회개를 칭찬하는 것인지 도적질을 비난하는 것인지 모를 일인데, 거기에 단 지파 사람들이 이것을 강제로 빼앗아갔다는 것이다.

야훼 신의 신상神像이 있었는지는 학자들 간에도 견해가 정리되지 않았다. 가나안 신앙 전통에서 엘 신이나 바알 신은 흔히 황소상으로 상징되었던 만큼, 야훼 신앙의 초기 전파 과정에서 황소 등으로 야훼 신을 상징하는 신상을 만들어 숭배했을 가능성을 바로 여기서도 볼 수 있다. 고고학 발굴 결과로 보면, 기원전 12세기 원이스라엘 므낫세 지파 지역일 도단Dothan에서 나온 길이 약 18cm의 청동 황소상이 있다. 이것은 이스라엘 민족 형성에 바로 앞선 후기 청동기시대(기원전

1550~1200) 팔레스타인 북방에 위치한 하솔Hazor 유적에서 나온 청동 황소상과 매우 유사해, 엘 신을 나타낸 것으로 추정되고 있다.[26] 뒤에 북이스라엘 왕국의 시조인 여로보암왕이 황금 송아지를 만들어 야훼 신이라며 영토 내 두 곳에서 섬겼다는 사실까지 참작해 보면, 엘 신을 상징하는 황소상이 야훼 신을 상징하는 신상으로 변해갔을 개연성은 아주 높다. 기원전 9세기, 8세기의 유적으로 알려진 팔레스타인 남방 시나이 반도에 자리한 쿤틸렛 아즈루드 유적에서 출토한 '사마리아의 야훼와 그의 아세라' 그림에 야훼가 황소로 묘사되었음도 참고할 수 있다.[27]

이 미가 이야기는 내용으로(18:31) 보아 실로Shiloh 하나님의 집 제사장이 이스라엘을 주도적으로 지도하던 시절의 이야기였던 듯하다. 단의 제사장들과는 관계가 좋지 않았던 듯, 아마도 실로에 있었던 야훼의 사제들이 비판의 마음을 실은 이야기 같다. 『성경』을 보면 실로 제사장들은 하나님의 언약궤(법궤)의 존재만을 드러내 말하며 전장에도 그것을 끌고 다녔다고 하는데, 단이나 다른 성소들에 있었을 만한 신상을 별도로 가지고 있지는 않았을 것이다. 가나안의 전통적 신앙을 계승해 야훼 신을 황소 신상 등으로 상징해 숭배하는 단의 야훼 신앙을 못마땅해 하는 일면도 읽을 수 있다.

사사시대의 야훼 신앙은 중앙의 단일 중심 지도 체제가 부재한 가운데, 제사장들이 지역에 자리를 잡아가는 일이 급선무였던 중에 각기 지역적 특색을 띠게 되었을 가능성이 있다. 미가 집에서 제사장 노릇을 한 레위인은 물론이고, 기브아 사건에 보이는 에브라임 산간 오지의 야

---

26) 윌리엄 데버, 「고대 이스라엘의 민간신앙: 야훼에게 배우자 여신이 있었는가?」, 『유일신 신앙의 여러 모습들―하나님은 어떻게 한 분이신가』 36~38쪽, 강승일 번역 (한국신학연구소, 2008)

27) 윌리엄 데버, 위의 책, 59쪽 및 리처드 S. 히스 지음, 김구원 옮김, 『이스라엘의 종교』, CLC, 2009, 392쪽.

훼의 집으로 돌아가려 했던 레위인도 그러한 사람들 중 하나일 듯하다. 훨씬 후대이지만 기원전 800년을 전후한 시기에 사용된 쿤틸렛 아즈루드 유적 유물에서 '사마리아의 야훼와 그의 아세라'나 '데만의 야훼와 그의 아세라'라는 글이 나타났던 바, 지역명을 가진 야훼가 나타나는 것은 우연이 아니다. 히스기야왕이나 요시야왕대에 이르러 이러한 지방 성소의 분리 독자성을 극복하고 명실상부한 단일신 신앙, 나아가 유일신 신앙을 목적으로 예루살렘 성전 제사를 중심으로 신앙의 중앙 집중화가 시도되었던 것이다.

「사사기」를 포함하는 「신명기」계 역사서는, 블레셋에 침략당해 근거지를 상실하고 이어 왕정이 펼쳐져도 재기에 성공하지 못한 실로 제사장들의 후예가 저술했을 개연성이 있다. 앞서 본 기브아 강간 살인 사건이나 미가 이야기, 나아가 유명한 엘리 제사장이나 사무엘 집안의 이야기도 실로 야훼의 집 제사장 계통이 잘 알 수 있는 전승이다. 미국의 구약학자 프리드만은 「신명기」계 역사서의 저자를 예언자 예레미야와 그의 서기였던 바룩으로 보는데, 예레미야는 바로 이 실로 계통 제사장의 후예일 가능성이 높다.[28]

물론 이들 역사서에는 실로의 제사장이었던 엘리 가문이나 나아가 사무엘의 아들들에 대한 비판적 기술이 전해지고, 다윗 왕조에서 갑자기 등장한 예루살렘 성전의 제사장이었던 사독과 그의 계열 제사장의 출현을 옹호하는 예언이 보이기도 한다(「사무엘 상」2:27~36). 그러나 그것들은 후대 편집자의 개입 결과일 가능성이 있다. 엘리와 사무엘 두 집안에 관한 이야기도 기본적으로 매우 상세하며, 실로의 야훼 신앙을

---

28) R.E. 프리드만, 『누가 성서를 기록했는가』 199쪽, 이사야 옮김 (한들출판사, 2010)

다윗 왕조 예루살렘 성전 신학의 전 단계로 보아 정통성을 부여하고 있다. 이런 점들로 보아「신명기」계 역사가들이 실로 계통 제사장의 후예나 연관된 지성일 가능성을 가볍게 여길 수 없다. 민족 신앙의 중앙 성소로서의 역사 운영 경험과, 오랜 역사를 경과하며 갖게 된 실로 제사장 가문의 성공과 실패에 대한 철저한 통찰과 반성 위에서, 자신들이 배제된 처지에 있었던 왕국 시대 역사에 대해서도 당당하게 비판하며 수준 있는 대 역사서를 창출한 것이라고 볼 수도 있다.

그들은 지도적 입지를 빼앗아간 왕정에 당연히 비판적인데, 그것은 사울의 등장 과정에 보인 사무엘의 반대 의사 표현과 번민 등을 전하는『성경』내용과 유다왕국이 망한 후에도 다윗 왕조의 재건을 열망하지 않은 것 등을 통해 알 수 있다. 실로 제사장들은 다윗을 지지한 혐의로 사울에 의해 대부분 죽임을 당했고 그중 한 사람 아비아달만이 다윗을 찾아가 사독과 더불어 제사장을 역임했다. 그러나 그는 다윗의 아들 솔로몬의 즉위에 반대하고 그의 형인 왕자 아도니야를 돕다가 제사장에서 쫓겨나 베냐민 땅 아나돗으로 추방당했다. 그런데「예레미야」1:1을 보면, 기원전 600년 전후 가장 절실하고 날카로우며 비판적인 예언을 쏟아내던 예레미야가 그곳 아나돗 제사장들 중 하나인 힐기야의 아들인 것으로 전해진다.

자칫 이스라엘 고대의 예언자는 양치기였다는 아모스로 인해 야훼 신의 선택에 의해 아무나 할 수 있는 역할로 오해하기 쉽지만, 후대에도 강한 영향력을 미친 이사야나 예레미야 같은 높은 비판 의식을 갖춘 통찰력 있고 지성적인 예언자는 뿌리 깊은 가계의 지적 전통 위에서 나올 수 있었다. 세상을 보는 예민한 성품이나 높은 식견이 없는 자가 자기를 넘어 공동체의 장래 운명이나 세상의 역사적 추세를 제대로 판단할 능력이나 영감을 갖기란 쉽지 않다. 더구나 학교 교육이 일반화되지 않았던 고대사회에서 그러한 것들은 누구나 쉽게 터득할 수 있는 것이 아니었다.

　적어도 실로의 엘리 제사장까지 연결될 만한 아나돗의 아비아달 제사장의 후예들은, 유다에서는 물론 앞서 사울왕에게서도 배제되었던 만큼 북이스라엘 지배 하에서 별다른 지위나 영향력을 행사할 수 없었을 것이다. 과거의 찬란한 전통 위에 있으나 남북국 체제에서도 권력에서 배제되었던 그들은 오히려 공정한 입장에서 품격 있는 비판을 할 수 있는 처지였다. 이미 실로 야훼의 집 단계에서부터 국가 경영에 대한 식견을 어느 정도 쌓았고 국가 성립 단계의 역사적 실상을 비교적 자세히 알고 있던 그들은, 북이스라엘 멸망과 유다 왕국의 멸망 가능성이 점쳐지는 시점에서는 왕국 체제에 대한 차원 높은 비판과 대안 제시 등이 가능했을 것이다. 「신명기」계 역사서의 마지막 부분인 「열왕기」에 이르러 보이는 북이스라엘 왕과 역사에 대한 전적인 비판과 솔로몬 등 남유다왕국 왕들 상당수에 대한 비판적 평가는, 왕국 이전에 이미 민족 운명에 대해 책임을 져본 옛 실로 제사장 계통 정도의 지성이 아니라면 할 수 없는 엄숙한 것이었다. 물론 그들은 현직에서 오랫동안 배제됨으로써 너무 이상적인, 조상 이래 계승해 왔을 「신명기」적 야훼 신앙의 기준을 더욱 강화하며 역사를 신앙적으로 평가하는 관념적 행태를 보였다. 그런데 막강한 왕권조차 비판하고 일면 야훼의 신정 국가 회복을 기대하는 그들의 세계관은, 왕정 이전의 민족 역사 경영의 경험과 자부심, 그리고 그 품격에서 비롯된 죽음까지도 넘어선 자세에서 가능했던 것이다. 예레미야가 국가 운명에 대한 비판적 예언 때문에 유다 내에서도 옥에 갇히며 죽음의 문턱에 이르렀고, 결국 유다의 백성들에 의해 이집트에 끌려가 살다가 죽임을 당한 것은 비교적 잘 알려진 일이다.

다시 미가 이야기로 돌아와 위의 내용과 연계해 볼 때, 그 신상 이야기는 남북 왕국이 갈린 후, 북이스라엘의 시조 여로보암왕이 야훼 신을 상징하는 금송아지를 만들어 영토 내의 남과 북의 성소인 벧엘과 단에 설치했다는 사실을 연상시킨다. 여로보암은 다윗 왕조와 사이가 좋지 않았던 이스라엘 10지파의 지지로 왕이 되었다. 그는 백성들이 예루살렘 성전으로 제사를 드리러 갈 것을 염려해 영토 내의 남방인 벧엘과 북방인 단의 성소에 금송아지를 두고 백성들이 손쉽게 찾아 경배하도록 했다고 한다. 이러한 행위는 「신명기」계 역사가들에 의해 북이스라엘 왕국이 아시리아 제국에 멸망하게 된 근본 이유로 누차 『성경』에 언급되고 있다. 언약궤 위주의 야훼 신앙을 준수했던 실로 제사장 계통의 지성들은 물론이고, 실로에 있었다가 블레셋에 빼앗겼던 야훼의 언약궤를 찾아와 예루살렘의 솔로몬 성전에 두었다고 주장하는 유다왕국의 제사장들로서는 여로보암의 금송아지가 비판의 대상이 될만했을 것이다. 이에 대해서는 뒤에서 보다 자세히 언급하겠다.

위의 미가 이야기에서는, 단 지파 사람들이 같은 원이스라엘인인 에브라임 사람 미가의 신상을 무력으로 탈취하고 제사장을 유인해 갔다고 했다. 이것은 단 지파를 비난하는 면이 있으나 당시의 실상을 전해주기도 한다. 다양한 출신과 종족의 주민들이 여전히 정착 가능한 곳을 찾던 민족 형성 과정 중에 있었던 일이다. 이런 일은 비일비재했을 것인데, 이 같은 사태들을 대비해 촌락이나 씨족 지파 구성원들이 계약을 맺고 결속해 갔을 것이며 대외적 필요 등에 따라서는 지파들 간의 연대와 공존도 모색했던 것이다.

한편 원이스라엘 사회에 새로운 신인 야훼 신앙을 전파하는 데 앞장

선 이들의 존재도 위 이야기에서 볼 수 있다. 바로 미가의 집으로 온 레위인을 통해서 우리는 야훼 신앙을 전파하기 위해 민간으로 찾아 나아가 특정인이나 지파 등의 제사장 역할을 수행하는 이들을 보게 된다. 기브아 성추행 사건에 보이는, 베들레헴에서 첩을 얻어간 에브라임의 산간 오지의 '야훼의 집'으로 가고자 한 레위인의 경우도(19:1,18) 같은 부류일 것이다. 후자는 산골 오지의 교회 개척자와 같이 본래 산에 거주한다고 여겨진 야훼 신을 위해 이름 없는 산당을 맡았거나 심지어 자신이 높은 산지에 단을 쌓고 개척했을 가능성이 있다. 모세와 아론이 속했다고 하는 이 레위인들은 출애굽의 광야 수련 과정에서 모세에게 충성해 야훼 신앙을 뿌리내리는 데 적극적으로 나서, 금송아지를 만들어 숭배하려한 자 3천명을 칼로 처단해 죽였다는 이들이었다(「출애굽기」32:26~29).

이들 레위인들의 상당수는 야훼 신앙의 전파에 나섰을 것으로 여겨진다. 레위인의 연원에 대해는 확실하게 말할 수 없다. 야훼 신앙을 수용한 가족이나 씨족 단위의 집단적 개종자로부터 시작되었을 수도 있으나, 야훼 신앙을 적극 받아들이며 이에 헌신하기로 해 출가한 이들을 일컫는 것일 가능성도 있다. 『성경』은 레위인들이 백성들을 대신해 야훼를 위해 전적으로 일하도록 정해진 이들인 만큼 일반인들이 그들을 부양할 의무가 있음을 강조하고 있다. 미가 이야기에 나오는 미가가 제사장 역할을 맡긴 그의 아들도 세습화된다면 레위인을 칭했을 가능성이 없지 않다.

잘 알려진 사무엘은 에브라임 지파의 일반 백성인 엘가나의 아들로 보이지만(「사무엘 상」1:1) 실로 야훼의 집에서 수련을 받아 마치 제사장처럼 활동했다. 그런데 그의 손자는 다윗 왕 때에 레위인으로 회막 성가대를 책임지고 있었다고 한다(「역대기 상」6:16~18). 「역대기 상」 6장에는 사무엘도 레위의 후손으로 계보를 설정하고 있지만, 이것은 훨씬 후대에 저술된 「역대기」의 저자가 후대의 상황에서 유추한 것으로 보이며 오히려 「사무엘 상」 1장의 내용으로 보아 본래 일반인이었을 가능성이 높지 않은가 한다. 비 레위인 중에서 제사장이 되는 일은 북이스라엘 시조인 여로보암왕의 종교 정책에서도 볼 수 있다. 국가가 성립되고 예루살렘 성전이 건축된 솔로몬왕대에 제사장 조직이 갖추어지면서 성전에 종사하는 이들이 레위인으로 규정된 것이 아닌가 하는 생각이 드는데, 얼마 후 북이스라엘을 건국한 여로보암왕이 그것을 무시함으로써 기존 레위인들, 곧 제사장이나 성전 종사자들의 반발을 사고 큰 비난을 받게 되었던 것이다.

한편, 위에서 인용한 「사사기」 내용에 의하면(18:30) 미가의 집에서 제사장을 하다가 단으로 간 사람이 모세의 손자인 요나단인 것처럼 보이기도 한다. 결국 북방에 위치했던 단 지파의 제사장들이 모세의 후손이라는 사실을 말하는 것이다. 그러나 미가 집에서 제사장 노릇을 한 베들레헴에 우거했다는 레위인 소년(17:7) 이야기와 요나단 관련 내용은(18:30) 각기 다른 전승으로 뒤에 연결한 것으로 보아야 할 것이다. 그 레위인 소년이 위대한 대 선지자 모세의 손자 요나단이었다면, 마땅히 17:7에서 이스라엘 전통에 따라서 요나단의 조·부 즉 모세와 게르손을 밝히고 출신을 말했을 것이다. 단의 제사장들이 모세의 후손이라는 것도 그들의 주장에 지나지 않을 수 있는데, 황금 송아지상을 십계명 돌판으로 내리쳐 깨뜨린 모세의 후손들이 훔쳐온 신상을 모시고 숭배했다는 것은 어울리지도 않는 일이다.

위에서 언급한 「사사기」에 보이는 레위인들은, 신앙 개척자의 사명감과 함께 원이스라엘 사회가 야훼 신을 수용하게 될 때에만 자신들과 후손들의 안녕과 존립을 보장받을 수 있었기에 적극적인 신앙 전파에 나섰을 것이다. 신약 시대 초기 사도들의 헌신적 선교에는 비할 수 없겠으나, 제법 적극적으로 대응했을 가능성이 높다. 이들이 잘 정착한 곳에서는 스스로 제사장이 되어 세습하면서 제사장 가문을 이루기도 했을 것이다.

물론 원이스라엘 지역에도 바알이나 아세라 신전이나 산당 등 성소들이 있어서 어느 정도 종교적으로 경쟁적인 면이 있었으나, 이 시대에는 잡다한 주민들의 통합에 의한 민족 형성 과정이 진행된 이상 종교 간, 그리고 종교인 사이의 대립은 크지 않았던 것으로 여겨진다. 야훼 신의 제사장이라고 아세라 신이나 바알 신앙을 금지하지 않았으며, 같은 지방에 여러 신들이 공존하는 다신 신앙 혼합신앙적 형태가 펼쳐지고 있었던 것이다. 기원전 7세기경에나 구체화되기 시작한 유일신 신앙이 성립되기 수백 년 전인만큼, 후대 저자들이 자신의 유일신 신앙관을 과거에 반영해 저술한 『성경』이 말하는 종교간 심각한 갈등이나 대립은 거의 없었다고 보는 것이 옳다.

앞서 언급한 기드온의 경우, 야훼의 성령을 받은 그가 바알 제단과 아세라상 등 기존 성소를 때려 부숴 주민들로부터 목숨의 위협을 받는 장면이 있는데(「사사기」6:28~30), 바알 신의 이름을 가졌던 그가 바알 제단을 때려 부쉈다는 것은 후대 구전 전승자들이나 『성경』 저자들의 오해거나 편집자의 의도적 창작이나 윤문의 결과일 가능성이 높다. 왕권 등이 확립되지 않은 중에 새로운 종교가 점진적으로 확산되는 과정에서, 새로운 종교의 신자가 기성 토착 종교의 제단이나 신상을 때려 부수는 행위를 한다는 것은 정상적 상황에서는 있을 수 없는 일이다.

야훼 신앙은 기존 가나안 신앙의 터전 위에 조금씩 수용되어가는 형세였다. 그 신앙의 전파자들도 오늘날 일부 광신적 전도자들과는 다르게, 또 하나의 능력 있고 가능성 있는 새로운 신을 가나안의 다신 신앙의 터전 위에 추가로 소개하며 주민들에게 알려 갔던 것이다. 인간은 익숙한 것을 좋아하지만 그것에 싫증을 느끼기도 하며 새로운 것을 찾는 속성도 있는 만큼, 주민들 중 일부가 야훼 신에 관심을 갖고 신앙하기 시작했다. 때로는 외적의 억압이나 공격 등으로 급박한 전시 상황 등에 새로운 신에 대한 기대로 실험적으로 신앙을 수용하기도 했을 것이다. 그러나 종말론이 형성되어 있지도 않고 유일신 신앙도 성립되지 않았던 만큼, 그 시기 야훼 신앙 전파자들의 자세는 신약시대 초기의 사도들처럼 절실하지는 않았을 것이다.

원이스라엘 지역에 야훼 신앙이 전파되는 데는 몇 가지 호조건이 있었다.

먼저 원이스라엘인들이 가나안 도시국가나 이집트와 대립되어 있었던 만큼 가나안의 전통적 바알 신앙 등이 새로운 정착지에서 영향력을 발휘하는 데 한계가 있었을 것이다. 물론 대다수 가나안계 주민들의 농업의 신 바알 숭배 등 전통적 다신 신앙은 지속적인 영향력이 있었고 농경의 확장과 함께 장기간 존속했지만, 혼합주의적인 신앙의 형태 속에서 그 신앙의 역동성은 크지 않았을 것이다. 이 가운데 새로운 신앙이 하나 더 추가된다는 것은 그리 충격적인 일이 아니었던 것이다. 뒤에 왕국이 형성되고 야훼 신앙이 민족적 신앙으로 공식화된 후에도 종래의 신앙이나 타국의 신앙에 대해 왕실에서조차 관용적인 태도를 보인 것만 보아도 당시의 실상을 짐작할 수 있다.

다음으로는 다양한 출신의 주민들이 정착하면서 새로운 종교에 대한 인식이 그리 배타적이지 않았던 것이다. 「여호수아서」에 보면 여러 종족들이 스스로 특별한 꾀를 내거나 이스라엘에 적극 협조하거나 여러 방식으로 존속하게 되었음을 전하고 있는데, 초기의 정착 과정에서는 충돌도 있었겠지만 공간이 허락하는 한 서로 크게 배척하지는 않았다. 끝내 이스라엘의 구성원이 된 이들 종족 사이에서 각기 믿어온 신앙 전통을 무시하거나 억압하지는 않은 듯하다. 약간 후대이지만 다윗이 여부스족이 살고 있던 예루살렘을 점령하고도 곧바로 야훼 성전을 짓지 않고 아들 대에 가서 짓도록 미루었다는 것도, 종교적 공존이나 나아가 융합을 추구하기 위해 시간이 필요했기 때문이다. 특히 아비아달과 더불어 다윗의 두 대제사장으로 활동한 사독이 (원조) 대제사장 아론의 자손임을 표방하고 있지만 실은 여부스족일 가능성이 높다는 견해들을 참고해 볼 때도,[29] 종족간의 종교적 차이는 비교적 존중되고 있었다고 볼 수 있다. 솔로몬 왕이 타국 출신 왕비들 모국의 신을 위해 신전을 지어 주었다거나 가나안의 전통적 산당 등을 두고 신앙했던 것도 이 같은 다신 신앙이 널리 통용되던 시대적 배경에서 나올 수 있었다. 새로운 종교에 대한 기피, 배척 등은 어느 사회에나 있을 법하지만 새로운 정착지인 팔레스타인 중앙 고원 지대의 상황은 한결 유연했을 것이다. 타 종교를 적극 배격하는 「신명기」 신학은 기원전 7세기경에 확립된 후대의 산물이다.

야훼 신앙이 이스라엘 민족 종교가 될 수 있었던 또 하나의 호조건은, 새로 형성되는 민족에 걸맞는 새로운 신을 민족신으로 세워야 할 필요성이 있었기 때문이다. 자신들이 탈출하고 대항한 도시국가 등이

---

29) 라이너 알베르츠 저, 『이스라엘종교사 I 』 275쪽, 강성열 옮김 (크리스챤 다이제스트, 2003)

신앙했을 바알 신을 민족신으로 새롭게 내세울 수는 없었던 것이다. 일반화된 엘 신을 민족신으로 주장할 수도 없었을 것이다. 이스라엘과 더불어 팔레스타인에 등장한 암몬, 모압 등의 종족들을 보아도 밀곰이나 그모스 신을 민족신으로 내세웠다. 새로운 민족이 형성되어 간다는 것은 그 구성원의 의도가 어떠하냐는 문제를 떠나 대단한 변동의 역사이다. 다양한 주민들이 이룬 집단이 다른 민족들과 구별되는 공동의 운명체가 되어간다는 사실은 구성원 스스로도 대견해 할만한 위대한 역사였을 것이다.

그러한 가운데 그들 중앙 고원 지대의 주민들은 민족 형성의 초기에 이미 신을 이긴 것과 같은 대 축복의 역사를 맞은 소회를 민족명에 실어서 '이스라엘'이라고 했던 것이다. 철기문화의 발전과 농경·목축의 발달, 올리브나 포도 등 경제성이 높은 작물 재배의 확대 등이 따르면서 주민들의 생활은 점진적인 안정과 발전을 이루었다. 이러한 중에 마을, 씨족 혹은 부족적인 조직을 강화하고 연대감을 높여갔고 성소나 신전을 중심으로 종교적 사제의 지위와 영향력이 확대되어갔다. 세계 상고사에 흔히 보이는 대로 초기 이스라엘인들도 제정일치祭政一致의 지배 단계에 다가서고 있었던 것이다.

오경五經을 중심으로 「여호수아서」나 「사사기」를 보면 이스라엘인들은 자신들의 역사에 신을 주인공으로 두고 있음을 알 수 있다. 이는 자신들의 역사가 신의 도움으로 이루어지는 것이라는 인식을 전제로 한 것이다. 신이 역사의 주인이라는 것은 모압 메사왕의 비문에도 보이는 바와 같이 이스라엘인들만의 인식은 아니었다. 그런데 그들은 자신들이 겪은 이집트 지배로부터의 해방이 극적이었으므로 역동적인 신의 역사를 남달리 기대하고 지지했다. 원이스라엘 단계에서부터 찾았던 살아있는 신, 전능하신 신이 실로 역사의 주체였던 것이다. 민족의 형성 과정, 나아가 국가의 성립 과정을 이처럼 이루어주는 신을 의식하게 되고 여러 부류의 사람들이 결국 한 민족됨을 받아들임으로써 이들은 새로운 민족 신을 내세울 필요성을 느꼈을 것이다. 바로 이러한 민족 형성의 역사와 더불어 퍼져가는 새로운 신앙이 있었다. 그 신앙은 인간과의 동행과 관계를 강조하고, 열정적이며 전쟁에도 능하다는, 그래서 역사적인 신의 모습을 가지고 있었다. 그것이 바로 '야훼' 신이었다.

본래 가나안에서는 볼 수 없었던, 새롭게 들어온 야훼 신은 팔레스타인의 다신 신앙과 혼합주의 신앙 형태를 통해 원이스라엘 사회의 신앙으로 자리잡았다. 원이스라엘인들은 스스로를 가나안의 엘 신과 유관한 민족임을 표방했던 것처럼, 새로운 민족 형성의 대역사를 이루는 신을 나름 칭하고 있었다. 그것은 『성경』에서 '전능하신 신'으로 번역되는 '엘 샤다이' 등이었을 것이다. 그 역할은 이미 바알에게도 밀리던 종래의 전통 지고신 엘 자체가 아니라, 새롭게 역사하는 역동적인 신이었던 것이다. 지역의 차이나 시기의 차이 혹은 자신들이 맞고 있는 상황이나 처지의 차이에 따라 함께 역사하는 신들의 이름은 다양했을 것이다. 이렇게 새롭게 인식되는 신(들)이 본래부터 역동적이었던 야훼 신과 동일시되고 융합되면서 야훼 신앙의 토착화로 진행되었다.

야훼 신앙이 서서히 전파·수용되면서 야훼 신은 엘 신의 가족이나 주위의 신들이랄 수 있는, 곧 엘로힘Elohim에 포함되기에 이르렀다. 가나안 신들의 만신전에 들게 된 것이다. 본래 엘로힘은 신을 의미하는 엘로하Eloah의 복수형으로서 우가릿Ugarit 문서에 의하면 엘 신을 정점으로 한 무리를 이루고 있었던 신들을 의미했던 것으로 보인다. 『구약성경』에서는 야훼와 엘로힘 어느 한쪽으로 표명되기도 하며 두 명칭이 혼용되기도 했다. 야훼가 원이스라엘 사회에 수용되던 시기에 엘로힘에 들어 그 명칭으로도 불리게 되었을 것이다. 오경의 가장 오래된 문서 자료인 야훼문서(J 문서)에서 온 창세기 2:4~3:24의 창조와 에덴동산 이야기에는, 다른 J 문서 자료가 야훼 신명을 사용하는데 반해 야훼 하느님(여호와 하나님) 곧 야훼와 엘로힘을 함께 쓴 이중 신명이 나온다. 그 이유에 대해 여러 견해들이 있지만, 야훼와 엘로힘이 함께 사용되던 이스라엘 초기사의 흔적일 가능성도 있는 듯하다. 참고로 기원전 7세기 말에서 6세기에 걸쳐 야훼 유일신 신앙이 확립되면서는, 무한 거룩한 우주적 신으로 여긴 야훼 신명의 사용을 점차 피하고 신을 의미하는 엘로힘으로 쓰거나 야훼 신명을 발음하지 않고 주主를 뜻하는 아도나이 Adonai로 읽는 현상이 나타나게 되었다.

야훼 신이 가나안 엘 신의 만신전에 들었다는 사실은 「신명기」 32:8,9이나 「시편」89:7,8에서도 읽어 볼 수 있다.

8. 지존하신 이께서 만방에 땅을 나누어주시고, 인류를 갈라 흩으실 때, 신들의 수효만큼 경계를 그으시고 민족들을 내셨지만,
9. 야곱이 야훼의 몫이 되고 이스라엘이 그가 차지한 유산이 되었다. (「신명기」32장)

7. 하나님은 거룩한 자의 회중에서 심히 엄위하시오며 둘러 있는 모든 자 위에 더욱 두려워할 자시니이다
8. 여호와 만군의 하나님이여 주와 같이 능한 자 누구리이까, 여호와여 주의 성실하심이 주를 둘렀나이다. (「시편」89편, 『개역한글 성경』)

「신명기」32:8의 '지존하신 이'는 최고신인 엘 신을 의미한다. 그가 인류를 갈라 민족들을 만들어 낼 때에 신들의 숫자에 따랐고, 그때 엘 신은 야훼 신에게 야곱, 곧 이스라엘 민족을 몫으로 주었다는 것이다. 엘 신을 최고신으로 하는 가나안의 만신전이 전제되지 않고는 성립될 수 없는 내용이다. 그때 야훼 신은 엘 신의 지시에 따를 수밖에 없는 신들 중 하나였으며 엘 신에 비해 새롭게 등장한 신이었음을 알 수 있다.

「시편」89편은 이른 바 신들의 천상 회의를 배경으로 하고 있다. 신들이 모여 하늘에서 회의를 하는데, 그 신들 중 야훼 하나님은 가장 두렵고, 위엄이 있고, 능력 있는 성실하신 분이라는 찬사이다. 천사들이 아닌 신들이 모인 천상 회의는 후대의 유일신 신앙에서는 있을 수 없는데, 바로 엘 신을 필두로 가나안 신들의 모임이 전제되고 있는 것이다. 결국 이 시는 가나안의 최고신 엘 신에 보내던 찬사를 이후 민족 주신의 위치를 차지한 야훼 신에게 보내는 것이다. 엘 신이 이끄는 가나안의 신들의 모임에 신들 중 하나로 참여했던 야훼 신의 과거 흔적을 뒤에 나온 「시편」과 「신명기」 내용을 통해 미루어 알 수 있다.

그런데 위의 인용 구절들을 통해 보면, 엘 신과 야훼 신의 관계가 투쟁적이지 않고 평화적 계승을 보여준다. 야훼보다 앞서 가나안의 주신으로 널리 숭배된 바알 신의 경우, 바다를 삼켜버린 정복자로서 최고 지배권을 두고 엘 신 등 기존 신과 권력 이양에서 대립적인 양상을 보였다. 이러한 점은 우가릿 문서가 보여주는 지중해 동부 연안의 문화에 공통적으로 나타나는 신화의 요소로, 그리스의 경우에도 크로노스와 제우스 사이에 나타난다.[30] 그러나 위 구절만 보아도 엘 신과 야훼 신

---

30) 데이비드 마이클 쿤건 저, 『우가릿 신화의 세계』 109쪽 역자 주, 유선명 역 (은성, 1992)

의 지위 승계는 큰 무리 없이 이루어졌음을 알 수 있다. 야훼는 처음에는 엘 신의 휘하에 있다가 나중에는 그의 지존자로서의 자리를 차지하게 되었던 것이다. 이것은 앞에서 언급한 대로 야훼 신이 가나안의 엘 신에 연관된 신들(엘로힘)에 들었다가 엘 샤다이 등과 동일시되고 융합되어 민족신으로 자리해 최고신이 됨으로써 나타난 현상이다. 그러나 야훼 등장 시에 가나안 일대의 주신이었던 바알과는 충돌이 없지 않았다. 「이사야서」(27:1, 30:7, 51:9)나 「욥기」(3:8, 7:12, 9:13, 41:1), 「시편」(74:13,14, 89:10, 104:3,4,25,26) 등에 보이는 신화적 내용들을 통해 보면 야훼 신은 뒤에 바알 신의 신화까지 계승 흡수해 폭풍과 번개의 신으로 농사에 절대적인 지위를 차지하게 됨은 물론, 바다나 리워야단Leviathan, 라합Rahab, 용 등을 처단한 신으로 자부하게 된다.

국가 성립기로 갈수록 그동안 이스라엘 민족 형성 과정에서 다양하게 인식되었던, 여러 도움을 주었다고 여겨진 역동적인 신(들)은 점점 야훼 신으로 수렴되어 갔다. 그러나 이 단계의 신앙 형태는 여전히 다신적이며 혼합주의적이고, 지역이나 지파에 따라 야훼 신에 대한 신앙의 정도에 차이가 있기도 했다. 아무래도 야훼 신은 새로 들어온 신으로 익숙하지 않았던 만큼, 대다수 주민들은 전통적 관념에 의해 엘로힘의 하나로 혹은 단지 엘로힘으로 인식하는 정도였을 것이다. 엘로힘은 초기에 야훼 신명보다 더 널리 사용되었다. 왕국이 형성된 후에도 상당 기간 엘로힘이 야훼를 일컫는 신명으로 사용되어 사람들의 이름에도 흔히 나타나고 엘로힘 문서까지도 남은 것이다. 남겨진 인명 자료들로 보아 왕국의 후대로 갈수록 엘로힘보다는 야훼 신명이 반영된 인명이 훨씬 많이 사용되는데, 이는 야훼 신앙의 토착화·대중화 과정의 점진적 전개를 잘 보여 준다.

3) 실로 '야훼의 집'의 등장과 민족신으로의 정립

팔레스타인 중앙 고원 지대 원이스라엘 사회에 야훼 신앙이 유입되어 기존 가나안 신앙과 공존하고 혼합되면서 토착화되던 상황을 입증해 주는 구체적 사실이 있다. 실로Shiloh에 있었다는 '야훼의 집'(「사무엘상」 1:7)의 등장이 그것이다.

실로 야훼의 집은 뒤에 기원전 1000년경 다윗 왕조가 성립하면서 예루살렘 성전이 그 종교적 위상을 승계하게 된 것으로, 이스라엘 종교 사상 매우 중요한 의미가 있는 성소였다. 야훼의 집과 예루살렘 솔로몬 성전에서 '집'과 '성전'은 히브리어 원어에서 차이가 보이지만 그것의 기본 종교적 기능은 별 차이가 없었다. 예루살렘의 솔로몬 성전은 이전 시기 실로 야훼의 집에 있었던 야훼의 법궤를 이어 중심 상징으로 삼으면서 야훼의 신전이자 땅에 있는 그의 처소로 일컬어졌으니, 이 둘은 거의 같은 의미와 기능을 가졌던 것이다.

그런데 '야훼의 집'은 「사무엘 상」에 전하는 시기보다 앞선 사사시대에도 존재하고 있었을 가능성이, 앞서 기브아 사건이나 미가 이야기에서도 보인다. 상세하고 분량이 많은 두 이야기는 실로의 야훼 제사장 계통으로 전승되어 온 것임을 말하고 있는 듯하다. 그런데 「사사기」 18:31에 의하면 실로에 있는 성소는 보다 전통적인 가나안 신앙을 반영하고 있는 '하나님(엘로힘)의 집'으로 나온다. 전승의 다양성이나 편집의 문제, 사본들이 가지는 문제들이 적지 않으므로 조심스럽기는 하지만, 이런 현상은 사사시대 이스라엘 역사의 흐름을 보여준다.

본래 원이스라엘 사회는 엘 신을 위시해 여러 신을 섬기고 있었다. 비록 구전이겠지만, 야곱이 자신이 벤 돌베개를 기둥으로 세우고 서원

했다는 '베델'이라는 지명도 '엘 신의 집'을 의미한다(「창세기」 28:19). 따라서 엘 신을 위시한 그의 가족과도 같은 신들이나 신들 중 하나를 섬기는 신전이면 '엘로힘의 집'이라 불릴 수 있었을 듯하다. 세월이 흐르면서 어느 단계에 이르러 원이스라엘 주민들에게 제법 널리 신앙된 야훼 신도 그 신들, 곧 엘로힘 가운데 들게 되었을 것이다. 그래서 실로 성소는 '엘로힘의 집'이나 '야훼의 집'으로 불리게 되었을 것이다.

엘리 제사장이 복무하던 기원전 11세기 중반부터는 실로 성소의 위상 향상과 더불어 '야훼의 집'으로 그 명칭이 변화한 것으로 볼 수 있다. 엘리 제사장이 원이스라엘 사회의 대표적 제사장이자 사사로 전쟁에도 야훼의 언약궤를 출동시켜 지도력을 발휘했던 만큼, 실로 성소는 야훼 신을 더욱 내세웠을 것이다. 이와 같은 명칭 표방은 엘리 제사장이 원조 대제사장인 아론의 후손으로서 기본적으로 야훼의 사제임을 자임하고 계승했던 데서 가능했을 것이다. 기브아 사건에 보이는 바와 같이, 이때에도 실로에서는 야훼 축제가 열렸을 것이다. 그런데 얼마 뒤 기원전 10세기에, 다윗의 아들 솔로몬이 예루살렘에 야훼의 성전을 건축하는 과정에서 야훼가 자기 이름을 새 성전에 두겠다고 언급한다(「열왕기상」 9:3). 전통적으로 여부스 족이 살던 곳에 새 성전을 짓게 되자 야훼 신의 의지임을 천명할 필요가 절실했던 것이다. 이 일은 야훼 명 신전이 사사시대 말이나 왕국 시대 초에도 흔하지는 않았음을 보여주는 듯하다.

실로는 『성경』에서 원이스라엘 사회의 중심 야훼 성소로 묘사되고 있다. 그러나 고고학 증거 등이 부족한 편이라 실로를 둘러싼 역사상의 이해는 모호한 면이 있다. 그럼에도 엘리 제사장이나 사무엘 관련 이야기는 이스라엘 국가 성립 직전의 역사로서, 창작된 이야기로만 여길 수 없는 시대상을 보여주고 있다. 따라서 현재로선 다 알 수 없는 이 시대의 역사상을 『성경』 자료를 존중하면서 조심스럽게 검토할 수밖에 없다.

　『성경』은 모세를 이어 이스라엘의 지도자로 활동했다는 여호수아가 가나안 일대를 거의 점령하고 실로에 백성들과 모여 야훼 신의 이동 텐트 신전인 회막을 설치했다고 전하고 있다(「여호수아」18:1). 뒤이어 그는 이스라엘 모든 지파를 실로에서 멀지 않은 세겜으로 모아 야훼만을 섬기고 과거에 섬기던 다른 신들을 결단코 섬기지 않을 것을 약속했다(「여호수아」24:1,14~18).

　가나안에 최초로 정착한 야훼 회막이 설치된 곳이 '야훼의 집'이 있었던 실로라는 전승은 간단하게 넘겨 볼 수 없다. 사실성 여부를 떠나 가나안에 들어와 실로에 회막을 둔 상태로 인근 세겜에서 종교적 언약식을 했다는 것은, 실로 야훼의 집 언약궤에 보관된 십계명 돌판이 모세의 시내산 언약식에서(「출애굽기」24장, 32:18, 34장)라기보다는, 오히려 이렇게 가나안 산지 원이스라엘 사회의 언약식에서 출현했을 가능성을 보여준다. 사실 십계명 내용은 굳이 신이 새롭게 계시해주지 않아도 고대 주민들 간의 협약을 확인하던 언약식에서 흔히 나올 수 있는, 신앙과 공동체원간의 생활 규범들-효, 살인, 간음, 절도, 거짓 증언, 이웃에 대한 탐심-을 벗어나지 않는 정도이다. 물론 그들은 야훼 신을 섬기기로 한 것이니 그의 이름으로 언약했을 것이다. 그러기에 자신들이 새긴 그 돌판은 부득이한 경우 던져버릴 수도 있었고, 그래서 제사장 아론의 금송아지 이야기에 나올 수도 있었던 것이다. 참으로 신이 새겨준 돌판이었다면 모세가 그처럼 화를 내며 내던질 수는 없었을 것이다.

　참고로 한국 고대에도 주민들 간의 생활 규범이 법률화한 내용들이 전해지는데, 고조선의 범금8조에서 전해지는 3가지는 살인에는 사형,

상해에는 곡물 배상, 도둑은 노비로 삼으며,[31] 『삼국지』「동이전」에서는 부여에서 살인자는 죽이고 그 가족은 노비로 삼으며, 절도에 대해서는 12배를 물리고, 남녀가 음란해 정을 통하거나 부인이 투기하면 가차 없이 죽이도록 했다고 한다.

여러 성소들이 병존했던 그 시대에 실로가 민족신 야훼 회막의 가나안 산지 최초의 정착지이고 야훼가 써준 십계명 돌판을 가지고 있다는 내용은 비중이 매우 큰 전승이다. 야훼의 회막과 언약궤는 다른 곳에서는 전해지지 않는 것으로, 야훼 신앙의 팔레스타인 중앙 산지 전래 초기의 형태로서 실로 '야훼의 집'은 그것을 자부하며 고수하려한 듯하다. 이것은 다른 가나안 전통 성소들이 엘 신이나 바알 신들을 섬겨오다가 야훼 신을 받아들이며 야훼 신상을 만든다든지, 야훼와 아세라 부부신 신앙 형태의 혼합주의 양상으로 진전하던 것과는 거리가 있다.

앞서 언급한 「사사기」19장~21장의 기브아 사건을 참작해 볼 필요가 있다. 거기에는 베냐민 지파에 속하는 기브아인들의 범죄에 대해 길르앗인들을 제외한 다른 이스라엘 지파들이 모두 나서 전투를 통해 징치한 사실이 전해진다. 그런데 전쟁을 통해 베냐민 지파가 거의 멸족할 처지가 되자 한 지파의 멸족을 염려한 나머지 이스라엘 지파들은 전쟁에서 끝내 살아남은 장정 6백 명을 결혼시킬 일로 고민했다. 나머지 이스라엘 지파들은 딸을 베냐민 지파 사람에게 주면 저주를 받을 것이라고 이미 맹세를 했기 때문이었다. 그리하여 소집 동원에 불참한 길르앗을 공멸시키고 잡아온 처녀 4백 명을 그 장정들에게 주고, 나머지는 실로에서 매년 벌어지는 야훼의 축제 때에 숨어 있다가 춤추러 나오는 처녀들을 잡

---

31) 『한서』권 28하 지리지

아가 아내로 삼도록 했다(「사사기」21:21). 약탈혼 설화 등이 영향을 미치면서 후대의 윤문이 가해진 듯한데, 딸을 준 것이 아니고 빼앗긴 이상 딸의 부모는 저주를 받지 않을 것이라는 해석이 깔려 있는 것이다.

이 이야기에서 실로는 아직 원이스라엘 사회에 편입되지 않았음을 볼 수 있다.[32] 당시 예루살렘도 여부스족이 거주해 아직 원이스라엘에 편입되지 않았다. 그런데 그 실로에서는 다른 지역에서 행하지 않는 야훼 축제가 매년 열리고 있었다. 어떤 이유에서건 실로는 다른 지역과 달리 온 주민이 참여하는 축제가 열릴 정도로 야훼 신앙이 널리 믿어지고 있었던 것이다. 그 축제는 이스라엘 여러 지파들이 인지하고 있을 정도로 널리 알려진 편이었다. 실로는 에브라임 지역에 인접해 있지만 아직 원이스라엘에 미편입된 곳으로, 그 주민들은 야훼 신앙을 적극 받아들여 신앙하고 있었다. 다수의 레위인들이 유입되어 살았을 가능성도 있다. 이들과 에브라임 등 원이스라엘 사회는 비교적 우호적인 관계였던 듯하다. 그래서 베냐민 지파 장정과의 결혼을 적극 주선하고자 했던 것이다.

아마도 약탈혼으로 시작되었을 결혼 등을 통해 실로는 원이스라엘인들과 보다 가까워지고 마침내 원이스라엘 사회에 편입되었을 듯하다. 원이스라엘 확장의 역사이기도 한 것이다. 원이스라엘 사회에서도 다양한 방식과 루트를 통해 야훼 신앙이 전파되고 있었겠지만, 보다 활발했던 실로의 야훼 신앙이 원이스라엘 사회, 특히 에브라임 산지에서 주도권을 장악하게 된 듯하다. 특히 그들이 야훼 신앙을 받아들이면서 회막에 모시고 있던, 야훼 신이 모세에게 새겨 주었다는 돌판과 그것들을 담아놓은 언약궤는 야훼 신앙이 확장되어 가던 원이스라엘 사회에

---

32) J. 맥스웰 밀러·존 H. 헤이스, 앞의 책 129쪽

서 가장 고귀한 성물聖物로서 확실한 지위를 얻었을 것이다. 그 언약궤는 야훼가 손수 쓰신 돌판을 보존한 것으로, 신의 현존을 보여주는 절대 징표로서 전장에도 나갔던 것이다. 패전보다 승전이 많았는지는 모르겠으나 야훼가 전쟁의 신으로 확고한 지위를 확보하면서 실로 제사장들은 원이스라엘 사회 내에서 지도적인 지위를 확보한 듯하다. 성스러운 그 돌판의 연원이 전해지며 여호수아가 말해지고, 그는 실로에 처음으로 야훼의 성막, 곧 회막을 설치한 영웅으로 묘사되었을 것이다.

실로가 이처럼 원이스라엘 사회에 편입되고 에브라임 산지에서 야훼 신앙의 주도권과 지도력을 행사하게 되면서, 아마도 아론의 후예로 알려진 엘리 제사장 즈음에 신전을 추가로 건축하며 야훼의 집을 표방했을 듯하다. 에브라임의 주민들은 전통적 신앙에 따라 엘로힘의 집으로 부르기도 했다. 당시에는 야훼와 엘로힘이 혼용되기도 했을 것이다. 『성경』을 보면 엘리 제사장은 대사사로서 야훼의 언약궤를 전장에 출동시키며 블레셋 족속 등과 전쟁을 치루기도 했던 만큼, 대외적 전쟁 등에서는 지휘권을 행사할 만큼 원이스라엘 사회에서 그의 입지는 제정일치 단계의 초보적 군주라고 할 만했다.

실로는 에브라임 지파 지역의 중심 성소가 된 것인데, 에브라임 지파는 이집트에서 총리를 지냈다는 요셉의 아들 이름에서 온 것으로, 여호수아가 그 지파 출신으로 말해지고 있다. 에브라임 지파가 원이스라엘 사회의 선구적이고 중심적인 세력인 것은 문헌이나 정착주거지 등의 발굴을 통해 널리 인정되고 있다. 「사사기」에 보면(8:1) 미디안 족속과 독자적인 전쟁을 수행해 승리를 거둔 므낫세 지파에 속한 기드온에 대해 에브라임 지파 사람들이 자신들에게 사전에 통보하지 않았음을 질책하는 내용도 있다.

이러한 사실들을 보면 야훼 신은 팔레스타인 중앙 산지 신들 중의 하나로 서서히 등장했고, 드디어 기존 성소나 새롭게 지은 신전이 야훼 신의 신전을 표방하는 단계에 이르렀던 것이다. 그리고 실로에서 가장 먼저 '야훼의 집'으로 일컬어지게 된 것이다. 기원전 600년을 전후해 활동한 아나돗 출신의, 실로 제사장 계통의 후예인 예언자 예레미야는 "너희는 내가 처음으로 내 이름을 둔 처소 실로에 가서 내 백성 이스라엘의 악을 인해 내가 어떻게 행한 것을 보라"(「예레미야」7:12, 『한글개역성경』)라고 해, 최초의 야훼의 집이었던 실로 성소가 블레셋에 의해 멸망한 전승을 이미 알고 있었음을 보여준다.

실로는 원이스라엘의 중심이 된 에브라임 지파의 대표적 성소라는 지위가 있었기에 야훼 신은 가나안의 신들, 곧 엘로힘일 뿐 아니라 원이스라엘의 형성에 역동적으로 역사한다고 여겨지고 있던 신의 신명으로 인정되었을 것이다. 따라서 야훼가 이스라엘의 민족신으로 표방되기 시작한 단계를 실로 '야훼의 집'의 성립과 때를 같이 하는 것으로 보아도 무리가 없다. 아마도 전장에 야훼의 언약궤가 출전하는 중에 거두게 된 승리 등을 통해 전쟁의 신인 야훼는 민족의 수호신 곧 민족신으로서의 지위를 더욱 확실히 얻었던 것이다. 이러한 과정에서 야훼신은 원이스라엘인들이 자신들을 이집트의 가나안 지배로부터 해방시켰다고 여긴 그 신으로도 여겨지게 된 것으로 보인다. 『성경』에 자주 보이는 '만군의 주' 곧 통치자 하나님이라는 의미의 '야훼 차바오트Yahweh Tzevaot(또는 Yahweh Sabaoth)'가 언약궤(법궤)가 전장에 출동하던 실로 시대에 연원을 두고 있을 것이라는 견해도 있다.[33]

---

33) 트리그브 메팅거, 앞의 책 244,296쪽

그런데 실로에 야훼의 집이 있었다고 촌락이나 지파들 모두가 야훼 신을 흔쾌하게 민족신으로 확신했을 가능성은 높지 않다. 특히 민간 사회에서는 여전히 다신적, 혼합적인 신앙 전통에 젖어 있었고 가나안의 신들인 엘 신이나 바알, 그리고 아세라 신 등을 믿고 있었기 때문이다. 레위인 제사장들이 각 지역에 흩어져 성소를 주관하고 있었다 해도, 신앙이 갖기 마련인 보수성에 의해 주민들의 전통적인 신앙 형태를 일신하기는 쉽지 않았을 것인 만큼, 각 지역에 따라 기존 신앙과의 혼합 등으로 야훼 신앙의 형태와 비중은 다양했을 것이다. 따라서 민족신으로서의 야훼 신앙은 실로를 중심으로 그리고 레위인 제사장 계열을 중심으로 강조되는 중에, 정치적 지도자들에 의해 민족 정체성 및 국가 정체성을 확립하려는 의도에서 강화되는 형국이었을 것이다. 야훼 신앙이 이스라엘 사회 제일의 신앙, 나아가 유일한 신앙이 되기 위해서는 더 많은 역사적 과정이 필요했다.

4 다윗과 솔로몬왕, 예루살렘에서 야훼를
왕국의 신으로 모시다

1) 야훼의 언약궤를 찾아온 다윗, 성전 건축은 미루다

(1) 이스라엘 최초의 왕 사울

베냐민 지파의 유력자인 기스Kish라는 사람의 아들 사울Saul이 이스라엘 역사상 최초의 왕으로 등장한다. 『성경』이 전하는 바에 의하면 기원전 11세기 후반이다. 그런데 그 뒤에 등장해 위대한 왕으로 널리 알려진 다윗이나 솔로몬왕대의 역사도 건축물 등 고고학적 흔적이 거의 없어 과연 그러한 역사가 있었던 것인지 의문을 품게 된다. 이런 실정에서 그들보다 앞서 있었다는 사울왕대 역사의 사실성을 판별해 기술하는 것은 심히 부담스럽다. 그러나 『성경』 저자가 그를 창안해 이스라엘 초대 왕으로 만들어내 상세하게 기록할 필요는 없었을 것이다. 더구나 그가 등장하는 『구약성경』「사무엘 상」에 전해지는 내용에 의하면, 그는 사제이자 마지막 사사인 사무엘과 당대 시대상에 매우 적합한 정도의 상호 협조와 대립이 교차하는 최초의 왕으로 묘사되고 있다. 거기에 그려진 사실감 있는 역사상은, 이 부분 『성경』의 역사서를 저술한 기원전 7세기 말경 고대의 지성에게는 수백 년 전의 것으로, 전적으로 창작해 낼만한 것이 아니다. 현대의 구약학자, 역사학자들이 여전히 논쟁 중인 그 시기 역사상을, 그 먼 옛날에 역사적 추세를 벗어나지 않는 내용으로 창작해낸다는 것은 불가능하다. 어느 정도 사실을 반영한 전승이라는 것을 인정하지 않을 수 없다.

『성경』은 증대되는 블레셋 등 이민족의 침략에 군사적 조직으로 맞설 필요를 절실하게 느낀 이스라엘 백성들이 다른 민족처럼 왕을 세워줄 것을 사무엘에게 강력히 요청했다고 한다. 실로에 있었던 야훼의 집을 관장하던 엘리 제사장 때 야훼의 언약궤를 전쟁에서 빼앗기고 대패한 이후, 고향 라마로 간 사무엘이 사사로서 그 뒤를 이어오고 있었지만 사무엘이나 그 아들들도 탁월한 지도력을 보여주지 못해 실망을 주었던 것이다. 「사무엘 상」 8장은 이때의 정황을 매우 사실감 있게 전해주고 있다.

6. 사무엘이 "우리를 다스릴 왕을 세워주시오." 하는 말을 듣고, 마음이 언짢아 야훼께 기도하니

7. 야훼께서 사무엘에게 이르셨다. "백성이 하는 말을 그대로 들어주어라. 그들은 너를 배척하는 것이 아니라 나를 왕으로 모시기 싫어서 나를 배척하는 것이다.

8. 그들은 내가 이집트에서 데려내온 이후 이날 이때까지 나를 저버리고 다른 신들을 섬기며 그런 짓을 해왔다. 너한테도 지금 그렇게 하는 것이다.

9. 그러니 이제 그들의 말을 들어주어라. 그러나 엄히 경고해 왕이 그들을 어떻게 다스릴 것인지를 일러주어라."

10. 사무엘은 왕을 세워달라는 백성에게 야훼께서 하신 말씀을 낱낱이 일러주었다.

11. 사무엘은 이렇게 일러주었다. "왕이 너희를 어떻게 다스릴 것인지 알려주겠다. 그는 너희 아들들을 데려다가 병거대나 기마대의 일을 시키고 병거 앞에서 달리게 할 것이다.

12. 천인대장이나 오십인대장을 시키기도 하고, 그의 밭을 갈거나 추수를 하게 할 것이며 보병의 무기와 기병의 장비를 만들게도 할 것이다.

13. 또 너희 딸들을 데려다가 향료를 만들게도 하고 요리나 과자를 굽는 일도 시킬 것이다.

14. 너희의 밭과 포도원과 올리브 밭에서 좋은 것을 빼앗아 자기 신하들에게 줄 것이며,

15. 곡식과 포도에서도 십분의 일 세를 거두어 자기의 내시와 신하들에게 줄 것이다.

16. 너희의 남종 여종을 데려다가 일을 시키고 좋은 소와 나귀를 끌어다가 부려먹고

17. 양떼에서도 십분의 일 세를 거두어갈 것이며 너희들마저 종으로 삼으리라.

18. 그때에 가서야 너희는 너희들이 스스로 뽑아 세운 왕에게 등을 돌리고 울부짖겠지만, 그 날에 야훼께서는 들은 체도 하지 않으실 것이다."

19. 사무엘이 이렇게 말해 주었건만 백성은 여전히 고집을 부렸다. "그렇지 않습니다. 우리는 왕을 모셔야겠습니다.

20. 그래야 우리도 다른 나라처럼 되지 않겠습니까? 우리를 다스

려줄 왕, 전쟁이 일어나면 우리를 이끌고 나가 싸워줄 왕이 있어야 하지 않겠습니까?"

21. 사무엘이 백성의 말을 다 듣고 나서 야훼께 아뢰니,

22. 야훼께서는 "그들의 말대로 왕을 세워주어라." 하고 대답하셨다. 그래서 사무엘은 온 이스라엘 사람에게 모두들 자기의 성읍에 가 있으라고 일렀다

이 글을 보면, 당시 엘리 제사장을 이은 사사인 사무엘이 백성들로부터 소외되면서 권력을 잃어가는 과정을 잘 알 수 있다. 야훼의 말씀도 신의 계시라기보다는 제정일치 사회를 마감하고자 하는 백성들의 강력한 요구 앞에 전 시대의 마지막 주자가 나름의 변명을 하는 것 이상도 이하도 아니다. 전문적으로 대외 전쟁을 대비하고 백성을 통치하는 이가 필요한, 한층 복잡해지고 발전된 단계에 이르렀던 것이다. 노회한 종교인 사사인 사무엘이 신을 핑계 삼아 그 섭섭함을 토로하며 나름 버텨보려 했지만 역사적 현실은 전문적인 정치·군사적 지배자를 필요로 하고 있었다. 야훼 신은 왕의 통치가 이루어지면 백성들이 그의 신하로서 많은 의무와 세금 등에서 자유롭지 못할 것임을 경고하고 있다. 그러나 그럼에도 백성들은 보다 조직적으로 자신들의 공동체를 지켜내야 할 단계에 이르렀던 것이다.

사실 민족의 주권자로서 신과 왕의 미묘한 대립은 고대 이스라엘 정치사의 두드러진 특징이다. 고대의 왕들은 흔히 신의 아들로 여겨지거나 이집트 파라오와 같이 신의 현신으로 여겨지며 신과 우호적인 관계를 유지했다. 이스라엘의 경우도 솔로몬 즉위를 두고 야훼의 아들임이 선포되고 다윗 왕조가 영속할 것이 약속되기도 했다. 그러나 야훼 신이

왕으로 여겨진 실로Shiloh의 신정 단계를 상당 세월 경험했고 제사장 집단이 장기 존속했던 이스라엘에서, 뒤늦게 출현한 왕정은 야훼 신에 대항했다는 원죄를 안고 제사장들의 협조 속에서 견제를 받았던 것이다. 더구나 역사적으로 왕정의 실패 끝에 포로 상태와 제국의 식민지로 전락을 겪은 이스라엘 민족으로서는 신정과 왕정 중 어느 쪽을 지지할 것인지가 늘 고민이었다. 결국 『구약성경』은 국가 체제를 잃고 종교적 자율성만 유지하던 페르시아 지배 하에 대부분이 저술되고 편집되었던 만큼 야훼 신앙을 우선해 서술되었다. 그런데 일개 민족신의 능력에 의지한 역사 기술은 필연적으로 한계를 가질 수밖에 없었던 데서, 그 고민은 앞의 인용과 같이 왕정의 시작부터 민감하게 인식되어 사실감 있는 면모로 전해질 수 있었던 것이다.

결국 베냐민 지파 한 유력자의 아들인, 미남이고 신장이 매우 컸던 사울이 사무엘의 기름부음을 받아 초대 왕에 오르게 되었다. 왕을 선출하기 위해 이스라엘 사람들이 다 모인 가운데 그는 모든 사람들이 우러러 볼 만큼 우뚝하게 신장이 컸다고 했는데, 모든 사람이 우러러 볼만큼 장대한 용사가 전투에서 활약해주리라는 기대가 있었을 것이다.

『성경』이 전하는 바에 의하면 사울은 왕이 되고도 자기 본래 집으로 돌아갔다고 한다. 그러다가 이전의 사사土師들처럼 전쟁이 일어나자 주민들을 불러내 지휘자로 대 공로를 세우곤 했다. 그가 거느린 집행부는 국가 수준의 정부라고 보기에는 논란의 소지가 있는데, 주변 참모들도 몇몇 일가친척이 중심이었다. 결국 그가 세운 왕정은 국가라기보다는 고대국가로 이행하는 단계의 군장사회(chiefdom)라고 할 만한 과도적 모습이었다. 『성경』은 그를 왕으로 존중하는 자와 그렇지 않은 자들이 있었다고 전하고 있다.

사울이 군장이 되어 왕처럼 여겨지는 중에 사무엘의 심기는 여전히 불편했다. 그는 야훼의 제사장으로서 여전히 종교적 지도력을 발휘하고 있었지만 지는 해였다. 더구나 사무엘은 이미 그의 스승이자 전임자인 엘리 제사장 때에 야훼의 언약궤를 빼앗겼던 만큼 종교적으로 강한 카리스마를 발휘할 형편도 아니었다. 야훼 권능의 가장 상징적인 성물을 잃어버린 사제 집단의 권위가 추락했을 것은 명약관화하다. 더구나 엘리 제사장이 머물렀던 야훼의 집이 있던 실로가 파괴되고 블레셋 수중에 들어간 만큼 그는 확실한 근거지를 잃고 지역을 이동하며 근무하는 실정이었다.

그러던 중 사울 왕이 블레셋과의 전쟁을 대비해 길갈에서 대기하며 야훼에 제사를 지내기 위해 사무엘을 기다렸는데 지체되는 일이 발생했다. 적이 곧 들이닥칠 형세를 보고 마음이 급해진 사울은 자신이 대신 번제를 지내게 되었다. 뒤늦게 도착한 사무엘은 사제권을 침해한 사울이 신을 가볍게 여긴 중대한 죄를 범한 일로 여기며 이로 인해 사울 왕의 집안이 멸하게 될 것이라 말했다.

제사장의 권한까지 가볍게 여겨지자 사무엘의 분노와 소외감은 극에 달했을 것이다. 그리하여 신의 진노를 선언한 것이다. 이러한 예언은 결국 사울의 아들 대에 새롭게 등장한 다윗 왕 세력과 경쟁하다가 그의 왕조가 쇠멸함으로써 실현된 셈인데, 이를 잘 알고 있는 후대 사가들은 사울 왕조의 멸망 원인으로 그 일을 확신에 차 기술했다. 엘리의 자제가 아닌 만큼 제사장으로서 정통성에 문제가 있었던 사무엘을 배제해, 제사장의 권한도 왕권 아래로 두려던 사울의 시도에 대해 제정일치 시대를 주도했던 실로 계통 제사장들의 반감이 적지 않았을 것이다. 이러한 일은 솔로몬이 죽은 다음 이스라엘이 남북으로 분리되면서 다시 나타난다. 북이스라엘 왕 여로보암이 영토 내의 야훼 종교를 새롭게 정리하며 이미 솔로몬 치하에 있던 제사장들을 배제하고 새 제사장들을 임명하자, 그들은 유다 왕 르호보암에게 돌아와 충성했는데(「역대기 상」 11:13,14), 그같이 제사장이나 레위인들의 반발이 만만치 않았던 것이다. 따라서 여로보암왕의 종교 개혁은 북이스라엘 왕국 멸망의 원인으로 「열왕기 상」 등 『구약성경』의 역사서에 자주 거론되고 있는데, 어쩌면 「신명기」계 역사서를 저술한 이들이 그때 배제된 제사장들의 후손과 어떤 관계가 있었을 가능성도 있다.

그러나 「사무엘 상」이 전하는 내용이나 당시 추세로 보아 사울왕이 야훼 신앙에 맞섰다고 볼 수는 없다. 사울은 사무엘이 지닌 제사장으로서 정통성의 문제를 기화로 그를 배제하려 했던 듯하다. 양측의 대립은 권력 형태의 교체기에 나올 수 있는 당연한 현상이었으며, 왕권이 점차 강화되면서 더욱 커질 소지가 있었다. 더구나 국가 체제가 아직 미숙한 단계에서 누구나 능력있는 자는 왕을 꿈꿀 수 있는 시기이기도 했다. 따라서 다윗 같은 야심만만한 인물이 왕이 되고자 했던 것이다. 이러한 중에 사울의 왕권은 과거와 새로운 시대 사이에서 자리를 제대로 잡지 못하고 흔들렸다.

(2) 다윗 그리고 그의 왕정

다윗왕의 역사는 『구약성경』 「사무엘 상」의 후반부와 「사무엘 하」의 전부를 차지할 만큼 「신명기」계 역사서에서 압도적인 분량으로 서술되어 있다. 그럼에도 불구하고 『성경』 이외의 자료를 통해 그의 존재가 밝혀지지 않아 그 존재 여부가 의문시되기도 했다. 그런데 1993년 이스라엘 북부의 텔단에서 나온 기원전 9세기의 아람어 석비를 통해 그의 왕조가 실재했음이 밝혀져 그가 역사적 인물임이 확실해졌다. 물론 그가 역사적 존재였음이 밝혀졌다고 『구약성경』이 전하는 그에 관한 내용들이 사실로 입증되는 것은 아니다. 대개 왕조의 시조는 추앙의 대상이 되어 후손들이 그의 능력이나 활약을 크게 과장해 전하는 것은 물론이고, 특히 『성경』은 신앙서로서 야훼 신앙, 예루살렘 성전과 관련이 깊은 그를 매우 우호적으로 기술하고 있다.

『성경』은 다윗왕을 야훼 신앙에 극히 충실한 자로 묘사한다. 왕들의 역사를 적은 「열왕기」를 보면 다윗은 왕들의 행적을 평가할 때 가장 이상적인 기준이 되는 인물이다. 다른 왕들은 모두 다윗왕과 비교해 평가되고 있다. 물론 다윗도 완전한 인간은 아닌 이상 그의 실수들이 적지 않게 전해지는데, 자신의 부하인 우리야의 아내 바세바와 간통하고 오히려 그 남편을 전장에서 고립시켜 죽도록 만든 일도 있다. 「사무엘 하」 11:14~17에는

14. 날이 밝자 다윗은 요압 앞으로 편지를 써서 우리야에게 주어 보냈다.

15. 다윗은 그 편지에 이렇게 썼다. "우리야를 가장 전투가 심한 곳에 앞세워 내보내고 너희는 뒤로 물러나서 그를 맞아죽게 해라."

16. 요압은 성을 지켜보고 있다가 강병이 지키고 있는 데를 알아내어 그곳으로 우리야를 보냈다.

17. 그러자 그 성에서 적군이 나와 요압의 군대를 쳤다. 다윗의 부하들은 쓰러지고 헷 사람 우리야도 죽었다.

라는 참으로 무서운 사실도 전해진다.

그러나 열 번째 계명과 여섯 번째 계명을 어긴 이 일이 죄악임은 인정하면서도, 그의 철저한 회개와 두 남녀 사이에 태어난 아기가 곧 죽음으로써 죗값은 일단 치룬 것으로 기록되고 있다.

「사무엘 상,하」의 거의 대부분을 차지하고 있는 다윗에 관한 우호적인 기록의 이면을 잘 살펴보면, 그를 그저 순박하고 충성스런 신앙의 인물로만 평가하기는 어렵다. 그는 임기응변에 능하고 용기도 있으며 정세 판단에도 탁월한 정략가적 재질을 듬뿍 갖고 있는 인물이었다. 그는 원이스라엘의 지파 구성에서 주변부적인 위상으로 비중이 낮았던 유다 지파 출신이었다. 사울이 베냐민 지파이고, 초기 이스라엘이 에브라임, 므낫세, 베냐민 지파 등 소위 요셉 계열 지파가 주도하는 중에 그는 적극적으로 왕실에 접근한 듯하다. 그에 관련된 두 가지 전승이 있다. 결국 그는 왕을 위해 수금 켜는 소년으로, 그리고 왕자 요나단과 생사를 같이하기로 한 맹우가 되었으며, 공주 미갈의 남편이 되었다. 우연히 형성된 관계라고 하지만 그가 사울 왕실과 맺을 수 있는 모든 관계를 이루었음을 볼 때, 이 젊은이의 만만치 않은 권력 의지를 알 수 있다.

그는 자신의 명성에 대단히 신경을 썼다. 여러 학자들에 의해 사실이 아닌 것으로 밝혀진 소년 시절 골리앗을 물매로 죽였다는 일을 차치하고도 그가 명성에 매우 민감한 이였음을 알 수 있다. 그가 쫓겨 다니던 굴 속에 있다가 사울 왕을 죽일 수 있었는데 흔적만을 남기고 그를 죽이지 않은 채 두었다가 이를 왕에게 알린 사실이 있다. 이 일은 하나님이 기름 부은 자를 인간으로서 차마 어찌할 수 없는 것이었다고 말하며 신앙심을 드러내는 것이지만, 인간적으로도 매우 의리 있다는 명성 얻기를 의도했을 가능성을 배제할 수 없다. 사울 왕이 죽은 후에 그의 아들 이스보셋이 왕위를 이어가고 다윗과 대립하게 되었다. 수년이 흐르고 이스보셋의 신하들이 잠자는 왕을 죽이고 그 머리를 잘라와 다윗에게 투항했다. 바로 그때에도 다윗은 그들을 불충한 자라고 오히려 처형하고 이스보셋의 머리는 장사를 지내줌으로써 사울 왕가에 대한 나름의 의리를 유려하게 표명했다(「사무엘 하」 4장).

뒤에 아들 솔로몬이 왕위에 오를 때는 그에게 밀명을 내려, 자신의 일생 대공신이기에 오히려 왕의 의도를 무력화시키기도 했던, 부담스러운 장군 요압을 죽이도록 했다. 요압은 반란을 일으킨 왕자 압살롬을 전투 중에도 죽이지 말고 살려두라는 다윗왕의 명령을 어길 만큼 막강한 군사령관으로서의 권력을 행사했다. 그를 죽이자면 그가 왕의 명을 어긴 당시에도 죽일 수 있었겠지만, 그의 상실이 미칠 군사력의 손실을 염려했음은 물론 일생의 벗과 같은 공신을 스스로 죽여 명성을 더럽히는 일을 하지 않으려 한 것이다. 대개 부담스런 공신은 스스로 제거하고 다음 아들 왕에게 편안한 왕위를 건네는 것이 왕위 승계 시의 일반적 행태라고 볼 때, 자기 관리가 매우 철저한 사람이 다윗이었다.

다윗은 매우 실리적인 사람이었다. 그는 사울에게 쫓겨나 위험에 처했을 때 이스라엘의 적인 블레셋 왕에게 투항하는 일을 마지않았다. 『성경』은 그 부득이한 이유를 설명하고 있지만, 이스라엘의 왕이 되고자 도모하던 자신의 목숨을 보전하기 위해 민족의 숙적에 투탁한 것은 범상한 일이 아니다. 아울러 그는 피난 중에 제사장들만이 먹을 수 있는 '야훼 앞에 진설된 떡'을 먹기도 했다. 이는 매우 용기 있고 임기응변에 능하며 결과적으로 배고픈 부하들을 살린 일이기도 하지만, 삶에 대한 의지가 얼마나 강한지를 잘 보여주는 것이기도 하다. 그의 실리적인 인간됨은 간통해 임신한 밧세바가 낳은 아이가 생명이 위중해 살려달라고 기도하다가도, 아이가 죽었다고 하자 곧바로 음식을 가져오게 해 기력을 차렸다는 내용에서도 볼 수 있다. 신하들은 아이가 죽은 사실을 어떻게 전할지 몰라 주저하고 있는데, 눈치로 알아차린 그는 오히려 아이가 죽었으니 이제 야훼께 빌 필요가 없다며 음식을 먹은 것이다. 전체적으로 비범하며 임기응변에 능하고 역사를 창출해 낼만한 인물임을 알 수 있다. 그런데 구전은 그를 더욱 영웅시했으며 『성경』 저자들도 윤문을 가해 그를 도왔다.

『성경』은 그와 그의 아들 솔로몬의 시대를 이집트 북쪽 시나이 반도로부터 유프라테스 강 이남까지 직간접적으로 지배하는 제국을 경영한 것으로 묘사하고 있다(「열왕기 하」 4:21, 『개역한글 성경』). 20세기 전반까지만 해도 이러한 기록을 부정할 만한 다른 자료들이 없었기에 그들에 대한 과장된 기술은 특별한 반증 없이 그대로 용인되어 왔다. 그러나 20세기 후반 이스라엘 건국 이후 적극적으로 추진된 이스라엘 일대의 고고학적 조사, 발굴 작업 등에 의해 이제는 그 기록들을 그대로 믿을 수 없게 되었다. 이들이 살던 대 궁전도, 심지어 그렇게 자랑하던 솔로몬 성전의 확실한 건축 흔적도 밝혀지지 않고 있다. (물론 선후 역사 전개로 보아 초라한 형태겠지만 왕궁이나 야훼 신을 섬긴 신전, 곧 성전은 새로운 국가의 수도 예루살렘에 있었을 것이다.) 이들의 제국적 통치를 도와 줄 여러 관청 건물의 흔적도 전혀 없다. 따라서 고고학적 유물, 유적이 입증하지 않는 두 왕의 시대를 찬양하는 일을 더 이상은 할 수 없다.

앞에서도 간단히 언급했지만, 다윗은 원이스라엘 사회에서 비중이 크지 않았던 유다 지파 출신이었다. 원이스라엘 정착민 사회에서 남부에 있던 유다는 그 광대함에 비해 강수량이 부족하고 주민 수도 크게 적었다. 고고학적 연구에 의하면 이스라엘 건국 시기인 기원전 10세기 중앙 산간 지방에 살던 정착민 인구수는 약 4만5천 명 정도이고 그들의 90퍼센트는 북부에, 예루살렘과 유다에는 약 5천 명 정도가 살았다고 한다.[34] 이러한 점은 부족 지파 후원의 중요성이 매우 큰 국가 성립 과정에서 다윗이 가진 약점이었다. 그가 유력한 베냐민 지파 사울왕조와 관계를 적극 유지하고자 한 것도 출신의 한계가 큰 이유였을 것이다. 결국 다윗은 베냐민 지파 사울왕을 비롯한 이스라엘 초기 주도 세력들로부터 배제당했던 것이다. 그리하여 그는 심지어 블레셋의 도움을 얻어서라도 세력을 부지하려고 노력했다. 사울왕이 죽은 후 그는 유다 지파의 유서 깊은 도시 헤브론에서 수년간을 버티며 흔들리고 있었던 북쪽 사울왕조와 대립하며 왕국 건설에 매진했다.

그런데 그의 부하들의 인적 구성을 보면, 그는 자신의 인생역정만큼이나 다양한 타민족 출신 신하들을 보유하고 있었다. 그들은 용병이었다. 아울러 그의 세력 형성 과정에서는 많은 사회적 문제아, 범죄자 패거리들이 합류했다. 이스라엘 전체로 보아 비주류에 속한 유다 지파 정략가 다윗은 수단과 방법을 가릴 수 없는 절실한 처지에서 권력을 형성해갔던 것이다.

이러한 부하들을 거느리고 있었던 다윗은 이스라엘 공동체에 구애를 했다. 그것은 자신과 자신의 군대의 탁월한 전투 능력을 기반으로 한 것이었다. 이스라엘인들이 사무엘을 제치고 사울을 택한 이유는 타민족과의 전쟁에서의 승리를 위한 것이었다. 지킬 인구가 늘어나고 농경지와 수확물이 늘어나면서 그들은 필사적으로 자신의 가족과 재산들을 지켜내야 했던 것이다. 물론 나아가 토지와 인구를 더 확보하는 것도 희망이었다. 이와 같은 주민들의 의도를 알고 있는 다윗은 남아있는

---

34) 이스라엘 핑컬스타인·닐 애셔 실버먼, 『성경:고고학인가 전설인가』 175쪽, 오성환 옮김 (까치, 2003)

사울왕조를 적극 무너뜨림으로써, 이스라엘과 유다를 대표하는 권력자로 부상하며 과거에 얻은 유다 지파 장로들의 지지는 물론, 나머지 지파들의 지지도 상당 부분 얻었던 것이다.

이렇게 형성된 다윗의 세력이 어떤 정치적 단계에 이른 것인지 판단하는 것은 쉽지 않다. 앞에서 말했듯이 그에 관련된 고고학적 유물도 거의 없다. 이스라엘의 고고학자 핑컬스타인 등은 다윗이나 솔로몬대는 산속에 있던 군벌 정도로 볼 수 있다고 한다.[35] 『성경』의 전승은 그에 대해 우호적이다. 구전이나 여타 문서 자료의 기록자는 물론 『성경』의 저자나 뒤에 개입된 편집자조차 그에게 호의적이었다. 이런 상황에서 아래에 인용하는 「사무엘 하」 8장의 그의 정부 주요 책임자들의 구성을 보면, 이 나라는 군장사회에서 초기 고대국가에 이르는 과정에 있는 초보적인 국가 그 이상이었다고 말하기 어렵다.

15. 다윗은 온 이스라엘의 왕으로서 백성을 공평무사하게 다스렸다.
16. 군 총사령관에는 스루야의 아들 요압, 공보대신에는 아힐룻의 아들 여호사밧,
17. 사제 일은 아히툽의 아들 사독과 아히멜렉의 아들 에비아달[아비아달], 비서 일은 스라야,
18. 그렛 외인부대와 벨렛 외인부대의 지휘관에는 여호야다의 아들 브나야. 다윗의 아들들도 사제 일을 보았다.

여기에 보이는 인적 구성을 보면 군대 지휘관 몇 자리와 제사장, 그

---

35) 이스라엘 핑컬스타인·닐 애셔 실버먼, 앞의 책, 228쪽

리고 선전을 책임지거나 기록을 책임지는 이들로 되어 있다. 그리고 다 윗 왕의 왕자들도 구체적 정부 관직을 갖지 않고 부친을 돕는 상황이 었다. 「예레미야서」 등에서 볼 수 있는 후대 유다왕국 요시야왕 이래의 여러 대신과 사관, 서기관, 대제사장 등으로 이루어진 정부 조직에 비 해 매우 초보적인 수준에 불과함을 알 수 있다. 아울러 용병인 외인부 대가 군대 조직에서 비중이 매우 컸다는 점을 보면, 이러한 전사들을 중심으로 고대국가 체제가 아직 확립되지 않았던 팔레스타인 일대를 수시로 약탈하며 무력을 과시하고 있었을 것이다. 다윗 세력은 이 지 역 일대의 여러 민족을 약탈하고 그들로부터 조공을 받는 정도였다. 다 윗이 정치 세력화되는 아주 초기의 일이지만, 수천 마리의 양과 염소를 키우던 부자 나발에게 부하들을 보내 일종의 보호세를 요구해 거절당 했다가, 오히려 나발의 현명한 아내 아비가일을 만나고 이내 나발이 죽 자 그녀를 아내로 맞이하는 이야기는 상당 부분 진실의 면모가 있다고 보인다(「사무엘 상」25장).

다윗 왕권이 안정된 뒤의 상황을 전하는 위의 「사무엘 하」 8장 인용 기사 바로 앞 내용들을 보면, 여러 민족들에 대한 군사적 승리에 의한 조공체제 성립을 과장되게 전하는 중에 어느 정도의 실상도 있다고 볼 만하다. 그런데 만약 그들 다양한 민족들에 대한 철저한 조공체제가 기 록처럼 여일하게 이루어졌다면 다윗이 야훼 신의 신전을 짓지 않고 머 뭇거렸을 가능성은 적다. 사실성은 다소 의문이지만, 제국을 경영한 것 처럼 기술되어 있는 솔로몬의 경우도 자신의 궁전과 성전을 다 지은 다 음에 기술자와 백향목이나 금을 보내 도와준 두로 왕 히람에게 갈릴리 의 20개 성읍을 할양해주었다고 한다(「열왕기 상」9:11). 그러나 세상 모 든 왕들 중에 가장 부자였다면 국가 형성 과정에서 무엇보다도 소중할 영토의 관할권을 떼어주는 일은 없었을 것이다.

다윗이 사울왕조를 제압하고, 헤브론을 수도로 삼은 7년을 뒤로 하고 예루살렘으로 수도를 옮긴 사실도 주목할 필요가 있다. 『성경』은 다윗이 예루살렘에서 33년을 지배해 모두 40년을 왕위에 있었다고 한다. 그런데 이스라엘에서는 흔히 40을 의미 있는 사실과 연관해 말하는 경향이 있다. 광야 생활 40년, 위대한 왕들인 다윗왕의 치세, 솔로몬왕의 치세, 요아스왕의 치세 등이 모두 40년이라고 하며, 심지어 예수도 40일을 광야에서 지냈다고 했다. 따라서 『성경』이 전하는 다윗 왕의 재위 기간을 확신할 수는 없다.

일반적인 기대와는 다르게 예루살렘은 본래 원이스라엘 사람들이 사는 도시가 아니었다. 예루살렘 옛 도시는 해발 8백 미터에 가까운 비교적 높은 산지로 주변이 골짜기와 산들로 둘러싸여 고립되어 있고 방어에 유리한 지형이다. 그런데 이와 같은 지형적 특성은 인접 주민 집단과의 연결을 막아 이 도시가 이스라엘에 편입된 시기도 다른 곳들에 비해 늦은 편이었다. 기원전 14세기에 만들어진 토판들인 이집트의 아마르나 문서에도 그 왕의 존재가 보일 만큼 매우 유서 깊은 도시이나, 다윗이 점령하기 전에는 여부스족이라는 타 민족이 살고 있던 도시였다. 저명한 만큼 인구가 많은 것은 아니었으나 다윗의 침략에 대해 여부스족의 항전은 치열했다. 역사가 오래된 도시국가의 주민들이 강력히 저항했을 가능성은 있음직한 일이다.

지형적 특성에서 예루살렘은 기존 이스라엘이나 유다 지파의 중간 지점에서 다소 떨어져 있어 그들의 수중에 있지는 않았다. 다윗은 바로 이러한 지형이 갖는 중립성을 의미 있게 여겼다. 기존의 이스라엘 지파들이 있는 지역들에 들어가 왕궁을 짓고 정부 조직을 갖출 정도의 도시를 건설하려고 하면, 토착화된 원이스라엘 주민들과의 마찰이 예상됨은 물론 해당지역 지파 공동체의 견제를 받지 않을 수 없었을 것이다. 기존 지파들의 영향력 밖에 있되, 북이스라엘 지파와 남유다 지파 중간의 산간 지역에 오랜 세월 독립적으로 존재한 예루살렘은 새로운 국가의 수도로 용이한 면이 있었다. 더구나 다윗의 정복에 의해 확보된 예루살렘은 '다윗성'으로 불리며, 다윗 왕가의 재산으로 여겨져 각종 건설사업이 용이하고 이름 자체로도 왕의 공적을 대대로 증언하며 왕권을 강화하는 데 도움이 되었다.

그러나 예루살렘을 수도로 삼은 것은 그의 정권이 갖는 한계를 보여주는 것이기도 했다. 당시에 주민 수나 생산력으로 볼 때 북쪽 이스라엘 지파들은 남쪽 유다 지파에 비해 월등한 우위를 점하고 있었다. 그런데 다윗은 일단 북이스라엘 지파들 거주 지역으로 들어가는 데 주저한 것이다. 유다 지파를 벗어나 나아갔지만 북이스라엘 지파들의 입구에 머무는 형세였다. 결국은 북이스라엘이나 남유다를 통합적으로 지배하는 데 미흡한 단계였음을 보여준다. 다윗 정권의 이와 같은 한계는 솔로몬왕 시대에도 극복되지 못했는데, 결국 북이스라엘과 유다의 연약한 결합은 솔로몬왕 사후 곧 풀려버렸다. 다윗 왕조에 우호적인 『성경』은 이 사태를 북이스라엘인들의 배신처럼 기술하기도 했지만, 이질성을 가진 집단 간의 일시적 연합이 분리된 것이라고 보아야 할 것이다.

여기서 과연 이스라엘에 통일국가 시대가 다윗이나 솔로몬왕대에 이루어진 것인지에 대해서도 의문의 여지가 있다. 유능한 전투력을 갖춘 유다 출신 산지의 군벌 다윗 세력이, 주민수가 월등하게 많은 원이스라엘의 중심 주민 집단들의 문 앞에서 경비를 서며 왕이라고 자칭했던 것이 실상에 가까울 것이다. 원이스라엘인들도 자신들을 돕는 군사 세력이 절실히 필요한 만큼, 그들의 허세조차 상당 부분 용인하며 대외적 방어에 그들의 무력을 이용했던 것이다. 『성경』이 말하는 다윗왕과 솔로몬왕대의 웅대한 이야기는 실제 역사라기보다는, 본래 정치적 발전 단계에 비해 위세를 과장하고자 했던 이들 부자와, 그들이 그랬더라면 하고 바랐던 후대 사가들의 합작품이라고 보는 것이 진실에 가까울 것이다.

(3) 언약궤 회수, 성전 건축의 지체

사울왕조가 무너지고 예루살렘으로 수도를 옮긴 다윗왕은 국가 체제를 갖추고자 했다. 우선 문제는 신앙의 정체성을 세우는 것이었다. 이른 고대사회일수록 종교란 정치, 경제, 사회, 문화 모든 부분의 총화總和로 기능했기 때문이다. 그리하여 에벤에셀 전투에서 블레셋 사람들에게 빼앗긴 후 블레셋 땅에 7개월, 이어 기럇여아림의 아미나답의 집에 20년을 머물렀다는 야훼의 언약궤를 가져오고자 했다. 아미나답의 집에서는 그의 아들 엘리아살을 거룩하게 구별해 야훼의 궤를 지키게 했다고 한다(「사무엘 상」7:1). 다윗은 많은 사람을 보내 언약궤를 수레에 실어오게 했다. 아미나답의 아들들인 웃사와 아효가 수레를 몰았는데 소가 날뛰어 수레가 흔들리자 웃사가 언약궤를 안정시키려 만졌다가 급사했다고 한다. 속이 상한 다윗은 다윗성으로 가져오는 것을 포기하고 근처 가드 사람 오벧에돔의 집에 언약궤를 두었다. 오벧에돔은 아들에게 언약궤를 잘 관리하도록 했다. 언약궤는 3개월을 그 집에 머물렀는데 집안이 복을 받게 되었다고 한다.

이 소식이 전해지자 다윗은 다시 정성을 다해 언약궤를 모셔오도록 하고 스스로 수레 앞에서 춤을 추기도 했다. 이때 궁의 창문으로 이 광경을 보던 다윗왕의 비 중 하나, 사울왕의 딸로 다윗과 결혼하고 한때 다른 사람에게 보내졌다가 다윗의 요구로 다시 그에게 돌아왔던 미갈이 다윗의 행위를 천하게 보았다. 결국 미갈은 다윗에게 그 마음을 드러내 비난했는데, 다윗은 야훼께서 원하시니 하는 일이라 했고 결국 미갈은 아이를 갖지 못하게 되었다. 차후 부부관계를 갖지 않았다는 사실을 말하는 것이다.

앞서 20여 년 전, 블레셋 사람들은 이스라엘인들로부터 빼앗아온 언약궤를 자신들의 신전인 다곤 신전에 두었는데 다곤 신상이 넘어져 부러졌고, 이후에도 언약궤가 있는 곳에는 독한 종기가 발생해 사람들이 죽는 흉사가 이어져 결국 그것을 벧세메스로 보냈다고 한다. 벧세메스 사람들이 언약궤를 들여다보고 수십 명이 죽자 사람들은 곧 이를 기럇여아림에 보냈다고 한다(「사무엘 상」5,6장). 블레셋을 나오게 된 언약궤는 다시 중앙 고원 지대의 이스라엘 지역을 향해 올라가고 있었던 셈이다.

본래 언약궤는 모세가 호렙산에서 받은 십계명이 새겨진 두 돌판이 들어있는 상자로, 채가 달려 사람이 메고 옮길 수 있었다(「열왕기 상」8:6~9). 『성경』에는 보이지 않으나 이 언약궤에 야훼를 나타내는 신상이 조상되었을 가능성을 추정하기도 한다.[36] 성전 지성소 안에 있으며 신의 발등상으로 여겨지던 언약궤 위에 신상이 부착되었을 가능성은 매우 낮으나, 설혹 그러했다 해도 그것은 십계명 돌판을 보존하기 위한 상자에 부착되거나 새겨진 부수적 장식에 불과했을 것이다. 종교적 의미로 볼 때 그 비중은 돌판에 견줄 바가 되지 못했다.

고대 아시리아에서 빼앗아간 신상을 돌려준 사례도 있는 만큼, 언약

---

36) 강승일, 「야훼의 이동식 신상으로서의 하나님의 궤」, 『신학사상』176집 53쪽 (한국신학연구소, 2017)

궤의 귀환도 있을 수 있는 일이었다. 메소포타미아에서는 전쟁에서 승리한 군대가 상대국의 주요 신상을 승전 기념물로 가져오는 행사를 했다. 자신들의 신이 강하다는 것을 보여주기 위해 빼앗아 온 신상은 자국의 신전에 세워두었다. 팔레스타인도 다르지 않았다. 기원전 9세기 모압 왕 메사의 비에도 이스라엘을 공격한 메사 측이 많은 사람들을 죽이고 야훼의 성물을 취해 자기 민족의 신 그모스 앞에 끌어다 놓았다고 했다.[37]

아시리아의 에살하돈왕(Esarhaddon, BC 680~669)은 바빌론을 점령하고 마르둑 신상을 빼앗아 왔으나, 아시리아 내에서도 아슈르 신과 함께 많은 숭배자가 있던 마르둑 신에 대한 그러한 모욕적 행위는 오히려 주민들의 반감을 불러 일으켰다. 그리하여 아시리아의 마르둑 신상을 바빌론으로 돌려보내기로 했으나, 그가 갑자기 죽는 바람에 이 중대한 임무는 그의 아들 아수르바니팔Assurbanipal이 하게 되었다. 야훼 하나님의 궤가 돌아오는 과정에 다윗의 군사들이 함께 했던 것과 마찬가지로(「사무엘 하」6:1, 2) 마르둑 신상이 바빌론으로 돌아가는 의식에는 아수르바니팔의 군대가 참여했다. 야훼의 궤가 돌아오는 과정에 음악과 기쁨이 넘쳤던 것과(「사무엘 하」6:14~16) 마찬가지로 마르둑 신상의 귀환에도 음악과 기쁨이 가득했다. 또한 행렬이 여섯 걸음을 움직일 때마다 다윗이 제사를 드렸던 것과 마찬가지로, 아시리아인들은 마르둑 신상이 아슈르로부터 바빌론에 다다르기까지 2마일마다 제사를 드렸다.[38]

그런데 다윗 왕조에 야훼 신앙의 정통성이 있음을 말하기 위해 언약

---

37) J. 맥스웰 밀러·존 H. 헤이스 지음, 『고대 이스라엘의 역사』 347쪽, 박문재 옮김 (크리스챤다이제스트, 2013)
38) 강승일, 앞의 논문, 47~49쪽

궤 귀환의 경과를 전하는 부분에도 의문점이 적지 않다. 우선 『성경』에 전해진 내용은 위에서 본 메소포타미아의 마르둑 신의 경우와 조금 다른 면이 있다. 아시리아는 자국 주민들의 상당수가 마르둑 신을 이미 신앙하고 있었기에 그들의 반발을 의식해 왕이 나서 빼앗아 온 신상을 성대한 의식을 갖추어 돌려보냈던 것이다. 그러나 이스라엘의 언약궤를 빼앗아 간 블레셋의 경우는 그 신이 일으키는 재앙에 의한 두려움에서 나름 예를 갖춘 듯 반환을 시도하지만, 언약궤가 있었던 실로 야훼의 집까지 정중하게 반환하지는 않았다. 그 두려운 신의 궤를 자신들의 경계 밖 타 주민들에게 떠맡긴 것이다. 그리고 마침내 다윗왕이 사람들을 보내 찾아왔던 것이다.

언약궤를 적인 블레셋에 빼앗긴, 민족적으로 극히 불행한 사건을 굳이 조작하지는 않았을 것이다. 이 일의 실상을 제대로 알기 위해서는 중간에 일어난 사건들을 검토해 볼 필요가 있다. 블레셋에서 다곤 신상이 넘어져 깨어졌다는 내용 등은 다른 신의 존재를 거부하는 유일신 신앙의 십계명 조항이 반영된 듯한데 아마도 후대에 첨가된 내용일 것이다. 물론 블레셋 사람들이 타국의 신을 두고 여러 감회가 있고 더러는 이민족신에 대한 두려움에서 신드롬 같은 것이 일어났을 개연성을 부인할 수는 없다.

벧세메스를 거쳐 기럇여아림의 아미나답 집에서의 20년 세월을 경과했다는 것도 의심스러운 면이 있다. 제사장이고 사사인 엘리가 죽었으나 사무엘이 그 뒤를 이었고 곧 사울이 왕을 칭하던 그 시기에, 야훼의 언약궤가 한 개인의 집에 20년을 머물렀다는 것이 석연치 않다. 물론 「사무엘 상」14:18에서는 사울이 전장에서 제사장 아히야에게 언약궤를 가져왔으면 하고 바란 적이 있었음을 전하고 있다. 그런데 그 결과가 어떠했는지 말이 없다. 어쩌면 블레셋에서 부서져 사라졌을 수도 있는 언약궤에 대한 아쉬움을 토로한 것이거나 더럽혀져 되돌아와서 한 개인의 집에 방치되고 있음에 대한 안타까움의 표현일 수도 있겠다. 그러나 지도력이 쇠잔해 가던 사사 사무엘은 이민족에 빼앗겨 모독당한 성물인 언약궤를 가져올 경황도 힘도 없었다고 하더라도, 새로운 왕인 사울이 적극 나서지 않은 점은 석연치 않다.

그러다가 잔명을 유지하던 사울왕조가 망하고 다윗왕이 예루살렘을 정복한 이후에야 언약궤를 가져오려 한 것이다. 그런데 그 과정이 순탄치만은 않았다. 20년을 집에서 모신 언약궤를 예루살렘으로 가져가기 위해 소가 끈 수레를 따라가던 아미나답의 아들 웃사가 흔들리는 언약궤를 손으로 잡았다가 즉사했다. 그런데 소가 요동을 해 수레가 흔들려 언약궤가 떨어지게 생겼을 때 다른 방도는 있는 것일까? 언약궤를 잡지 않고 그대로 두어 땅에 떨어지기라도 했다면 다른 징벌은 없었을까? 이 이야기도 언약궤를 들러 메고 옮길 수 있는 직책을 자신들이 가졌다고 주장하는 레위 지파나 제사장 계통에서 주장하는 이야기일 듯하다. 웃사가 즉사했다고 마음이 상해 그 신앙심 좋은 다윗 왕이 가드 사람 오벧에돔의 집에 궤를 두고 왔다는 것도 연결이 자연스럽지 않기는 마찬가지다. 오벧에돔의 집에 3개월을 머문, 그 한없이 두려운 언약궤는 그 집에 복을 내렸다고 한다(「사무엘 하」6:11, 12).

매우 복잡한 이야기 구성과 여러 편집 단계들이 있었다고 여겨지며,[39] 전체적으로 언약궤 관련 사건들의 연결 관계가 자연스럽지 않다.

---

39) 이희학, 「구약성서의 법궤신학—사무엘서에 있는 "법궤이야기"의 傳承과 歷史」 『신학과 현장』9집, 1999, 275~302쪽

어쩌면 빼앗긴 언약궤는 별다른 보석 등이 장식되어 있지도 않았고, 기본적으로 십계명 돌판을 담고 있었던 만큼 블레셋인들에 의해 쉽게 파괴되었을 가능성도 있다. 야훼 신이 모세에게 주었다는 십계명 돌판이 깨어질 수 있는 것임은, 일찍이 모세가 광야에서 아론과 히브리인들이 우상으로 여긴 황금 송아지를 돌판으로 내리쳤던 일로 이스라엘인 스스로 전한 내용이기도 하다(「출애굽기」32:19). 성스러운 십계명 돌판은 이미 인간에 의해 깨뜨려질 수 있는 물건임을 보여준 것이다. 따라서 다곤 신전에서 깨어진 것은 다곤 신상이 아니라 오히려 두 돌판이었을 가능성도 배제할 수 없다.

언약궤의 중요성과 상징성으로 보아 기럇여아림에서의 20년간 방치는 없었던 사실이 아니었을까. 이 설명하기 어려운 과정은 결국 다윗의 의도적 계획이 아니었을까. 적어도 실로 함락 이후 잊혀 있었던 언약궤를 가져와 예루살렘을 국가 제의의 중심지로 삼으려는 놀라운 착상을 실행에 옮긴 자는 다윗왕이었던 것이다.[40]

언약궤가 다윗왕 측에 의해 새로 만들어진 후 들여왔을 가능성도 생각해 볼 수 있다. 수레에서 흔들려 떨어지려는 언약궤를 잡은 충성스런 웃사의 죽음도 어쩌면 다윗에 의해 '언약궤가 다시 만들어져' 아미나답의 집에 일시 안치된 사건의 진실을 아는 자의 죽음일 가능성도 있다. 고대 이집트나 메소포타미아 등 중동 일대에서 신상이나 성물의 제작은 으레 있었던 일이다. 신상의 경우 다 만들어진 후 종교적 의식을 거치면 신으로 여겨지곤 했다. 이집트에서는 신상을 그저 신을 매개·상징하는 것으로 여기는 편이었으며, 메소포타미아의 경우 신으로 여기

---

40) 라이너 알베르츠 저, 『이스라엘종교사 I』 274쪽, 강성열 옮김 (크리스찬 다이제스트, 2003)

는 경향이 강했고 동일 신에 대해 다수의 신상이 만들어질 수 있었기에 이중적 인식이 교차했다.[41]

따라서 다윗이 사라진 십계명 돌판을 다시 제작하고 언약궤를 만들어 가져왔을 가능성도 있으며, 그 일 자체가 큰 문제가 될 일은 아니었다. 그런데 취약한 기반에서 왕정을 지향하는 다윗으로서는 과거 대표 성소인 실로 야훼의 집에 있었다가 전장에서 빼앗겼던 전통 깊은 언약궤를 되찾아왔다는 주장을 하고 싶었을 것이다. 이러한 중에 웃사의 죽음은 기획된 일의 전모를 다 아는 이의 제거인 동시에 이 일에 연관된 자들에게 함구를 명하는 엄중한 경고가 되었을 수도 있다. 무죄한 자를 제거할 수밖에 없었던 이 과정에서 다윗도 마음의 흔들림이 있었을 것이다. 전선의 사령관 요압에게 명을 내려 자신과 간통한 밧세바의 남편, 헷 족속 출신 용사 우리야를 전장에 앞세워 죽도록 한 사건이 연상되기도 한다. 오벧에돔의 집에 언약궤가 3개월 머무는 동안에 그 집과 소유에 복을 내렸다는 것도 객관적으로 보면 모종의 기획이 있었을 개연성이 있다. 소유에 내린 복이 다윗 측에서 제공한 것일 가능성도 있는 것이다. 적어도 다윗은 웃사의 죽음에서 야훼 신의 무한 존엄에서 오는 언약궤의 절대 위엄을 주장할 수 있었고, 오벧에돔 집이 받은 복에서 그 신이 복의 주체임을 확인시킬 수 있었던 것이다.

결국 다윗은 거룩함과 복됨이 입증된 언약궤를 모셔오는 일에 다시 나서 정성을 다했다. 실로에 있었던 언약궤의 과거 행방에 대해, 블레셋 내에서의 비밀스런 정보까지 알 수 있었던, 사울왕의 딸이자 다윗의 아내 중 하나인 미갈은 이 행각을 천연덕스럽게 진행하던 다윗을 비웃었

---

41) 강승일, 「이집트와 메소포타미아의 입을 여는 의식 비교 연구」, 『서양고대사연구』 67쪽 44, 2016

을 만하다(「사무엘 하」6:16). 야훼의 언약궤가 돌아옴을 모든 이들이 들떠 축하하는 중에 그녀만 유독 남편을 비방할 이유는 달리 없다. 다윗을 사랑해 아버지를 한때 배신하기도 했지만, 결국 친정 왕가의 몰락과 용의주도한 다윗의 성공을 바라보는 그녀의 심사는 매우 복잡 미묘했을 것이다.

물론 전부터 있었을 실로의 그 언약궤가 예루살렘으로 돌아왔을 가능성을 완전히 부정할 수도 없다. 그렇다면 웃사의 죽음은 야훼 신의 거룩함을 나타내기 위해 민간이나 전승 과정, 또는 후대 사가들이 지어 넣었을 가능성이 있다. 사무엘이나 사울이 적에 의해 모독된 언약궤 처리에 머뭇거린 데 비해 순발력 높은 다윗은 용기를 발해 그것을 정화해 신앙의 중심 상징으로 새 수도인 예루살렘으로 모셨을 가능성도 있다. 이 과정에서 과거 사울의 위협으로 다윗이 피신하던 중에 그를 도와준 제사장 아히멜렉의 아들로, 다윗왕대 두 제사장 중 하나인 아비아달의 역할이 있었을 만하다. 그는 실로 야훼의 집 엘리 제사장의 후예로서 사울왕의 칼을 피해 다윗에게 와서 제사장 역할을 했다.

그런데 돌아온 언약궤는 여전히 장막에 머물렀다. 『성경』은 야훼의 말씀임을 들어 다윗의 성전 건축을 다음 왕대에 이루어질 일로 미루고 있다. 「사무엘 하」7:12, 13에는, 야훼는 예언자 나단을 통해 "네가 살 만큼 다 살고 조상들 옆에 누워 잠든 다음, 네 몸에서 난 자식 하나를 후계자로 삼을 터이니 그가 국권을 튼튼히 하고. 나에게 집을 지어 바쳐 나의 이름을 빛낼 것이며, 나는 그의 나라를 영원히 든든하게 다지리라"라고 했다 한다. 그런데 언약궤를 들여온 정성에 비해 성전 건축이 곧바로 시행되지 않았음은 범상치 않다. 후대 이스라엘인들도 이것에 의문을 가졌다. 그리하여 「신명기」계 역사서에 비해 수백 년 뒤에 나온 「역대기」에는 다윗이 솔로몬에게 하는 말 속에, 야훼의 말씀이라 하며 자신이 전쟁을 크게 해 땅에 피를 많이 흘려 성전 건축을 할 수 없게 되었다는 해명을 싣게 되었던 것이다(「역대기 상」 22:8). 그러나 성전 건축이 지연된 실제 이유는 따로 있었을 것이다. 다음의 몇 가지로 추론해 볼 수 있다.

우선 다윗의 권력이 국가 성립 단계에 이르지 못한 데서 연유했을 가능성이다. 『성경』은 그를 왕으로 칭하지만, 그의 국가 체제를 입증해 줄 만한 고고학적 유물, 유적은 거의 전무하다. 『구약성경』「사무엘 하」 8:15~18의 그의 참모 조직을 보아도 초보적인 군벌 정도의 세력 집단으로서, 일정한 영토 위에서 소속 주민들에게 체계적이고 배타적인 주권을 지속적으로 행사할 수 있는 국가 단계와는 거리가 먼 것으로 보인다. 이러한 상황에서 신전을 건축해 왕으로 즉위를 선언한다는 것은 당대 정치, 종교, 사회적 인식 기반에서는 불가능했을 것이다. 메소포타미아나 가나안 등 고대 중동에서 국가의 건국, 곧 왕의 즉위는 신과의 강력한 결합 관계에서 가능했다. 중동의 고대 신화들은 혼돈과 무질서를 정리·해결한 신이 특정 도시에 신전, 곧 신의 왕궁을 건설하게 됨으로써 지상 地上에 대한 신적 통치가 가능하게 됨을 말하고 있다. 결국 지상의 무질서와 제반 문제 등을 해결하고 재물과 권력을 통해 도시에 신전을 건축한 왕이 신의 대리자로서 권력의 정당성을 얻어 나라를 통치할 수 있었다. 바벨론의 마르둑 신화나 우가릿의 바알 신화는 무질서나 혼돈을 상징하는 티아마트나 바다를 쳐부순 이들 신들이 신전 건축을 필요로 하고 있음을 잘 보여주고 있다.[42] 정치적으로 여전히 미숙한 단계에 있었던

---

42) 권혁승, 「하나님 왕권의 관점에서 본 시온신학 연구-시온신학의 형성 배경과 신학적 의미를 중심으로」 『한국기독교신학논총』16, 1999, 99~105쪽.

다윗 세력 집단은, 당대 주민들의 평가나 인식을 의식하며 야훼 신전의 건축에 적극 나설 입장이 아니었던 것이다.

다음으로는 다윗의 정치적, 인적 기반의 취약성과 관련이 있다. 앞에서도 언급했지만 그의 무력 기반은 이스라엘 지파 주민들이라기보다는 잡다한 이민족을 포함한 자신의 용병이었다. 그가 속한 유다 지파가 먼저 다윗에 대한 지지를 선언했지만, 뒤에 지지를 선언한 나머지 북쪽 지파들의 속내는 마지못해 참여한 정도였다. 이렇게 자민족 구성원들로부터 확실한 지지를 얻지 못하고 있었던 다윗으로서는 자신이 점령해 다윗성이라 칭하고 있는 예루살렘의 토착민인 여부스족도 자신의 기반으로 삼아야 할 필요성이 절실했을 것이다. 일부 적극적 저항자들은 처형했겠지만 여전히 민족이 형성되는 과정이기도 했던 만큼 그들 대다수를 살려두고 자신의 기반으로 삼고자 했을 것이다. 이방 민족에 대한 다윗 왕조의 열린 의식은, 다윗의 조상이었다는 여리고의 기생 라합이나 모압인 룻 같은 이방인 출신의 저명한 여성을 『성경』에 상세하게 전하고 있음을 통해서도 미루어 볼 수 있다. 후일에 북이스라엘 왕국을 점령·통합한 아시리아의 종교 정책에서도 잘 드러나는 대로, 피정복지의 토착 신앙을 경시하거나 없애버리는 일은 고대 중동에서는 거의 없었던 일이었다. 토착적 신앙, 토착적 신을 달래고 섬기는 것은 피정복민 집단을 원활히 지배하는 데 필수적인 일이었다.

다윗왕은 자신이 새로이 인적·재정적 기반으로 삼고자 하는 예루살렘의 주민이었던 여부스족과의 타협이나 융화의 시간이 필요했다. 그리하여 다윗은 야훼의 신전 짓기를 머뭇거리며 장막을 설치해 야훼의 언약궤를 모셨던 것이다. 다윗이 33년간 예루살렘에서 왕노릇을 했다는 것은 확신할 수 없으나 상당한 기간 동안 그는 장막의 야훼 신앙과 예루살렘 여부스족이 믿어왔을 기존 신앙의 공존을 인정하면서, 아마도 기존 토착민의 신전을 유지함으로써 민심의 호응을 얻었던 것이다. 예루살렘의 여부스족은 그 민족적 기원을 단정할 수 없지만 그들도 가나안의 신앙 체계, 엘 신을 정점으로 한 가나안의 만신전 신앙을 벗어나지는 않았을 것이다. 야훼 신도 팔레스타인 남방 광야 지대에서 유래했을 가능성이 높지만, 점차 가나안의 신들로 인정을 받으며 엘 신을 중심으로 한 신들인 엘로힘이 되었던 전사가 있다. 결국 다윗왕의 용의주도한 기다림의 종교 정책을 통해 엘로힘의 범주에 들었을 야훼 신과 여부스족이 신앙했을 전통적 예루살렘의 신은 융합되어간 것으로 보인다.

예루살렘 여부스족의 신앙과 야훼 신앙의 공존, 융합 과정은 잘 알려진 살렘 왕 멜기세덱에 관한 설화를 통해 어느 정도 짐작해 볼 수 있다. 갑자기 신비롭게 출현해, 전투에서 승리한 아브라함으로부터 감사의 십일조를 받고 그를 축복했다는 멜기세덱은(「창세기」14:17~20) 예루살렘의 왕이자 사제였던 제정일치 단계의 지배자를 표상하고 있다. 살렘은 예루살렘보다 북부에 있었던 세겜이라는 다른 지방을 가리킨다고도 하지만, 예루살렘임이 널리 인정되고 있다. 멜기세덱이 아브라함과 우호적 관계를 갖는 것으로 후대에 묘사된 것은, 예루살렘의 전통적 신앙과 다윗이 들여온 야훼 신앙의 공존과 융합을 경험한 이후의 인식을 반영하는 것이다. 멜기세덱은 '정의의 왕'이라는 뜻인데 '살렘'이 평화라는 뜻이므로 '평화의 왕'으로도 불린다. 신약시대에 멜기세덱은 예수 그리스도의 먼 과거의 현신으로 여겨지기도 했다. 태초부터 있었다고 여겨진 예수 그리스도가 이스라엘 민족의 조상인 아브라함으로부터 십일조를 받았다는 것은 그리스도의 지위가 그만큼 높았기 때문이라고 이해되었다.

예루살렘 여부스족의 신앙과 야훼 신앙이 공존과 융합의 기간을 가졌던 것을 보여주는 다른 근거도 있다. 그것은 다윗 왕의 제사장이 아비아달과 사독 두 사람이었다는 점이다. 물론 두 제사장 밑에는 여러 사제(제사장)들이 있었을 것이다. 아비아달은 본래 원이스라엘의 중심 성소인 실로의 엘리 제사장의 후손으로서, 놉Nob에 거하던 그의 부친인 제사장 아히멜렉이 도망 중인 다윗에게 음식을 제공하고 무기를 준 사실로 사울왕에 의해 제사장과 사제들이 살해당하는 중에 빠져나온 유일한 생존자였다. 따라서 아비아달은 보다 정통성 있는 야훼 신앙 제사장 가문 출신이고 다윗의 공신이랄 수 있는 비중 있는 인물이었다. 그런데 아론 지파이며 엘리의 후손이라고 『성경』은 전하지만 학자들로부터 그 출신을 의심받는 다른 제사장이 있다. 제사장 사독이다.

사독Zadok은 그 이름부터가 멜기세덱Melchizedek과 같은 유형이라고 한다. 발음을 해보면 같은 언어에 속하는 이름일 가능성이 느껴지기도 한다. 그는 아비아달과 함께 제사장으로 일하다가 솔로몬왕 즉위와 함께 아비아달이 실각하자 단독으로 최고위 제사장이 되었다. 그리고는 유다왕국 예루살렘 성전의 제사장은 기본적으로 그의 후손이 독점했다. 바벨론 포로기에 예언자로 활약한 제사장 출신 에스겔도 그의 후손이었다. 솔로몬의 즉위는 정상적인 것이 아니었다. 그는 장자도 아니며 아도니야 왕자 같은 배다른 형이 있는데도, 어머니 밧세바에 대한 다윗왕의 총애와 왕의 최측근 선지자로서 역시 여부스족 출신일 가능성이 있는 선지자 나단의 지원으로, 일종의 정치적 술수를 통해 왕이 되었던 것이다. 나단은 다윗의 성전 건축을 말렸고, 다윗의 비밀스런 밧세바 간통 사건의 실상을 정확히 알아차린 것 등으로 보아 예루살렘 사정에 밝은 그곳 출신일 가능성이 높다.

이러한 과정에서 아도니야 왕자의 즉위를 지지했던 다윗의 동지이자 군대의 총사령관인 요압이 제거되고 아비아달 제사장도 귀향형에 처해 실각하게 되었다. 자세한 것을 다 알 수는 없으나 솔로몬의 즉위 과정은 공로가 큰 원로 공신들을 제거하는, 일종의 궁정 친위 쿠데타 같은 성격이었던 것으로 보인다. 이러한 중에 살아남은 이들은 자신의 공로나 가문 배경보다는 왕권에 적극 기생해 충성을 바치고자 했다. 즉 사독은 전통적 제사장 가문이라기보다는 오히려 예루살렘의 전설적인 '멜기세덱'의 후예 제사장으로서 다윗의 종교적 융합 정책 과정에서 협조해 두각을 나타내기 시작한 인물일 가능성이 있다. 학자들은 그가 여부스족 출신 제사장이었을 가능성을 널리 인정하고 있다.[43]

다윗이 성전 건축을 적극 추진하지 않은 이유는 기존 이스라엘 지파들과 유다 지파를 크게 의식한 면도 있다. 다윗은 예루살렘의 여부스족을 회유·융화하기 위해 노력한 한편, 당연히 전통 이스라엘 지파들의 반발 가능성을 의식했던 것이다. 이방 민족의 땅을 수도로 하고 그곳에 이스라엘 민족신 야훼의 신전을 짓는 일은 기존 이스라엘 지파들이 결코 환영할 일은 아니었을 것이다. 야훼 신앙의 확장이라는 면도 있으나 그들로서는 야훼 신앙의 혼합화를 꺼리는 면도 없지 않았을 것이다. 그리하여 다윗은 자신의 재위 기간 동안 야훼 신앙과 기존 예루살렘 신앙을 병존하게 할 수 밖에 없었던 것이다.

부수적인 것이겠지만, 다윗은 재정적 여력이 부족해 신전의 건축을 미룬 면도 있었던 것으로 보인다. 지파들의 지원은 여전히 밋밋하고 그렇다고 세금을 무겁게 매길 형편도 아니었다. 왕정에 대한 주민들의 신뢰도가 높지 않은 상황에서 세금이나 부역을 과중하게 부과하는 일은 왕의 폭거

---

43) 라이너 알베르츠 저, 강성열 옮김, 앞의 책, 276쪽

로 여겨져 큰 반발을 살 수 있었다. 다윗은 신전 건축을 하지 못하는 것을 상당히 고민한 것으로 전해지고 있으며, 차후에 이루어질 신전(성전) 건축을 대비한 것으로도 전해진다.

2) 솔로몬왕의 예루살렘 성전 건축과 시온신학, 왕정신학의 성립

『성경』이 전하는 내용 이외의 자료가 없는 상태에서 이미 이상적인 제국의 왕으로 형상화된 솔로몬왕에 대한 역사적 탐구를 수행하는 것은 쉽지 않은 일이다.

20세기 전중반만 해도 『성경』이 전하는 그의 제국 경영의 역사성을 부인하기 어려웠다. 『성경』에는 솔로몬왕이 강제 노역을 통해 므깃도, 하솔, 게셀을 증축했다고 나오는데(「열왕기 상」9:15) 이들 세 도시의 고고학 발굴을 통해 육방 성문과 열주 건물 등이 있는 대규모 건축 유물들이 출토되었다. 이 도시들의 유물들은 『성경』이 말하는 솔로몬왕의 단에서 브엘세바까지의 지배를(「열왕기 상」4:25, 『개역한글 성경』) 확인해 주는 증거로 여겨졌다. 그러나 20세기 후반 이래의 고고학 발굴을 통해 이들 도시의 유물들은 기원전 10세기 중후반에 재위했다고 여겨지는, 솔로몬왕대보다 후대인, 기원전 9세기 북이스라엘 오므리왕조 때의 것으로 확인되었다.[44] 따라서 현재는 『성경』이 전하는 솔로몬왕의 화려한 업적을 그대로 신뢰하는 역사학자는 거의 없다. 최근에 나온 고대 이스라엘 역사 개설서에서는 『구약성경』의 솔로몬 이야기는 고대

---

44) 이스라엘 핑컬스타인·닐 애셔 실버먼, 앞의 책 167~228 쪽

근동의 제왕적 이미지가 통일되게 반영된 후대의 편집 결과로 대부분 신뢰할 수 없으며 그 역사성이 두꺼운 베일에 가려져 있다고 했다.[45]

물론 다윗이나 솔로몬왕대 팔레스타인에는 이렇다 할 강대국이 없었다. 이러한 중에 다윗 부자는 중앙 산간 지대 새로운 수도에 자리하고 잘 훈련된 전사戰士 조직을 통해 주변 다양한 주민들로부터 효과적으로 약탈을 하고, 무역 중개에 비교적 성공하고 있었다고 볼 만도 하다. 이들 두 왕대의 역사상은 역사가나 『성경』 편집자들에 의해 제법 화려하게 묘사될 만한 여지가 있었다. 전 시대 역사에 대한 확실한 자료가 거의 없었던 기원전 7세기 이후 「신명기」계 역사서들이 저술되는 시점에서 보면, 저자의 성향이나 의도에 따라서는 건축 주체를 잘 알 수 없는 앞선 시대 도시 유물의 건설자를 실제와 달리 추정할 수도 있었다. 동맹 관계에 있었던 페니키아의 신앙을 들여오고 민중들과도 사회·경제적으로 대립했던 오므리 왕조에 대해 좋은 이야기가 돌았을 가능성도 적다.

『성경』이 묘사하고 있는 솔로몬왕은 탁월한 학자이며 시인, 현인이고 위대한 제국의 부자 왕이다. 그리고 무엇보다도 차후 이스라엘 민족의 삶과 역사의 구심점이 될 예루살렘 성전을 건축한 위대한 야훼 신앙인이었다. 예루살렘 성전 건축자로서 그에 대한 유다왕국, 특히 사제 계통의 존경과 호감은 지대해서, 기원전 7세기 말 이후 그들이 저술·편집한 『성경』이 그에 대해 얼마나 찬사를 덧붙일 것인지는 명약관화하다. 어머니 밧세바의 실절失節에 의한 출생 계보상 하자가 있었으나, 그는 야훼가 아들로 선포한(「사무엘 하」7:12~14) 메시아의 원형이 되는 민족

---

45) 레스터 L. 그래비 지음, 『고대 이스라엘 역사』 195~197쪽, 류광현·김성천 옮김 (CLC, 2012)

적 대망이 담긴 인물로 여겨졌다. 이방 출신 왕비들 때문에 이방신 숭배를 허락하고 옹호한 면이 있었으나, 있을 수 있는 잘못 정도로 크게 문제 삼지는 않았다. 특히 이스라엘 민족의 고난이 지속될수록 영광스러운 이스라엘에 대한 꿈은 그에 대한 기대를 키워 소급적으로 부가된 면도 없지 않다.

앞에서 다윗왕대 예루살렘의 종교 정책에서 언급했지만, 솔로몬의 즉위와 함께 아마도 예루살렘 토착 선주민이었을 사독이 단독 제사장이 되었다. 그것은 과거 실로Shiloh 야훼의 집 계통 제사장 아비아달의 실각과 더불어 이루어졌다. 아비아달을 추방하고 솔로몬왕의 쿠데타성 즉위 과정에 적극 협조한 사독을 제사장으로 삼은 것은 적어도 예루살렘의 신앙 체계에 대한 왕권의 지배 의도를 드러내는 것이다. 왕에 절대 충성하는 신하로서 제사장의 지위는 이제 보다 명백해졌고 그것은 종교에 대한 왕의 지배력 확립을 보여주는 것이다. 마치 신라의 진흥왕이 고구려에서 망명해 온 혜량 법사를 불교의 승려들을 총괄했던 승통僧統으로 삼았던 사실과 유사하다.

결국 아비아달이 상징하는, 왕정보다는 신정을 옹호하는 원이스라엘의 전통적인 실로 야훼의 집 계통 신학은 퇴조했다. 대신 팔레스타인의 신앙 기반 속에서도 지리적 고립성과 오래된 역사 운영에서 오는 독자성이 있었던 예루살렘 여부스족의 전통 신앙이, 언약궤를 기반으로 한 야훼 신앙에 접목되면서 나름의 특성을 갖는 예루살렘 야훼 신학이 형성되었다. 기원전 14세기 아마르나 문서에도 보이는 대로, 규모는 작지만 고대도시 국가로서 오랫동안 독자적 왕정을 경험한 여부스족의 예루살렘 왕국의 신학은 새로운 왕정 이데올로기가 절실한 다윗 왕조 솔로몬왕에게 큰 도움이 되었다. 이러한 배경 속에 부왕 다윗대의 경제력

축적을 기반으로 왕궁과 예루살렘 성전의 건축이 추진되었던 것이다. 연구자에 따라서는 솔로몬의 예루살렘 성전은 새로운 건축이 아니라, 여부스족이 사용하던 성전을 재건축한 것이라고도 본다.[46]

이제 예루살렘은 야훼 성전을 갖춘 다윗의 성이 되었다. 그리하여 시온산 예루살렘 성전에 야훼가 좌정坐定하시어 왕 노릇 하신다는 시온신학이 선포되고, 그 신이 다윗을 선택해 왕으로 삼고 그 아들을 야훼의 아들로 여겨 영원히 왕이 되게 하셨다는 왕정(권)신학을 확립했던 것이다. 이것은 성립의 주체로 볼 때에 궁정신학이라고 할 수 있다. 이제 야훼 신은 이스라엘 왕국의 신이 된 것이다. 고대 중동의 마르둑이나 바알 신화를 통해서 이야기되던, 특정 신의 궁전인 신전의 건축을 통해 그 신의 지상 거주와 통치가 실현되고 신전 건축을 추진한 왕은 신의 대리자 그리고 중재자로서 백성을 다스리게 된다는 왕의 지배 이데올로기가 실현, 확립되었던 것이다.

「시편」48:2을 보면 예루살렘의 시온Zion산을 북방의 산, 곧 자폰Zaphon산으로 칭하고 있다. 자폰산은 가나안 신화에서 바알 신이 거하던 성산으로 신들의 모임이 있던 곳인 만큼, 시온신학 성립에 바알 신화의 영향이 있었던 것을 알 수 있다. 이집트 파라오의 지배와 가나안 도시국가 왕들의 폭정에 시달리다가 시작된 민족 형성사로 인해, 전통적으로 왕정에 대해 부정적이고 소극적인 이스라엘 민족사에 국왕 통치를 적극 옹호하는 궁정신학이 드디어 성립된 것이다. 종교가 가진 정치 이데올로기로서의 성격은 널리 인정되고 있는데, 야훼 신앙은 이제 다윗 왕조의 본격적인 정치 이념으로 기능하게 되었다. 이후 야훼 신앙이나

---

46) 라이너 알베르츠, 앞의 책 279쪽

신학은 국가와 성전의 주도적 관리와 통제 속에 발전해 가는 양상을 띠었다. 이점을 본서의 저술 목적과 연관해 유의해야 한다.

이러한 왕정 이데올로기가 왕권을 옹호하는 것이지만 일방적인 것만은 아니었다. 고대 왕권의 일방성, 절대성은 잘 알려져 있지만 왕권은 공동체 민심의 기반 위에 있었던 만큼 늘 윤리나 도덕, 전통 관습 등에 의해 제약을 받았다. 이러한 점은 함무라비 법전을 보아도 잘 나타나는데, 함무라비왕은 마르둑 신이 보낸 자로서 법과 정의로 백성들에게 행복을 가져다 주었다고 했다.[47] 신의 보증을 통해 왕권을 보장하고 있지만, 공익이나 공동체 및 구성원의 이익은 늘 함께 제기되고 있으며, 다윗 왕조의 경우에도 신의 아들인 왕이 죄의 길을 가게 되면 막대기와 채찍으로 다스리겠다는 경고가 따랐다(「사무엘 하」7:14). 물론 그조차도 왕권의 자의적 행사를 신이 징벌할 때까지 참고 인내할 이유로 작용했던 것을 부인할 수 없으나, 역사적으로 그것은 북이스라엘 여로보암의 역성혁명, 예후 등의 오므리왕조 제거나 남유다왕국에서의 아달랴왕이나 아몬왕 시해의 정당성을 보장하는 논리로도 작용했다.

왕에 충성스런 제사장 사독이 주관하는 예루살렘 성전은 새로운 왕실에 대한 야훼 신의 가호를 선포하고 선전했다. 야훼 신이 예루살렘 성전에 자신의 이름을 두겠다는 선언은(「열왕기 상」8:9,19) 이 성전을 통해 다윗왕조의 정당성과 정통성을 보장하는 것이었다. 고대 중동 지역에서 이름이란 존재 자체를 말하는 것으로 인식되었던 만큼, 신이 이름을 둔 예루살렘 성전은 문자 그대로 야훼의 집, 야훼의 궁전이 된 것이다. 민족신이 거주하는 성전을 만들고 운영하는 다윗왕조는 야훼의

---

47) 윤일구, 『고대법의 기원 함무라비 법전』 105쪽 (한국학술정보, 2015)

절대적 지지를 받고 있음을 달리 강조할 필요가 없었다. 거창하고 거룩하게 야훼의 시온산 주재駐在와 통치를 찬양하는 시온신학은 사실상 다윗 왕조 왕정신학의 전위前衛와도 같았다. 다윗을 계승한 솔로몬왕의 신분상의 하자도, 야훼 신이 나단 선지자를 통해 '자신의 이름을 위해 성전을 지을', '내 아들'이라고 선언했음이 전해지면서(「사무엘 하」 7:12,13) 문제가 사라지게 되었다. 다윗 집의 후손으로 이어진 왕들은 야훼의 아들로서 신성한 왕의 자리를 보장받은 것이다.

그런데 이러한 예루살렘 성전신학, 시온신학 그리고 왕정신학은 당대 사람들에 의해 얼마나 지지받았을까? 초기 국가 단계에 신전을 새로 짓고 제사장을 임명해 아직은 미숙한 민족신앙인 야훼 신앙을 왕국의 신앙으로 격상시키고자 했지만, 실제 이스라엘 민족 일반에 미치는 이 왕실 신앙의 영향력은 한계가 있었다. 특히 북쪽 이스라엘 지파들의 속내는 그리 긍정적이지 않았다. 명실상부한 국가 단계에 이르지도 않은 상황에서, 실로의 언약궤를 차지한 채로 제사장 아비아달까지 추방하고, 유다 지파의 왕과 여부스족 출신 제사장들이 비 이스라엘 지역이었던 예루살렘의 왕국 내 대표성을 주장했기 때문이다. 그러한 양측의 신학적 괴리는 차후 강화되는 솔로몬 왕권에 대한 반발로 이어졌고 드디어 북이스라엘의 분리 독립을 일으키는 주요 원인이 되었다. 아울러 고고학 발굴을 통해 기원전 7세기 말 요시야왕대의 야훼 신앙의 유일 신화, 중앙 집중화가 추진되기 전까지는 유다왕국 지역에도 야훼 신을 섬기는 아랏Arad 신전이 운영되었음이 확인되고 있다. 남북 왕국 시대에 북이스라엘은 물론 남유다 지역에서도 예루살렘 성전은 야훼 신앙을 독점하지 못하고 있었던 것이다.

사실 솔로몬 성전 본 건물의 크기는 '장이 육십 규빗, 광이 이십 규빗, 고가 삼십 규빗'이었다고 한다(「열왕기 상」6:2, 『개역한글 성경』). 한 규빗cubit은 약 45센티미터 내외이므로 건축 면적은 약 243제곱미터, 73평 정도로 왕국의 중앙 신전으로서는 규모가 크다고 볼 수 없다. 그럼에도 불구하고 이 성전을 짓는데 7년이 걸렸다고 하는데, 사실성 여부를 알 수는 없겠으나 솔로몬대의 재정이나 권력 기반, 그리고 건축기술이 그리 대단치 않았던 것을 반영하고 있는 듯하다.

그런데 다윗왕조 초기에 야훼 신앙이 절대적이거나 유일한 것이 아님은 『성경』이 전하는 솔로몬왕의 행적에서도 언급되고 있다. 그처럼 야훼 신을 향해 불퇴전의 충성을 맹세하던 솔로몬왕대에도 성전 이외의 전통적 산당 신앙을 그대로 두고 솔로몬왕도 그곳에서 기도를 드리곤 했던 것이다. 아울러 그는 여러 이방민족 왕비들의 신앙을 존중하며 이방신을 섬기는 신전을 별도로 만들어 주기도 했다. 이러한 행태는 당시의 종교적 상황으로 보아 당연한 것이다. 다양한 민족들이 섞여 살고, 다양한 신들이 숭배되고 있던 중에 야훼 신앙만을 유일한 신앙으로 선포·지지할 수는 없었던 것이다. 왕으로서 국가 공식적으로 야훼 신앙을 선양하고자 했으나, 다른 신들을 신앙하는 왕비나 신하, 백성들 신앙의 다양성을 억압할 필요는 없었던 것이다. 사실상 여전히 조심스러운 국가 형성 단계에서 백성들의 지지가 절실한데 국왕이 전통 토착적인 여러 신앙들을 제한하거나 특정 신앙만을 강압적으로 명하는 일은 현실적으로 불가능했다. 한국의 삼국시대에도 왕실의 주도 하에 불교를 들여왔으나 상당 기간 일반 백성들의 보편적인 신앙이 되지는 못했다.

따라서 『성경』이 전하는 솔로몬왕대의 신앙도 여전히 다신 신앙적이고 혼합적인 형태에 머물고 있었다. 「열왕기 상」11:33에는 "솔로몬은 나를 버리고 시돈 사람이 섬기는 여신 아스도렛[아스다롯]과 모압

의 신 그모스, 암몬 사람의 신 밀곰을 예배했다. 그는 그의 아비 다윗과
는 달리, 내가 보여준 길을 가지 않았고 내 앞에서 바르게 살지도 않았
으며 내가 준 규정과 법령을 지키지도 아니했다.˝라고 했다. 그런데 이
것은 솔로몬왕 당대의 평가와는 무관한 7세기 말 유일신 신앙을 가진
열왕기 저자의 비판이다. 이와 같은 솔로몬왕대의 신앙 형태는 물론 그
의 부왕인 다윗왕대에도 크게 다르지 않았다.

그럼에도 불구하고 야훼 신앙은 수도 예루살렘에 성전을 갖춤으로
써 공식적으로 이스라엘의 왕실 신앙, 국가 신앙으로 자리하게 되었다.
솔로몬왕대의 성전 건립과 그에 따른 신학 사상 성립이 그의 시대는 물
론 후대에도 이스라엘의 대표적인 신앙과 신학으로 자리하는 계기를
마련한 것이다. 무엇보다도 본서의 목표와 관련해서는 이스라엘의 민
족신이 다윗왕조의 신, 왕국의 신으로 진전되기에 이르렀다는 점을 확
인할 수 있다.

5 남북 왕국 시대
야훼 신앙에 닥쳐온 도전들

고고학 발굴 성과 등으로 보아 초기 다윗왕조는 국가 수준에 도달했다고 말할 수 없는 정도이다. 그럼에도 불구하고 다윗의 아들 솔로몬은 예루살렘 성전을 짓고 야훼의 거주를 선포하며 국왕이 되었음을 주장하고 선언했던 것으로 보인다. 국가로 성숙되지 않은 정치 단계에서 전 이스라엘 민족의 국왕을 선포한 다윗왕조의 행태는 다양한 지파와 여러 지방 종교적 성소들의 호응을 충분히 받을 수 없었다. 전에 없었을 강제 부역, 징발 등 여러 요인이 있었지만 이와 같은 획일적이고 국왕 중심적인, 더구나 이방이었던 예루살렘 성전 중심의 야훼 신앙 선포는 주민들의 성원을 얻기에 한계가 있었다. 결국 솔로몬의 죽음을 계기로 유다를 제외한 북이스라엘이 독자적으로 국가 성립을 선포해 남과 북에 두 왕국이 병립하게 되었다.

이후 솔로몬에 의해 왕국의 종교와 신학으로 선포된 야훼 신앙은 여러 가지 새로운 문제들을 만나게 되었다. 야훼 신앙 발달사에서 보면, 적어도 이 장에서 다룰 네 가지 사실들에 더욱 주목해야 한다. 이 사실들을 전하는 『성경』의 내용 중에는 저자들의 유일신 신앙과 역사관에 따라 후대에 왜곡 서술된 면이 있는 만큼, 보다 엄정한 자료 비판과 해석을 통해 본래의 진실을 찾아야 할 것이다.

문제가 되는 사실들은 두 왕국으로의 분열과 북이스라엘 오므리왕조의 대외 개방 정책 추진, 사회경제적 분화의 심화, 제국들의 침략 등이었다. 이러한 것들은 역사적 대변화를 야기한 것으로 전통 종교로 자리하며 보수화되던 민족 국가 종교인 야훼 신앙으로서는 새로운 변화를 요구받는 커다란 도전이었다. 이스라엘 민족이나 야훼 신앙은 그러한 역사적 도전들에 어떤 형태로든 대응을 해야 했는데, 그것들은 크게 보수와 개방의 대립 양태를 띠어 내부적 갈등과 대립을 유발하는 등 국가 사회적으로 큰 문제를 야기하기도 했다. 그러한 가운데 야훼 신에 대한 기대가 변하고, 나아가 신의 성격이나 개념이 새롭게 발견되기도 했다. 이스라엘 정체성의 핵심이기도 한 야훼 신앙이 이처럼 보수와 개방이라는 기조로 갈등하며 발전해 가는 양상은 이어지는 이스라엘 고대 역사에서도 지속되는 것으로 주목해야 한다.

1) 왕국 분열(BC 928)과 북이스라엘 여로보암왕의 황금 송아지상 숭배

솔로몬왕이 다윗왕처럼 40년을 재위한 후, 그의 아들 르호보암이 뒤를 이어 왕위에 오르게 되었다. 솔로몬왕의 재위 기간 40년은 이스라엘 역사에서 흔히 보이는 상징적 숫자에 불과할 수 있음은 앞서 이미 언급했다.

솔로몬왕이 죽자 새롭게 왕위에 오르게 된 그의 아들 르호보암은 지파들의 지지를 얻기 위해 세겜에 주민들을 모았다고 한다. 왕권이 확립되지 않았던 만큼, 왕이 되자 곧 주민들의 지지를 확인하고자 했던 것이다. 그런데 이때 북이스라엘 지파들은 여로보암이란 사람을 대표로 르호보암왕에게 부왕인 솔로몬이 부과한 힘든 부역을 완화해줄 것을 요청했다. 그런데 르호보암은 그들의 요청을 거절하며 부역을 강화하고 통치의 강도를 높일 것을 천명했다. 국가 체제를 갖추어가며 조세 수취나 부역, 징발 등이 강화되면서 본래부터 다윗 왕정에 적극적으로 호응하지 않았던 북이스라엘이 자연스럽게 유다 지파 출신 왕의 지배에서 이탈하는 양상이 전개되었다.

이때 북쪽 열 지파 사람들은 자신들과 다윗 왕실이 본디 무슨 관계가 있느냐고 하면서 르호보암을 왕으로 인정할 수 없다 선언하고 돌아갔다. 그리하여 르호보암은 열 지파의 지지를 잃고 유다 지파를 중심으로 일부 백성들만 거느릴 수밖에 없었다. 르호보암은 열 지파의 반발을 군사적으로 정벌하려고 했지만 군사력에서 열세인 그로서는 그것도 그만 둘 수밖에 없었다. 이때 북쪽 열 지파는 그들의 대표로 새 왕에게 진언했던, 이미 솔로몬왕대에 과도한 부역에 대해 이의를 제기하다 이집트로 피신한 뒤 돌아온 에브라임 지파 출신의 여로보암을 북이스라엘의 왕으로 옹립했다(BC 928년경). 여로보암은 솔로몬왕이 궁을 건축하고 수리했을 때에 요셉 지파의 부역 책임자로 임명받은 사람이었다. 이렇게 남유다와 북이스라엘 왕국이 대립하는 역사가 전개되었다.

북이스라엘 왕국의 시조 여로보암은 에브라임 지파 출신으로 과부의 아들이었다. 그는 솔로몬왕이 죽은 후 북부 열 지파의 지지를 받아 북이스라엘 왕국을 건국하게 되었다. 그가 왕으로 등장하게 되는 과정은 「열왕기 상」11장에 전한다.

26. 느밧의 아들 여로보암은 에브라임족에 속한 스레다 사람으로서 솔로몬의 신하였다. 그도 또한 왕에게 반기를 들었다. 그의 어머니는 과부 스루아였다.

27. 그가 반기를 든 경위는 이러했다. 솔로몬이 밀로 궁을 건축하고 그의 선왕 다윗의 성을 보수할 때였다.

28. 그 사람 여로보암은 힘센 장사였다. 솔로몬은 그 젊은이가 일하는 것을 보고 그를 요셉 지파의 부역 총책임자로 임명했다.

29. 한번은 여로보암이 예루살렘에서 나가다가 실로 출신의 예언자 아히야를 길에서 만났다. 그 예언자는 말쑥한 새 옷을 입고 있었다. 들에서 단둘이 있게 되자

30. 아히야는 자기가 입고 있던 새 옷을 벗어서 열두 조각으로 찢었다.

31. 그러면서 여로보암에게 이렇게 말하는 것이었다. "이 열 조각을 맡으십시오. 이것은 이스라엘의 하느님 야훼께서 하시는 말씀이십니다. '잘 들어라. 내가 솔로몬의 손 안에 있는 이 나라를 찢어 너에게 열 지파를 주리라.

32. 그러나 한 지파만은 솔로몬에게 주어 내 종 다윗의 뒤를 이어 이스라엘 모든 지파 가운데 내가 지정한 성읍인 예루살렘에서 다스리게 하리라.

33. 솔로몬은 나를 버리고 시돈 사람이 섬기는 여신 아스도렛과 모압의 신 그모스, 암몬 사람의 신 밀곰을 예배했다. 그는 그의 아비 다윗과는 달리, 내가 보여준 길을 가지 않았고 내 앞에서 바르게 살지도 않았으며 내가 준 규정과 법령을 지키지도 아니했다.

34. 그러나 내가 뽑아 세운 나의 종 다윗이 내 명령과 규정을 지킨

것을 생각해 솔로몬 생전에는 이 나라를 조금도 빼앗지 아니하리라.

35. 내가 장차 그의 아들 대에 가서 이 나라를 쪼개어 열 지파를 너에게 맡길 것이다.

36. 솔로몬의 아들에게는 한 지파를 주리라. 그리하여 나의 종 다 윗으로 하여금 내가 선택해 나의 것으로 지정한 성읍 예루살렘에서 그 불씨를 꺼뜨리지 않고 항상 내 앞에서 비추게 하리라.

37. 내가 너의 원대로 너를 택해 통치자로 임명하고 이스라엘의 왕으로 세운다.

38. 나의 종 다윗처럼 내가 명하는 바를 모두 지키고 내가 지시하 는 길을 가며 내 규정과 명령을 지켜 내 앞에서 바르게 살아라. 그리 하면 내가 너와 함께 하리라. 또한 다윗의 왕조를 든든히 세워주었듯 이 너의 왕조도 든든히 세워 너에게 이스라엘을 맡기리라.

39. 이렇게 해 다윗의 자손의 머리를 숙이게 해주리라. 그러나 언 제까지나 그렇게 두어두지는 아니하리라.'"

40. 이렇게 되자 솔로몬은 여로보암을 찾아 죽이려고 했다. 여로 보암은 하는 수 없이 시삭 왕이 다스리는 이집트로 망명했다. 그는 솔로몬이 죽을 때까지 이집트에 머물렀다.

이 이야기는 북이스라엘 여로보암왕의 건국설화이다. 그가 왕이 된 것은 야훼 신의 선택과 명령에 의한 것임을 전하고 있으며 북이스라엘 의 왕권신학을 보여 준다. 그러나 설화는 다윗왕조를 지지하는 이들의 손에 의해 후대에 크게 윤문된 것이다. 새 왕조를 세우면서 나온 본래 의 설화에 38절처럼 축복하면서 39절 같은 조건을 달았을 리는 없다. 사후에, 지나간 역사를 아는 이들이 구전 과정에서나 『성경』을 저술하면서 이와 같이 변형시켰던 것이다.

이 설화에서 주목받는 다른 인물은 실로 출신 아히야라는 예언자이다. 실로는 사울왕 이전에 원이스라엘의 중심 성소가 있었던, 엘리 제사장과 사무엘이 활동한 곳이다. 바로 그곳 출신 예언자가 새로운 열 지파로 된 국가 출현을 예언했다는 것이다. 실로는 블레셋의 침략과 사울왕의 등장으로 과거와 같은 성소의 역할은 할 수 없었다. 그런데 그 유서 깊은 고장의 예언자가 새로운 국가 건설을 종용했다는 것이다. 역사를 주관하는 야훼를 보여주기 위해 예언자를 통한 국가 성립 고지가 이루어진 것으로 전하고 있다.

예언자 아히야는 과거 실로의 중앙 성소로서의 역할에 긍지를 가지고 있던 인물로, 새로운 왕조 출현의 가능성과 필연성을 내다보았을 가능성이 있다. 실로 계열 아비아달 제사장이 솔로몬왕에 의해 축출된 상태에서 여부스족 출신 제사장 사독을 중심으로 한 예루살렘 야훼 신앙에 대해, 실로 계통 사제나 예언자들은 전통 신앙의 변질로 보고 그에 따른 다윗왕조의 멸망을 예언했던 듯하다. 그런데 결과적으로 여로보암이 북이스라엘을 세운 후에 아히야는 별다른 역할을 하지 못했다. 여로보암은 기존의 레위인 제사장들을 해임하고 새로운 제사장을 임명하는 개혁을 단행했다. 레위 지파인 실로 제사장 계열이 별 혜택을 입지 못한 것이다.

그러나 실로 야훼의 집에 모시고 있던 언약궤를 유다 왕조 예루살렘 성전이 소장하고 있는 한, 북이스라엘에서 실로 계통 야훼 신앙의 영향력은 한계를 가질 수밖에 없었다. 예언자 아히야는 여로보암의 건국을 통해, 다윗왕조의 예루살렘 궁정신학으로 인해 약화되고 변형된 실로의 야훼 신앙 전통의 회복을 기대했을 가능성이 높다. 실로 야훼의 집

신학은 왕정에 거부감을 가졌고 야훼 신을 한 성전 건물에 모셔 왕권을 보장하는 도구로 독점하지도 않았다. 그런데 여로보암왕은 대중적 설복력에 한계가 있었을 아히야의 의도에 따르지 않고 여러 지파 주민들의 신앙적 행태와 욕구를 따라 신앙 정책을 폈던 듯하다.

뒤에 여로보암왕의 아들 아비야가 병들어 죽게 되자, 여로보암은 자신의 아내를 변장하게 해 아히야를 찾아가 아들이 어찌 될 것인지 묻게 했다. 그 내용이 「열왕기 상」 14장에 있다.

6. 아히야는 그 여자가 방문 앞으로 다가서는 발소리를 듣고 이렇게 말했다. "여로보암의 아내여, 들어오시오. 어찌해 이렇게 다른 여자인 양 가장하고 오셨소? 나는 당신에게 가슴 아픈 말을 전해야겠소.

7. 여로보암에게 가서 말하시오. 이스라엘의 하느님 야훼께서 이렇게 말씀하십니다. '내가 너를 백성 가운데서 뽑아 내 백성 이스라엘을 다스리는 영도자로 임명했으며

8. 다윗의 왕가에서 나라를 갈라 너에게 주었다. 그러나 너는 나의 종 다윗만하지 못했다. 다윗은 나의 계명을 준수했을 뿐만 아니라 마음을 다해 나를 따랐으며 만사를 내 마음에 꼭 들도록 올바르게 처리했다.

9. 그러나 너는 선왕들보다 더 큰 악을 저질렀을 뿐 아니라 우상들을 쇠붙이로 부어 만들었고 다른 신을 섬겼다. 그리하여 마침내 나를 배반해 내 속을 썩였다.

10. 그러므로 이제 내가 여로보암 왕가에 재난을 내리리라. 여로보암 가문에 속한 남자는 자유인이든 종이든 가리지 아니하고 모두 씨도 남기지 아니하리라. 그리하여 사람들이 똥을 치듯이 나는 여로

보암 가문을 이 이스라엘에서 남김없이 쓸어버리리라.

11. 무릇 여로보암 가문에 속한 사람이 성 안에서 죽으면 그 시체를 개가 뜯어먹을 것이요, 성 밖에서 죽으면 공중의 새가 쪼아 먹으리라. 야훼의 말이니 어김이 없다.'

12. 이제 집으로 돌아가시오. 당신이 궁에 도착하면 곧 왕자는 죽을 것이오.

13. 그래도 그 아이만은 모든 이스라엘 백성들이 슬퍼하며 매장할 터인데 여로보암 가문에서 그만이 무덤에 묻힐 것이오. 그래도 그만은 이스라엘의 하느님 야훼께서 보시기에 옳게 살았기 때문이오.

14. 그리고 나서 야훼께서는 이스라엘을 다스릴 새 왕을 뽑으시어 여로보암 가문을 멸종시킬 것입니다.

아히야는 여로보암왕이 앞의 왕들보다 더 악을 행하고 우상을 만들어 다른 신을 섬겨 야훼를 배반한 죄로 멸족될 것이라 말했다. 후대의 편집이 많이 가미되었지만, 아히야는 어쩌면 실로의 신앙 전통과 달리 여로보암이 추구한 신앙 형태에 분노하며 여로보암가의 멸망을 선언했을 것이다. 병든 아이 아비야는 결국 죽었으며, 여로보암의 아들 나답이 왕위에 올랐으나 2년만에 반란에 의해 죽임을 당하고 멸족했으니, 굳이 말하자면 아히야의 예언은 이루어졌다고 할 수 있다. 그런데 여로보암의 죄로 일컫는 내용은(9절) 다른 이방의 신들을 섬기도록 해 문제시된 솔로몬의 신앙 행적(「열왕기 상」11:33)과 크게 다른 것도 아니니, 이러한 종교적 단죄의 역사적 사실성, 진정성 등은 별도로 따져보아야 할 것이다.

새로운 국가를 건설하게 된 여로보암왕은 세겜을 수도로 했다가 후에는 브니엘을 수도로 건설했다. 그는 백성들이 예루살렘 성전으로 계속 제사를 드리러 다니게 되면 자신을 배신하고 르호보암에게 되돌아 갈 것을 크게 염려했다. 그리하여 베델과 단 두 지방에 야훼의 단을 쌓 고 황금 송아지상을 만들어 야훼 신이라 섬기게 하며 예루살렘에 가지 못하게 했다고 한다.

이 내용을 연구자들도 대개는 당연한 것으로 여기는 편이다. 그런데 당시의 다신 신앙 혼합주의적 신앙 형태로 보아 북이스라엘 백성들이 예루살렘의 르호보암왕에게 되돌아갈 것을 크게 염려했다는 것은 사 실성이 없는 후대의 해석에 불과하다. 유다 지파 출신 왕이 여부스족의 도시에 건설한 예루살렘 성전 중심의 야훼 신앙에 대해, 당시 북이스라 엘의 장로나 일반 구성원들의 호응이 우호적일 이유는 없다. 그들이 예 루살렘 성전을 찾아 되돌아갈 위험성이 염려스러울 정도로 컸다면, 북 이스라엘의 분리 독립 자체가 이루어지지 않았을 가능성이 크다. 더구 나 그 시대에는 지방 곳곳에 성소와 제단이 운영되고 있어서 야훼에 대 한 제사를 굳이 예루살렘 성전에서 드릴 이유도 없었다. 이와 같은 내 용은 사실이 아니라 후대에 『성경』을 저술한 유다의 야훼 유일신 신앙 을 가진 이들의 의도가 가미된 추정적 해석일 뿐이다.

여기서 하나 더 읽어낼 수 있는 역사적 실상은, 북이스라엘 여로보암 왕의 궁정 신학이 가졌던 한계이다. 다윗왕조가 예루살렘에 성전을 건 축하고 정통성에서 압권인 실로의 언약궤를 지성소에 두고 야훼의 시 온산 주재를 선언한 데 비하면 별다른 대응을 하지 못했다. 아히야의 예언을 통해 신이 계시한 왕권이라는 정당성은 보장되었다지만, 수도 를 옮겨가며 야훼의 공식적 제단을 두 곳에 둔 것은 왕권의 절대 권위 를 구축하는 데 약점이었다. 무엇보다도 시온산 예루살렘 성전에 야훼 가 자신의 이름을 두고 통치하신다는 시온신학에 대해 적절한 대응을 하지 못했다. 물론 이것은 여로보암왕의 한계일 수도 있으나, 본래 절대 왕권에 부정적이고 다수 지파로 구성된 북이스라엘 주민들의 의향이 반영된 것으로 보아야 할 것이다. 이러한 북이스라엘 궁정신학의 한계는, 이후 유다왕국이 왕조 교체가 없었던 데 비해 이스라엘 왕조가 잦은 교체를 겪었던 요인이 되기도 했던 듯하다.

『성경』은 여로보암왕이 북이스라엘의 남과 북의 성소인 베델과 단에 황금 송아지상을 두고 이스라엘을 이집트에서 구원한 야훼 신이라며 섬기게 한 일을 '여로보암의 죄'로 명명하면서, 그 죄로 인해 결국 북이스라엘이 멸망할 것이라며 누차 예언하고 있다. 결국 예언은 성취되어 이스라엘은 여로보암의 죄에서 돌이키지 않음으로써 아시리아에 의해 멸망하게 되었다(「열왕기 상」 17장). 「신명기」계 역사가들은 여로보암왕이 별도로 성소를 두고 황금 송아지상을 야훼의 성물로 숭배하게 한 사실을 왜 그토록 지속적으로 죄악이라 기록했던 것일까?

여로보암왕은 단과 베델에 야훼의 제단을 마련했지만, 예루살렘을 마주보는 높은 산지이며 전통적 성소인 베델을 야훼 신의 주 제단으로 하여 유다왕국 예루살렘 성전과 대응하는 국가 제사 체계를 운영했다. 『성경』에는 여로보암왕이 베델 제단에 제사를 드리려다가 일어난 기이한 사건이 전해지고 있다. 다소 모호한 존재인 '하나님의 사람'이 장차 요시야라는 왕이 나타나 이 산당을 반드시 부숴버릴 것이라 예언하였다고 하였다. 「열왕기 상」 13장에 다음과 같은 내용이 있다.

1. 마침 여로보암이 제단 옆에 서서 분향하려고 하는데 하느님의 사람 하나가 야훼의 말씀을 전할 임무를 띠고 유다로부터 와서 베델에 도착했다.

2. 하느님의 사람이 제단을 바라보며 야훼께 받은 말씀을 외치기 시작했다. "오, 제단아, 제단아, 야훼가 말한다. 다윗의 가문에서 요시야란 한 아들이 태어나리니, 두고 보아라, 그가 네 위에 분향하는 산당의 사제들을 죽여 그 뼈를 네 위에서 태우리라."

3. 그는 그 말이 야훼께 받은 것임을 보여주는 한 표적이 주어졌다고 하며 다음과 같이 말하는 것이었다. "이 제단이 산산조각이 나고 그 위에 있는 잿가루가 쏟아지리라."

4. 여로보암 왕은 하느님의 사람이 베델 제단을 바라보며 이렇게 외치는 것을 듣고, 제단에서 손을 들어 그를 가리키면서 체포하라고 명령했다. 그러자 그를 가리켰던 손이 곧 마비되어 오므릴 수가 없게 되었다.

5. 곧 이어서 하느님의 사람이 전한 야훼의 말씀대로 제단이 부서져 산산조각이 나고 제단 위에 있던 재가 쏟아지는 표적이 나타났다.

전반적으로 기이한 사실이 과도하게 묘사되어 있다. 이 기적적인 내용을 사실로 수용하기도 어렵지만, 3백년 정도 뒤에나 나오는 남유다의 왕 요시야를 특정하며 그에 의해 베델의 단이 훼파되리라는 예언을 했다는 것은(2절) 상식적으로 도저히 신뢰할 수 없다. 이 기사는 「신명기」계 역사서의 상당 부분이 요시야왕대에 기록된 것임을 입증하는 내용 중 하나로, 저자의 신앙적 의도가 과도하게 반영되었음을 보여준다.

결국 이 기사는 아시리아 제국이 와해되며 지배력이 약화된 가운데 일어난 요시야왕대 종교 개혁의 열기 속에, 옛 북이스라엘 영토의 남부에 있던 베델까지 사람을 보내 산당을 훼파한 일이 벌어진 후에 만들어진 사후예언事後豫言에 지나지 않는다. 이 「신명기」계 역사서의 저자들은 모든 역사가 야훼 신의 예언의 성취라고 믿었던 만큼, 요시야왕이 보낸 이들에 의해 베델 제단이 파괴되고 그곳 제사장들이 살해된 사실이 이미 과거에 예언되었다고 확신했을 수도 있다. 「신명기」계 사가들은 여로보암이 별도로 신상을 만들어 야훼를 숭배한 것을 우상 숭배로, 야훼 신앙을 떠난 일로 정죄했다는 것을 잘 보여 준다.

그런데 여로보암왕이 이와 같이 금송아지를 숭배하도록 한 것이 과연 그의 독단에 의한 것일까? 앞에서도 본 바와 같이 여로보암은 북쪽 열 지파 주민들의 지지에 의해 왕위에 올랐다. 따지고 보면 과부의 아들이었던 그에게는 이렇다 할 왕권의 기반이 달리 없었다. 다윗 왕가에 대한 주민들의 불만에 힘입어 왕이 될 수 있었던 것이다. 이러한 상황에서 그가 주민들의 신앙 양상 등을 무시하고 독자적이고 일방적인 야훼 신앙 형태를 창안해 국가적으로 강제했을 리는 없다. 예루살렘 성전 신앙과 대체로 부합하는 신앙관을 가지고 있었던 7세기 이후 「신명기」계 사가들의 입장에서 보면, 예루살렘 성전에서의 제사 체계를 벗어나 별도의 신상을 제작해 다른 성소에서 제사를 드리는 것은 잘못된 신앙 형태였다. 민족사적으로 보면 국가가 분리된 것도 문제였지만, 특히 민족 정체성의 핵심으로 자리할 야훼 신앙 형태까지 달라지는 사태에 혹독한 비판을 가하고 있는 것이다. 물론 이러한 비판은 후대의 상황이나 필요에서 나온 기준을 소급해 적용한 결과였다.

여기서 여로보암왕의 우상 숭배에 대한 비판이 낳았을 또 하나의 가능성을 상기할 필요가 있다. 그것은 앞에서 검토해 보았던 「출애굽기」32장에 보이는 제사장 아론의 황금 송아지 사건이다. 모세가 야훼를 만나러 시내산에 올라가서 지체되자, 히브리 백성들이 아론에게 신상을 만들도록 요구해 아론이 귀금속을 걸어 황금 송아지상을 만들어 야훼 신으로 선포하고 숭배하려고 했다. 그러자 모세가 내려와서 야훼에게 받은 두 증거 돌판으로 그 신상을 깨트리고 불살라 가루를 내고 물에 뿌려 백성들에게 마시게 했다는 사건이다. 공교롭게도 여로보암의 두 아들과 아론의 두 아들은 모두 요절했는데 그 이름들이 같다. 아론의 아들들인 나답과 아비후의 죽음은 기억해 줄 후손도 없었는데 굳이 이들의 실수와 죽음을 거론한 것은, 아론이 여로보암의 죄와 유관한 죄를 범했음을 말하기 위해 나왔을 가능성이 없지 않다. 어쩌면 이스라엘 민족 형성 초기, 신상 숭배가 일반적인 시대상을 반영해 전해 오던 아론의 황금 송아지상 이야기가, 유일신 신앙에 투철한 후대 『성경』의 저자나 편집자들에 의해 여로보암의 죄와 같은 행위로 규정되면서 여로보암 아들들의 이름까지 가져다 덧붙였을 가능성이 있는 것이다.

여기서 우리는 야훼의 신상神像이 과연 실재했던 것인지, 학자들도 크게 고민하는 근본적인 문제에 부딪히게 된다. 『구약성경』은 십계명 등을 통하여 다른 신의 신상이나 우상을 만들지 말 것을 지속적으로 명령하면서 정작 야훼의 신상이 있었는지를 명쾌하게 말하지는 않는다. 그런데 마치 예루살렘 성전에 계신 야훼를 만난 것처럼 묘사하는 구절도 적지 않다. '그룹(cherubim) 사이에 좌정하신 분'(「사무엘 상」4:4, 「사무엘 하」6:2, 「열왕기 하」19:15, 「이사야」37:16, 「시편」80:1, 99:1)이라는 야훼 묘사는, 성전 지성소 내에 있는 날개 가진 두 거룩한 존재인 그룹 사이에 야훼의 신상이 있었음을 암시하는 듯도 하다. '하나님의 얼굴을 본다'(「시편」17:15, 42:3, 63:2, 「민수기」12:8)는 표현도 신상의 얼굴을 본 듯이 말하고 있다. 이사야 선지자나 미가야 선지자도 야훼께서 높은 보좌에 앉아계신 것을 보았다고 했다(「이사야」6:1, 「열왕기 상」22장).

위 구절들을 통해 보면 예루살렘 성전 지성소에 그룹들을 보좌삼고 나아가 언약궤를 발등상(발판) 삼고 있는(「역대기 상」28:2) 어떤 신상이 있었을 가능성을 생각해 볼 수 있다.[48] 물론 위의 내용들은 야훼 신상이 성전 지성소에 있어야 나올 수 있는 것만은 아니다. 야훼를 신상으로 숭배된 엘 신이나 국왕처럼 생각했다면 그가 지성소 안의 보좌에 앉아 계시고 그곳에 가면 얼굴을 볼 수 있다고 생각했을 수도 있다. 현대 그리스도교 신자도 예배당이나 성당에 가서 하나님의 얼굴을 뵙겠다고 표현할 수 있을 것이다.

그 시대 중동 지역에는 신전에 신상이 있는 것이 일반적이었다. 그러나 왕의 권위를 높이고자 의도적으로 신상을 설치하는 것을 피하기도 했다. 일부 신전에서는 신을 상징하는 돌기둥(주상) 등 다른 성물이나 그림 등으로 신상을 대신하기도 했다.[49] 남유다왕국 지역에서 발굴된 아랏Arad 신전의 지성소에도 신상이 아닌 비석 모양의 돌기둥이 둘 있었는데, 야훼 신과 여신 아세라를 표상하는 것이다. 가나안 전통 신앙에서 엘과 아세라, 그리고 바알과 아세라 신을 짝지어 모신 것처럼 두 남녀 신을 지성소에 모시고 있었던 것이다. 이러한 현상은 야훼 신이 엘이나 바알이 누리던 지위를 승계하게 되어 나타난 일이었다. 야훼 신은 원이스라엘에 유입된 후 세월이 경과하며, 과거 엘 신이 가졌던 최고의 신이자 창조주로서의 지위, 엘을 이은 주신이었던 바알 신이 가졌던 천둥과 비, 그리고 농업의 신 역할도 차지하게 되었다. 아랏 신전은 유다 남쪽 지방에 있었던 신전인데 그곳에서 나온 그릇 파편에서는 '야훼의

---

48) 강승일, 「성경의 증거로 본 이스라엘의 반형상주의」, 『한국기독교신학논총』104집, 2017, 19~20쪽
49) 강승일, 「고대 근동과 이스라엘의 신상 기피 현상」, 『서양고대사연구』47, 2016, 9~24쪽

아랫 신전의 지성소

황소 모양 신이 보이는 쿤틸렛 아즈루드 출토 항아리 파
편에 그려진 그림

쿤틸렛 아즈루드 고대 유적 전경

집'이라는 글씨도 나왔다. 히스기야왕이나 요시야왕대에 우상이나 주
상을 파괴하며 예루살렘 성전으로 야훼 제사의 중앙 집중화를 추구하
는 과정에서 결국 파괴된 것으로 여겨지고 있다. 지금까지 야훼의 신상
자체가 나온 적은 없고『성경』에도 그 문제를 구체적으로 언급하지 않
는다. 그런데 시나이 반도 광야의 쿤틸렛 아즈루드Kuntillet Ajrud의 상인
들을 위한 숙박 유적의 유물에서 '사마리아의 야훼와 그의 아세라'라는
글과 내용을 반영하는 그림이 있는 항아리 파편이 나왔다.[50] 거기에서
는 야훼를 거구의 황소로 그리고 있다. 대략 기원전 9~8세기의 것으로
보이는데, 적어도 당시 북이스라엘의 수도였던 사마리아의 야훼는 여
로보암왕에 관한『성경』의 언급과는 조금 다르게 송아지보다는 황소로
표상되고 있었던 것이다. 오므리왕조가 새롭게 건설해 수도로 삼았던

---

50) 리처드 S. 히스 지음,『이스라엘의 종교』 392쪽, 김구원 옮김 (CLC, 2009)

사마리아에 큰 황소 모양의 야훼상을 새롭게 만들어 숭배했을 가능성이 있는 것이다. 남유다왕국의 경우에는 아랏 신전에서 볼 수 있는 것과 같이 신상 자체의 숭배를 피하려는 듯 주상이 상징물로 사용되고 있었음을 알 수 있다.

당대 주위 모든 나라에서 신상이 만들어지고 숭배되고 있었는데 유독 북이스라엘의 신상 숭배만 비판받아야 하는지를 생각해 보아야 한다. 당대 중동의 문화상 전혀 문제되지 않는 사항이 유독 『성경』에서만 크게 문제가 되는 것이다. 앞에서 언급한 대로 여로보암왕은 당시 주민들의 신앙 양태나 요구를 반영해 국가 건설 시에 조심스럽게 종교 정책을 펼친 것이다. 그렇다면 이러한 비판은 남유다왕국 측 야훼 신앙의 기준에 의해 부당하게 가해진 것이라 볼 수 있다.

「사사기」 17,18장의 미가 관련 신상에 관한 이야기를 상기해 보았으면 한다. 미가라는 청년이 어머니의 돈을 훔쳤다가 이실직고하니 어머니가 기특하게 여겨 그 대가로 신상을 조상해 야훼께 바쳤다는 내용이었다. 그런데 그 신상이 단 지파 사람들에게 도둑맞고 신상을 관리하던 레위인 청년도 유인되었다. 결국 야훼에게 바쳐진 단 지방 성소에 있는 신상의 숭배를 비아냥대고 있는 것이다.

이처럼 왕정이 출현하기 전, 가나안 일대 원이스라엘 지역에서도 신상을 만들어 숭배하는 일은 흔했다. 그렇다고 신상이 모든 성소에 있었을지는 의문이다. 엘리 제사장과 사무엘이 있던, '야훼의 집'으로 불리던 실로의 성소와 관련해서는 야훼의 언약궤(법궤)만 문제되고 거명될 뿐 신상에 대해서는 전혀 언급되지 않는다. 또한 「출애굽기」에 의하면 모세가 야훼의 십계명 돌판으로 아론과 히브리인들이 만든 금송아지를 내리쳐 박살내는 상황이 있다(「출애굽기」32:19,20). 정확히 알 수는 없으나, 이는 이스라엘 야훼 신앙 역사에서 언약궤에 있는 십계명 돌판과 황금 송아지상(혹은 황소상)이 대표적 상징으로 대결한 기억을 반영해 전승하고 있을 개연성을 보여주고 있다. 주변 지역의 종교적 상황도 그와 같이 신을 표상하는 다른 성물들의 공존 가능성을 보여주고 있음은 앞서 이미 말한 바 있다.

여기서 야훼가 친히 새겨주었다는 십계명 돌판을 소지하고 있다는 실로 야훼의 집 측의 입장을 생각해 보자. 야훼가 친히 모세에게 새겨 준 돌판을 가지고 있다면 다른 성물이 더 필요했을까? 신이 친히 새겨 준 돌판과(「출애굽기」32:16) 그것을 담고 있는 언약궤를 소장하고 있는 실로 성소는 그 자부심이 유별났을 것이다. 아마도 그들은 당대 중동 일부에서 보이는 신에 관한 무형상주의나 반형상주의 경향과 무관하게 굳이 별도의 신상을 소장하려 하지 않았을 것이다. 언약궤는 이후 예루살렘 성전의 지성소에 모셨다고 하니, 다른 신상이 그곳에 설치되어 있었을 가능성도 적다. 부처님의 진신眞身 사리를 모시고 있다는 대한민국 양산 통도사의 경우 대웅전에 불상이 설치되어 있지 않은 것도 참조할 수 있겠다.

앞에서 보았듯이 당시 중동의 다른 신전에서도 신상 없이 다른 상징적 성물을 소장하는 경우가 있었다. 실로 야훼의 집은 모세가 직접 야훼로부터 받고 여호수아를 통해 전수되었다는 언약궤를 소장함으로써 다른 지방의 성소들과는 다른 중심적 야훼 성소로서의 기반을 갖추고 있었던 것이다. 그러니 그들이 「사사기」에 전하는 미가 이야기에서와 같이 신상의 가치를 낮게 평가하는 인식을 갖게 되었을 수도 있다. 그러한 생각은 점점 신상 자체를 우상으로 인식하는 정도까지 이를 수도 있었을 것이다. 언약궤가 없었던 남유다왕국에 속했던 아랏 신전의 경우 신상이 아닌 돌기둥(주상)으로 신상을 대신하는 양상을 연출했을 법도 하다. 이처럼 이스라엘의 야훼 신앙은 언약궤의 존재로 인해 그 초기 형성 과정에서부터 신상 숭배를 조금은 낮게 평가할 소지가 있었던 셈이다. 다윗이 실로의 언약궤를 찾아 예루살렘에 안치하려고 한 것도 당시에 이미 실로 야훼 집의 언약궤가 가지는, 야훼 신의 작품을 담고 있는 유일무이한 성물의 가치를 사람들이 잘 알고 있었기 때문이었다. 언약궤를 들여오고 실로 출신 아비아달을 제사장으로 임명했던 다윗왕 측의 야훼 신앙은, 이후 전개될 신학의 발전 과정을 생각해 보면 여타 지방 성소들에 비해 유리한 입장을 차지한 면이 있었다.

여기서 우리는 이스라엘에 본래 야훼의 신상도 있었으나, 십계명 돌판이라는 유일한 성물과 그와 연관된 언약궤라는 성물을 중심으로 야훼 신앙 체계가 형성될 수 있었음을 알 수 있다. 야훼 신상의 형상 중 하나인 쿤틸렛 아즈루드 출토의 야훼 신 그림으로 보면, 송아지라기보다는 성체인 황소상이었을 가능성이 높다고 보이는데, 그것은 이미 가나안 신앙에서 엘이나 바알을 나타내는 황소상을 계승·수용한 결과였다. 또 다른 신상 형태가 있었는지는 알 수 없다.

이렇게 보면 이동식인 실로의 언약궤를 지성소에 소장하고 대중과 차단해 신비롭게 섬기고 있는 예루살렘 성전 측과 전통적인 엘 신앙, 바알 신앙에서도 흔히 사용된 황소 신상을 쉽게 접근 가능하게 한, 보다 대중적인 북이스라엘 측의 야훼 신앙은 대립적 요인을 가지고 있었다. 그리하여 양국이 대결·대립·경쟁하는 중에 북측 이스라엘의 야훼 신앙 형태는 남유다 예루살렘 성전 측에 의해 우상 숭배로까지 폄하될 소지가 있었던 것이다.

양국이 병립하던 시절에는 대체로 이스라엘의 국력이 월등했던 이상 이에 대한 본격적 시비나 논란 없이, 호세아 같은 일부 예언자들이 비판적인 언급을 하는 정도였다(「호세아」8:5). 그러다가 북이스라엘이 먼저 아시리아에 멸망당하고 그 후 남유다 측에 의해 『성경』이 본격적으로 저술·편집되면서, 그들의 야훼 황소 신상 숭배 신앙 형태는 야훼의 징벌을 가져온 범죄로 단정되며, '여로보암의 죄'라는 신앙적 조어로 굳어진 것으로 보인다. 결국 『성경』이 말하는 여로보암의 죄는 기원전 10세기말 당대에는 일반적 신앙 형태로서 문제될 이유가 없었는데, 북이스라엘 멸망 이후 남유다에서 역사서가 저술되며 나라를 망친 죄악으로 단죄되었던 것이다.

2) 북이스라엘 아합왕대(BC 871~852)에 벌어진 야훼와 바알의 대립

르호보암왕과 여로보암왕 이래 유다와 북이스라엘은 대결·대립하는 형세를 취하고 있었다. 그러던 중 북이스라엘에서는 여로보암 왕조를 지나, 바아사 왕조를 거쳐, 시므리의 7일 천하를 지나, 군대장관이었던 오므리가 내란을 평정하고 왕위에 올라 오므리왕조를 개창하게 되었다 (BC 882). 오므리왕과 그의 아들 아합왕으로 대표되며 3대 4명의 왕에 걸쳐 북이스라엘을 다스린 오므리왕조(BC 882~842)는, 이스라엘 역사상 최초의 국가다운 고대국가를 건설한 왕조로 여겨진다. 아울러 이 시대는 시돈이나 두로(티레) 등 페니키아 세력을 위시해 주변 여러 민족이나 국가들과 동맹을 맺고 활발한 국제 교역의 중개를 통해 당대 팔레스타인에서 강력한 국가로 번영을 누렸다. 강성한 국력을 보여주는 큰 규모의 사마리아 상아 궁전 유적이나 므깃도 하솔 등의 육방성문이 있는 건축 유적과 이웃 나라 금석문 자료 등을 볼 때, 이 왕조 시기 북이스라엘은 당대 중동의 강력한 나라 중 하나였고 고대 이스라엘 역사상 가장 번영을 이룬 시기였다.

오므리왕이 모압을 정복하고 그들로부터 조공을 받았음은 모압 메사왕의 비를 통해 확인된다. 그의 아들 아합왕도 시리아와 팔레스타인 일대에서 가장 강력한 국가 중 하나를 이루고 있었다. 아시리아 제국 살만에셀 3세가 남긴 비명에 의하면, 기원전 853년 시리아 지역으로 침략해 들어오던 아시리아의 군대를 막기 위한 카르카르Qarqar 전투에 참여한 반아시리아 연합국 가운데 이스라엘은 전차 2천, 보병 1만을 출전시킨 강국이었다. 참고로 반아시리아 연합국 명단에 유다왕국의 존재는 보이지 않는다. 유다의 여호사밧왕은 아합왕과 동맹을 맺고 아들을 아합왕의 딸과 결혼시켰지만 국력의 차이로 사실상 북이스라엘의 속국과 같은 지위에 있었다. 아합왕의 아들인 여호람왕도 시리아 지역에 있었던 아람왕국 영토의 일부를 빼앗아 지배했다. 이스라엘 북단의 텔 단에서 발견된 아람왕 하사엘 승전비에는(BC 835년경) 여호람왕으로 보이는 이스라엘왕이 지난날 자신의 부친의 땅에 들어왔다고 비난하는 내용이 있다.[51]

오므리왕조의 외국과의 활발한 교류는 당연히 이방 민족의 종교에 대해서도 개방적인 자세를 취하게 했다. 이중에서도 시돈과 두로 등 페니키아 지역을 지배하며 당시 지중해에서 강력한 세력을 구가하던 엣바알Ethbaal왕과 동맹을 맺고 그의 딸 이세벨을 아합의 아내로 맞이하며 그 나라의 신인 멜카르트Melkart 신을 받아들여 국가적으로 섬겼다. 그

---

51) 이스라엘 핑컬스타인·닐 애셔 실버먼, 앞의 책 212~223쪽

로 인해 북이스라엘 왕국은 종교적 갈등을 겪게 되었다. 그것은 전통-야훼-과 개방-바알 멜카르트신-의 대립 양상을 보였다.

국가가 공식적으로 야훼신을 숭배하는 상황에서 새로운 신을 국가적으로 수용해 신앙하게 되는 데는 또 그럴만한 여건이 있었다. 동맹 관계에서 상대국의 신앙을 인정하는 것은 당연하지만, 오므리왕이 사마리아 지역을 개인적으로 구입해 도시를 건설해 수도로 삼은 데서 그 가능성이 구체화되었다. 한국의 역사에서는 없었던 일이지만, 오므리왕은 사적으로 토지를 구매해 수도 사마리아를 새롭게 건설함으로써 전통 신앙의 제약을 받지 않고 자기 땅에 새로운 신전을 건설하고 새로운 신앙까지 받아들일 수 있었던 것이다.

이러한 배경 속에 아합과 이세벨의 결혼과 함께 이방의 신인 멜카르트 숭배가 가능하게 되었지만 그에 대한 전통 신앙, 특히 공식적으로는 국가 신앙인 야훼 신앙 측의 반발도 나오게 된 것이다. 마치 신라 법흥왕 시절에 불교 공인을 앞두고 전통 신앙을 숭앙했던 귀족들이 반발해 왕의 측근인 이차돈이 왕과 계략을 세워 절을 건축하다 문제가 되어 스스로 순교에 이르렀던 상황을 상기해 볼 수 있다. 물론 당시는 여러 신앙이 널리 용납되는 혼합주의적 신앙의 시대였고, 국가 발전의 핵심 전략이기도 한 해양 세력 페니키아와의 동맹이 가져온 경제적 이익이 너무 큰 만큼 반발이 즉각적이지는 않았던 것 같다. 더구나 왕실과 그에 연결된 귀족들, 그리고 수도 사마리아의 상인이나 주민들은 자신들에게도 이익을 가져디 줄 왕의 적극적인 개방 정책에 협력하지 않을 수 없었다. 이러한 가운데 충돌의 계기가 생겨났으니, 그것은 3년 정도 장기간의 대가뭄이었다.

아합왕 부부와 기나긴 대결을 했던 인물로 전해지는 야훼의 선지자 엘리야는, 수년간의 가뭄이 있으리라는 저주를 선포하며 『성경』에 본격적으로 등장한다(「열왕기 상」17:1). 엘리야와 관련된 장문의 『성경』 이야기에는 가뭄 문제가 길게 언급되는데, 그만큼 당시 가뭄은 심각한 것으로 멜카르트 신이 대표하는 바알 신앙과 야훼 신앙의 대결을 촉진했다. 가나안에서는 기존의 여러 신들 중에 바알로 칭해지는 농경신이 곳곳에서 숭배되고 있었다. 천둥과 번개, 비를 주관하고 죽음 뒤에 다시 소생하기도 하는 바알 신은 농경신으로 굳건한 자리를 차지하고 있었다. 농경 지대인 가나안, 그리고 그 안에 있던 북이스라엘 지역에서 농경신의 숭배는 크게 성행했다. 페니키아에서 이세벨 공주와 함께 온 멜카르트 신도 바로 그 영토 내 티레(두로)의 전통적인 바알 신으로 여겨졌다. 그런데 이스라엘의 야훼 신도 이미 엘 신이나 바알 신의 권능을 대부분 승계해 천둥과 구름, 비 등을 주관하는 농업신으로 변모해 있었다. 그런데 장기간 비가 오지 않아 큰 기근이 지속되자 그 책임이 어디에 있는가가 문제되었던 것이다.

비가 오지 않는 것이 야훼의 책임이냐, 멜카르트 신을 위시한 바알 신들 때문이냐를 두고 설왕설래했을 것이다. 엘리야는 요단강 동쪽 지역의 농민사회에 기반을 둔 인물로, 단순히 예언자라기에는 주술이나 예언 등을 복합적으로 시행했던 종교인인데,[52] 농민 사회 출신이기에 가뭄에 가장 민감해하고 그 문제점을 제기하며 나선 것이다. 반대편에 서있던 아합 왕도 이 문제에 매우 민감할 수밖에 없었다. 엘리야와 관련된 종교적 설화에는 전승 과정에서 변형이 있었고, 특히 「신명기」 역

---

52) 배희숙, 「고대 이스라엘 종교의 '주술' 유형과 그 기능-엘리야와 엘리사의 '기적사화'를 중심으로」, 『구약논단』21-1, 2015, 60~92쪽

사가나 편집자들의 윤문이 가해졌지만,[53] 「열왕기 상」18장에는 이 문제와 관련된 진실의 일단이 전해지고 있다.

15. 엘리야가 대답했다. "내가 섬기는 만군의 야훼께서 살아 계심을 두고 맹세하오. 내가 기필코 오늘 왕을 만나리다."

16. 그러자 오바디야는 아합을 찾아 소식을 전했다. 아합이 엘리야를 만나러 왔다.

17. 아합은 엘리야를 보자 말을 건넸다. "그대가 이스라엘을 망치는 장본인인가?"

18. 엘리야가 대답했다. "내가 이스라엘을 망치는 것이 아닙니다. 이스라엘을 망하게 하는 사람은 바로 왕 자신과 왕의 가문입니다. 왕께서는 야훼의 계명을 버리고 바알을 받들어 섬겼습니다.

19. 이제 온 이스라엘 백성을 가르멜[갈멜] 산으로 모이게 해 나에게 보내십시오. 그리고 이세벨 왕비에게서 녹을 받아 살고 있는 바알의 예언자 사백오십 명과 아세라의 예언자 사백 명도 함께 모아주십시오."

20. 아합은 모든 이스라엘 백성들을 부르고 예언자들에게 가르멜 산으로 모이라고 했다.

21. 엘리야가 백성들 앞에 나서서 말했다. "여러분은 언제까지 양다리를 걸치고 있을 작정입니까? 만일 야훼가 하느님이라면 그를 따르고 바알이 하느님이라면 그를 따르시오." 그러나 백성들은 아무런 대답도 하지 않았다.

---

53) 이희학, 「예언자 엘리야의 신학과 그 의미」, 『신학과 현장』제15집, 2005, 136~138쪽

22. 엘리야가 백성들에게 다시 말했다. "야훼의 예언자로서 살아 남은 사람은 나 하나요. 그러나 바알의 예언자는 사백오십 명이나 있습니다.

23. 이제 우리에게 황소 두 마리를 끌어다 주시오. 그들에게 한 마리를 잡아 장작 위에 올려놓고 불을 붙이지 않은 채 그냥 두게 합시다. 나도 한 마리를 잡아 장작 위에 올려놓고 불을 붙이지 않겠습니다.

24. 당신들은 당신들이 섬기는 신의 이름을 부르시오. 나는 나의 하느님 야훼의 이름을 부르겠소. 어느 쪽이든지 불을 내려 응답하는 신이 참 하느님입니다." 그러자 백성들이 모두 그렇게 하자고 했다.

우선 엘리야와 아합왕은 서로 상대방이 이스라엘을 망치는(괴롭게 하는) 자로 보고 있다. 아합왕은 저주를 발해 가뭄을 초래했고 왕실의 신앙을 비방하는 선지자 엘리야가 국가를 해치는 자라 말하고 있으며, 엘리야는 이방 바알 신을 들여와 야훼 신을 진노케 해 가뭄을 오게 한 아합왕과 왕실이 국가를 망하게 하는 자라 믿고 있었다. 아합왕은 가뭄의 책임이 야훼 신에게 있다고 본 셈이며, 엘리야는 당연히 아합 왕가의 잘못된 신앙 때문에 야훼 신이 노했다고 했지만 내심 능력 없는 바알 신들이 비를 내리지 못한다고 비난했을 수도 있다. 물론 현대의 우리는 이 책임이 신들에게 있다고 보지는 않는다. 그렇다고 바알 신을 들여온 아합왕이나 야훼 신을 독실하게 신앙하고 있는 엘리야에게 책임이 있을 리도 없다. 이들 신들이 없는 옛 우리나라를 위시해 다른 여러 지역에도 홍수나 가뭄이 일어났던 것은 물론이고 적절한 비도 내리며 농사는 지속되어 왔다.

엘리야는 어느 신이 참 신인지를 증명하는 결투를 청했다. 그리하여 갈멜 산에 바알의 선지자 450명을 오게 해 누가 살아 응답하는 신인지를 입증하는 시합이 벌어졌다. 여기서 엘리야는 백성들에게 야훼가 참 신인지 바알이 참 신인지를 선택해 따르라고 요구했다. 그런데 매우 의미심장한 것은 백성들이 아무런 대답도 하지 않았다는 것이다. 두려워서 대답하지 않았을 가능성도 있으나 그보다는 두 신 사이에서 확실한 선택을 할 수 없었던 것이다. 기원전 9세기 중반 이스라엘에서 야훼 신앙은 공식적인 국가 신앙이지만 백성 일반의 깊고 열렬한 숭앙을 받는 정도는 아니었다. 이미 지고한 신처럼 높이 떠받들어 오히려 그 능력을 현실적으로 실감하기 어려운 상황이었을 것이다. 더구나 막강한 권력을 가진 왕실의 눈치를 보지 않을 수 없는 그들로서는 참으로 대답하기 난감했을 것이다.

그런데 백성들이 이미 상당한 세월 국가의 주신으로 섬겨온 야훼 신과 유입된 지 얼마 되지 않는 페니키아 바알 신을 대등하게 대하고 있다는 점에 크게 주목할 필요가 있다. 대다수 그리스도교인들이나 일반인들도 전통 혹은 관습적으로 인정하는 '무한하고 전능한 신'(야훼) 하나님이라는, 비교할 수 없는 신의 위용은 이때 전혀 의식되지 않고 있다. 기원전 9세기 전반 이스라엘 사람들은 야훼를 비할 수 없이 절대적이고 전능한 신으로 믿지 않고 있었다. 다신 신앙의 풍토 속에서 야훼 신은 여러 신들 중에 공식적으로 국가의 주신일 뿐, 왕국의 정책적 필요에서 수입되어 또 하나의 국가 공식적 신앙으로 추가된 페니키아의 바알 신과 대등하게 인식되는 정도였다. 우리나라 고구려, 백제, 신라 등에서 불교가 새롭게 수입되어 기존 신앙과 함께 국가적으로 신봉되던 상황과 같은 일이 벌어지고 있었던 것이다. 여기서 확인되는 야훼 신의 존재감은 「출애굽기」가 전하는 대로, 모세가 애급에서 해방시킨 히브리인들 앞에 스스로 나타났다는, 본래부터 전능하고 탁월한 능력을 가진 야훼 신의 모습과는 거리가 멀다. 이 사건을 통해, 야훼 신이 전능한 신(「출애굽기」6:3)으로 스스로 나타나 홀로 역사를 주관했다는 인식은 기원전 9세기까지도 고대 이스라엘 사회에 전혀 형성되어 있지 않은 것으로, 훨씬 후대인 기원전 7세기 이후에나 확립된 것이었음을 알 수 있다.

'야훼냐 바알이냐!' 선택을 요구하는 엘리야의 외침은 전통 그리스도교에서 매우 중요하게 여겨지고 있지만, 이스라엘의 야훼 신 역사에서도 매우 중요한 질문이다. 두 신 중 어느 한 신만 섬길 것을 요구하는 이 물음은, 여러 신들 중 한 신을 섬기는 단일신 신앙을 넘어 다른 신들의 존재를 부정하며 오직 하나의 신만을 섬기는 유일신 신앙을 향한 출발점이 되었다.[54] 다신 신앙 혼합주의적 신앙 속에서 여러 신앙 형태가 무리 없이 공존하던 중, 극심한 가뭄과 기근을 경험하면서 어떤 신이 참 신인지 선택해야 하는 기로에 봉착하게 되었던 것이다. 더구나 이 질문에 대한 백성들의 선택은 차후 이스라엘 신앙사를 뒤바꿀 만큼 폭발력이 잠재되어 있었다.

그런데 엘리야에 의해 시작된 이 야훼 신앙 수호 운동은, 가난한 과부의 삶에도 함께하던 민중 친화적인 엘리야 스스로는 물론(17:8~24), 12겨리, 곧 24마리 소로 밭갈이하다가 엘리야의 제자가 된 엘리사(19:19), 그리고 뒤에 언급할 아합왕과 갈등 관계에 처하게 된 포도원 주인 나봇(21:1~29) 등으로 보아 비교적 안정적인 중산층 농민 이상이

---

54) 하경택,「야훼 유일신 신앙의 형성 과정에 관한 소고」, Canon&Culture 4(1), 한국신학정보연구원, 2010.04, 174쪽

주도했던 것으로 보인다. 지방의 농경 사회에서 지도적이며 안정적인 기반을 갖춘 이들이 오므리왕조의 중상주의적 개방 정책에 반발하면서 야훼 신앙 수호 운동의 형태를 띠게 된 듯하다. 결국 이들은 군대장관 예후와 왕조 교체의 혁명에도 성공하게 되었는데(BC 842), 운동의 주축 세력이 중산층 이상의 농민이었다는 점에서 양측의 접점도 쉽게 가능했을 것이다.

결국 엘리야와 바알 선지자들 사이 갈멜산의 시합은 하늘에서 불의 응답을 받은 엘리야 측의 승리로 귀결되고, 응답이 없었던 바알의 선지자 450명은 모두 잡혀 기손 시냇가에서 죽임을 당했다(18:38~40). 종교들 사이의 공존을 널리 인정하는 현대적 관점에서는 도저히 있을 수 없는 일들이 벌어질 수 있었던 시대였다. 고대사회에서나 있을 수 있는, 현대적 관점으로는 어이없는 일이었다. 이러한 사건을 야훼 신앙의 통쾌한 승리 사례로 확신에 차 설교하고 그것을 수긍하고 화답하는 이들이 지금도 없지 않으니, 그 미개함과 무지를 반성할 일이다. 고대에나 있었던 이같은 사건 등을 문제 삼아 종교의 무용성을 과격하게 주장하는 어리석음 또한 역사적 인식의 부족에서 오는 것이다.

하늘에서 불이 내려와 황소 고기를 태우는 일이 있었다고 믿기는 어렵다. 그럼에도 이 이야기가 『성경』에까지 채록되어 있는 것을 보면, 적어도 엘리야의 종교적 간구나 제사 등을 거친 후 마침내 비가 내렸을 (18:45) 가능성 정도가 있었을 듯하다. 야훼 신의 도움 여부를 알 수는 없지만 엘리야는 극적인 기우 대결에서 승리해 야훼 신이 참 신임을 주장할 여지를 확보했던 것이다. 적어도 엘리야의 지지자들이 그의 기도로 야훼 신이 비를 내렸다고 믿은 사실 정도는 있었던 듯하다. 이러한 사실은 북이스라엘 왕국에서 맞은 야훼 신앙의 위기를 극복하는 데 큰 힘이 되었을 것이다. 적어도 이때의 기억은 차후 이스라엘 야훼 신앙인들에 의해 강력하게 전승되었고, 『성경』에서 넘칠 만큼 긴 분량으로 관련 사실이 게재되는 영광도 얻게 되었던 것이다.

그러나 엘리야가 승리를 거둔 후에도 왕후 이세벨은 건재했고 엘리야는 여전히 쫓기는 신세로 나오고 있다(19:1~3). 그리고 후일 엘리야의 제자인 엘리사와 연결되어 군사 쿠테타를 일으킨 예후가 여전히 바알 신당을 가득 메운 바알 선지자와 제사장 등을 도륙하는 일도 있었다(「열왕기 하」10:18~29). 엘리야의 갈멜산 승리가 정말 있었던 것인지 의문시될 만하며, 종교적 대결의 승패란 쉽게 가려지지 않는 해석과 믿고 싶음의 영역에 있음을 보여주는 일이다. 어쩌면 다신 신앙 상태에서 국가적 가뭄을 극복하기 위해 엘리야는 물론 바알 제사장 등이 함께 모여 갈멜산에서 국가적 기우제를 지내고 나서 비가 와 해갈된 중에, 야훼 신앙을 옹호하는 이들 사이에서 엘리야 측의 일방적 승리를 말하는 민담이 생성·전승되었을 개연성도 있다.

엘리야와 아합 왕실 간의 대립은 나봇의 포도원 사건에서도 나타나고 있다(「열왕기 상」21장).

북이스라엘 왕국의 백성인 나봇은 이스르엘이라는 지방에 살았는데 왕궁 가까운 곳에 그의 포도원이 있었다. 그런데 아합왕은 그 포도원이 왕궁에 가까운 만큼 궁궐의 정원으로 만들었으면 했다. 그리하여 나봇에게 더 좋은 포도원으로 바꿔주거나 값을 쳐서 주겠다고 했지만 나봇은 조상들이 물려준 것이라 절대 내줄 수 없으며, 그렇게 하면 자신이 천벌을 받을 것이라고 했다. 고대 이스라엘인들은 전통적으로 토지의 소유권이 신(하나님)에게 있다고 여긴 만큼 그 소유권을 사고 파는 일을 하지 않았다. 공동체의 안정적 유지를 위해 토지 소유권의 이동을 제한

함으로써 자영·소농적인 공동체원의 안정적인 존속을 지향했던 것이다. 따라서 조상이 갖고 있던 토지를 잘 지키는 것을 후손의 도리로 여겼으며 부득이 저당 잡히더라도 언젠가는 원래 주인에게 돌려주어야 한다고 여겼다. 이와 관련되어 희년 사상이 나온 것은 잘 알려진 일이다.

나봇의 거절에 대해 아합왕도 어찌할 수 없었으나, 그러면서도 매우 아쉽게 여기고 있었다. 그때에 이세벨 왕비가 왕을 위로하고 나봇이 사는 성읍의 장로와 귀인들에게 밀지를 보내 그를 처단하도록 했다. 거짓 증인 둘을 내세워 나봇이 하나님과 왕을 저주했다고 모함해 쳐 죽이라고 했던 것이다. 욕심에 눈이 어두워진 왕실의 권한이 전통 공동체 사회의 자율적 재판 관습까지도 침해하고 있었음을 보여주는 장면이다. 결국 나봇은 돌로 쳐 죽임을 당하고 아합은 소원대로 포도원을 차지하기 위해 내려가게 되었다. 그 길에 선지자 엘리야가 나타나 야훼의 신탁을 전했다. '개들이 나봇의 피를 핥은 곳에서 네 피도 핥으리라' 하고, 이세벨에 대해서도 '개들이 이스르엘성 곁에서 이세벨을 먹으리라'라고 했다. 이 말을 듣자 아합왕은 옷을 찢고 굵은 베로 몸을 동이고 금식하며 회개했다. 이에 야훼 하나님은 그의 겸비함을 보고 그 재앙을 아합왕 때가 아니라 그의 아들 대에 내리겠다고 했다. 아합왕의 아들 두 사람이 왕위에 오른 후 그의 왕조가 망하게 된 것을 알고 만들어진 사후예언事後豫言임을 잘 보여주는 것이다.

이 나봇 사건을 통해, 강력해진 왕권과 전통 공동체 사회적 질서가 충돌하기 시작했음을 볼 수 있다. 토지의 소유권 문제와 더불어 공동체의 자율적 질서가 왕권의 확대로 인해 침해받고 있는 것이다. 전통적으로 고대 이스라엘인들은 왕권의 비대화에 거부감을 가지고 있었다. 민족 형성 과정에서부터 이집트 파라오의 지배에 저항했고, 가나안 도시의 왕들의 통치에도 역시 대항했다. 그리하여 사울왕이나 다윗 왕조의 등장에도 흔쾌하게 성원하지 않았던 것이다. 이러한 가운데 오므리 왕조는 자체 군사적 기반과 대외적 동맹 관계를 통해, 지중해변 해안길을 통한 교역을 활성화하고 요단강 동편의 에돔에서 모압, 암몬, 길르앗을 지나 다마스쿠스로 연결되는 왕의 대로를 상당 기간 장악, 통제하는 방식으로 큰 부를 얻었다. 왕실과 지배층의 부와 권력 기반의 확충은 필연적으로 전통적 공동체 사회와의 대립 국면을 강화시키고 있었다.

사실 나봇 사건은 왕조 시대에 흔히 있을 수 있는 일 정도였다. 권력을 통해 백성의 부를 강탈하는 일은 다른 나라나 사회에서도 일어나곤 했다. 그러나 이 사건이 널리 전승되어 『성경』에까지 자세하게 실린 것은 그만큼 이 사태를 당대인들이 주시한 면이 있었기 때문이다. 작은 관습이나 전통의 훼손을 왕권이 강화되면서 흔들리기 시작한 전통적 공동체 사회의 질서와 평화를 깨는 큰 위협으로 인식하고 있었던 것이다. 이러한 전통사회 질서의 옹호자로서, 수도의 왕실을 중심으로 페니키아에서 들여온 바알 멜카르트 숭배에 의해 소외감을 느끼던, 농경에 기반했던 야훼 신앙의 카리스마적 지도자들이 나서 싸우게 된 것이다. 야훼 신은 이와 같이 권리를 침해받는 약자의 입장에 있는 공동체 사회 구성원들을 옹호함으로서 대중적인 지지를 좀더 확대할 수 있었다. 다윗왕의 등장과 시온신학으로 왕실신앙으로서의 성격을 갖기도 했던 야훼 신앙이, 주로 국제적 개방 및 동맹과 연관된 정치 사회적 변동을 맞이해 기층 사회의 편에서 전제적 왕권에 대립하는 성격을 강화해가는 흐름으로 형성되고 있었던 것이다. 물론 이러한 흐름은 한계가 있었으며, 예후의 혁명으로 인해 야훼 신앙이 국가 신앙으로서의 지위를 회복함과 더불어 다시 역동성을 잃고 상당 기간 잠복, 침체되는 양상을 띠게 되었다.

한편, 이 나봇 사건의 전말을 접하게 된 사람은 누구나 인간이 얼마나 간악한 존재인지에 치를 떨게 될 것이다. 특히 왕비 이세벨에 대한 분노가 치솟는 것을 금할 수 없을 것이다. 그리하여 후대 사람들은 이세벨을 악녀의 표본으로 여기게 되었다. 그런데 다소 의외인 점은 아합왕의 행동이다. 나봇이 처음 거절했을 때 강제로 일을 추진하려고 하지도 않았고, 엘리야가 악행을 폭로하고 저주를 말할 때도 사실을 부정하거나 엘리야를 죽여 일을 은폐하려 시도하지 않고 곧바로 철저하게 회개했다. 아합왕은 이와 같이 야훼 신앙을 여전히 존숭하는 입장에 있었다. 그는 국제적 동맹 관계와 아내로 인해 외래의 바알 신앙도 수용하고 지원했으나 야훼 신앙 자체를 부정한 것이 아니었다. 다신 신앙이 일반적 신앙 형태인 시기에 그는 그 범주 내에서 머물고 있었던 것이다.

이 사건의 기술을 통해 『성경』 저자나 편집자들의 두드러진 편파성을 읽어 볼 수 있다. 궁궐을 단장하기 위해 왕궁 가까이 있는 백성의 포도원을 다른 포도원으로 바꿔주거나 값을 후하게 쳐주려던 왕을 우리는 어떻게 볼 수 있을까? 당대의 토지 관념상으로는 문제가 있다지만, 인간사에서는 욕망을 가진 한 인간이 시도해 볼 만한 일이다. 더구나 국가가 번창하는 중에 궁궐을 확장하고자 한 것은 제왕의 행위로 있을 법한 일이다. 관습을 지키고자 한 나봇을 탓할 수는 없지만, 좀 너그럽게 생각하고 왕의 권위를 존중해 아합왕의 요청에 응했더라면 어떠했을까. 물론 아합왕이 이세벨의 간계를 알고도 바로 잡지 않은 일은 백번 생각해도 변명할 도리가 없다. 결국 아합왕은 하와의 이탈에 동참한 아담과 같은 행위를 했으니 공범임을 벗어날 수 없다. 그가 엘리야의 지적에 대해 철저하게 회개했다고 해도 그들 부부로 인해 흐른 나봇의 피를 다시 담아 그를 살릴 수는 없었다.

여기서 우리는 다른 왕들, 그 중에서도 『성경』 저자들이 가장 훌륭한 왕의 모범이라고 하는 다윗왕의 경우를 상기해 볼 필요가 있다. 「열왕기 상」15:5에는 "다윗은 헷[히타이트] 사람 우리야 사건을 제외하고는 일생 동안 야훼께서 보시기에 올바른 일만을 했으며 야훼의 명을 어기지 않았다."라고 했다. 다윗왕이 우리야의 아내인 밧세바와 간통하고 요압에게 밀지를 보내 우리야를 전장의 최선봉에 세워 죽게 한 사실 이외에는 올바른 삶을 살았다는 것이다. 그런데 남의 아내를 차지하기 위해 그 여인의 남편을 전장에서 죽도록 만든 일이 과연 예외로 넘어갈 만한 문제일까?

아합왕의 포도원 강탈 사건과 다윗왕의 부하 아내 강탈 사건 자체를 놓고 보면 무엇이 얼마나 다른 것일까? 거의 같은 죄인데도 자기편의 죄는 죄가 아니란 말인가? 사실 아합왕은 다윗왕처럼 적극적인 계략을 꾸미지도 않았다. 그런데도 『성경』 저자들은 다윗의 일은 애써 변명하며 그에게 가장 위대하고 올바른 왕이라는 명예를 걸어주고 있다. 어찌 보면 포도원을 탐내는 왕보다는 다른 사람의 아내를 탐내고 그 남편을 은밀하게 죽여 버리려고 한 데서 더 간악함을 느낄 수도 있다. 인간의 생각과 행위의 선악을 판단한다는 것이 얼마나 자의적인 면을 가지고 있는지 돌아보게 된다. 결국 『성경』 역사서의 저자들도 자신들이 추종하는 예루살렘 성전 야훼 신앙과 유다왕국의 왕권 신학의 기준에서 과거 인간들의 선악을 판단했던 것이다. 여기서 우리는 『성경』의 무오류성이 설득력이 없다는 것을 볼 수 있다.

오므리왕조에서의 야훼 신앙과 바알 신앙의 대립은 결국 군사 정치적 쿠테타에 의해 종결되었다. 양측의 평화적 공존이 당대 사회에서는 도저히 받아들여질 수 없었다. 당시의 야훼 종교가 배타적인 유일신 신앙을 주장한 것은 아니지만, 국가 공식적인 제의와 신앙에서 새로운 이방 종교의 수입은 단일신 신앙의 위치에 있던 기존 야훼 신앙 측에서는 심각한 도전으로 여겨졌다. 원이스라엘 사회에서 여러 신들 가운데 어렵게 민심을 얻어 민족신이 되고 국가의 공식 신앙이 되었는데 이방 신앙이 갑자기 들어와 사실상 이원적인 공식 신앙 체제를 형성하게 되자 크게 반발한 것이다. 우월한 지위를 침해당한 기존 조직이나 구성원들이 강렬하게 반발하는 것은 지극히 자연스런 면이 있다. 규모가 작은 민족국가 이스라엘에서 두 신을 공식적으로 섬기는 신앙 체제는 이처럼 사회를 양분해 분란을 일으킬 소지가 있어 현실적으로 유지하기 어려웠다. 소규모 사회에 기반을 둔 기존 종교 야훼 신앙은 강력한 방어적 저항을 할 수밖에 없었다. 이러한 경향은 차후 유다왕국의 배타적인 유일신 종교 정책에서도 적용되는 면이 있다. 이에 비해, 많은 인구와 수많은 신들을 가진 인도 대륙에서 오랜 세월 발전한 힌두교는 다른 신이나 신앙에 대해 전반적인 포용성과 융통성이 있어, 삼신 등 신 개념의 각색에 대해서도 타종교로부터 방어할 필요를 느끼지 않았다 한다.[55]

결국 양측 간 대립의 세월이 경과한 후에 엘리야의 제자인 선지자 엘리사가 사람을 보내어 전장에 있었던 군대장관 예후에게 기름을 부어 그를 이스라엘의 새로운 왕으로 세웠다. 이에 예후는 무리를 이끌고 반란을 일으켰다. 예후는 적국인 아람의 왕 하사엘과의 전쟁 중에 부상을 당해 이스르엘 지방으로 치료차 물러나 있었던 아합왕의 아들인 요람왕을 찾아가 활로 쏘아 죽이고, 그와 함께 있던 남유다왕국의 아하

---

55) 서행정, 『인도철학 이야기』, 한국외국어대학교 출판부, 2010, 314쪽

시야왕을 저격해 부상 입히고 결국 죽게 했다. 아합왕의 왕후 이세벨을 죽이고 이어 수도 사마리아에 있던 아합의 아들들(후손) 70인을 그곳의 장로 등에게 편지를 보내 죽여 목을 잘라 바치게 하는 등 아합의 일족 모두를 죽였다. 그리고 바알을 섬기는 자들을 사마리아에 있던 바알의 신전에 모이도록 해, 포도주를 마시지 않고 유목인 생활을 고집하며 (「예레미야」35:1~19) 야훼를 철저하게 섬겼다는 족속인 레갑족 출신의 여호나답(요나답)과 함께 전멸시켰다. 그리고는 바알 신전의 목상들을 다 불사르고 신당을 훼파해 변소로 만들어 바알 신앙을 멸했다고 한다 (「열왕기 하」9, 10장). 이 정변에 레갑족 출신 여호나답이 합류한 것으로 보아도 예후의 정변이 보수적 야훼 추종자들에 의한 종교적인 거사임을 잘 알 수 있다.

북이스라엘 오므리왕조의 종교·사회·정치적 분란은 보수적 야훼 신앙인들과 연계된 군대장관 예후에 의한 대외 개방적인 오므리 왕가의 몰살과 또 하나의 왕조의 등장으로 끝났다. 예후왕의 등장과 함께 아합 왕조와 동맹 관계에 있던 페니키아는 물론 결혼 동맹을 맺고 있던 유다와의 동맹도 깨졌다. 이세벨의 모국인 페니키아나 이세벨의 딸로서 왕위에 오른 아달랴왕이 재위한 유다와의 관계가 좋을 리 없었다. 그리하여 『성경』이 전하는 그처럼 대단한 카리스마와 신비한 능력을 가졌다는 선지자 엘리사가 살아있었는데도, 북이스라엘은 수십 년간 아시리아나 아람의 침략과 간섭에 과거처럼 타국들과 연맹해 공동 대응하지 못하고, 그들의 속국 신세가 되어 크게 시달리고, 경제적으로도 크게 쇠퇴했다. 예후는 인접한 나라인 아람왕 하사엘에게 조공을 바침은 물론이고, 아시리아의 살만에셀 3세의 검은 오벨리스크에는 그 왕의 발 앞에 꿇어 엎드려 절하는 비참한 모습이 새겨지는 굴욕적인 신세가 되었다. 대외 개방적 신앙 정책이 국가 사회적으로 큰 혼란을 초래할 수 있음과 함께, 단일 신앙이나 유일신 신앙이 사회를 안정시키고 왕권을 강화하는 데는 일면 유용하지만 그 대가도 만만치 않았다. 이점은 후대 유다왕국의 히스기야왕과 요시야왕대의 종교 개혁의 지향점과 더불어 유의해 보아야 할 것이다.

한편 「신명기」계 사가는 『성경』 「열왕기 하」에서 예후의 '야훼에 대한 열심'을 기꺼워하며 아합 왕실이 엘리야의 예언대로 멸족됨을 통쾌한 듯 세세히 기록하고 있다. 예후는 성전聖戰을 치루는 열렬한 영웅으로 묘사되어 있다. 그렇다면 기원전 9세기 후반 예후 혁명 당시 일반 백성들의 생각은 어떠했을까? 보다 객관적인 역사적 입장을 갖기 위해 반드시 점검해 볼 필요가 있다. 엘리야가 야훼냐 바알이냐 선택하라고 외칠 때 머뭇거리던 당시의 이스라엘 사람들의 입장에서 이 정변을 바라볼 필요도 있다. 보수적 야훼 추종자들이 아닌 대다수의 이스라엘 백성들의 입장은 「신명기」계 사가의 「열왕기 하」의 기록 태도와는 다를 수도 있었다. 굳이 야훼의 편이 아닌 대다수의 백성들은 이 일을 그리 통쾌하게 여길 리가 없었고, 다소 지나친 행위라고 여겼을 가능성이 적지 않다. 이에 대해서는 이로부터 한 세기 약간 못 미치는 후대 예후 왕조 말기 기원전 8세기 중반 여로보암2세 때 활약했다고 보이는 호세아 선지자의 예언서에서 일부 흔적을 볼 수 있다.

「호세아」1:4에는 "야훼께서 호세아에게 이르셨다. 아기의 이름을 이즈르엘[이스르엘]이라고 해라. 나는 오래지 않아 예후가 이즈르엘에서 죄 없는 사람들을 죽인 죗값을 예후 왕조에 갚아 이스라엘 나라를 멸망시키겠다."라고 했다. 예후왕조의 시조인 예후가 쿠테타를 일으켜 요람왕과 태후 이세벨 그리고 유다왕 아하시야 그리고 아합의 70인의 자손을 죽인 이스르엘 참극을 말하며, 그 피로 타락한 예후 왕조를 멸망시키겠다는 것이다. 놀랍게도 『성경』의 역사서가 위대한 행적으로 기록하고 있는, 아합왕 부부가 들여온 페니키아의 바알 신앙을 척결하고 왕이 된 '야훼에게 열심인 자' 예후의 행위가 악한 것으로 전해진다. 여로보암2세는 아시리아와 아람이 대립하는 가운데 오히려 상당 기간 평안을 누리고 잃었던 영토와 무역로를 회복해 큰 번영을 누렸다. 그러한 번영은 부익부 빈익빈을 강화시키고 지배층의 사치와 무도함이 극성해, 아모스나 호세아 같은 본격적인 예언자들을 발분시켜 정의와 공정을 외치며 심판을 선포하는 지경에 이르렀던 것이다. 비록 예후가 바알 신앙을 제거하고 야훼 신앙을 확고히 했다지만, 세월이 경과하여 국가 공식적 종교인 야훼 신앙 하에서 기득권층의 횡포와 타락이 커져, 그들과 함께 했던 이스라엘의 야훼 종교 자체조차 비판을 받는 지경이었다. 『성경』은 호세아가 이스라엘 왕국의 야훼 황금 송아지 숭배를 비난하는 듯 전하고 있으나(「호세아」8:5), 그 실상은 북이스라엘 야훼 신앙 자체의 타락과 분별없음을 비판했던 것이다. 훗날 예루살렘 성전 중심의 유일신 신앙을 가진 편집자들이 개입하면서 마치 우상 숭배를 비판한 것으로 윤색한 것이 아닐까 싶다. 사실 호세아보다 한 세기 앞서 목숨을 내걸고 투쟁한 열렬한 북이스라엘의 엘리야나 엘리사는 야훼 황금 송아지상 숭배를 전혀 문제 삼지 않았다.

호세아는 왜 예후 정변 시의 이스르엘 참살을 문제 삼고 있을까? 『성경』의 역사서가 전하는 야훼 신앙의 관점에서 보면 마땅히 칭찬할 만한데, 그는 무언가 다른 전승의 영향을 받고 있었던 것으로 볼 수 있다. 그때 죽임을 당한 사람 중에 죄 없는 사람이 누구인지는 논란이 될 만하다. 얼른 보면 유다 왕 아하시야나 아합의 자손 70인이 해당될 듯하다. 그런데 야훼 신앙에 경도되어 있지 않았던 북이스라엘 일반 백성들로서는 요람왕이나 아합의 자손 70인, 심지어 이세벨의 처단에 대해서도 『성경』 저자와는 다르게 보았을 가능성이 있다. 북이스라엘의 동맹국이기도 한 자기 모국의 신앙을 지키기 위해 노력한 이세벨의 행위를 양해하는 이들도 적지 않았을 것이다. 어찌 보면 아람 나라의 침략을 맞아 전장에 나가 싸우다가 부상당해 후방인 이스르엘로 나와 치료중인 요람왕을 죽인 일이야말로 이스라엘 일반인들의 원성을 사지 않았을까. 국가를 보위하기 위해 전장에 나가 부상당한 왕을 군대장관이 군사를 돌려 죽인 사실은 하극상은 물론, 국가 안위를 위협하는 반국가적 배신 행위로 큰 비판을 받았을 것이다. 아마도 백성들은 이와 같은 비윤리적 반란 행위를 한 예후를 저주하며 내심 저항했을 것으로 여겨진다. 국경의 전장에서 군대를 빼돌려 정변을 일으킨 자를 현대나 고대나 사람들이 칭찬할 리는 없다. 전체적으로 예후의 정변은 「열왕기 하」 저자의 입장과는 달리 이스라엘 일반인들에게는 비난의 대상이었을 것이다. 그러한 정서가 남아 전해져서 예후왕조가 말기 증상을 보이는 중에 호세아를 통해 위와 같이 진실의 일단이 드러나게 된 것이다.

이처럼 엘리야와 엘리사 그리고 예후로 이어지는 북이스라엘 야훼 신앙의 수호 운동은 「신명기」계 사가나 대다수 그리스도인들이 생각하는 것과는 달리 당시 북이스라엘 사회에서 호응이나 성원보다는 비난과 질시의 대상이었을 것이다. 다신 신앙 상태에서 일반 백성들로서는 두 신을 같이 섬기는 것이 크게 문제될 일은 아니었다. 그리고 연원 깊은 농경신인 전통적 바알 신앙이 훨씬 친근한 신앙 대상이었을 가능성도 있다. 백성들 대다수는 여러 신들 중 야훼 신만이 전능하고 탁월한 신이라고 여기지 않았다. 『성경』의 「신명기」계 사가 등이 전통적 바알 신앙을 위시해 여러 민간 신앙, 이방 신앙 등을 그처럼 비난하고 경계하는 이유는 그러한 신앙이 야훼 신앙과 더불어 당시 주민들에 의해 널리 신봉되고 있었기 때문이다.

그런데 야훼 종교 자체의 역사에서 엘리야는 적극적으로 반정권적 야훼 신앙 수호 운동을 펼치게 됨으로써, 뒤에 기원전 8세기에 사회적 분화가 심화되며 북이스라엘은 물론 남유다왕국에서도 일어난, 왕권에 굴하지 않는 본격적인 예언 활동을 배태한 모범이 된 것으로 여겨진다. 차후 야훼 신앙이 민중적 기층 사회의 고난에 주목하고 사회적 공평과 정의를 지향하는 데 기반이 되기도 했다.

3) 사회 국가적 위기 도래와 예언자들이 선포한 정의의 신 야훼 (BC 8세기 후반)

예후의 쿠데타를 통한 즉위(BC 842) 이후 이스라엘이나 유다는 상호 동맹이 깨어진 상태에서, 아시리아 제국과 이웃 시리아 지역 아람의 정치·군사적 영향력을 크게 받으며 국력이 침체된 상태로 존속하는 처지였다. 아시리아 제국이 자국의 정치·군사적 문제들로 장기간 대외 정복을 할 수 없게 되자 이스라엘과 유다의 대외적 상황은 일면 나아졌지만, 여전히 이웃 지역의 강자인 아람왕국의 침략과 간섭에 시달리게 되었다. 그러다 기원전 8세기, 특히 북이스라엘 여로보암2세왕(BC 784~748)대에 이르러 국가는 중흥의 기회를 맞게 되었다. 여로보암2세는 아시리아와 아람이 대립하는 가운데 오히려 상당 기간 평화를 누리고, 잃었던 영토와 국제 무역로를 회복해 큰 번영을 누렸다. 그러나 그러한 번영은 부익부 빈익빈을 크게 심화시켜 지배층의 사치와 무도함이 극성하면서 전래의 공동체적 유대감이 크게 약화되고 사회적 갈등을 유발했다. 더구나 기원전 8세기 후반에 이르러 아람이 상당한 영향력을 행사하는 중에 무엇보다도 아시리아 제국이 다시 국가 체제를 정비하고 강력한 정복 사업을 재개하면서 이스라엘이나 유다 등 팔레스타인 일대 여러 나라가 심각한 위기로 접어들게 되었다.

이러한 국제적 위기가 다가오는 국면에서 깊어진 사회적 갈등은 결국 예민하고 열정적인 이들에게 사회와 국가의 멸망 가능성으로 인식되었다. 이에 사회와 국가 지배층, 나아가 공식 제도적 종교인 제사장들이 주도하던 성전이나 성소의 야훼 신앙에 대한 예언자들의 본격적인 비판이 나오게 되었던 것이다. 이러한 예언자들의 사회, 국가 비판은 중동의 다른 나라에서는 볼 수 없는 것으로 고대 이스라엘 역사의 특징 중 하나이다. 공동체적 유대가 비교적 강하게 존속했던 약소국 왕권의 취약성으로 인해, 야훼 왕권 이념에 의지한 비판적 예언자들의 활동이 가능했다. 이러한 비판 활동은 국가 사회적 발전이 앞섰던 북이스라엘의 수도 사마리아를 중심으로 시작되어 남유다 예루살렘에까지 이르게 되었다.

약소민족으로서 험난한 역사적 여정을 겪어온 고대 이스라엘인들은 전통적 공동체 질서의 존속을 강력히 희망했다. 비록 국가가 남북으로 나뉘고 예후의 쿠데타 같은 대 정변이 있었지만 기층 사회는 근본적인 변화 없이 대가족이나 마을 씨족 지파 등이 존속해 전통 공동체적 유대를 유지하고 있었다. 이스라엘 민족의 12지파 체제라는, 역사적 사실에 다소 정치 이데올로기적인 면을 가미한 이 개념이 예후왕 시대에 확립되었을 가능성도 있다.[56] 물론 국가 사회의 발전에 따라 그 유대 관계는 서서히 약화되었다. 요아스왕이 시해되고(BC 798) 곧 이어 왕위에 오른 유다의 아마샤 왕은 자신의 부왕을 죽인 자들을 죽였으나 그들의 자녀들은 아비의 죄로 자식을 죽이지 말라는 모세의 율법에 따라 처단하지 않았다(「열왕기 하」14:5,6). 모종의 정치적 배려가 있었을 개연성도 부인할 수는 없다. 그런데 이와 같은 연좌제의 약화를 오히려 더 후대에, 아마도 기원전 7세기에 체계를 갖추었을 모세의 율법과 연결해 말하고 있는 점으로 보아(「신명기」24:16) 사회의 공동체적 유대감은 이미 아마샤왕대 즈음 상당히 약화되었던 듯하다.

여로보암2세왕대에 이르러 수도 사마리아의 지배층은 무역 등을 통해 증대된 부를 거의 독식했다. 빈부 격차가 심해지면서 공동체적 유대는 큰 손상을 입게 되었다. 부자가 더욱 부자가 되려 하는 것은 어느 시대 어느 사회에서나 흔히 있는 일이다. 권세가나 부자들이 가난한 자들을 억압, 강탈하는 일이 일상화되면서, 빈곤층을 위시한 사회 구성원 상당수가 공동체적 유대의 상실에 따른 사회, 국가의 위기를 절실히 느끼기 시작했던 것이다. 약소민족 국가인 이스라엘이나 유다는 구성원의 강력한 유대감만이 그나마 국가를 지켜낼 수 있는 기반이었는데 민족 역사 이래 처음으로 의미심장하게 벌어지는 빈부 격차의 심화에 의한 사회 분화는 심각한 국가 사회적 문제였다. 정도의 차이는 있었지만 곧 남유다왕국의 예루살렘을 중심으로도 이러한 상황이 벌어졌다. 이때 북이스라엘과 남유다에 여러 예언자들이 등장해 정의를 선포하고, 이를 무시하고 욕심에 사로잡혀 다른 사회 구성원들을 몰락시키고 있는

---

56) 우택주, 「고대 이스라엘의 열두 지파 체제는 언제 제정되었는가?」 『한국기독교신학논총』 90집, 2013, 29쪽

이들에게 농업 재해 등 일상의 심판은 물론이고 국가의 멸망 가능성을 예언하며 각성을 촉구했다. 이들은 모든 사회 구성원들의 행복을 위해 각자 이익의 정당한 균형을 유지하고, 모든 사람의 기본 권리를 보장함으로써 사회적 유대 관계를 강화하고자 했다.[57] 이들 예언자들의 활동은, 마침 본격화되기 시작한 행정 분야 등에서의 사회적 문자 사용으로 제자나 추종자들에 의한 예언서 형식을 취하게 되어 훗날 『성경』의 중요 부분으로 자리할 수 있었다. 물론 현재 전해지는 예언서들은 후대의 보충이나 윤문, 편집을 통해 많이 변형된 것이나 일부 내용은 기원전 8세기 말의 상황을 살펴보는 데 상당히 도움이 된다.

기원전 8세기 후반에 출현한 예언자들 중 가장 먼저 활동한 이는 남유다왕국 출신으로 양을 치던 목축업자로 추정되는 아모스이다. 그는 유다 출신이지만 남북 왕국의 국경이 현대처럼 봉쇄되지는 않았던 만큼, 양떼를 이끌고 북이스라엘 지역을 왕래했거나 양이나 양털을 팔기 위해 북이스라엘 왕국의 번창한 수도 사마리아에 가기도 했던 듯하다. 대개 부자보다는 가난한 신자들이 신앙에 더 건실한 경우가 많듯이, 상대적으로 후진적인 유다왕국 출신의 소박한 사람 아모스는 사마리아의 번창함에 놀라면서도 동포를 억압하고 갈취하기를 마지않는 부자들의 타락한 세태를 충격적으로 인식했던 듯하다. 그리하여 자기 나라도 아닌 형제국에 대해 절실한 마음으로 터져 나오는 생각들을 야훼의 말씀으로 여기며 쏟아낸 것이다. 아모스는 전통적인 예언자 가계에 속하거나 특별한 훈련을 받은 사람이 아니었으며 사마리아의 사회상에 충격을 받아 솟구치는, 주로 소박하고 윤리적인 심정을 토로했다. 따라서 다른 예언자들에 비해 종교적

---

57) 라이너 알베르츠 저, 『이스라엘종교사 I 』 372쪽, 강성열 옮김 (크리스챤다이제스트, 2011)

인 면에 치우치지 않고, 문제라고 여긴 것들 자체에 대한 격정을 토로한 만큼 당대 사회상을 현실감 있게 이해하는 데 많은 도움을 준다.

먼저 「아모스」 3장에는

> 9. 아시리아의 궁궐에 말을 전해라. 이집트의 궁궐에 말을 전해라. 모두들 사마리아 언덕에 올라와 보게. 그 안엔 억울한 일들 뿐, 온통 뒤죽박죽일세.
> 10. 바른 일 하려는 사람은 하나도 없구나. 야훼의 말씀이시다. 궁궐에는 권력으로 남을 등쳐먹는 자들 뿐이다.

라고 사마리아의 타락한 세태를 말하고 있다. 온통 억울한 일이고 혼란한 상태인데 아무도 나서서 바르게 일하려는 사람은 없고 권력자들은 남을 등쳐먹는 일에만 빠져 있다고 한다. 외부인에 의해 사회적 문제가 발견되고 문제시되고 있다.

이어 「아모스」 4:1은 "바산 풀밭의 암소들아, 이 말을 들어라. 사마리아 언덕에서 노니는 여인들아, 남편을 졸라 술을 가져다 마시며 힘없고 가난한 자를 짓밟는 자들아"라며 지배층의 아내들까지 남편들의 일탈을 막으려 하기보다는 오히려 그들을 졸라서 가난한 자들을 짓밟고 재물을 취해 좋은 술을 가져다 마신다고 분노한다. 힘없고 가난한 자들의 곡식을 빼앗고(5:11) 저울을 속여 가난한 자들을 속이고 약간의 빚으로 그들을 종으로 부리려 한다고 개탄한다(8:5,6). 권세가나 부자들이 가난한 자의 취약한 재산마저 빼앗아 심지어 동포 이웃을 종으로 부리려 하는 세태에 이르렀다는 것이다. 나아가 사회의 타락이 너무 심해져 재판이 불공정하고(5:12) 심지어 뜻있는 사람이 입을 다무는 시대가 되었다고 한탄하기도 한다(5:13). 그래서 부득이 객에 불과한 유다 출신인 자신이 참지 못하고 바른 말을 하게 되었다는 것이다.

이렇게 사회적 문제 해결의 가능성이 없어지자, 아모스는 야훼가 북이스라엘 사람들의 절기나 종교적 성회를 미워하며 기뻐하지 않는다고 선언했다. 번제나 소제, 그리고 화목제를 드릴지라도 받지 않는다며 찬양의 노래 소리를 그치라고 말하고 있다(5:21~23). 그러면서 과거 출애굽 사건이 있었던 때에 사십 년 동안 광야에서 소제와 희생제를 드리지 않았어도 야훼가 히브리인들을 돌본 것을 환기하면서 "오직 공법을 물같이 정의를 하수같이 흘릴지로다"(5:24『개역한글 성경』)라며 야훼의 공법과 정의로 돌아올 것을 애타게 말하고 있다. 결국 야훼가 바라던 것, 그리고 아모스와 같은 양식 있는 이들이 당시 강포하고 이기적인 지배층이나 부자들에게 요구한 것은 '야훼의 공평과 정의'로 돌아와 가난한 자를 돕고 공동체적 유대 질서를 회복하는 일이었다.

야훼는 당시의 지배층이나 부자들에게 절망하면서 여러 가지를 심판하리라 말하며, 특히 나라의 멸망을 선포한다. 그들의 자식들을 포로로 잡혀가 죽게 할 것이며(5:2), 그렇게 돈을 모아 집을 돌로 잘 지어도 살지 못하게 하고, 포도원을 잘 가꾸어도 포도주를 마시는 일이 없도록 심판하겠다고 했다(5:11). 이러한 예언은 분명히 자기 백성의 회개를 통한 사회 및 국가의 안정과 회복을 바라는 것이지만 당시 부자들의 행태와 아람 및 아시리아의 움직임으로 볼 때 망국의 가능성을 떨쳐버릴 수 없었던 데서 나오기도 했을 것이다.

아모스와 거의 같은 시기에 북이스라엘 출신 예언자 호세아도 국가가 위기에 처했음을 선포했다. 호세아는 앞 세기 선지자 엘리야의 신앙을 계승한, 전문적인 예언자 계통 인물로 보인다. 「호세아」 12장(『새번

역 성경』)에는

7. 에브라임은, 거짓 저울을 손에 든 장사꾼이 되어서, 사람 속이기를 좋아한다.

8. 그러면서도 에브라임은 자랑한다. '아, 내가 정말 부자가 되었구나. 이제는 한 밑천 톡톡히 잡았다. 모두 내가 피땀을 흘려서 모은 재산이니, 누가 나더러 부정으로 재산을 모았다고 말하겠는가?'

저울을 속여 부자가 된 북이스라엘 사람이 누가 자신더러 부정한 재산을 모았다고 하려는가 큰소리치는 상황을 전하고 있다. 저울을 속이는 일은 다른 예언서들에도 보이는 일로 당시 상거래의 일상적인 행태였다. 부자들이 부정하게 돈을 벌면서도 존경까지 받겠다는 생각을 공공연히 가지고 있었음을 보여주는 것이다.

현재 『구약성경』 「호세아서」는 주로 북이스라엘의 종교적 타락을 문제 삼아 신앙의 회복을 간절히 요청하는 내용을 전하고 있다. 그는 주로 종교적인 일탈을 문제 삼으며 이스라엘의 멸망 가능성을 예언했다. 호세아는 전통적인 예언자 계통 인사로서 사마리아나 벧엘 등 북이스라엘 야훼 신앙의 변질, 타락을 문제 삼으며 거기서 돌아서지 않으면 국가가 멸망할 것이라고 말했다. 외국과의 활발한 교류 속에 이방적인 종교 요소들이 들어오고 기층사회에 존속한 가나안의 종교적 요소가 다시 성행하면서 야훼 신앙에 타 종교의 신앙 양식이 더욱 접합, 혼합되고 있었던 것이다. 전통적 야훼 숭배자들이 보기에 당시 북이스라엘의 야훼 신앙은 타락한 것이라 이해되었을 가능성이 높다. 북이스라엘 초기부터 국가의 공식적 야훼 신앙이 황금 송아지상 등 신상 숭배를 수용했던 만큼, 경제적으로 크게 윤택해진 상황에서 그와 관련해 우상 숭배로 여겨질 만한 혼합적 종교 행태가 한걸음 더 진전되기도 했을 것이다.

당연히 「호세아서」는 황금 송아지상 숭배를 우상 숭배로 비난하고 있다(8:5,6). 그러한 종교적 타락은 음란한 아내의 창녀 같은 행위라고 설명된다. 따라서 「호세아서」는, 야훼의 명에 의해 결혼하게 되었다는 호세아의 음란한 아내 고멜이 제법 널리 알려져 있는 등 그리스도교 신앙적으로는 많은 주목을 받고 있다. 나아가 호세아의 신학은 북이스라엘에서 널리 추앙된 모세의 전승을 계승해 이스라엘 멸망(BC 722) 이후 유다 예루살렘에도 전해졌다.

그러나 사회경제적 분화에 따라 백성들의 빈민화가 사회국가적 문제로 등장하던 시절에, 과연 북이스라엘에서 야훼를 황금 송아지상으로 숭배한 일이 그처럼 크게 문제시되었을 것인지는 의문이다. 앞 세기 북이스라엘에서 활약한 대선지자 엘리야나 엘리사는 송아지상 문제를 전혀 거론하지 않았다. 기원전 8세기 후반에 문제가 되고 있는 것은, 송아지상 신앙이 아니라 빈부 격차가 심화되어 많은 일반민이 생활의 기반을 잃고 빈곤 상태에 떨어져 국가 구성원으로서의 존립 자체가 위협받고 주민들 간에 사회적 연대나 유대감이 현저히 파괴된 것이었다. 야훼 종교의 입장에서 보면 야훼의 백성이 쇠퇴, 붕괴 과정에 빠져든 것이다. 따라서 이스라엘 내부적으로 황금 송아지상 숭배를 문제 삼는 신앙 전통이 있었지만 사회경제적으로 그것이 심각한 문제가 되었을 가능성은 크지 않다. 결국 「호세아서」에서 언급한 황금 송아지상에 의한 종교적 타락은 대개 후대의 윤문과 증식, 그리고 분식을 입은 것으로 여겨진다. 남유다 예루살렘 성전의 야훼 신앙과 달랐던 북이스라엘의 황금 송아지상 숭배를 국가 멸망의 주요인으로 설명하는 것은, 아무래도 후대에 등장한, 모든 신들의 신상을 타파하며 성립된 유다 예루살렘의 야훼 유일신 신앙 숭배자들의 관점이 반영된 것으로 보아야 할 것이다.

8세기 말의 예언자로는 유다왕국 출신의 미가도 있다. 그는 예루살 렘에서 수십 킬로미터 남쪽에 있던 모레셋 지방 출신의 유력 인사였을 것으로 추정된다. 아시리아 제국의 침략 앞에 북이스라엘이 풍전등화 의 위기에 처하고 남유다의 멸망 가능성도 예상되던 히스기야왕대에 활약한 듯하다. 그는 사마리아와 예루살렘의 불의한 세태를 고발하며 나라가 멸망의 위기에 처해 있음을 선포했다. 「미가」 3장에는

1. 이것은 내 말이다. 야곱 가문의 어른들은 들어라. 이스라엘 가 문의 지도자들은 들어라. 무엇이 바른 일인지 알아야 할 너희가

2. 도리어 선을 미워하고 악을 따르는구나! 내 겨레의 가죽을 벗 기고 뼈에서 살을 발라내며,

3. 내 겨레의 살을 뜯는구나. 가죽을 벗기고 뼈를 바수며 고기를 저미어 냄비에 끓이고 살점은 가마솥에 삶아 먹는구나.

9. 야곱 가문의 어른들이라는 것들아, 이스라엘 가문의 지도자라 는 것들아, 정의를 역겨워하고 곧은 것을 구부러뜨리는 것들아, 이 말을 들어라.

10. 너희는 백성의 피를 빨아 시온을 세웠고, 백성의 진액을 짜서 예루살렘을 세웠다.

이스라엘과 유다의 지배층, 그리고 지도자들이 선을 미워하고 악을 행한다고 했다. 그들은 같은 동포의 가죽을 벗기고 뼈까지 부수어 끓여 먹듯 재물을 빼앗고 있었다. 따라서 두 나라의 수도는 백성들의 피를

빨고 진액을 짜 만들어진 것이라 한탄했다. 그리하여 같은 3장에는

　4. 그런데도 야훼께서 부르짖는 너희 기도를 들어주실 성싶으냐? 그렇게 못된 짓만 하는데 어찌 외면하시지 않겠느냐?

　5. 내 겨레를 그릇된 길로 이끄는 예언자들을 두고 야훼께서는 이렇게 말씀하셨다. "예언자라는 것들, 입에 먹을 것만 물려주면 만사 잘되어 간다고 떠들다가도 입에 아무것도 넣어주지 않으면 트집을 잡는구나!

　6. 그래서 너희 백성은 앞을 내다볼 수 없는 밤을 맞았다. 내일을 점칠 수 없는 어둠에 싸였다. 예언자들에게는 태양이 사라져 대낮인데도 눈앞이 캄캄해졌다.

　7. 앞날을 내다본다던 것들이 창피를 당하고 내일을 점친다던 것들이 쥐구멍을 찾으리라. 하느님께서 대답하지 않으시는데 누가 입을 열겠느냐?

　8. 그러나 나에게는 거역하기만 하는 야곱의 죄상을 밝히고 못할 짓만 하는 이스라엘의 죄를 당당하게 규탄할 힘과 용기가 차 있다.

　11. 예루살렘의 어른이라는 것들은 돈에 팔려 재판을 하고 사제라는 것들은 삯을 받고 판결을 내리며 예언자라는 것들은 돈을 보고야 점을 친다. 그러면서도 야훼께 의지해 "야훼께서 우리 가운데 계시는데, 재앙은 무슨 재앙이냐?" 하는구나!

　12. 시온이 갈아엎은 밭이 되고, 예루살렘이 돌무더기가 되며, 성전 언덕이 잡초로 뒤덮이게 되거든, 그것이 바로 너희 탓인 줄 알아라.

그와 같이 악행을 저지르는 지배층이나 부자들에게 야훼께서 응답

할 이유가 없다는 것이다. 예언자들도 뇌물을 받고 예언했다고 하지만 사실 야훼와 관련 없는 일이니 장래에 대해서는 아무런 답도 얻을 수 없다고 말하고 있다. 장로나 사제들이 돈을 받고 재판과 판결을 부정하게 하고 있으며, 예언자들도 돈을 받아야 점을 치면서 야훼가 있으시니 아무 문제가 없다고만 한다는 것이다. 그러나 야훼는 악한 이스라엘 측이나(8절) 같은 악행을 저지르고 있는 예루살렘 측에 대해서도 나라를 멸망시키고 말겠다는 다짐을 선포하고 있다(12절).

그러면서도 미가는 야훼께서 원하시는 것이 무엇인지 밝히며 회개할 것을 촉구했다. 미가는 6장에서(『새번역 성경』)

6. 내가 주님 앞에 나아갈 때에, 높으신 하나님께 예배드릴 때에, 무엇을 가지고 가야 합니까? 번제물로 바칠 일 년 된 송아지를 가지고 가면 됩니까?

7. 수천 마리의 양이나, 수만의 강줄기를 채울 올리브기름을 드리면, 주님께서 기뻐하시겠습니까? 내 허물을 벗겨주시기를 빌면서, 내 맏아들이라도 주님께 바쳐야 합니까? 내가 지은 죄를 용서해 주시기를 빌면서, 이 몸의 열매를 주님께 바쳐야 합니까?

8. 너 사람아, 무엇이 착한 일인지를 주님께서 이미 말씀하셨다. 주님께서 너에게 요구하시는 것이 무엇인지도 이미 말씀하셨다. 오로지 공의를 실천하며 인자를 사랑하며 겸손히 네 하나님과 함께 행하는 것이 아니냐!

야훼 하나님이 원하는 것은 짐승이나 맏아들을 제물로 바치는 것이 아니라 공의를 행하고 인자仁慈를 사랑하며 하나님의 길을 함께 가는 것임을 말하고 있다. 지배층에 경제적 부가 집중되면서 야훼 성전이나 제단에 제물들은 한층 풍성해져 갔지만, 가난한 동포를 늑탈한 재물로 마련해 온 제물은 합당치 않으니 오직 정의로서 행하고 가난한 자에게 인자하는, 야훼가 원하시는 선한 길에 동참할 것을 요청하는 것이다.

미가와 거의 같은 시기인 유다의 아하스왕과 히스기야왕대에 활약한 대예언자로 이사야가 있다. 이사야는 귀족 출신으로 그는 아하스왕이나 히스기야왕의 통치에 자문을 하며 신앙적 충고와 간언을 끈질기게 했던, 정치적 영향력이 매우 큰 인사였다. 이와 같은 위상과 경험의 차이로 인해 이사야의 예언에는 다른 예언자들에 비해 훨씬 넓은 국내외적 인식이 드러나고 있다. 이사야도 공동체적 유대가 깨어지는 험한 세태 속에서 공평과 정의를 외치고 남유다 예루살렘의 멸망 가능성을 선포하며 이스라엘 민족이 야훼의 길로 돌아설 것을 촉구했다. 기원전 8세기 말의 다른 예언자들과 마찬가지로 이사야도 당시 사회상을 비판하며 개탄하고 있다. 「이사야」 3장에는

14. 야훼께서 당신 백성의 장로들과 그 우두머리들을 재판하신다. "내 포도밭에 불을 지른 것은 너희들이다. 너희는 가난한 자에게서 빼앗은 것을 너희 집에 두었다.

15. 어찌해 너희는 내 백성을 짓밟느냐? 어찌해 가난한 자의 얼굴을 짓찧느냐? 주, 만군의 야훼가 묻는다."

라고 하며 가난한 자를 짓눌러 재산을 빼앗은 지배층들에게 왜 그러한 행동을 하느냐 묻고 있다. 10장에도

1. 아, 너희가 비참하게 되리라. 악법을 제정하는 자들아, 양민을 괴롭히는 법령을 만드는 자들아!

2. 너희가 영세민의 정당한 요구를 거절하고 내가 아끼는 백성을 천대해 그 권리를 짓밟으며 과부들의 재산을 털고 고아들을 등쳐먹는구나.

악법을 제정해 양민을 괴롭히고 천대하며 심지어 과부와 고아의 재산을 등치는 행태를 지적하고 있다. 그들은 빼앗은 재산으로 집을 연달아 차지하고 땅을 차례로 사들여 온 세상을 혼자 살려는 듯이 차지하고 있었다고 한다(5:8). 오늘날 대한민국에서 벌어지는 끝없는 부동산 투기를 보는 듯도 하다. 이와 같은 상황에서 불법적으로 축적한 재물로 마련한 풍성한 희생 제사를 모시는 기존의 타락한 야훼 종교에 대해서도 실망감을 분명하게 드러냈다. 1장을 보면

11. 야훼께서 말씀하신다. "무엇하러 이 많은 제물들을 나에게 바치느냐? 나 이제 숫양의 번제물에는 물렸고 살진 짐승의 기름기에는 지쳤다. 황소와 어린 양과 숫염소의 피는 보기도 싫다.

12. 너희가 나를 보러 오는데 도대체 누가 너희에게 내 집 뜰을 짓밟으라고 하더냐?

13. 더 이상 헛된 제물을 가져오지 마라. 이제 제물 타는 냄새에는 구역질이 난다. 초하루와 안식일과 축제의 마감날에 모여서 하는 헛된 짓을 나는 더 이상 견딜 수 없다.

14. 너희가 지키는 초하루 행사와 축제들이 나는 정말로 싫다. 귀찮다, 이제는 참지 못하겠구나.

라고 했다. 제사를 받지 않을 뿐 아니라 악하게 마련한 제물을 혐오하고 있음을 분명히 하고 있다. 그러면서 '악한 행실을 버리고 깨끗이 악에서 손을 떼고 착한 길을 익히고 바른 삶을 찾고 억눌린 자를 풀어주고, 고아의 인권을 찾아주며 과부를 두둔해 주라'고 했다.

그들 타락한 지배층과 부자들은 공평이나 정의와는 멀어져 있었으니 "나쁜 것을 좋다, 좋은 것을 나쁘다, 어둠을 빛이라, 빛을 어둠이라, 쓴 것을 달다, 단 것을 쓰다 하는 자들"이었다(5:20). 아울러 "뇌물에 눈이 어두워 죄인을 옳다 하고 옳은 사람을 죄 있다 하는 자들"이었다(5:23). 심지어 공평과 정의를 외치는 야훼 신에 대해 "하시고 싶은 일을 어서 해보시오. 거룩하다는 이스라엘의 하느님이여, 당신의 뜻을 빨리 이루어 우리에게 알려주시오."라며 빈정거렸다고 한다(5:19). 공평과 정의에 관심이 없었을 뿐만 아니라 그것을 외치는 야훼 신도 무시했던 것이다.

우리가 흔히 생각하는 것과는 달리 고대 이스라엘인들의 야훼 경외는 기원전 8세기 말까지 그리 대단한 것이 아니었다. 야훼는 여러 신들 중 국가 공식적 주신의 위치여서 숭배되었을 뿐, 적어도 표면적으로 보이는 절대적 경외의 대상은 아직 아니었다. 이 점은 다음 절에 나오는 유다왕국 아하스왕이 보인 야훼 신앙의 양상에서도 재확인할 수 있다. 결국 불의를 행하고 정의에 무관심하며 신의 외침을 비아냥대는 지배층과 부자들을 향해 야훼의 예언자는 예루살렘과 유다의 멸망을 선포했던 것이다(3:24, 25, 5:9).

비교적 장황하게 기원전 8세기 후반 및 말기에 나온 주요 예언을 살펴보았다. 그 내용은 어느 시대에나 사회에 비판적인 이들이 말할 만한 것들이다. 앞에서도 언급했지만 기원전 8세기 후반의 이스라엘과 유다왕국에서 있었던, 빈부 차이가 크게 벌어진 사회경제적 변화는 고대 이스라엘 역사 가운데 처음으로 본격적으로 경험한 일이었다. 비경쟁적, 상호 협조적 공동체 생활 방식에 익숙했던 당시의 백성들로서는 전래의 토지 등 경제적 수단을 타인에게 빼앗기고 사회적 빈자이자 약자로 생존을 위협받는 상황이 너무 생소하고 충격적이었다. 고대 이스라엘인들에게 생존의 기반이 되어온 사회적 연대가 깨지는 대변동이었다. 바로 이때 공식적 신앙의 위치를 점해온 야훼 종교 내의 비주류적 입장에 선 이들이 이 문제를 야훼 신앙의 일탈로 보고 문제를 제기했던 것이다. 그들은 이스라엘 민족이 야훼에 의해 이집트로부터 무상으로 해방·구원된 야훼의 백성이라는 점을 환기하면서 지배층의 착취와 그로 인한 사회경제적 분화를 주인인 야훼 신에 불의한 도전으로 간주했다. 그리하여 그들은 사회적 강자가 약자들의 상태를 호전시키는 것이 공의와 정의라고 선포했던 것이다.[58] 구체적으로는 현실에서의 선행과 인자함으로 사회적 유대를 회복시키도록 하려는 것이었다.

본래 고대 메소포타미아나 가나안의 신화를 보면, 신의 창조나 건국은 무질서나 혼돈으로부터 질서의 창출로 말해졌다. 바벨론의 마르둑이나 우가릿의 바알은 무질서와 혼돈을 상징하는 티아마트나 바다를 물리쳐 죽인 뒤 천지를 창조하고 만물과 인간을 만들었다. 그러한 신화는 해당 지역 건국신화의 원형을 띠기도 했다. 나라를 세운 건국주는 세상에 질서를 부여해 세상의 주인인 신으로부터 인간 세상, 곧 새로운 국가에 대한 지배를 위임받았다고 주장한 것이다. 건국한 왕은 도시에 신전을 건설해 그 신을 모심으로써 그로부터 왕권을 위임받아 나라를 다스릴 수 있었다.

58) 배희숙, 「구약 성경적 공정한 사회」 『구약논단』제17권3호(통권 41집), 2011, 66~68쪽

기원전 18세기에 새겨진 비문에 보이는 고대 바벨론의 건국자 함무라비의 법전이나[59] 북 시리아의 마리Mari에서 발견된 문서를 보면[60] 신은 왕에게 자신을 대신해 백성들에게 정의를 실현할 것을 명하고 있다. 여기서 정의란 신이 처음 행한 바와 같이 질서를 세워 사회를 안정시키는, 곧 '홍익인간'을 의미한다. 정의에 포함되는 행위는 매우 다양할 수 있었다. 포괄적이면서 가장 원론적인 것으로는 무질서 상태를 정리해 국가를 세우는 일 자체일 것이다. 국가를 세운다는 것은 이어서 국가 존속의 문제로 나아간다. 따라서 왕은 구성원들의 욕구를 조정하면서 그 정체성을 유지하도록 해주고 국가를 유지하고 발전시킬 필요성이 있었다. 그러한 기능에 신화와 종교가 중요함은 물론이다.

이러한 관점에서 본다면 기원전 8세기 이스라엘 북남 왕국에서 벌어진, 지배층에 의한 약자의 억압과 강탈에 의한 사회의 분화는 국가를 해치는 불의였다. 당시 지배층 대다수가 이 문제에서 혜택을 입는 가해자였으며 야훼 종교의 사제들 대다수도 같은 입장이었다. 이러한 상황에서 신의 정의를 외치며 약자의 몰락을 막고자 하는 일부의 외침이 있었던 것이다. 그들은 종교적 지도자로서는 비주류라 할 수 있는, 깨어있는 일부 민감한 예언자들이었다. 그들은 종교 전통에 따라서, 그리고 양심이나 (신의) 내적 충동에 따라서 당대의 변화가 불의한 것이라고 외쳤다. 그들은 중국 고대의 공자孔子 등이 주장한 것처럼 전통적 공동체 질서의 존속과 회복을 외친 것인데, 그것은 민족과 국가, 신의 정의의 덕목에 관계된 일이었다.

---

59) 김영진, 『율법과 고대근동의 법 연구, 율법과 법전』, 한들출판사, 2005, 198쪽
60) 리차드 S. 히스 지음, 『이스라엘의 종교』 106쪽, 김구원 옮김 (CLC, 2009)

앞에서 인용한 『성경』의 기원전 8세기 예언서는 물론, 이들을 계승한 다음 세기 선지자 예레미야는 물론이고 그 뒤 에스겔의 경우에도 공평과 정의는 무너진 공동체 유대를 회복하기 위해 가장 절실한 신의 외침이었다. 아울러 작성 시기를 명확히 알 수는 없지만 「시편」에 나오는 많은 시들도 야훼 신과 다윗을 비롯한 이스라엘 왕들의 권한과 영광을 노래하며 공평과 정의가 자주, 그리고 기본적으로 드러나고 있다. 「시편」 89:14(『개역한글 성경』)에는 "의와 공의가 주의 보좌의 기초라 인자함과 진실함이 주를 앞서 행하나이다."라고 할 만큼 야훼 왕권의 기초가 역시 공의(justice)와 의(righteousness)임을 말하고 있다.

이스라엘 야훼 신화는 천지창조보다는 출애굽 사건과 연관해 출현했다. 「창세기」에 보이는 천지창조 신화는 기존 메소포타미아, 가나안 혹은 이집트 신화 등을 차용해 변형, 발전시킨 것으로 여겨지며, 모세가 등장하는 출애굽 사건에서 야훼 신의 역할이 본격화되었다. 출애굽 신화의 모티브나 화소에도 물론 기존의 중동 및 가나안의 전통적인 신화 요소를 차용한 면이 있지만, 이 신화는 천지창조보다는 해방과 구원을 통한 히브리 민족의 창출이라는 특색을 보여준다. 이집트의 오랜 지배에 대한 저항과 탈출로부터 시작된 주민들의 중앙 산간 지대의 개간과 집주로 이루어진 이스라엘 민족 형성사를 반영한 것이다. 따라서 이스라엘 야훼 신 앞에서는 해방과 구원도 정의로 여겨졌다. 「사사기」의 저 유명한 드보라의 노래나(「사사기」5:11) 「시편」의 시들에는 구원이 야훼 신의 의로움으로 전해지고, 특히 「이사야서」의 제2이사야 부분에서는 공평(공정)과 정의가 정의와 구원과 짝하여 나타나고 있기도 하다.[61]

---

61) 에리히 쳉어, 『구약성경 개론』 755쪽, 이종한 옮김 (분도출판사, 2012)

따라서 기원전 8세기 후반 예언서들은 출애굽과 광야 생활을 회상하며(「호세아」11:1, 「미가」6:4, 5) 빈자들의 회복을 구원의 문제로 인식하고 있다. 그만큼 기원전 8세기 후반에 닥친 사회경제적 변화는 민족 해방, 구원의 역사를 거론해야 할 만큼 심각했다. 민족신이 나서지 않는다면 당시 사회와 국가의 문제를 해결할 가능성은 없었던 것이다.

결국 기원전 8세기 후반 사회경제적 분화에 의한 위기 국면에서, 민족의 역사 초기부터 있었으나 왕국시대를 거치며 형식화, 관념화된 정의의 신 야훼의 성격이 현실적이고 절실한 필요에 의해 확연하게 드러났다. 그리고 이때 확실해진 '정의의 신'으로서의 성격은 야훼의 특성으로 굳어져 대선지자 예레미야나 에스겔은 물론, 제2이사야 등을 거쳐 차후 이스라엘 야훼 종교 전통에서 확고한 위치를 갖게 되었다. 이는 신의 성격이나 개념이 고정되어 있었던 것이 아니라 역사적 필요에 의해 재발견, 혹은 발견되는 것임을 보여주는 사례인 것이다. 사회적 빈자, 약자들과 함께하는 정의로운 신 야훼는 차후 타민족에게 이 신앙이 소개될 때도 큰 매력을 발휘하게 된다. 특히 그리스도교가 형성, 전파되던 중 사랑의 신, 정의의 신은 가난과 억압적 지배에 시달리며 구세주를 기대했던 로마제국 치하의 민중들에게 커다란 가능성과 설득력으로 다가갔다.

4) 남유다 아하스왕(BC 733~727)의 무능한 신 야훼에 대한 회의와 불신

기원전 8세기 말의 사회·국가적 위기에 남유다왕국의 아하스왕은 앞서 본 예언자들과는 전혀 다른 양상의 대응을 보였다. 아하스왕은 남유다, 나아가 이스라엘 전체 역사에서 매우 특출하게 야훼 신의 능력에 대해 회의하고 신앙을 적극 포기했으며, 나아가 국가 신앙을 교체하려고 했다. 그에 관한 『성경』의 기술이 일부 왜곡되었을 가능성이 있다 해도, 야훼 유일신 신앙 성립 이전 고대 이스라엘의 다신 신앙적 현실에서 본다면 그것이 불가능한 일만은 아니다. 신앙의 왕으로 널리 알려진 히스기야왕의 부왕이기도 한 아하스왕의 야훼 불신앙 문제를 통해 고대 이스라엘에서 야훼 신의 위상과 실체를 보다 분명하게 파악할 수 있다. 여기서는 앞에서 거의 다루지 못한 남유다왕국 야훼 신앙의 전반적 양상을 먼저 언급하고 아하스왕의 불신앙 문제를 거론해 보고자 한다.

「열왕기」를 중심으로 보면, 남유다왕국의 왕들 중에 야훼 신앙에 관한 악평은 솔로몬의 아들 르호보암왕(BC 929~911)으로부터 시작된다. 이어 그의 아들 아비얌왕(BC 911~908)이 따른다. 그러나 그 뒤를 이은 아사왕(BC 908~867)은 큰 칭찬을 받는다. 그는 조상 다윗처럼 야훼 보시기에 정직하고 조상들이 만든 우상을 없애고 남색男色하는 자를 쫓아냈다. 더구나 그는 모친인 마아가-실제로는 할머니-가 아세라의 가증한 우상을 만들었다며 태후에서 폐하고 그 우상은 부수어 기드론 시냇가에서 불살랐다. 그렇지만 산당은 없애지 못했다. 그 시대 산당은 여러 곳에 있었고 후대까지 존속했는데, 요시야왕에 의해 산당이 제거되고 예루살렘 성전으로 제의의 중앙 집중화가 이루어진 후에 활약한 「열왕기」 저자는 이 문제를 소급해 지속적으로 거론하고 있다.

아사왕이 칭찬받는 이유는 전통적으로 내려오던 남색이나 우상 숭배를 없앴기 때문이다. 그런데 심지어 태후도 아세라상을 숭배했다. 그녀는 다윗의 아들 압살롬의 딸이며, 압살롬의 어머니는 요르단 쪽에 있었던 이방인 그술족의 공주였다. 이러한 혈통상의 특성으로 인해 태후 마아가가 아세라를 유별하게 신봉했을 가능성도 있다. 그런데 그녀는 솔로몬왕의 아들 르호보암왕의 왕비였고 아사왕의 아버지인 아비얌왕의 어머니였다. 그녀는 이미 다윗 왕가의 일원으로서 아버지의 반란과 죽음을 넘어 왕실의 일원으로 굳건한 자리를 잡고 있었다. 이런 그녀가 왕실의 신앙 양태를 벗어나 유독 아세라를 섬겼을 가능성은 적다. 아마도 그녀가 처단된 것은 다른 정치적 이유에서였을 것이다. 약간 후대이지만 북이스라엘이나 남유다 모두 야훼와 아세라를 부부 신으로 섬긴 고고학적 흔적이 있음은 이미 쿤틸렛 아즈루드 유적과 아랏 신전의 경우를 통해서 보았다.

아사왕대의 종교 정화 사건을 더 자세히 전해주는 「역대기 하」15장에 의하면, 아사왕은 오뎃의 아들 아사랴라는 선지자가 야훼를 바로 믿도록 촉구해 종교 정화에 나섰다. 가증한 물건들을 제거하고, 야훼의 제단을 수리하고, 야훼를 찾지 않는 자는 죽이는 게 마땅하다고 외치며 맹세하기도 했다. 그러나 그들도 전통적으로 제사를 지내던 제단이나, 다신 신앙, 혼합주의 신앙의 거점인 산당들을 제거하지는 못했다. 이것은 후대에 역사를 기록한 사가에 의해 반복적으로 전해지는 상투적 해석에 불과하다. 유일신 신앙이 확립되기 전 전통적인 이스라엘의 야훼 제사는 어느 곳에서나 제단을 쌓고 시행할 수 있었다.[62] 그것은 아브라함이나 야곱의 행적에서도 볼 수 있는데, 「출애굽기」20:24을 보면 "너희는 흙으로 나의 제단을 만들고 그 위에다 번제물과 화목제물로 너희의 양과 소를 바쳐라. 내가 내 이름을 부르게 하는 곳이면 어디에서든지 내가 너희를 찾아가서 너희에게 복을 주리라"라고 되어 있다.

---

62) 우택주, 「요시야 개혁의 입체적 분석」, 『복음과 실천』39, 침례신학대학교, 2007, 149쪽

결국 아사왕의 종교 정책은 야훼 신앙이 너무 의례적으로 변한 것을 반성하고 지나친 혼합주의적 신앙 행태를 일부 정화하는 수준에 머무른 것이다. 어쩌면 북이스라엘 왕국의 야훼 신앙을 의식하기도 했을 것이다. 이러한 가운데 아마도 전대 아비얌왕 이래 정치에 개입해 권력을 행사하던 태후 마아가를 성년이 된 손자 아사왕 세력이 신앙을 빌미로 태후 자리에서 물리친 것으로 여겨진다. 아세라 신앙 자체만으로 태후를 폐위한다는 것은 당시의 신앙 양태로 보아 가능하지 않다. 최고 권력을 두고 싸우는 일은 부모자간, 형제간에 늘 있는 일이며 유다 왕실에서도 없지 않았던 만큼, 노령의 태후는 젊은 왕인 손자의 개혁 정책에 문제를 제기하다가 빌미를 주어 실각한 것이라 여겨진다. 아사왕은 솔로몬왕의 증손자인데, 기원전 10세기 말에서 9세기 초 남유다왕국의 신앙은 예루살렘 성전 신앙과 북이스라엘의 베델이나 단을 중심으로 행해진 야훼 신앙 간의 차이를 제외하면 기본적으로 전통적인 다신적, 혼합주의적 양상이었을 것이다.

한편, 북이스라엘에서는 여로보암 왕조를 거쳐 바아사 왕조가 막을 내리고 오므리가 왕위에 오르게 되었다(BC 882). 이스라엘 오므리 왕조(BC 882~842)는 대외적 개방과 동맹 정책을 적극 추진했다. 이에 강력해진 이스라엘 왕국을 의식하지 않을 수 없었던 유다왕국도 이스라엘과 동맹을 맺게 되었다. 기원전 9세기 중엽 아시리아의 왕권은 쇠퇴국면으로 들어가고 있었으나 팔레스타인에서는 아람이 지역의 패권자로 서서히 등장했던 점도 양국 간 동맹의 필요성을 높여 주었다. 오므리왕조와 유다의 다윗 왕실은 결혼 동맹을 맺었다. 이스라엘 왕 아합과 페니키아 왕실 출신의 이세벨 사이에서 태어난 공주 아달랴가 유다왕국 여호사밧왕(BC 867~846)의 아들 여호람(요람)과 결혼했다. 이렇게 페니키아와 이스라엘, 그리고 유다의 동맹관계가 형성되었다. 그러나 국력 차이로 인해 이스라엘이 사실상 유다를 속국처럼 지배했다고 할 수 있다.[63] 모압을 치기 위해 여호람왕이 여호사밧왕에게 참전 여부를 묻자, 그는 자신의 군대가 곧 아합왕의 군대라고 말하기도 했다(「열왕기하」3:7 『새번역 성경』). 여호람왕(BC 846~843)과 아달랴 사이에 태어난 아들이 아하시야왕(BC 843~842)인데, 아람과의 전투에서 부상당한 북이스라엘의 요람왕(BC 851~842)을 문안하러 갔다가 예후의 반란군에게 죽임을 당했다. 그러한 상황에서 태후인 아달랴가 다윗 왕실의 왕위 계승 가능성이 있는 자들을 모두 죽이고 스스로 유다의 왕에 올라 유일한 여왕이 되었던 것이다.

이처럼 기원전 9세기 초에서 중반에 이르는 시기에 두 왕국은 국가 분리 초기의 대립을 끝내고 동맹국으로서 이스라엘 왕이 사실상 주도권을 행사하는, 거의 같은 나라처럼 지냈다. 이때 유다와 이스라엘에 거의 같은 시기에 재위한 여호람(요람) 왕이 한 인물일 가능성이 제기되기도 한다.[64] 이러한 중에 양국의 야훼 신앙, 나아가 여타 신앙이 더욱 유사해졌을 것은 물론이며, 다신 신앙 혼합주의가 유다에서도 더욱 크게 전개되었을 것이다. 이에 따라 예루살렘 성전 중심의 야훼 신앙은 크게 위축되었을 것이다.

「열왕기 하」에서는 이 시대 유다의 왕들인 여호람과 아하시야가 아합 왕실과 결혼해 아합 집의 길을 행해 야훼 보시기에 악을 행했다고 했다(8:18,27). 「신명기」계 사가는 '여로보암의 악한 길'이 야훼 제사를

---

63) J. 맥스웰 밀러·존 H. 헤이스, 앞의 책 340,341쪽
64) J. 맥스웰 밀러·존 H. 헤이스, 같은 책 342~344쪽

예루살렘 성전 이외에 신상을 두고 지낸 것을 죄로 인식해 말한 데 비해, '아합의 길'은 야훼뿐 아니라 바알도 공식적으로 숭배하는 이원적 국가 신앙 형태로, 더욱 큰 죄로 정죄되었다. 오므리왕조가 멸망하고 그 왕조 출신의 왕비 아달랴가 유다왕으로 재위한 후 시해될 때 바알 신전이 파괴된 것을 보면, 이스라엘에 전파된 페니키아의 바알 신앙이 결혼 동맹과 함께 유다왕국에도 유입된 것을 알 수 있다.

이러한 가운데, 예루살렘 성전의 대제사장 여호야다는 여왕 아달랴 (BC 842~836)를 죽이고 다윗의 유일한 후손 요아스에게 왕권을 물려주었다(BC 836). 이미 기원전 842년에 이스라엘의 오므리 왕조가 예후에 의해 멸족됨으로써 아달랴왕을 후원할 친정 세력은 사라진 상태였다. 제사장 여호야다가 엘리사나 예후처럼 적극 나서 정변을 통해 야훼 종교의 회복을 도모한 것이다. 북이스라엘 오므리 왕조의 영향 하에 강화된 바알 신앙을 척결함으로써 위축된 야훼 신앙을 고양한 것이다. 그는 바알 신당을 훼파하고 바알의 제사장 맛단을 죽였다(「열왕기 하」11:18).

요아스왕(BC 836~798)을 앞세운 실권자 대제사장 여호야다는 야훼의 성전을 수리하는 일에 나섰고 제사장들로 하여금 아는 사람들에게 성전 수리비를 받아서 비용을 대게 했다. 그런데 요아스왕 23년에 이르도록 성전 수리는 제대로 되지 않았다. 권력을 잡고 있던 제사장 등이 중간에서 기금을 가로챘던 것이다. 여호야다의 정변이 그야말로 국가 제의의 주도권을 회복하기 위한 것에 불과했음을 잘 보여주는 것이다. 『성경』 저자들은 이와 같은 사실에 대해 자세하게 언급하지 않았다.

7세의 어린 나이에 왕이 되어 제사장들의 손아귀에 있다가 30세의 성년이 된 요아스왕은 제사장들이 성전 수리비를 직접 걷는 방식을 폐지했다. 그리하여 예루살렘 성전의 문어귀에 구멍을 뚫은 상자, 곧 성금함을 설치해 기금을 내도록 하고 궤 안에 헌물이 많아지면 왕의 서기와 대제사장이 올라와 확인하고 봉인해 성전을 수리하는 자에게 직접 전달했다. 이러한 조치는 여호야다를 위시한 성전 제사장들과 왕 사이에 불신이 형성되었음을 보여준다. 대제사장 여호야다가 죽은 후 요아스왕은 유다의 지방관들이 권하자 야훼의 전을 버리고 아세라 목상과 우상을 섬겼다(「역대기 하」24:17~19). 북이스라엘의 예후 정변을 통해 야훼와 바알 신앙의 대립이 야훼 신앙 측의 승리로 해소되었지만, 야훼 신앙은 여전히 전통 신앙들과 공존·혼합되는 양상을 띠고 있었던 것이다. 제사장들이 권력을 장악하고 강조하지 않는 상태에서 예루살렘 성전의 야훼 신앙은 전통적 신앙과 혼합되고 밀리기도 하는 형국이었다. 야훼 신앙이 엘이나 바알 신앙 등의 요소도 수용하면서 왕이나 백성들에게 이 신앙만의 특별한 감화력은 거의 없었던 듯하다. 왕의 신앙 상태가 이러하니 일반 백성들의 신앙이 다신 신앙 혼합주의에 여전히 머물고 있음은 달리 언급할 필요가 없다.

기원전 8세기 후반, 유다의 야훼 신앙은 큰 위기를 만나게 된다. 아시리아 제국의 재정비와 더불어 밀어닥친 외세의 억압 속에 국왕이 민족신 야훼를 회의하고 불신하게 된 것이다. 국왕이 야훼를 불신하는 것은 자신의 존재 기반인 시온신학, 왕권신학을 부정하는 심각한 사태였다. 그 왕은 히스기야왕(BC 727~698)의 부왕인 아하스왕(BC 743~727)이었다.

앞서 아하스왕의 조부인 웃시야왕이나 부왕인 요담왕 때에는, 재번영을 이룬 북이스라엘의 여로보암2세왕(BC 789~748)에 의해 일부 영토를 잃기도 했으나 그의 위세를 인정하면서 실익을 추구하기도 했다. 그런데 아하스왕대에는 전과는 다른 차원의 국제 정세가 펼쳐지고 이에 따라 약소국 유다의 왕권 자체가 위협받는 심각한 상황이 연출되었다. 체제를 재정비하고 나선 대제국 아시리아의 본격적인 정복 정책에 부딪히게 된 것이다.

아시리아 제국은 앞서 기원전 9세기 초중반, 군사적 정복 작전을 성공적으로 수행했다. 그러한 중에 북이스라엘 등이 군사적 연합을 이루었고, 아합왕은 그 중심에서 아시리아의 군대와 싸우기도 했다. 그러나 아시리아는 기원전 9세기 후반에 왕위 계승을 둘러싼 다툼이 일어나 왕권이 크게 약화되었다. 시리아 지역에 대한 지배력을 잃고 주변의 강한 민족 집단들을 방어하는 일에 치중하게 되어, 왕이 지휘하던 강력한 군대에 의한 대외 원정 능력을 상실했다. 상당한 침체기를 거쳐 디글랏빌레셀3세(BC 745~727)가 왕위에 오르며 대개혁을 실시해 새로운 전성시대를 맞게 되었다. 이때부터 아시리아는 대대적인 영토 확장 정책을 다시 펼쳤다.

이와 같은 아시리아의 새로운 정복 정책에 시리아와 팔레스타인의 여러 국가들은 존폐의 위기에 서게 되었다. 유다 아하스왕의 재위 시기는 디글랏빌레셀3세와 거의 같은데 그만큼 그는 아시리아의 적극적인 정복 정책에 직간접의 위험에 처했던 것이다. 아시리아가 속국들에게 요구한 조공은 왕과 귀족들의 호화로운 생활, 그리고 막강한 군사력을 유지하기 위한 주요 재원으로 매우 가혹한 수준이라서 속국들이 자주 반란을 일으키는 원인이었다. 시리아와 팔레스타인 지역에 대한 아시리아의 군사적 위협에 대해, 아람 왕 르신과 북이스라엘 왕 베가가 동맹을 맺고 아시리아에 저항했다. 베가왕(BC 735~733)은 이미 기원전 738년 이래 속국 상태에 있었던 이스라엘에 대한 아시리아의 가혹한 조공에 반대하며 브가히야왕(BC 737~735)을 죽이고 왕에 오른 이로서 아시리아에 적극적으로 항전했다.

르신과 베가는 유다의 아하스왕을 동맹으로 끌어넣으려 했다. 아하스왕이 이를 받아들이지 않자 양국 군대는 유다에 침공해 왕을 교체해 동맹 관계를 맺고자 했다(「이사야」7:6). 이렇게 아하스왕은 강대국에 의해 왕위 자체가 위협을 받는 특수하고 위급한 처지였던 것이다. 다급해진 그는 성전과 왕궁에 있던 보화들을 아시리아왕에게 예물로 보내 자신을 위협하는 두 나라를 공격해 줄 것을 요청하고 스스로 속국이 되었다(BC 733).

이때 유다왕국은 형식은 쌍무적이나 실상은 종주국 왕의 일방적 요구 사항이기도 했던 종주조약을 아시리아와 체결했을 것이다. 「열왕기 하」16:10에 보면 아하스왕이 아람을 정복한 아시리아 왕 디글랏빌레셀3세를 다마스커스에서 만났다고 했는데, 이는 조약 체결과 연관이 있었을 것이다. 후일 히스기야왕이 아시리아에 대항하다 결국 항복했는데, 그때나 그를 뒤이어 왕이 된 아들 므낫세왕대에 조약이 갱신되었을 것이다. 이렇게 불평등한 대외적 종주 조약의 체결은 아시리아 멸망에 따른 요시야왕의 자주적 대개혁과 함께 있었을 「신명기」의 보완, 편집 나아가 오경의 율법 내용 저작에 크게 참고가 되었다. 충성-축복, 불순종-징벌을 말하는 「신명기」 내용이 아시리아 왕 에살하돈(BC 680~669) 때의 종주조약과 매우 유사하다는 사실이 이를 입증한다.[65]

「신명기」의 계약적 내용이 아시리아보다 앞선 제국 히타이트의 종주 조약을 참고했을 가능성을 더 크게 보기도 하나,[66] 기원전 12세기

---

65) J. 맥스웰 밀러·존 H. 헤이스, 앞의 책 497~500쪽

66) 리차드 S. 히스 지음, 「이스라엘의 종교」 67~70쪽, 김구원 옮김 (CLC, 2009)

초에 무너진 그 제국의 종주 조약 내용을, 기원전 8세기 이후에야 본격적인 문자 행정을 펴게 되는 벽지 산간 유다왕국이 기원전 7세기의 저술, 편찬 작업에 이용했을 가능성은 적다. 두 제국의 위치나 선후 관계로 보아 히타이트의 조약 내용이나 형식이 아시리아의 조약문에 영향을 주었을 가능성도 높다.

아하스왕의 요청으로 아시리아군이 출동하자, 아시리아군의 위력에 위협을 느낀 이스라엘에서는 베가왕을 죽이고 호세아왕(BC 733~724)이 즉위해 아시리아에 충성하게 되었고, 저항하던 아람은 아시리아 원정군에 의해 정복, 합병되었다(BC 732). 다시 아시리아에 반발한 이스라엘은 얼마 후 멸망하게 되었다.[67]

아하스왕은 이렇게 외세에 의해 왕위가 위협받는, 전에 없던 험난한 국제 관계에 노출되면서 전통적인 야훼 신에 대해 회의懷疑하게 되었다. 강대국들의 위협에 아무런 힘이 되어주지 못하는 민족신에 대한 회의는 당연한 일일 수도 있다. 시온신학에 의해 야훼 신이 보장한다는 자신의 왕위가 외국 왕들에 의해 좌우될 처지가 되면서 그에 대한 신뢰는 무너진 듯하다. 「이사야서」에는, 아람과 이스라엘 군대가 예루살렘을 치다가 돌아갔으나 두 나라가 동맹을 맺은 사실을 두고 아하스왕과 백성들이 숲이 바람에 흔들리듯 두려움에 떨었다고 했다(「이사야」 7:1,2).

종래 방어에 유리한 산지 예루살렘에 수도를 두고 유다 산지와 광야 등에 흩어져 살고 있는 소수의 주민들을 지배하며 점진적으로 성장하던 유다왕국은, 체제를 재정비한 아시리아의 정복 정책에 본격적으로 노출되어 그 격랑에 시달리는 상황을 맞은 것이다. 이스라엘의 우위를

---

67) 마르크 반 드 미에룹 지음, 『고대 근동 역사』 360~365쪽 참조, 김구원 옮김, (CLC, 2010)

인정하고 협조하기도 하면서 적당히 연명해오던 종래의 은자隱者로서의 혜택을 더 이상 누릴 수 없게 되었다. 극히 이기적인 국제관계의 엄혹한 현실 앞에서 자신들의 한계와 무력함으로 유다왕국이나 왕, 나아가 그들이 신앙하던 민족신 야훼까지 당혹스럽게 비교되었던 것이다.

유다왕국 내에서는 외교 정책을 둘러싸고 친아시리아파나 친아람파, 그리고 친이집트파 등이 있었다. 그러나 외교 정책을 주도할 수 없는 약소국의 외교는 늘 두려움에 떨며 결과를 주시할 수밖에 없었다.

이러한 중에 야훼 신앙에 여전히 희망을 걸고 있던 선지자 이사야가 아하스왕을 만나 두 나라를 두려워 말라고 하며, 북이스라엘이 65년 내에 멸망할 것을 예언했다고 한다. 연대는 정확하지 않았으나 결과적으로 북이스라엘은 더 빨리 멸망했다(BC 722). 그런데 선지자 이사야는 아하스왕에게 예언에 대한 징조를 야훼에게 요구해 보라고 말했다. 그때 나온 예언이 바로 '처녀가 잉태해 아들을 낳을 것이요, 그 이름을 임마누엘이라 하리라'는 유명한 내용이다. 예수와도 관련해 너무나 중요한 구절인 만큼 「이사야」 7장의 관련 내용을 인용해보겠다.

10. 야훼께서 아하즈[아하스]에게 다시 이르셨다.

11. "너는 야훼 너의 하느님께 징조를 보여달라고 청해라. 지하 깊은 데서나 저 위 높은 데서 오는 징조를 보여달라고 해라."

12. 아하즈가 대답했다. "아닙니다. 나는 징조를 요구해 야훼를 시험해 보지는 않겠습니다."

13. 이사야가 말했다. "다윗 왕실은 들어라. 사람들을 성가시게 하는 것도 부족해 나의 하느님까지도 성가시게 하려는가?

14. 그런즉, 주께서 몸소 징조를 보여주시리니, 처녀가 잉태해 아

들을 낳고 그 이름을 임마누엘이라 하리라.

　15. 그 아기가 나쁜 것을 버리고 좋은 것을 택할 줄 알게 될 때는 양젖과 꿀을 먹게 될 것이요,

　16. 그 아기가 나쁜 것을 버리고 좋은 것을 택할 줄 알게 되기 전에 네가 원수로 여겨 두려워하는 저 두 왕의 땅은 황무지가 되리라.

　17. 야훼께서 아시리아 왕으로 하여금 너와 너의 겨레와 너의 왕실을 치게 하실 터인즉, 그 날은 에브라임이 유다와 갈라지던 날 이후로 일찍이 볼 수 없었던 불행한 날이 되리라.

아람(시리아)과 이스라엘 동맹을 두려워 말라며 이스라엘은 65년 내에 망할 것이라고 매우 구체적으로 예언하는데도, 주변 강대국 군대에 큰 충격을 받은 아하스왕은 도무지 야훼 선지자의 말을 신뢰하지 않았다. 아하스왕의 불신앙적 태도에 이사야는 야훼께 어떤 징조라도 요구해 볼 것을 제안했다. 무슨 징조든 요구하면 들어줄 것이라 설득하고 있는 것이다. 아하스왕은 일면 겸손하게 자신은 야훼 신을 시험하지 않겠다고 했다. 진정 겸손하고 충실한 신자의 말 같지만 아하스왕의 신앙과 심리 상태, 그리고 전후 사정을 다 알고 있는 이사야는 그가 현실에 낙망해 야훼를 불신앙하며 어떤 미련도 없어 징조조차 요구할 마음이 없음을 알고 있었다. 그리하여 13절 같이, 왜 아무런 요구조차 하지 않아 야훼 스스로 징조를 제시하게 하느냐고 책망하는 것이다.

　그러면서 처녀-본래 젊은 여자-가 잉태해 아이를 낳을 것인데, 그 아이가 선악을 분별해 선택할 수 있기 전, 곧 유아 상태를 벗어나기 전에 아람과 이스라엘 두 나라가 멸망할 것이며, 그 아이는 평화로운 때라야 얻을 수 있는 양젖과 꿀을 먹게 될 것이라고 한 것이다. 곧, 평화가

올 것이라는 내용이었다. 그 뒤 아시리아 왕이 유다왕국을 침공해, 남북 왕국이 분열된 이후 보지 못했던 엄청난 불행을 겪게 되리라는 내용이 이어진 것이다.

그리스도교에서는 이 부분을 예수 그리스도의 탄생을 예언한 것이라고 말한다. 예수는 인류에게 탁월한 가르침을 주고 약자들과 함께하며 종말에나 이루어질 이상을 현실에서 실천해 인류에게 큰 모범이 되었다. 그의 거룩한 행적을 본 제자나 추종자들이, 그의 탄생이 신의 특별한 계획에 의해 이루어졌으리라 여긴 것은 수긍할 만하다.

그런데 앞뒤 구절을 연결해 보면 예수 탄생을 예언한 것으로 볼 수 없다. 이사야가 아하스왕에게 아무런 징조라도 구해보라고 했는데, 과연 700여 년 이후에 있을 예수의 탄생이 당장 경황 없는 아하스왕에게 필요한 징조일 가능성은 전혀 없다. 이사야가 말하는 징조는 당시 아하스왕과 연관해 단기간 내 확인이 가능한 범주의 일이었다.

이사야는 야훼를 끝내 불신해 겸손을 가장하며 야훼와의 관계조차 절연하려는 아하스왕을 향해, 왕의 젊은 후궁을 통해 곧 아들을 주실 터인데 그 아이가 성장해 분별력이 생기기 전에 아람과 이스라엘을 멸망시키리라고 말한 것이다. 불과 몇 년 내에 야훼의 이스라엘 멸망 예언이 실현되는 것을 보리라는 것이다. 그러면서 아시리아왕의 대대적인 침공이 있으리라는 것이다. 당시 국제 정세로 보아 탁월한 지성이라면 이 정도 결과를 예상, 예측, 예언할 만하지만 아무래도 이것은 두 나라의 멸망과 아시리아 왕 산헤립의 침공(BC 701)에 의한 유다의 대대적인 파괴를 경험한 이후에 추가된 사후예언일 가능성이 높다. 아하스왕의 아들이면서도 그와는 대조적으로 야훼 신앙에 충실했던 히스기야왕을 의식해 만들어진 설화인 듯도 한데, 이 기사를 통해 아하스왕의 불신앙 정도가 얼마나 심했는지를 짐작할 수 있다.

이처럼 야훼 신앙과 멀어진 아하스왕은 아람 세력의 거점인 다마스쿠스[다메섹]의 (신)단을 보고 와서는 그것을 그대로 따라하도록 제사장에게 지시해 예루살렘 신앙 체계를 흔들어 놓았다. 그가 다메섹에 간 것은 아시리아 왕 디글랏빌라셀을 만나기 위함이라고 「열왕기 하」 16:10에 전하고 있는데, 그때 이미 멸망한 아람 다메섹의 단을 모방한다는 것은 설득력이 약한 만큼, 아시리아가 다메섹 점령 후에 쌓은 제단을 모방했을 가능성도 있다.

레위인에 우호적이고 야훼 신앙에 관련해 「열왕기」보다 한층 상세한 자료를 전하고 있는 「역대기」에서는 아하스왕을 적나라하게 비판하는 중에 아하스왕대의 신앙 양태를 보여주는 내용이 나타난다. 「역대기 하」 28장에는 다음과 같은 내용이 있다.

22. 이 아하즈[아하스] 왕은 포위 공격을 당하게 되자 더욱더 야훼께 반역했다.

23. 그는 자기를 쳐부순 다마스쿠스의 신들에게 고사[제사]를 지냈다. "시리아[아람] 왕실의 신들은 제 백성을 도와줄 수 있었지. 그러니 나도 그 신들에게 고사를 지내야지. 그러면 도와주겠지." 이런 생각이었다. 그러나 그 때문에 아하즈와 온 이스라엘은 자멸하고 말았다.

24. 아하즈는 하느님의 성전에서 기구들을 거두어 부수고 야훼의 성전 문들을 봉해 버렸다. 그리고 예루살렘 모퉁이마다 제단을 만들어 세웠다.

25. 또 유다의 성읍마다 산당을 세우고 남의 나라 신들에게 분향

하게 해 선조의 하느님 야훼를 진노케 했다.

아하스왕은 유다왕국을 국제적 위험에서 구해주지 못하는 무력한 신 야훼에 크게 실망하고, 오히려 적국이자 강국인 아람(시리아)의 신들을 수용해 신앙하고자 했음을 알 수 있다. 아하스왕이 다마스쿠스의 단을 들여온 것에 대한 반발로 전승 과정에서나 『성경』 역사서 저자의 오해나 의도적 윤문이 첨가되었을 가능성도 있으나, 당시 벌어진 상황에서 있을 법한 진실을 반영하고 있다. 전통에 따라 민족신 야훼만 최고의 신으로 알고 믿어오다가, 이스라엘 베가왕과 함께 쳐들어온 시리아의 강국 아람 르신왕의 막강하고 잘 정비된 군대를 보고는 꿈에서 깬 듯 국제적 현실을 알게 되며 상대적 박탈감과 절망에 이르렀던 듯하다.

더구나 이 침략은 같은 야훼 신을 신앙하는 형제국 이스라엘이 함께 벌인 일이었다. 야훼 신은 어떤 역할을 하는지, 나라와 민족을 지켜낼 능력은 있는지 의문이 싹트게 되었을 것이다. 기원전 10세기 말, 남유다왕국 초기 르호보암왕대에 이집트 군의 침략으로 예루살렘과 성전이 약탈당한 적이 있었다고는 하나(「열왕기 상」14:25,26) 대규모 외국 군대에 의해 예루살렘성이 포위된 것은 실로 오랜만의 일이라 왕과 백성들의 공포가 얼마나 극심했을지는 강조할 필요도 없다. 더구나 이번에 쳐들어 온 군대는 재위 중인 왕의 자리를 내놓으라는, 매우 특별한 요구를 하고 있었던 것이다. 다행히 예루살렘이 함락되지는 않았으나 이때 유다는 엘랏을 아람에 빼앗겼다.

아하스왕은 자국의 초라한 현실을 확실하게 깨달은 상황에서 적국 아람의 신을 위대하다고 인정하기에 이른 듯하다. 적국의 신이 위대하다고 인정한다는 것은 자신이 의지하던 신의 무력함과 무능, 패배를 인정한 것이다. 야훼 신앙의 기준으로는 분명 비판받을 수 있고 『성경』도 그렇게 적고 있으나, 몰랐던 국제적 현실을 확인하는 순간 약소한 은자의 나라 유다국의 왕으로서는 이러한 자괴감이 들고 자국 신에 대한 회의와 좌절에 휩싸였을 만하다. 전통 신앙이나 이념은 결코 쉽게 깨어지지 않는데 기원전 735~733년에 아하스왕이 맞이한 엄혹한 대외 현실은 왕실의 기반이기도 한 야훼 신앙에 대한 회의와 불신을 낳은 것이다. 이러한 두려움에서 그는 사자를 디글랏빌레셀3세에게 보내 속국이될 것을 약속하고 왕궁과 예루살렘 성전 창고에 있던 금은보화를 예물로 바치면서 두 나라를 공격해 달라고 요청한 것이다.

야훼 신에 대한 아하스왕의 회의와 불신앙은 위 내용에 이어지는 「역대기 하」29장에 전하는, 그의 아들 히스기야왕 즉위와 더불어 예루살렘 성전을 수리하는 과정에서도 보인다.

6. 우리 선조들은 우리 하느님 야훼께 반역해 그의 눈에 거슬리는 일을 했다. 야훼를 저버리고 그가 계시는 곳을 바라보기도 싫어해 등을 돌리고 말았다.

7. 현관 앞문들을 봉하고 등을 끄고 성소에서 이스라엘의 하느님께 분향하지도 않았으며 번제도 드리지 않았다.

8. 야훼께서 유다와 예루살렘에 진노를 터뜨리신 것은 그 때문이었다. 그래서 너희가 보는 대로 모두 다 놀랄 만큼 끔찍스러운 일을 당한 것이다.

아하스왕대에 예루살렘의 야훼 신앙은 폐점 상태에 있었던 것이다. 아하스왕은 단순히 외국의 제단 양식을 들여와 야훼 성전을 리모델링

하려던 것이 아니라 사실상 야훼에 대한 제사를 중지하고 새로운 신앙을 추구했던 것이다. 강자인 적국의 신이 참 신일 가능성이 있다고 판단한 아하스의 생각은 확고했고, 타국과의 전쟁에 능력을 발휘하지 못하는 민족신 야훼에 대한 신앙을 사실상 포기했던 것이다. 야훼 신에 대한 신앙이 멈춘 곳에 아람이나 아시리아 등 이방의 신앙이 유입되고, 전통적인 혼합 신앙이 활기를 띠게 된 것이다. 예루살렘의 상황이 이렇다고 당시 모든 유다 사람들이 그랬다고 단정할 수는 없다. 선지자 이사야를 비롯해 야훼 신앙이 시들해진 상황을 안타깝게 여긴 이들이 적지 않았으며, 지방의 산당이나 아랏 신전 같은 곳에서는 야훼와 아세라를 주상으로 모시는 전통적인 신앙 형태가 지속되었다. 이런 상황에서 예루살렘 성전의 사제나 이사야 같은 선지자나 열렬한 신자들의 불만이 고조되었을 것이다.

『성경』은 아하스왕의 신앙적 일탈을 유별난 범죄처럼 기술하고 있으나, 이것은 기원전 8세기 유다왕국이 처한 비전 없는 국제적 난국에서 벗어나기 위한 수단이었다고 볼 수도 있다. 사실 이스라엘이나 유다왕국에서 야훼 신앙은 건국 이후 상당 세월이 경과하고 일상화되면서 민족 형성기나 국가 성립기 같은 역동적이고 역사적인 신앙으로서의 성격은 약화되었다. 특히 남유다왕국의 경우 북이스라엘 오므리왕조의 실질적인 지배를 받은 후에도 괄목할 만한 국가 발전이 없었으며, 야훼 신앙도 국가 민족적 신앙으로서 그저 관습화된 신앙 이상의 역할을 하지 못했다. 기원전 9세기 말 요아스왕대의 일시적 신앙 개혁 정책도 오므리왕조의 영향으로 크게 약화된 예루살렘 성전 야훼 신앙을 회복하려는 제사장들 중심으로 추진된 것이었으며, 본질적인 신학이나 종교의 개혁은 아니었다.

이처럼 야훼 숭배는 관습적인 양상을 유지하다가 기원전 8세기 후반 아하스왕대에 와서는 전에 없던 국제적 위기가 고조되며 야훼 신에 대한 신뢰가 회의에 이른 것이다. 국제적으로 능력을 발하지 못하는 무력하고 무능한 야훼 신에 대해 왕을 위시한 많은 사람들이 신뢰를 거두었다. 현대의 개인도 실존적 대위기를 경험한 후 개종하거나 신앙을 포기하는 경우가 있는데, 아하스왕에게도 그런 일이 일어났던 것이다. 사람들이 어떤 신 관념을 계속 받아들일 것인가 여부는 그것이 과학적으로나 철학적으로 정당하기 때문이 아니라 유용하기 때문이다.[68] 4세기 말 이후 고구려에 의해 지속적으로 패배를 당한 백제는 수도 한성을 빼앗기고 남으로 천도한 후, 두 나라의 같은 시조신이었던 동명왕 숭배를 폐지하고 백제의 위대한 옛 왕 고이왕을 시조로 모시기도 했다.

이와 같이 산지山地의 은둔 왕국 유다는 아시리아 제국의 침략에 본격 노출되면서 전통적 민족신에 대한 재검증의 필요가 생겨난 것이다. 이웃 아람과 같은 대국이나 이집트, 아시리아제국의 신들에 비해 야훼 신을 풍전등화의 형국에서 국가를 수호해낼 민족신으로 내세우기가 비현실적이라는 생각이 민족 구성원들에게 인식된 것이다. 아울러 함께 야훼 신을 믿는 형제국 이스라엘이 이방인 아람 군대와 함께 자국을 침공했던 상황도 이 신을 어떻게 보아야 할지 고민하게 했을 것이다.

산지山地에 박힌, 인구도 얼마 되지 않는 유다의 백성들에게 다윗 왕조의 권위를 보장하는 데 별 부족함이 없었던 야훼 신은, 제국이 활개를 치는 국제 관계에 본격 노출되면서 과거 엘리사와 예후의 정변政變처럼 일부 엘리트 집단의 대내적 대응만으로는 넘길 수 없는 엄혹한 현

---

68) 카렌 암스트롱 지음, 『신의 역사 I』 49쪽, 배국원·유지황 옮김 (동연, 1999)

실을 맞이했다. 유다의 아하스왕은 결국 국제적 위기 속에서 무력하고 무능한 신 야훼를 발견한 것이다. 그 신은 『성경』에서와 달리 역사적 현실에서는 전능하고 무한한 신이 아니었다. 민족 구성원, 특히 국왕조차 회의하고 부끄러워하는 이 민족신을 어떻게 해야 할 것인지가 민족과 국가의 과제로 등장한 것이다. 다른 이방의 신을 섬길 것인지, 좀더 나은 의미를 부여해 같이 나아갈 것인지가 역사적 과제로 주어졌다. 야훼 신은 자존自存해 스스로 행로를 선택한 것이 아니라, 갈멜산에서 엘리야에 의해 이스라엘인들의 선택 여부가 물어진 후, 험난한 국제 관계와 더불어 다시 이스라엘 민족의 선택을 기다리는 처지가 된 것이다.

6

제국 침략에 대한 유다왕국의 자주·구국적
개혁과 야훼 유일신 신앙 정책

1) 히스기야왕(BC 727~698)의 자주·보수적 종교 개혁

(1) 야훼 신앙 회복을 위한 즉위 초의 예루살렘 성전 정화

히스기야왕(BC 727~698)은 아하스왕의 아들로 25세의 나이에 왕위에 올랐다.

히스기야왕의 즉위년은 「열왕기 하」18:13에 보이는 아시리아 왕 산헤립의 유다 침공이 히스기야왕 14년이라는 기록에 의해 달라지기도 한다. 산헤립의 유다 침공은 기원전 701년으로 보는 것이 정설로 되어있어 이를 기준으로 역산하면 히스기야왕의 즉위년은 기원전 715년이다.

그런데 「열왕기 하」18:1은 히스기야가 북이스라엘 호세아 왕 3년에 즉위했다고 하고, 18:9에는 히스기야왕 4년 곧 호세아왕 7년에 아시리아왕 살만에셀이 사마리아성을 포위하고, 히스기야왕 6년 곧 호세아왕 9년에 사마리아가 함락되었다고 한다. 사마리아의 함락, 곧 북이스라엘의 멸망은 기원전 722년이다. 아울러 「역대기 하」32:1을 보면, 산헤립의 히스기야 지배 하의 유다 침공 연대를 언급하지 않고 있어 산헤립 침공 자료나 연관 전승의 사실성이 그리 분명하지 않다.

「열왕기 하」의 히스기야왕대의 역사, 특히 산헤립의 침공과 그것을 야훼의 권능으로 물리친 긴 이야기(18:17~19:37)에는 신앙적으로 윤색, 과장된 설화적 요소가 매우 많다. 따라서 그 기사들의 첫머리에 보이는 산헤립 침공을 히스기야왕 14년이라고 한 것은 신뢰하기 어렵다. 야훼 신의 사자가 하룻밤 사이에 예루살렘성을 포위한 아시리아군 18만 5천 명을 다 죽였다는 내용(19:35)이 담긴 종교적 전승을 역사적 사실로 볼 수는 없다. 따라서 히스기야왕의 기원전 715년 즉위설보다는 기원전 727년 즉위설이 타당하다고 여겨진다..

히스기야가 즉위할 즈음 아시리아가 이미 다마스쿠스를 공격, 점령함으로써(BC 732) 아람 왕국은 사실상 멸망 상태였다. 아람과 더불어 대 아시리아 항전에 적극 나섰던 이스라엘 베가왕(BC 735~733)이 이미 죽임을 당하고, 호세아왕이 아시리아에 충성을 다짐해 왕 노릇을 하고 있었다. 그런데 호세아왕은 시리아 일대에서 대대적인 반란이 일어나자 아시리아에 대한 조공을 중단했다. 이에 살만에셀5세(BC 727~722)는 북이스라엘 정벌에 나섰다. 아시리아군은 이스라엘의 수도 사마리아를 3년간 포위해 항복을 받아냈고 이스라엘 왕국은 멸망했다(BC 722). 아시리아 측의 자료에 의하면 이때 이스라엘 사람 27,290명이 유배되어 북동 시리아와 멀리 서부 이란 지역으로 이주하게 되었다. 대신 이스라엘 영토에는 다른 지역 주민들을 이주시켜 국가 재건의 가능성을 없애버렸다. 한편 유다왕국은 이미 아하스왕이 아시리아에게 시리아와 이스라엘 연합 세력을 공격하도록 요청하면서 아시리아에 조공을 바쳐야 하는 속국이 되어 있었다(BC 733).

히스기야는 왕위에 오르자 부왕이 저버린 야훼 신앙을 회복하고자 했다. 부왕 아하스가 선지자 이사야 등 야훼 신앙인들로부터 신임을 잃은 상태에서 자신의 왕위 계승 정당성을 확보하기 위해서도 야훼 중심의 왕정신학을 표방하지 않을 수 없었다. 국제 관계에 휘둘리던 왕권을 다시 세우고 국민들을 통합해 나라와 민족을 보존하기 위해서는 전통 시온신학의 기반이기도 한 야훼 신앙 이외에 유다의 왕이 기댈 이념적, 정신적 바탕이 달리 없었던 것이다.

부왕 아하스왕대는 갑자기 닥친 강력한 외세의 풍랑에 크게 흔들렸지만, 시간이 지나면서 유다왕국은 어느 정도 안정을 찾으며 새 왕의 즉위와 함께 민족의 전통 신앙을 기반으로 활로를 모색하고자 했다. 아시리아의 속국인 유다 왕으로서 히스기야 즉위 초기에는 이와 같은 신앙 개혁 운동이 불가능했을 것으로 보기도 한다. 그러나 유다는 정복된 것이 아니라 스스로 아시리아의 속국이 되었고, 아시리아는 조공에만 신경 쓸 뿐 속국의 종교나 내정에는 거의 간섭하지 않은 만큼 즉위 초기에도 내부적으로는 야훼 신앙 개혁이 가능했다고 볼 수 있다.

더구나 아시리아는 유다를 유서 깊은 부국 이집트와의, 일종의 완충국으로 보아 직접 지배를 시도하지는 않았다. 유다도 이집트와의 연계를 늘 의식했던 만큼, 히스기야왕대의 유다왕국은 긴장 속에서도 자주적인 개혁이 가능할 여지를 확보할 수 있었다. 당시에는 시리아 지역이 아시리아에 반발하고 있었고 북이스라엘도 다시 독립을 추구하던 시절이라 유다에 대한 적극적인 아시리아의 군사적, 정치적 간섭은 크지 않았다.

『성경』의 「열왕기 하」 18장에는 히스기야왕의 치세를 다음과 같이 정리해 평가하고 있다.

3. 그는 그의 선조 다윗이 그러했던 것 같이 야훼 보시기에 올바른 일을 했다.

4. 그는 산당들을 철거하고 석상[주상]들을 부수고 아세라 목상들을 찍어버렸다. 그리고 모세가 만들었던 구리뱀을 산산조각 내었다. 이스라엘 사람들이 그때까지 느후스탄[느후스단]이라고 불리우던 그 구리뱀에게 제물을 살라 바치고 있었던 것이다.

5. 그는 이스라엘의 하느님 야훼를 의지했다. 유다 왕들 가운데 전에도 후에도 그만한 왕이 없었다.

6. 그는 야훼를 배반하지 아니하고 충성을 다해 야훼께서 모세에게 주신 계명들을 준수했다.

7. 야훼께서는 그와 함께 계시며 그가 하는 모든 일을 이루어주셨다. 그는 아시리아 왕에게 반기를 들어 그의 지배를 벗어났다.

8. 가자에 이르기까지 불레셋[블레셋] 전 지역을 감시망대니 요새화된 성이니 할 것 없이 모두 쳐부순 장본인이 바로 그였다.

히스기야왕은 『성경』 저자나 편집자들에 의해 야훼 신앙을 기준으로 최상의 칭송을 듣는 왕이다. 다윗과 같이 올바른 행실을 한 이로서 전무후무한 왕이라고도 했다. 그가 이처럼 칭송받는 가장 직접적인 이유인 그의 종교 개혁에 대해 4절에서는 통합적으로 기록하고 있다. 그의 종교 개혁에 대해 보다 자세하게 전하는 「역대기 하」의 기록에 비하면 미흡하지만 나름 주목할 만한 면이 있다. 야훼 신앙이 방기되었던 아하스왕대부터 종교 개혁이 철저히 준비되었을 것이라 보는 입장도 있는데, 국제 관계에서 큰 혼미를 거듭하는 중에 야훼 신앙을 거의 포기하고 국가 운영 전반이 표류하던 그 시기에 비전을 갖고 개혁을 철저히 준비했던 이들이 있었을지는 단정하기 어렵다.

인용한 「열왕기 하」18:4의 전반부는 그동안 지속되어온 전통적인 다신 신앙 혼합주의적인 신앙 양태를 정리해 철폐한 사실을 전한다. 전대 개혁적 왕들이 추진하지 않았던 전통적 산당까지 철폐했다는 것을 보아, 히스기야의 종교 개혁이 나름의 적극성을 띠고 있었던 것으로 보인다. 그런데 이후 요시야왕대의 사실에 따르면 히스기야왕은 솔로몬이 설치한 이방신의 산당은 폐지하지 않았다. 이로 미루어 그의 산당 철폐가 그렇게까지 철저하지는 않았을 가능성과 함께 그의 정책이 야훼 유일신 신앙의 추진과는 거리가 있었음을 알 수 있다.

4절 후반부를 보면, 모세가 광야에서 만들어 높이 들어올려, 그것을 본 사람들을 살려냈다는(「민수기」21:8,9) 놋뱀 느후스단을 때려 부쉈다고 한다. 느후스단은 모세 계통 전승을 계승하는 실로 제사장 계열이나 북이스라엘에서 남하한 제사장이나 레위인들이 지지한 신앙 형태에 속했을 것이다. 그런데 예루살렘 성전에 설치되어 있었을, 모세가 만들었다는 그 유서 깊은 놋뱀을 과연 야훼 신앙을 정리·정화하는 과정에서 부술 수 있었을까. 실로 제사장 계통과 예루살렘 성전의 사독 제사장 계열의 타협 과정에서 전자가 양보해 폐기되었을 것으로 보이기도 한다. 그런데 히스기야왕대의 개혁이 전통적 야훼 신앙을 회복하는 차원에서 이루어지고 '야훼께서 모세에게 주신 계명들을 준수했다'고(6절) 했는데 과연 옛 출애굽 전승의 핵심에 있었을 그 놋뱀을 부숴버릴 수 있었을지는 의문이다.

이것은 몇 가지 가능성을 두고 검토할 필요가 있다. 우선 그 놋뱀이 모세가 만든 것이라고 보았는가 하는 문제가 있다. 정말 모세가 만든 것으로 전승되고 확신하고 있었다면, 대 선지자의 행적에서 너무도 잘 알려진 그 놋뱀을 부수지는 않았을 것이다. 놋뱀을 모세가 만든 것으로 확신하고서도 그것이 우상화되었기에 없앤 것이라면, 이 개혁에서 야훼 신 이외의 다른 신상이나 여타 우상, 신물 등에 대한 파괴도 매우 철저했을 것이다. 그런데 앞서도 언급했지만 히스기야왕의 개혁에서도 솔로몬 왕대 이방신들의 신상을 모셨던 멸망산의 산당은 없애지 않았다. 솔로몬이 만든 그 산당은 이방신들인 시돈의 아스다롯과 모압의 그모스, 그리고 암몬의 밀곰 신상을 모셨다고 한다(「열왕기 하」23:13).

이것은 히스기야왕대의 주상이나 우상 파괴가 부분적인 것으로, 앞 시기의 다신적이고 혼합주의적 성향이 극성해 혼란을 연출하던 상황에 대한 정화 작업 정도인 듯하다. 유일신 신앙에 근거한 야훼 이외 신앙의 멸절을 도모한 것이 아니었다. 더구나 역사적 추세나 팔레스타인의 신앙 양태로 보아도 그러한 혁명적 시도가 돌연 일어나기는 어렵다. 따라서 느후스단의 제거 같은 일은 히스기야 초기 개혁보다는 좀 더 시간이 흘러 북이스라엘의 멸망 같은 계기를 맞은 후에 이루어졌을 것이다. 히스기야왕대에 만들어진 것으로 보이는 '원신명기'에 나오는, 다른 민족의 신들을 섬기지 말라는 내용도(「신명기」12:30,31) 민족신 야훼가 자기 백성 이스라엘 민족을 향해 원칙적으로 요구할 수 있는 정도이다. 그것은 다른 신의 존재 자체를 부정하는 유일신 신앙을 말하는 것이 아니다. 유다왕국의 역사에서 다윗 왕조의 일부 왕들도 그것을 그리 철저히 지키지 않은 것을 확인할 수 있다.

홍해의 기적이나 대규모 이집트 탈출, 해방민의 40년 광야 생활의 사실성을 믿기 어렵다고 보는 입장에서 이 놋뱀은 예루살렘 성전에 언젠가 슬며시 등장해 모세의 것이라 전해졌을 가능성이 높다고 생각된다. 뱀은 팔레스타인에서 영물로 널리 숭앙되었던 만큼 다른 연유로 만들어졌을 가능성도 얼마든지 있다. 연구자들은 이 느후스단이 예루살렘의 선주민이던 여부스족으로부터 전해왔을 가능성을 언급하기도 한다. 야훼 성소의 하나인 브엘세바의 번제단에서는, 파괴되긴 했지만 뱀을 새긴 돌기둥이 발견되기도 했다.[69] 한편 다윗이나 솔로몬 시대를 전하는 『성경』의 역사서에 성전과 관련해 이 놋뱀이 전혀 언급되지 않는 것을 고려하면, 오므리왕조와 결혼 동맹을 맺고 두 나라가 한 왕실처럼 살던 기원전 9세기 전·중엽 이후 황금송아지 등 신상 숭배를 지속하던 북이스라엘 측이 선물하거나 제작을 종용해 예루살렘 성전에 설치했을 가능성도 있다. 그러다가 히스기야왕 즉위 초 예루살렘 성전 야훼 신앙이 재정비되는 가운데, 혹은 북이스라엘 멸망 후 북이스라엘의 신상 숭배를 정죄하던 중에 우상의 소지가 있는 성물들을 파기하며 제거했을 수도 있다. 그것이 중간에 슬며시 들여온 것이라는 사실을 아는 제사장들이나 레위인들, 관리들에 의해 없애도 되는 가짜 성물로 밝혀지며 폐기되었을 가능성이 있다. 「역대기 하」29~31장에는 히스기야왕의 초기 종교 개혁이 매우 자세히 전해지는데 오히려 거기에는 느후스단이 언급되지 않는다. 예루살렘 성전 사제들의 우상 숭배 혐의를 의도적으로 배제한 감도 있으나, 히스기야왕 즉위 초에는 느후스단을 두고 신학적 갈등이나 대타협 등의 사실이 없었을 것이다. 「열왕기」 저자는 이 놋뱀의 숨은 내력을 모르고 있었기에 느후스단을 모세가 만들었다는 전승을 믿고 그것의 파괴를 매우 의미 있는 것으로 기술했을 가능성도 있는 것이다.

---

69) 이희학, 「히스기야 제의개혁의 역사성에 관한 비판적 고찰」, 『한국기독교신학논총』52집, 한국기독교학회, 2007, 42~43쪽

히스기야왕의 종교 개혁은 『성경』의 「역대기 하」에서 보다 구체적으로 전해지고 있다. 「역대기」는 「열왕기」에 비해 후대에 저술되었고 자료의 증식이 심한 편이라고 알려져 있으며, 성전에서 찬양이나 관리, 제사 보조 업무 등에 종사하던 레위인들에게 우호적인 내용이 많다. 어쩌면 성전 제사장들에게 소외받으며 성전 업무에 생계를 절대 의존했던 만큼 성전 업무에 대한 충성도가 강했던 이들 레위인들이 전한 예루살렘 성전 관련 전승이나 자료가 많이 반영되었을 수도 있다. 「역대기」의 내용을 중심으로 히스기야 종교 개혁의 과정 및 내용을 보다 구체적으로 살펴보겠다.

「역대기 하」 29장에 보면, 히스기야는 즉위 원년 정월에 야훼 성전의 닫힌 문을 열고 수리에 착수했다. 부왕인 아하스왕대에 폐문 상태에 있었던 예루살렘 성전을 다시 열기 위한 것이었다. 긴 내용이지만 일부를 생략하며 인용해 보겠다. 히스기야 종교 개혁의 사실성에 대해서는 견해가 갈리고, 이 내용은 「열왕기 하」 기사와 비교할 때 후대에 증식된 자료임을 부인할 수 없지만, 당시 역사상에 부합하는 면이 있고 성전 관련 전문인들이 관여해 생성·확대한 자료로 사실의 반영 가능성을 무시할 수만은 없다.

3. 그는 왕이 되면서 첫 해 첫 달에 야훼의 성전 문들을 열어 수리하고

4. 사제들과 레위인들을 동쪽 광장에 불러모은 다음

5. 이렇게 말했다. "레위인들은 내 말을 들어라. 너희는 이제 목욕재계하고 너희 선조들의 하느님 야훼의 전을 깨끗이 해라. 성소에서 부정한 것을 쓸어내어라.

6. 우리 선조들은 우리 하느님 야훼께 반역해 그의 눈에 거슬리는 일을 했다. 야훼를 저버리고 그가 계시는 곳을 바라보기도 싫어해 등을 돌리고 말았다.

7. 현관 앞문들을 봉하고 등을 끄고 성소에서 이스라엘의 하느님께 분향하지도 않았으며 번제도 드리지 않았다.

8. 야훼께서 유다와 예루살렘에 진노를 터뜨리신 것은 그 때문이었다. 그래서 너희가 보는 대로 모두 다 놀랄 만큼 끔찍스러운 일을 당한 것이다.

9. 알겠느냐? 우리 선조들이 칼에 맞아 죽고 아들딸과 아내들이 사로잡혀 가게 된 것은 바로 그 때문이었다.

10. 이제 나는 이스라엘의 하느님 야훼께서 진노를 거두어주시기를 바라며 그와 계약을 맺기로 결심했다.

11. 아들들아, 이제는 머뭇거리지 마라. 야훼께서는 당신 앞에서 섬길 사람으로 너희를 뽑으시어 당신을 섬기며 분향할 사람으로 삼으셨다."

12. 레위인들이 나서니, 크핫 후손인 아마새의 아들 마핫, 아자리야의 아들 요엘, 므라리 후손인 압디의 아들 키스, 여할렐렐의 아들 아자리야, 게르손 후손인 짐마의 아들 요아, 요아의 아들 에덴과

16. 사제[제사장]들은 야훼의 성전 안을 깨끗하게 하려고 들어갔다. 사제들이 야훼의 성전 본관 안에 있는 부정한 것을 모두 야훼의 성전 밖으로 몰아내면, 레위인들은 그것을 성 밖 키드론 골짜기에 가져다 버렸다.

17. 성전을 깨끗이 하는 일은 정월 초하루에 시작해서 그 달 팔일에야 야훼께서 계시는 곳 현관에 다다랐다. 그 다음 야훼의 성전을

깨끗이 하는 데 또 팔 일 걸렸다. 이렇게 해서 일을 마친 것은 정월 십육일이었다.

18. 그리고 나서 레위인들은 대궐로 들어가 히즈키야[히스기야] 왕에게 아뢰었다. "야훼의 성전을 다 정하게 했습니다. 번제단과 거기에 딸린 모든 기구들, 제사상과 거기에 딸린 모든 기구들을 정하게 했습니다.

19. 또 아하즈[아하스] 왕께서 왕위에 계실 때 하느님께 반역하면서 치워버린 기구들을 모두 깨끗이 갖추어 야훼의 제단 앞에 차려놓았습니다."

20. 히즈키야 왕은 아침 일찍 일어나 성읍에 있는 대신들을 불러 모은 다음, 야훼의 성전으로 올라갔다.

21. 사람들이 황소 일곱 마리, 숫양 일곱 마리, 새끼 양 일곱 마리, 또 왕실과 성소와 유다의 죄를 벗길 숫염소 일곱 마리를 끌어오자 왕은 아론의 후손 사제들에게 그것을 야훼의 제단에 바치라고 분부했다.

22. 사제들은 소를 죽이고는 그 피를 받아 제단에 뿌린 다음 또 숫양을 죽여 그 피를 제단에 뿌리고 또 새끼 양을 죽여 그 피를 제단에 뿌렸다.

25. 그는 또 다윗과 선견자 갓과 예언자 나단의 지시대로 레위인들에게 바라와 수금과 거문고를 들고 야훼의 성전에 서게 했다. 이 지시는 야훼께서 예언자들을 시켜 내리셨던 것이다.

27. 그러자 히즈키야는 번제물을 제단에 바치라고 명령했다. 그때 번제를 드리기 시작하며 나팔 소리 울려 퍼지고 이스라엘 왕 다윗의 악기에 맞추어 야훼를 찬양하는 노래가 터져 나왔다.

28. 온 회중은 땅에 엎드렸다. 번제가 끝나기까지 나팔 소리에 맞추어 합창대는 노래를 계속했다.

29. 번제를 다 드린 다음 왕과 일행은 무릎을 꿇어 땅에 엎드려 예배했다.

30. 그런 다음 히즈키야 왕과 대신들이 다윗과 선견자 아삽이 지은 노래로 야훼를 찬양하라고 명령하자 레위인들은 크게 기뻐하며 노래하고 엎드려 예배했다.

31. 찬양이 끝나자 히즈키야가 말했다. "이제 너희는 야훼를 섬기는 일을 맡은 몸들이다. 감사 제물을 가지고 나와 야훼의 성전에 바쳐라." 그리하여 온 회중이 친교 제물을 바치고 모두 마음에서 우러나 자원 제물을 바치니,

32. 회중이 바친 번제물의 수는 소가 칠십 마리, 숫양이 백 마리, 새끼 양이 이백 마리였다. 이것을 모두 번제로 야훼께 바쳤고,

33. 거룩한 예물로 바친 것은 소 육백 마리, 양 삼천 마리였다.

34. 그런데 사제의 수가 적어서 그 번제물을 다 잡을 수가 없었다. 그래서 사제들이 그 거룩한 임무를 끝내기까지 일가인 레위인들이 거들었다. 레위인들이 사제들보다 이 거룩한 일을 더욱 성심껏 했다.

35. 번제물도 많았지만, 친교 제물의 기름기도 살라야 하고 번제에 곁들여 제주도 부어 바쳐야 했다. 이렇게 해서 야훼의 성전 예배는 회복되었다.

36. 하느님께서 백성에게 마련해 주신 일이 이렇듯이 돌연히 이루어진 것을 보고 히즈키야는 온 백성과 함께 기뻐했다.

히스기야왕 초기의 성전 정화 작업은 단절된 '야훼 성전 예배의 회

복'(35절)이었던 것을 알 수 있다. 나아가 아하스왕이 닫은 성전 문을 다시 열고 야훼 앞에서 새로운 계약을 맺는 엄숙한 큰 행사였다(10절). 다만 이때의 계약식은, 왕은 물론 귀족 관리나 제사장 그리고 레위인들이 참여한 것으로 장로들 뿐 아니라 백성 일반도 널리 참여했던 후대 요시야왕대의 상황과는(「역대기 하」34:29,30) 차이가 있었다. 왕 및 관리, 그리고 성전의 제사장 등 중앙 지배층의 신앙적 반성을 보여준 것이다. 그래도 새삼스럽게 '계약'이 언급된 것을 보면 아하스왕대의 극심하게 불신된 야훼신앙이 비로소 부활했던 셈이다.

무엇보다도 민족 국가의 신인 야훼를 불신하고 이방의 신을 섬기며 나라를 이방의 속국으로 만든 부왕을 둔 히스기야의 즉위는 다윗 왕실이 의존했던 시온신학, 왕권신학에서 큰 문제가 아닐 수 없었을 것이다. 히스기야는 무엇보다도 자신의 즉위의 정당성을 확보하기 위해 야훼신앙을 신속히 회복해야 했던 것이다. 신하와 백성들의 왕실에 대한 불신도 고조되었을 것이기에, 그는 성전 정화를 통한 신앙의 회복과 더불어 계약 의식을 체결함으로써 부왕 아하스에 의해 파기된 야훼 하나님과의 계약 관계를 회복하고자 했던 것이다.

그런데 인용한 이 구절들은 레위인들의 헌신과 그들의 적극적인 역할을 애써 강조하고 있다. 심지어 제사장(사제)들이 자신들의 본업인 희생 제물을 잡는 데 수가 부족해 레위인들이 도왔다며 자랑하고 있다. 더구나 제사장들보다 더 성심껏 했다고 말하고 있다(34절). 물론 제사장 측에서는 자신들이 더 절실한 마음으로 열심히 했다고 생각했을 것이다.

앞서 오므리왕조와의 동맹이 끝난 후 여왕 아달랴의 재위 말년에 대제사장 여호야다는 왕을 죽이고 요아스를 왕으로 옹립하며 종교 개혁을 단행했다(BC 836). 이를 통해 일시적으로 제사장들과 레위인들의 지위나 역할, 생활 여건은 나아졌을 것이다. 그러나 그 뒤에도 별다른 계기 없이 예루살렘 성전 제사는 일상적인 일 이상도 이하도 아닌 세월을 경과했다. 그러다가 기원전 8세기 후반 아하스왕대에 예루살렘 성전의 야훼 제사 기능은 마비되기에 이르렀다. 그 영향이 얼마나 컸던지 제사장들이 제대로 계승·보충되지 않는 중에 성전 제물을 처리하기에 부족해 레위인의 도움을 받아야 할 형편이었던 것이다(34절). 제사장뿐 아니라 그보다 지위와 역할이 떨어지는 레위인들의 처지와 경제적 형편이 어떠했을지도 짐작이 간다. 그래서 그들은 예루살렘 성전의 회복을 더욱 기뻐했던 것이다.

위의 인용 기사를 통해 앞서 본 「열왕기 하」에 다소 모호하게 전해지는 히스기야왕의 성전 정화의 실상에 보다 가까이 접근할 수 있었다. 그의 초기 개혁은 기본적으로 멈춰진 국가의 공식적 야훼 신앙을 예루살렘 성전에서 회복하는 일이었다. 성전의 청소, 정화 과정에서 사제나 레위인들이 과거 신앙의 흔적들을 부숴버리기도 했다(16~19절). 아시리아 신앙 등의 영향으로 변질된 제단 양식이나 기구들을 원래 방식으로 되돌렸는데 특히 전왕인 아하스왕대에 변형된 것들이 대대적으로 정리·정화되었다. 어찌 보면 히스기야왕 즉위 초의 예루살렘 성전 정화는 역설적으로 부왕인 아하스왕의 종교적 회의와 불신이 없었다면 일어나지 않았을 것이다.

이처럼 선대 왕의 신앙적 반동에 대한 재 반동으로 일어나게 된 히스기야왕 즉위 초의 성전 회복과 정화는, 앞서 인용한 기사들에서 보이는 바와 같이 남유다왕국 야훼 신앙의 지성들에게 특별한 감격과 의미가 있는 것이었다. 야훼에 대한 불신앙의 시대, 곧 아하스왕의 시절이 있었는데도 그 아들 히스기야왕이 성전 예배를 회복함으로써 다행히도 북이스라엘이 맞고 있는 멸망의 징벌을 피할 수 있으리라는 안도감을 얻었을 것이다. 「이사야」10장에 보면, 이스라엘이 아시리아에 의해 멸망하고 있을 즈음 아하스왕대의 불신앙을 경험하고 있던 유다왕국의 지성들은 자국의 멸망 가능성에 떨고 있었다. 유다왕국의 죄악이 북이스라엘에 못지 않다는 인식은 좀 더 후대에 강화된 것이지만(「예레미야」 3:11) 예레미야는 앞서 히스기야왕대에 활동한 선지자 미가의 예언을 들어 시온과 예루살렘의 멸망 심판이 선포된 적이 있었음을 말하고 있다(「예레미야」26:18).

히스기야왕 즉위 초 성전 예배 회복의 개혁적 조치는 유다왕국의 야훼 신앙, 나아가 종교 일반에 새로운 파급 효과를 낳았다. 그것은 혼합주의적 성향을 반대하고 야훼 신앙이 국가·민족적으로 최우선이라는 것을 재확인해주었다. 아하스왕대 야훼 신앙의 방기와 국가의 대외적 위기 지속은, 그래도 의지할 수밖에 없는 민족신 야훼 신에 대한 기대를 되살리는 계기가 되었던 것이다. 지속되는 국난에도 끝내 함께 할 신은, 새로운 왕 즉위의 정당성을 보장해주고 그를 통해 민족의 장래에 희망을 걸게 해주는 전통적 민족신 밖에 없었다. 더구나 히스기야왕의 즉위는 아시리아의 침공에 의해 북이스라엘 왕국이 멸망해가는 시기였으며 유다왕국도 어떤 운명에 처할지 크게 염려되던 시절이었다. 따라서 히스기야나 유다 백성들에겐 위기에 처한 민족을 도와줄 민족신에 대한 관심과 기대가 더욱 클 수밖에 없는 상황이었다.

히스기야왕 초기 예루살렘 성전의 정화와 예배의 회복은 국가 종교의 재조직화, 제도화 단계로의 일보 진전이었다. 그에 관한 내용은 「역대기 하」31장에 비교적 자세하게 기록되어 있다. 우선 (사독계) 제사장과 레위인들이 교대 근무로 예루살렘 성전의 제사와 찬송을 지속적으로 차질 없이 수행토록 하였다. 이어 왕은 예루살렘과 지방의 주민들에게 제사장들과 레위인들의 음식을 제공하고 십일조를 내게 하는 등 경제적 기반을 마련해 주었다. 지방에 거하는 아론 자손 제사장들과 레위인들에게도 걸친 재물을 나누어주어 생활하게 해주었다. 이러한 제도화 조치, 특히 경제적 기반의 마련은 오랜 세월 야훼 신앙이 시들한 가운데 생활고를 겪었을 제사장이나 특히 레위인들에게 크게 환영받았다. 「역대기 하」가 전하는 히스기야왕의 종교 개혁에 레위인들의 호응이 컸던 이유를 알 수 있다. 아마도 이때 예루살렘 성전 근무 체계 등이 제대로 조직화되고 경제적 보수를 제도적으로 지급받으면서 그들은 국가 성전 근무자로 대우 받게 되었던 듯하다. 물론 『성경』에 매우 이상적으로 기록된 사제 및 레위인에 대한 근무 및 보상 제도가 그대로 실현되었을 가능성은 높지 않다.

(2) 이스라엘 왕국 멸망(BC 722)의 충격과 시온신학적 개혁

북이스라엘 왕국의 멸망은 남유다왕국으로서는 기쁨이면서, 그보다 더 큰 두려움을 수반한 사건이었다. 이방 민족 아시리아에 의한 이스라엘 공격은 히스기야의 부왕인 아하스왕이 예물을 보내 요청한 일이기도 했다. 물론 아시리아는 국익 추구 의도에 따라 팔레스타인 일대를 경영하고자 했다. 이 지역은 영원한 강국이자 부국인 이집트로 나아가는 길목이자 지중해 일대 교역 및 교통의 연결점이었기 때문이다.

북이스라엘은 상대적으로 강대해 오므리왕조 이래 남유다를 속국처럼 대하기도 했으며, 그 후에도 대체로 유다를 힘들게 했다. 따라서 북이스라엘의 쇠퇴는 유다왕국으로서는 반길 만한 일이었다. 실제로 아시리아의 공격 중에 북이스라엘 남부의 주민들이 일부 남하해 히스기야왕의 지배 하로 들어오고 있었다. 히스기야는 이스라엘의 멸망 과정에서 일시 국가 권력의 공백 상태 같았던 에브라임이나 므낫세 지역 주민들을 예루살렘 유월절 행사에 초청하는 등 그들 지역으로 영토 확장을 염두에 두고 종교 정책을 운영하기도 했다. 히스기야왕의 아들 이름을 이스라엘 12지파로 북이스라엘에 속했던 '므낫세'라고 지은 것도 국토 확장을 향한 그의 의도를 반영한 것이라 보기도 한다.

북이스라엘이 멸망한 즈음 히스기야왕은 정화된 예루살렘 성전에서 유월절 행사를 베풀었다. 관련 내용이 「열왕기 하」에는 없고 「역대기 하」에만 보여 사실성이 의심되는 면이 있다. 그러나 북이스라엘이 이방 민족에 의해 멸망하는 가운데 야훼 신앙의 회복을 선언한 유다왕국이 존속하고 있음을 의미 있게 생각하며, 이집트에서의 탈출을 지도한 모세와 출애굽 이야기 속의 유월절을 지키고자 했을 것이다. 이민족으로부터의 구원을 환기하고 기념하고자 했을 것이다. 역사적 위기를 거치면서 처음으로 민족 해방의 축제다운 행사를 치르고자 했을 수도 있다. 예루살렘으로 모든 백성들을 불러들이려 한 것은 예루살렘 성전이 왕이신 야훼 하나님의 집이라는 개념을 확인하려는 이유였을 것이다. 그러나 이 행사는 그리 성공적이지 않았던 듯하다.

유월절 행사를 기화로 히스기야왕은 북이스라엘 주민들까지 초대하고 선무하려고 했지만 그들의 반응은 대체로 싸늘했다. 「역대기 하」30장에는 다음과 같은 상황을 묘사하고 있다. 『성경』 저자들이 신앙의 왕으로 매우 높게 평가한 히스기야왕에 대한 북이스라엘인들의 냉소적 반응을 담고 있는 이 기사는 그 사실성을 상당 부분 신뢰할 만하다.

10. 파발꾼들은 에브라임 지방과 므나쎄[므낫세] 지방을 이 성읍 저 성읍 돌아다녀 즈불룬[스불론]에까지 이르렀지만 사람들은 코웃음치며 그들을 놀려주기만 했다.

11. 그래도 아셀과 므나쎄와 즈불룬 사람들 가운데서 머리를 숙이고 예루살렘으로 오는 사람이 더러 있었다.

12. 유다에서만은 하느님께서 사람들을 감화시키셨다. 야훼의 말씀을 따라 왕이 대신들과 함께 내린 명령을 따를 마음이 모든 사람들에게 일어났던 것이다.

13. 그리하여 이월에 많은 사람이 예루살렘에 모여와서 무교절을 지키게 되었다. 아주 많은 회중이 모였다.

북이스라엘 주민들이 코웃음치며 거절하는 중에 극히 일부 사람들만 예루살렘 성전의 유월절 행사에 합류했다. 유다에서만 반응이 좋아 사람들이 많이 모였다고 한다. 그러나 유다 지방민들의 호응이 얼마나 적극적이었는지는 다소 의문이다. 북이스라엘 왕국 주민들이 국가가 멸망한 상황에서도 오히려 남유다왕국을 괘씸하게 여기거나 무시했음을 짐작해볼 수 있다. 아시리아의 침략을 방어하기 위한 아람과 북이스라엘 동맹에 가담하지 않고 오히려 아시리아에 예물을 주고 동족의 나라를 망하게 한 유다에 강한 반감을 가졌던 듯하다. 그리고 전통적인 상대적 강국으로서 북이스라엘 주민들은 상대적으로 후진 유다 지파의 나라를 홀시하고 있었다. 주로 유다 출신 지성들이 저술하고 편집해 현전하는 『성경』의 내용과는 다르게, 에브라임 지파 등 이스라엘 민족의 강력한 기반 세력이었던 북이스라엘인들은 유다국 주민들에 대해 전통, 역사, 문화, 경제 모든 방면에서 우월의식을 가지고 있었다. 한국 고대의 고구려와 신라를 생각해 보면 이해에 도움이 될 듯하다.

히스기야왕대에 북이스라엘에서 전해왔거나 또는 만들어졌을 가능성이 높은 소위 '원신명기'(「신명기」12장~26장)에 속하는 「신명기」12장에 보면

5. 너희는 너희 하느님 야훼께서 당신의 이름을 붙이시고 당신께서 계시는 곳으로 삼으시려고 너희 모든 지파 가운데서 고르신 그곳을 찾아 그리로 가야 한다.

6. 너희의 번제물과 친교 제물과 십일조와 흔들어 바치는 예물과 서원 제물과 자원 제물과 소와 양의 맏배를 그리로 가져다 바쳐야 한다.

7. 그곳이 너희 하느님 야훼를 모시고 먹으며 즐길 자리, 너희와 너희 식구들이 손으로 일해 얻은 모든 것, 너희 하느님 야훼께서 복으로 주신 모든 것을 먹으며 즐길 자리다.

라고 했다. '당신께서 계시는 곳으로 삼으시려고 지파들 가운데 고르신 그곳'은 오직 한 곳 야훼의 성전을 말한다. 그런데 5절에서 당연히 나올 만한, 대표적인 야훼의 처소라던 예루살렘 성전을 드러내 거명하지는 않았다. 국가 성립 이전 중앙 성소였던 실로 야훼의 집 관련 역사적 전승을 의식한 결과일 수 있으나, 국력 증대를 위해 초치 선무해야 할 북이스라엘인들의 자존심을 크게 의식해 나온 의도적 기록일 가능성이 있다.

본래의 논지로 돌아가 보면, 북이스라엘 왕국이 아시리아의 공격에 의해 쇠약해지는 것과 그 나라가 마침내 멸망하고 아시리아 영토가 된 사실은 분명 다른 상황이었다. 쇠퇴의 과정에서는 일부 주민 유입이나

영토 확장 가능성 등의 이득이 있었다. 그러나 믿지만 이웃이었던 형제국 이스라엘이 멸망하고 대 제국에 편입된 현실은 유다왕국에 전혀 다른 심각한 국면이었다. 이스라엘이 있었던 지역에는 제국 아시리아의 속주가 설치되어 총독이 다스리게 되었다. 더구나 주민을 대거 전출입시켜 그곳의 주민 구성이 혼합되었다. 어느 정도 해볼 만한 상대 이스라엘이 아니라, 이제는 대항하기 어려운 초강대국과 국경을 접하게 된 것이다. 순망치한脣亡齒寒의 상황이었다. 북이스라엘이 망해가는 중에 유다왕국이 누렸던 일시적 기쁨은 이제 무거운 두려움이 되었다. 오늘날 남북한과 인접한 강대국들이 연출하는 국제 관계가 떠오르기도 한다.

북이스라엘 왕국의 멸망은 야훼 신앙을 같이 숭배하는 유다왕국에 신학적 난제를 가져왔을 것이다. 야훼 신을 믿던 형제국이며 상대적 강국이었던 이스라엘의 패배와 멸망은 야훼 신을 같이 믿던 유다국가의 신앙에도 큰 회의를 가져왔다. 아시리아에 패배함으로써 전쟁의 신을 자부하기도 했던 야훼 신은 아시리아의 아슈르 신에 패배한 능력 없는 신으로 판명이 난 것이다. 부왕 아하스왕 때의 야훼 신앙에 대한 회의를 씻고 심기일전, 성전을 정화해 계약 의식을 치루며 신앙의 회복을 선포하고 개혁을 추진하던 히스기야왕으로서는 국가 운영의 추진력을 잃을 수도 있는 상황이었다. 이미 아시리아의 신에게 패배한 야훼 신 신앙을 고양하는 것이 무슨 득이 될 것인지 당연히 의문이 들었을 것이다. 예루살렘 성전 측이나 히스기야왕은 이 상황을 타개해 나갈 논리와 신학을 제시해야 했다. 야훼를 계속 숭배할 이유를 제시해야 했던 것이다.

히스기야왕은 야훼 신에 대해 독실했던 만큼, 북이스라엘의 멸망이 야훼 신의 능력 부족에서가 아니라 다른 이유에서라고 제시했을 것이다. 이미 기원전 9세기에 활동한 모압왕 메사의 비문에서도 보듯이 고대 팔레스타인의 신앙은 전쟁의 패배를 민족신의 능력 부족이 아니라, 구성원들의 죄에 대한 민족신의 징벌이라는 논리도 갖추고 있었다. 메사 비문에는 이스라엘의 왕 오므리가 모압을 압제한 것은 모압의 신인 그모스가 그의 땅, 즉 모압에 진노했기 때문이라고 했다.[70] 「열왕기 하」 18:25에는 아시리아의 장군 랍사게의 말로 '야훼께서 쳐서 멸하라 명령하셨기에 그의 뜻에 따라 자신이 유다를 정벌하기 위해 출전했다'고 말하고 있다. 히스기야왕 측은 이처럼 패전국 신의, 일종의 변명을 받아들여 위기를 돌파한 것으로 여겨진다. 북이스라엘이 아시리아에 진 것은 야훼 신의 능력 부족 때문이 아니라, 북이스라엘의 범죄와 타락에 대한 야훼 신의 징벌이고 심판이라고 본 것이다. 『성경』을 보면 그들의 죄악은 '여로보암의 죄'로부터 비롯된 야훼에 대한 불순종과 신앙의 타락이었다.

그러나 히스기야의 부왕인 아하스왕대 유다왕국도 야훼 성전의 문을 닫아둘 만큼 불신앙의 정도가 심했던 만큼 부담이 컸으나, 이미 회개와 정화를 통해 신앙을 회복한 만큼 자신들이 멸망을 면한 이유를 달리 찾게 되었을 것이다. 결국 유다왕국 측은 예루살렘 성전 신앙과 다른 북이스라엘의 신앙 양태를 야훼가 징벌한 가장 큰 이유라고 주장하게 되었다. 남유다왕국의 예루살렘 성전이 야훼의 법궤만을 두고 혼합주의적 신앙을 가급적 배제하려 한 데 비해, 북이스라엘은 가나안 시대 이래의 황소상 숭배를 용인하는 보다 혼합주의적 야훼 신앙을 펼쳤던 것이다. 이러한 영향을 받은 후대의 『성경』 저자들은 '여로보암의 죄'를 누차 언급하며 북이스라엘이 필멸할 것이 건국 초부터 예언되었

---

70) 레스터 L. 그래비 지음, 『고대 이스라엘 역사』 224쪽, 류광현·김성천 옮김 (CLC, 2012)

다고 했던 것이다. 그것들은 물론 대부분 사후 예언이었다. 양국의 멸망 순서가 바뀌었다면, 북이스라엘측은 예루살렘 성전의 신앙 양태를 비방하며 남유다왕국 멸망의 이유로 댔을 것이다.

이렇게 당대 팔레스타인에서는 흔히 있었던 북이스라엘의 황금송아지 신상 숭배는 비난의 표적이 되었다. 결과가 좋지 않자 과정조차 비난의 화살을 피할 수 없었다. 북이스라엘의 시조 여로보암이 엘 신이나 바알 신을 표상하던 황소상 숭배를 계승해 야훼 신상을 만들어 숭배함으로써 야훼 신을 모독한 것으로 비난받은 것이다. 물론 야훼의 징벌을 받지 않고 유다가 존속한 것을 근거로, 야훼 신앙의 정통성을 인정받은 예루살렘 성전 외에 베델과 단에 국가적으로 야훼 제단을 설치한 사실도 공격의 표적이 되었다. 앞에서 본 원신명기 기사는 '야훼께서 택하신 곳' 외에 야훼에 대한 제사와 십일조 등 헌금 수금, 축제 행사를 금지하는데, 이는 그동안 북이스라엘의 국력에 억눌려 왔을 예루살렘 성전의 회심어린 자부심을 반영하는 것이다.

북이스라엘의 멸망과 유다왕국의 존속으로 예루살렘 성전 신앙은 야훼에 의해 그 정통성이 보증 받은 셈이었다. 여기서 종래 유다의 다윗 왕조가 북이스라엘 왕국에 억눌려 있으면서 모호하게 유지해 온 국가 초기의 시온신학이 재확인되고 확장되며 체계화되었다. 시온, 곧 예루살렘이 야훼의 처소이며 그가 좌정해 다스리는 곳이라는 관념 하에 그곳을 수도로 한 다윗왕조의 정당성과 정통성 불멸성을 주장하던 이념이 다시 피어난 것이다. 야훼의 처소인 예루살렘 성전을 유지하고 정화해 열렬히 예배하던 히스기야왕은 야훼께서 세운 다윗왕의 후손으로 야훼의 보호와 은총 아래 있는 왕임이 확실해진 것이다. 다윗왕과 솔로몬왕대에 성립된 왕정(권)신학도 다시 꽃피게 되었다.

히스기야왕과 예루살렘 성전의 이러한 자부심은 적극적인 국정 운영의 동력이 되고 '원신명기'의 편찬이나 솔로몬 '잠언'의 편찬 등 야훼 신앙 및 신학 체계를 일부 정립하게 했다. 수도 예루살렘을 중심으로 인구가 크게 늘고 국력이 배가되면서 종교적 편찬 사업은 국가의 후원 속에 추진될 수 있었다. 북이스라엘에서 내려온 사제나 예언자 등 종교적 전문인들의 가세도 큰 도움이 되었다. 북에서 내려온 종교 엘리트나 유다왕국의 지배층이나 사제들도, 북이스라엘 멸망을 통해 실감하게 된 국가와 민족, 민족 종교의 멸절 가능성에 유의하며 민족 정체성의 핵심 내용인 종래의 주요 신앙적 전승들을 문자로 편찬할 필요성에 공감했을 것이다. 히스기야왕대에 편찬된 이들 자료들은 후대 『성경』 저술 및 편집에 근거 자료가 되었다. 응보주의 원칙에 선 「신명기」 신학이 싹트게 된 것이다.

「잠언」 25:1은 "이것도 솔로몬의 잠언이요 유다 왕 히스기야의 신하들이 편집한 것이니라"(『개역한글 성경』) 라고 했다. 히스기야의 신하들이 편집한 잠언은 같은 책 25장~29장에 해당한다. 이 부분이 히스기야왕대에 편찬되었으리라는 점은 인정되고 있다.[71] 이 잠언들은 농민이나 장인들, 나아가 관리나 왕의 실생활과 직결된 지혜들을 제시하고 있다. 종교적 율법을 앞세우지 않고 생활의 지혜도 제시하는 것으로 보아 야훼 종교와 율법 체제가 실생활을 압도하고 주관하는 단계 이전에 저작된 것으로 보인다. 이러한 점은 히스기야왕대에 편찬된 듯한 '원신명기'가 보여주는, 성전이나 제사장 중심으로 교조화되지 않은 여러 부류 사람들의 생활과 현실을 널리 반영하는, 초보적이고 종합적인 율법 체계

---

71) 에리히 쳉어 편, 『구약성경 개론』 650쪽, 이종한 옮김 (분도출판사, 2012)

를 산출했을 단계와 부합한다. 히스기야왕의 개혁이 성전 예배나 신앙 양식뿐 아니라 지배층이나 백성들의 생활에까지 영향을 미치기 시작했다는 것을 알 수 있다.

그런데 히스기야왕대, 자신들과 다른 북이스라엘의 황금 송아지 숭배를 통한 야훼 신앙 방식에 대한 정죄는 결국 저명한 신들의 신상조차 우상으로 보는 상황으로 가게 하였다. 여기서 「열왕기 하」18:4에 보이는 산당 철거, 석상(주상) 및 아세라 목상, 구리뱀 느후스단의 훼파가 나올 수 있었을 것이다. 예루살렘 성전 신앙 양식의 정당성, 정통성을 적극 주장하다가 전통적이고 일반적으로 용인되던 신앙 형태조차 제거해야 하는 부담스러운 상황을 맞은 것이다. 오랜 전통을 가진 산꼭대기의 제단이나 신전 기능을 했을 산당, 종교적 기념물, 야훼나 아세라를 포함해 여러 신상을 대신하던 성물로 유다왕국 내 아랏 신전의 지성소에서도 확인되는 주상(돌기둥, 마쩨봇) 그리고 토착화된 여신이자 야훼의 아내로 인형처럼 작게 만들어져 개인적으로 널리 숭배되던 모신母神 아세라신의 상징물도 찍어 없애야 했다. 모세가 만들었다는 뱀 형상의 느후스단도 이러한 과정에서 부숴 없앴을 가능성이 있다.

그러나 히스기야왕대의 가나안 신앙 이래의 전통 신앙 양식을 청산하는 작업은 『성경』이 말하는 대로 철저하고 흔쾌하게 수행된 일은 아니었을 것이다. 산당의 경우, 거기에 있던 제단만 없앴다고 보기도 한다.[72] 전통적 신앙 양태의 청산은 어느 시대에나 저항이 따르고 누구에게나 지체하고 싶은 일이다. 『성경』이 드러내 기술하지는 않았지만 백성들의 저항이나 주저함이 있었을 것이다. 이러한 점은 히스기야왕이

---

72) 배희숙, 「요시야 개혁에 대한 재고찰」, 『한국기독교신학논총』73, 2011, 88쪽

솔로몬이 만든 멸망산 산당을 끝내 없애지 않은 점에서도 미루어 볼 수 있다.

종교 개혁의 화신과도 같이 묘사된 히스기야왕은 솔로몬이 만든 멸망산 산당의 이방신들을 파괴하지 않았다. 북이스라엘의 야훼 신앙을 단죄하면서 예루살렘 성전 신앙의 정통성을 확인하는 중에 야훼 신상 숭배와 연관이 있는 전통적이고 일반적인 신앙 형태까지 정비했지만, 이방신 등 신상 일반을 우상시하는 단계에 이르지는 못한 것이다. 물론 솔로몬왕이라는 위대한 조상의 권위와 당대 국제 관계의 현실에서 그 산당에 설치된 이방신의 모국들을 의식했을 가능성도 있으나 결과적으로 신상 일반이 철저하게 우상으로 인식된 것은 아니었다. 다음 왕인 므낫세대의 전통적 다신 신앙 혼합주의적 신앙의 급속한 회복은 그래서 가능했다. 므낫세왕의 오랜 통치 후 마침내 요시야왕대에 이르러 정치적 의도가 한층 가미된 신학이 형성되어 모든 신상의 타파, 제의의 예루살렘 성전 집중화에 보다 적극적으로 나서게 되었다.

북이스라엘 멸망이 가져온 야훼 신에 대한 회의를 극복하면서 히스기야왕의 야훼 신앙은 더욱 고양되었을 것이다. 아울러 국제적 위기를 거치고도 자국이 존속함으로써 자신의 신앙 회복 정책이 가진 정당성도 확신하게 된 만큼 야훼 신앙에 더욱 자부심을 갖게 되었을 것이다. 유다 측이 과거의 죄를 회개하고 야훼 신앙을 제대로 지켜 북이스라엘과 달리 존속할 수 있었다고 생각하면서, 야훼 신을 제대로 믿으면 징벌이 아니라 상을 받는다는 「신명기」적 신앙 논리를 확신하게 되고, 그 바탕에서 야훼 신에 대한 헌신을 다짐하며 국가의 부흥을 전망했던 것이다.

이렇게 형성된 히스기야왕의 야훼 신앙은 국정 운영에서의 적극성과 자신감으로 표출되었다. 마침 그의 재위 중후반기에는 아시리아가 왕위 교체로 혼란을 겪고, 강력한 적 바빌로니아나 엘람과의 빈번한 전쟁, 또 다른 강력한 세력 우랄투 정벌에 힘을 쏟고 있어서 팔레스타인 지역까지 군사력을 동원할 여력도 없었다. 이러한 중에 사르곤2세가 죽고(BC 705) 아시리아 제국의 정치가 불안해지자, 히스기야왕은 팔레스타인 일대에서 반아시리아 운동을 주도하며 과감하게 주변 블레셋 지역 등을 정복해 영토와 영향력을 확대했다. 이처럼 히스기야왕대는 야훼 종교의 재정비뿐 아니라, 영토가 확장되며 인구가 크게 증가하고 행정이 체계화되어 많은 문자 기록이 전해지는 나름의 번영기를 구가했다. 북이스라엘 유민이나 아시리아의 침략을 두려워한 지방민 등 많은 인구가 수도 예루살렘에 유입되어 수도의 경계가 크게 확대되기도 했다. 엄밀한 역사학자들은 히스기야왕대에 이르러서야 유다왕국이 제대로 된 고대국가 단계에 도달했다고도 한다. 이러한 국력을 바탕으로, 히스기야왕은 아시리아와의 일전에 대비해 여러 성과 요새를 쌓고 예루살렘성 밖 기드론 골짜기에 있는 기혼샘의 물을 예루살렘 안 실로암 연못으로 끌어오는 터널식 수로를 만들기도 했다(「열왕기 하」20:20).

이러한 적극적이고 자주적인 정책 추진의 배경에는 아시리아의 침략을 막아야 했던 이집트와의 우호적 관계도 있었다. 히스기야왕대에 편찬된 것으로 보이는 '원신명기'에서 이스라엘의 총회에 들어올 수 없는 자들로 신낭이 상한 자나 사생자, 출애굽 과정에서 괴롭힌 아람과 모압인을 지목하였다. 그리고 또 하나의 형제 민족이라고 할 수 있는 에돔과, 히브리인들을 수백 년간 손님으로 살게 했던 이집트인을 미워하지 말 것을 명하며 그들의 삼대 후 자손은 총회에 들어올 수 있다고 했다(「신명기」23:1~8). 한편 히스기야왕의 친이집트 정책에 대해 선지자 이사야는 야훼를 저버린 행위로서 화를 부를 것이라 강한 어조로 비난하기도 했다(「이사야」30:1~7).

(3) 대아시리아 항전의 패배(BC 701)와 야훼 신앙의 쇠퇴

아시리아에 대한 히스기야왕의 대항 정책은 결국 안정을 되찾은 아시리아의 침략을 불러들였다. 아시리아 군대가 히스기야왕대에 두 차례 침략해왔다고 보는데 대대적인 침략은 히스기야왕 말년에 이루어졌다(BC 701). 아시리아 왕 산헤립의 침공은 유다왕국에 대단히 큰 손실을 가져왔다. 예루살렘은 점령을 모면했지만 최대의 방어 도시 라기스가 함락되고 전 국토가 아시리아군에 의해 크게 파괴되었다. 야훼 신은 적을 막는 데 선지자 이사야가 자신했던 만큼의 역할을 해주지 못했다.

아시리아의 침공에 대비해 히스기야왕은 예루살렘을 위시한 주요 도시의 성내에 지방의 주민들을 들어와 살도록 했다. 방어 시설이 잘 갖추어진 예루살렘은 야훼가 계신 곳이기도 해서 많은 사람들이 전쟁에서 신의 가호를 바라며 들어왔을 것이다. 이에 자연스럽게 야훼 신앙에 변화가 이루어지게 되었다. 지방 거주민의 격감과 아시리아군의 대대적인 침략은 지방의 쇠퇴를 가져왔는데, 이에 자연스럽게 지방의 신전이나 산당의 방치나 파괴에 의한 폐기가 나타났다. 여기서 유다의 야훼 신앙은 더욱 수도 예루살렘 중심의 시온신학적 신앙으로 뭉친 듯하다. 지방 출신 제사장이나 레위인들이 수도 일대에 모여들기도 했는데, 야훼 신앙은 지방의 기반을 상실해 예루살렘 성전 위주의 제사 예배 양상을 노정하게 된 것이다. 이러한 변화상도 현상적으로는 야훼 신앙의 중앙 집중화라고 할 수 있다. 이것은 아시리아 제국의 침략을 맞아 부득이하게, 다소 돌발적으로 벌어진 변화상이다.

히스기야왕의 종교 정책과 그의 야훼 신앙에 대해 『성경』은 최대로 후한 평가를 하고 있다. 그러나 정치나 행정 생활에서 야훼 신앙의 윤리를 얼마나 반영할 수 있는가는 물론이고, 종교계의 여러 욕구를 다 충족시킬 수는 없었을 것이다. 그러한 점은 그가 야훼 앞에 교만해져 병을 얻어 죽을 뻔했다는 기사를 통해 어느 정도 짐작할 수 있다(「역대기 하」32:24~26). 이 내용은 질병 자체를 죄의 결과로 보는 데서 오는 것이나, 아마도 그가 상당한 성공을 거두었던 재위 중엽 이후에는 제사장이나 레위인들의 욕구를 순순히 들어주지 않았을 것이다. 그리고 백성들의 전통적인 신앙 형태 등을 지속적으로 단속, 억압할 수도 없었을 것이다. 이집트와의 외교적 제휴도 열렬한 야훼 신앙인들이 반가워 할 리 없었는데, 예언자 이사야와 같은 히스기야의 지지자도 이에 불만을 품었음을 「이사야서」 등을 통해 볼 수 있다. 그러나 국가 안위를 책임지는 국왕으로서 현실적인 외교 대응을 하지 않을 수는 없었다.

히스기야왕의 말년은 전혀 전해지지 않고 있다. 그런데 아들 므낫세의 즉위와 그의 적극적인 친아시리아 행보를 미루어 보면, 히스기야는 아시리아 왕 산헤립의 침공에 결국 항복하고 다시 아시리아의 속국이 되었던 것으로 짐작된다. 아시리아 자료에 의하면 히스기야왕은 산헤립의 군대에 의해 '예루살렘에 새장의 새처럼' 갇혔다고 했는데, 포위 공격에 결국 항복하고 말았을 것이다.[73] 「열왕기 하」 18:14에는 히스기야왕이 라기스를 공격하고 있던 산헤립에게 사람을 보내 자기 죄를 인정하고 산헤립의 조공 요구를 받아들이기로 한 사실이 있다. 이렇게 되면서 대아시리아 항전의 주 이념이었던 시온신학은 활력을 상실하게

---

73) J.맥스웰 밀러·존 H. 헤이스 지음, 『고대 이스라엘 역사』 451쪽, 박문재 옮김 (크리스챤다이제스트, 2013)

된 것이다. 「열왕기 하」 저자나 「역대기 하」 저자는 히스기야왕의 말년에 대해서는 전혀 언급하지 않았다.

히스기야왕대의 유다는 아시리아의 일시적 혼란 속에 아하스왕대의 낭패와 좌절에서 벗어나 야훼 신앙을 한층 강화하며 그것을 중심으로 국가 발전에 상당한 효과를 보았다. 제국이 국제 관계를 전횡하던 국제 무대에 본격 노출되었으나, 아시리아제국의 내우외환에 용기를 내 민족주의 자주적 자세로 나름의 성공을 거두었다. 그러나 민족 신앙을 앞세운 자주 민족주의적 대응은 아시리아 제국의 상황 호전과 정벌 의지에 좌절할 수밖에 없었다. 제국간의 본격적 대결이 고조될 초입에 유다 왕국이 경험한 역사는 약소민족 이스라엘과 그 민족신 야훼가 차후에 맞게 될 시련을 예감하게 한다.

차후 역사 전개까지를 고려해 보면 히스기야왕대에 추진된 유다왕국의 야훼 신앙 강화 정책은 약소국 이스라엘 민족이 제국주의 국제 환경 속에서 위험을 무릅쓰고 처음으로 적극 시도해 본, 민족의 정체성을 지켜나간 자주적 대응 방법이었다. 약자가 자신의 정체성을 유지하고 나아가기 위해서는 정신적인 면을 우선적으로 강화해야 했던 것이다. 아울러 히스기야의 종교 개혁은 약 1세기 뒤 요시야왕대의 개혁에 선행 사례가 되었다.

2) 므낫세왕(BC 698~642)의 타협적 종교 정책

므낫세왕은 『성경』에서 북이스라엘의 여로보암왕이나 아합왕에 못지 않은 혹평을 받는 유다의 왕이다. 야훼에 대한 그의 불신앙으로 유다는 북이스라엘과 같이 결국 이민족에게 망하고 민족은 이산하기에 이른다는 가공스러운 평을 듣게 된다(「열왕기 하」21:10~14). 그는 유다 백성들의 존경을 받았던 위대한 왕 히스기야의 아들로, 12세의 어린 나이에 왕위에 올라 55년간 왕위에 있었다. 히스기야왕이 50여세를 살았던 만큼 므낫세의 형들이 있었을 가능성도 있지만 형제 관계 등은 전혀 나타나지 않는다. 왕위 등극 과정이 다소 변칙적일 가능성도 있다고 하나 그 실상을 알 수는 없다.

므낫세왕에 대해 기록하고 있는 「열왕기 하」21장과 「역대기 하」33장은 후자가 전자를 거의 옮긴 것이다. 후자에는 전자에 보이는 그의 신앙적 악행을 전한 후에, 그가 아시리아 군대장관들에게 잡혀 바벨론에 갔다가 자신의 죄를 회개하고 돌아와 야훼 신앙에 충성했다는, 전자에 없는 내용도 전하고 있다.

이러한 기사의 사실성을 확인할 방법은 없다. 악한 행위를 일삼았지만, 장수하고 장기간 왕위에 재위한 사실을 신의 축복으로 보던 관념에 따라 오히려 그의 회개 기사를 만들어 넣었을 가능성이 크다. 어쩌면 그의 길었던 재위기에 국가나 사회가 안정되고 지방민을 위시한 백성들의 삶이 전대에 비해 회복되었던 점을 기억하고 있던 이들이, 그와 같은 엄연한 사실을 부인할 수만은 없었기에 그의 신앙적 회개라는 모티브를 도입해 진실을 간접적으로 반영했을 가능성도 있다. 「역대기」 저자는 「열왕기」 저자보다 한층 유다 왕들에 호의적인 것도 상기할 필요가 있다. 「역대기」에서는 북이스라엘 왕들은 등한시하고 유다왕국 왕들을 중심으로 역사를 기술함은 물론, 그들의 실수나 악행을 의도적으로 배제하기도 한다. 「열왕기」가 전하는 다윗의, 우리야의 아내 밧세바와의 간통 사건이나 이방신을 위한 솔로몬의 신당 건설 등은 전하지 않는다. 유다 왕들의 군대 인원 수 등을 지나치게 과장하며 강대한 국가를 운영한 것처럼 만들기도 했다. 바벨론 포로에서 돌아오고 상당 기간 뒤에, 유다 사회에서 유다 출신들에 의해 이루어진 「역대기」의 저술이나 편집에는 그만큼 유다에 우호적인 서술이 이루어졌던 것이다.

므낫세왕의 종교 정책은 「열왕기 하」 21장에 비교적 자세하게 나온다.

2. 므나쎄[므낫세]는 야훼의 눈에 거슬리는 그릇된 정치를 폈다. 야훼께서 이스라엘 사람 면전에서 쫓아낸 민족들의 역겨운 풍속을 따라

3. 부왕 히즈키야[히스기야]가 허물어버린 산당들을 다시 세웠고 이스라엘 왕 아합을 본받아 바알 제단을 쌓았으며 아세라 목상을 만들었고 하늘의 별들을 절해 섬겼다.

4. 그는 야훼의 전 안에 제단들을 쌓았는데, 그 전을 두고 야훼께서는 일찍이 "내가 예루살렘을 내 이름으로 삼으리라." 하셨던 것이다.

5. 그는 이 야훼의 전 안팎 뜰 안에 하늘의 별들을 섬기는 제단들을 쌓았다.

6. 그리고 왕자들을 불에 살라 바칠 뿐 아니라 점쟁이와 술객을 두었고 혼백을 불러내는 무당과 박수를 두었다. 이렇게 야훼의 눈에 거슬리는 일을 많이 해 야훼의 속을 썩여드렸다.

7. 또 그는 아세라 목상을 만들어 야훼의 전 안에 세웠다. 야훼께서는 일찍이 이 예루살렘 성전을 두고 다윗과 그의 아들 솔로몬에게 이렇게 말씀하셨던 것이다. "이 성전, 이스라엘 온 지파들 가운데서 선택한 이 예루살렘에 영원히 나의 이름을 둔다.

8. 만일 내 명령을 성실히 지키고 나의 종 모세가 일러준 모든 법

을 성실히 지키기만 한다면 선조들에게 주었던 땅에서 이스라엘 온 지파들을 다시는 내쫓지 않으리라."

9. 그러나 그들은 그 말씀을 듣지 않았다. 므나쎄는 이스라엘을 그릇 인도했다. 그리하여 이스라엘이 저지른 악이 야훼께서 자기들 면전에서 멸하신 민족들보다 한층 더 심했다.

므낫세왕의 종교 정책은 부왕 히스기야의 종교 정책을 마치 조부인 아하스왕대로 되돌려 놓은 것처럼 보일 정도이다. 예루살렘 성전 중심으로 재건, 확대된 부왕대의 시온신학을 부인하고 과거의 혼합주의 다신 신앙으로 회귀하는 정책으로 나아갔던 것이다. 심지어 예루살렘 성전에도 아세라 여신 목상을 세워, 보수적 개혁을 시도했던 히스기야왕대의 야훼 추종자들의 큰 실망을 샀던 것으로 보인다.

그런데 역사적으로 보면, 므낫세는 자주적인 정책을 포기하고 아시리아에 충성을 다했으며 그 대가로 오히려 유다는 안정을 찾고 산헤립의 침략에 의해 크게 파괴되었던 지방이 회복되어 발전하는 등 경제적으로 부흥했다. 따라서 『성경』 저자들이 보는 그의 시대와 그 백성들이 누린 행복 지수는 크게 다를 수 있음에 유의해야 할 것이다.

『성경』이 저주를 퍼부은 그의 종교 정책도 기상천외하고 천하에 불효한 자의 반동적 정책처럼 보이지만 실상은 그렇게 유별난 일이 아니었다. 이미 부왕 히스기야가 아시리아에 항복함으로써 기존의 야훼 신앙, 시온신학을 중심 이데올로기로 운영한 자주적 국가의 기조는 지속할 수 없었다. 아시리아는 속국의 전통적 민족 신앙을 포기하도록 강압하지는 않았지만, 패전과 항복에 의해 강화된 제국의 간섭 속에 민족신 신앙을 중심으로 독립 지향의 정책을 계속할 처지는 아니었던 것이다.

이러한 상황에서 야훼의 처소 예루살렘 성전이 가져올 영광을 말하는 시온신학은 힘을 펼 수 없는 처지였다. 결국 므낫세왕은 예루살렘 성전 중심 야훼 신앙을 적극 지원하지 않음으로써, 과거의 신앙 형태로 자연스러운 복귀가 일어났을 것이다.

아울러 평화가 회복되어 지방민들이 고향에 귀향하면서 폐기 상태의 지방 산당 등이 자연스럽게 회복되었다. 므낫세왕이 그러한 복고적 흐름에 정치적으로 일부 동조함으로써 예루살렘 성전 중심 체제에서 혜택을 누리던 자들에게서 큰 비판을 받게 된 것이다. 그가 되돌렸다는 신앙 형태는 사실 그 당시 팔레스타인, 그리고 조금 앞선 시기의 유다나 북이스라엘에서 펼쳐지고 있던 신앙 양상이었다.

그가 아세라 목상을 만들어 야훼의 전에 세우도록 한 것이 특기되기도 했는데(7절) 아세라 신은 엘 신이나 바알 신의 아내 신으로 여겨지다가 야훼가 주신이 되면서 그의 아내 신으로 여겨져 왔던 만큼 그의 조치가 유별한 신앙적 도발은 아니었다. 발굴된 쿤틸렛 아즈루드 유적의 항아리 파편에는 '야훼와 그의 아세라'가 보이며, 아랏 신전의 지성소에 야훼 주상(돌기둥)과 더불어 아세라로 여겨지는 주상이 함께 설치되어 있는 것을 보면 이미 이스라엘이나 유다에서 아세라는 야훼 신의 아내로 굳게 자리를 잡고 있었던 것이다.

므낫세의 아세라 목상 설치가 당시의 신앙 형태로는 대단한 도발은 아니었다 해도, 예루살렘 성전 체제에 속한 이들에게는 엄청난 도전이고 불신앙 행위였다. 앞 시기 히스기야왕이 예루살렘 성전을 정화하고 예배를 회복하는 과정에서 혼합주의적 아세라 상등을 제거했는데, 그 아들이 다시 아세라상을 설치한 것은 매우 불손한 행위로 여겨졌을 것이다. 무엇보다도 예루살렘 성전의 전통과 '원신명기' 내용처럼 언약궤만 모시고 신상 설치를 배제했던 그들로서 이러한 일은 야훼 신에 대한 모독으로 여겨질 소지가 있었다. 그리하여 므낫세의 불신앙에 의해 유다 국가가 멸망하게 되었다는 후대의 해석이 나온 것이다.

당시의 국내외 상황을 고려해 보면, 므낫세왕대에 다시 야훼에 대한 불신앙이 펼쳐지고 다신 신앙과 혼합주의 그리고 이방 신앙에 대한 묵인이나 동조 풍조와 정책 시행 등을 므낫세 개인의 불신앙으로 규정하는 『성경』 저자들의 인식은 너무 일방적이다. 초강대국 아시리아 제국에 대항했다가 큰 피해를 입고 항복해 제국의 지배를 다시 받아들인 이상, 재위 말년의 히스기야왕을 포함해 그 누구도 시온신학과 유다 왕권 신학의 기치를 내세울 수는 없었다. 이러한 중에 백성들은 자연스럽게 전통적 혼합주의적 다신 신앙으로 회귀했던 것이다. 사실 히스기야왕이 국가적으로 예루살렘 성전 위주의 시온신학을 강조하던 시절에도, 민간 차원에서는 여전히 종래의 전통적 다신 신앙, 혼합주의적 신앙의 형태를 유지했다. 「예레미야」 2:28에서는 '유다에는 섬기는 신들이 성읍의 숫자와 같이 많다.'고 말하고 있다.

3) 요시야왕대(BC 639~609)의 「신명기」적 개혁과 유일신 신앙의 대내적 확립

므낫세왕대 유다왕국은 야훼 신앙이 크게 쇠퇴한 가운데서도 아시리아에 충성을 다함으로써 장기간의 평화를 누렸다. 그리고 므낫세왕과 유사하게 야훼의 길을 떠났다는 평을 받는 그의 아들 아몬왕이 2년 재위 끝에 살해되었다(BC 640). 그리고 아몬왕의 아들인 요시야가 8세에 왕위를 잇게 되었다.

요시야왕(BC 639~609)에 관한 「역대기 하」34장 기록에는, 「열왕기하」의 그에 관한 기사에는 보이지 않는 그의 종교 개혁 이전의 역사를 전하고 있다. 재위 8년 즉 15세 되던 해에 비로소 다윗의 하나님을 구했고, 재위 12년 곧 19세에 유다와 예루살렘을 정결케 해 그 산당과 아세라 목상들과 우상들을 없애버렸다고 한다. 그러자 사람들이 바알의 단을 부수고 왕은 단 위에 높이 달린 태양상을 찍어내고 아세라 목상과 우상들을 없앴다고 한다. 나아가 므낫세 지파 지역과 에브라임, 시므온, 납달리 지파 지방의 황폐한 지역에서도 같은 일을 했다고 한다.

그의 재위 초에는 종교 개혁의 의도나 시도가 없었다. 나이가 어린 왕이 적극적인 종교 정책을 추구할 수도 없었지만, 그는 여전히 아시리아 속국의 왕으로서 쇠잔해진 야훼 신앙을 회복할 입장이 아니었다. 재위 8년 곧 15세 성년의 단계에 이르면서 처음으로 다윗의 야훼 신을 알게 되었다. 이는 므낫세왕 이래 야훼 신앙이 얼마나 쇠퇴했는지를 보여준다. 19세가 되자 드디어 그는 유다와 예루살렘의 다신 신앙 혼합신앙 행태를 정리하고자 하는 정책을 실시했다. 이것은 그의 야훼 신앙이 서서히 성장해가면서 나온 일이라고 볼 수 있는데, 당시 아시리아 제국이 쇠약해지고 영향력의 감소하며 왕정 구성원 일반이 보인 자신감과 각성, 그에 따른 신앙적 대응이기도 했을 것이다.

요시야왕 12년, 그의 나이 19세에 실시된 종교 개혁은 앞서 본 히스기야왕 즉위초와 거의 같은 양상을 보였다. 히스기야왕이 부왕 아하스왕 대의 야훼 신앙에 대한 불신과 방기 상태를 정리, 개혁하면서 다신 신앙 혼합주의적 신앙 형태를 제거, 정화한 것과 같은 일이 일어났다. 예루살렘 성전을 우선 수리, 정화하고 예루살렘 지역과 유다 지방에도 긴급하게 야훼 신앙을 회복하는 조치를 취했다. 야훼 신앙은 히스기야왕 초중기에 크게 정비, 강화된 이후 히스기야왕 말년에서 므낫세왕과 아몬왕, 요시야왕대 초기까지 약 60년을 방치 상태에 있었던 것이다. 요시야왕이 재위 8년인 15세에 이르러 다윗의 야훼를 '처음' 알게 되었다는 내용은 그와 같은 상황을 보여준다. 따라서 「역대기 하」가 전하는, 예루살렘 성전 정화 이후 과거 북이스라엘 영토이자 아시리아의 속주였을 므낫세, 에브라임, 시므온, 납달리 지역까지 신앙적 정화 작업이 곧이어 일어났다고 보기는 어렵다. 「열왕기 하」22, 23장에 의하면 그러한 일은 요시야왕 18년(BC 622)에 성전에서 율법책이 발견된 이후의 일이다.

요시야왕대의 본격적인 종교 개혁은 요시야왕 18년, 25세 때에 예루살렘 성전에서 '율법책'을 발견하고 난 후 추진되었다. 왕명에 의해 예루살렘 성전을 수리하는 중에 대제사장 힐기야가 율법책을 발견했다. 국가의 중심 성전인 예루살렘 성전에서 '율법책 발견'이 있었다는 것은 의미심장하다. 앞선 요시야왕 12년의 야훼 신앙 회복을 위한 조치가 있은 지 6년 후에야 성전 안에서 율법책이 발견되었다는 것이다. 이 일이 왕과 개혁가들의 자작극일 가능성을 생각하는 이들도 있다. 그러나 증거가 없는 상황에서 단정할 수는 없다. 일단 기사대로 받아들이며 진실의 일단을 찾아보는 것이 좋을 듯하다. '율법책의 발견'이 문자 그대로 사실이라면, 그때까지 상당한 세월 동안 구전이나 일부 소량의 문서들을 제외하고 책자 형태의 율법서가 예루살렘 성전에 없었거나 있었다 해도 이용되지 않았다고 보아야 할 듯하다. 히스기야왕대에 '원신명기'가 편찬되었다고 해도 그것이 거의 활용되지 않고 전통과 관습에 따라 제사나 예배가 이루어졌을 가능성이 크다. 돌아보면 히스기야왕대에 자주 독립의 기상을 세우다가 다시 아시리아 제국에 투항한 후 야훼 신봉자들이 겪은 60여년 세월은 매우 긴 암흑의 시간이었다고 보인다. 이 시절은 히스기야왕대에 내건 자주 독립의 기치를 이끌던 야훼 신앙, 시온신학을 지지하던 이들에게는 좌절과 침묵의 시간이었을 것이다.

요시야왕의 개혁을 앞선 히스기야왕 이래 개혁적 야훼 신앙 엘리트들이 치열하게 준비한 결과로 보기도 한다. 그러나 개혁가 그룹이 있었다고 해도 아무런 지원 없이 억압된 분위기에서 지내야 했던 긴 세월은 그들의 의욕을 상실시키는 지경에 이르렀을 것이다. 이러한 신앙적 퇴보 현상에 대해 각성의 외침이 있었을 만도 한데, 침체가 얼마나 심했던지 이 시기에는 이렇다 할 예언자의 활동도 전혀 없었다. 이 개혁이 사전에 준비된 것이 아니었음은, 초기에는 아무런 조짐도 없다가 아시리아 제국의 쇠잔과 함께 요시야왕 12년에야 처음 시도되고 나아가 18년에야 본격적으로 추진된 데서도 알 수 있다.

당시는 바벨론 포로기 이후와 달리 대다수 민족 구성원들이 다신 신앙 상태에 있어서, 야훼 신앙이 민족의 운명이라 여기지도 않았고 확고한 율법 체계를 확립한 시기도 아니었다. 따라서 야훼 신앙은 여러 신앙 가운데 유력한 공식적 국가 및 민족 신앙 정도라고 보았던 것이다. 그러한 시절에 철저한 야훼 신앙에 기반한 강력한 개혁 그룹의 존재나 장기간의 존속을 상정하는 것은 역사적으로 설득력이 약하다. 그런 집단이 있었다면 적어도 요시야왕 12년의 1차 정화 작업이 개시된 이후 가능한 한 빠른 시일 내에 준비된 개혁안을 왕에게 제시했을 것이다.

물론 개혁 세력이 왕에게 재위 8년에 야훼 신앙을 알리고, 12년에 성전 정화 등을 요청하고, 드디어 바벨론(신바빌로니아)의 공격에 의해 아시리아가 최악의 고비를 맞은 즈음인 재위 18년(BC 622년)에 본격적인 개혁에 나섰다고 볼 수도 있다. 그러나 시온신학에 철저한 자주파가

와신상담하고 있었다면, 요시야왕 재위 중반에 이르러서야 행동에 나선 것은 대체로 성급하기 마련인 개혁가들의 속성과는 어울리지 않는다. 앞서도 보았지만 재위 12년의 1차 개혁조치는 그렇게 대단한 성과라고 보기도 어렵다. 정치, 사회 상황에서는 당대인들에게 분명 충격적이었겠지만 역사적으로는 이미 앞선 히스기야왕 즉위 초 아시리아라는 위협적 존재가 엄존하고 있는데도 추진되었던 개혁에 비할 바는 못 되었던 것이다.

결국 요시야왕대의 개혁은 히스기야왕대의 개혁에 비해, 아시리아라는 제국이 가하던 대외적 위험도가 크게 낮아진 가운데 추진되었다. 오랜 압제자 아시리아제국에서 사실상 해방된 분위기에서 추진된 것이다. 따라서 그것은 치열한 개혁 주도 세력의 존속과는 거리가 있다. 요시야왕이 10여년 후 급서한 다음, 유다왕국이 전반적으로 혼란스러워지고 종교 상황도 예전 상태로 돌아간 것을 보면, 준비된 강력한 개혁가 집단을 상정하는 것은 무리가 있다. 성전에서 율법책을 발견한 대제사장 힐기야와 그것을 받아 읽고 왕에게 전달한 서기관 사반 등을 개혁 주도 세력으로 볼 수도 있지만, 이들은 지극히 공적인 채널로서 맡은 일을 수행했다. 물론 이들은 그 직책이나 율법책 발견이 갖는 역사적 의미로 인해 차후 개혁에서 중요한 역할을 하게 되었을 것이다.

요시야왕의 본격적 개혁은 대외적 위험이 크게 완화되는 중에 오랜 세월 야훼 신앙 경시 정책이나 풍조에 대한 반발과, 무엇보다도 앞선 히스기야왕대의 개혁에 힘입은 바가 컸다. 야훼 신앙 경시 풍조나 정책에 대한 반발이 크게 작동한 결과임을 보여주는 것으로는, 율법책을 발견한 후 왕이 여선지자 훌다에게 이 일에 관해 물었을 때 나온 신탁이 있다. 훌다는 "나 야훼가 선언한다. 유다 왕이 읽는 책에 적혀 있는 재앙을 내가 이제 이곳과 이곳 국민들에게 내리리라. 그들은 나를 저버리고 저희 손으로 만들어 세운 온갖 우상에게 제물을 살라 바쳐 나의 속을 썩여주었다. 그런즉 나의 분노가 이곳에 불길 같이 떨어지면, 아무도 그 불을 끄지 못하리라."(「열왕기 하」22:16,17)고 했다. 오랫동안 다른 신앙에 의해 철저히 소외되고 있었던 데 대한, 마음이 크게 상한 야훼 신의 반발, 곧 그 제사장이나 추종자들의 반발이 아시리아 멸망이라는 호기를 맞아 이 개혁을 추동하려 하는 계제에 이르렀던 것이다. 이러한 상황에서 요시야왕이 적극적인 개혁에 나선 것이다.

요시야왕은 유다와 예루살렘의 모든 장로들을 모으고 제사장이나 백성들과 함께 예루살렘 성전으로 들어갔다. 왕은 발견한 율법책을 모든 사람들이 듣도록 읽고, 이 책에 적힌 언약의 말씀을 마음과 성품을 다해 야훼께 순종하며 지킬 것을 야훼 앞에서 선포하고 백성들도 그 언약을 좇기로 약속했다. 왕과 제사장, 선지자, 레위인, 온 나라의 장로들과 백성들이 함께 야훼의 율례와 법도를 준행할 것을 약속했다(「열왕기 하」23:1~3). 거국적인 언약식이 거행되었다. 이것은 지배층과 성전 종사자 위주로 속죄와 정화를 통해 성전 제의를 회복하는 데 주안점이 있었던 히스기야왕대의 언약식에 비해, 지배층은 물론 지방의 장로들과 백성들이 대거 참가해, 발견된 율법책과 율법 중심의 보다 구체성을 띤 언약식이었다. 마치 출애굽 후 시내산에서 모세의 중재에 의해 이루어졌다는 야훼와 이스라엘 백성간의 언약식을(「출애굽기」24:3~7) 재연한 듯했다. 야훼 신의 새로운 계시라고 여겼을 율법책의 발견을 통해 새로운 민족이 탄생하는 듯한 느낌을 받았던 것이다.

이처럼 왕과 제사장, 장로들은 물론 백성들까지도 함께 한 공개적이고 대대적인 언약식을 통한 요시야의 개혁 출정은, 백년 이상 억압을 가해온 아시리아의 멸망이라는 대 호기를 맞이해 온 국가 구성원이 해방감으로 벌인 축제처럼 시작되었다. 따라서 개혁 주체들의 준비 여부에 무관하게 차후 큰 추진력을 가진 국가 개조 운동의 성격을 띠게 되었던 것이다. 그런데 이와 같은 관제 개혁의 성격으로 인해 그 중심에 있던 요시야왕이 급서하자 개혁이 길을 잃고 말았다.

발견된 율법책은 「신명기」로 보인다. 「열왕기 하」 23:3에는 "그런 후에 기둥 있는 데로 올라가서, 야훼를 따르며 마음을 다 기울이고 목숨을 다 바쳐 그의 계명과 훈령과 규정을 지켜 그 책에 기록되어 있는 언약을 이루기로 야훼 앞에서 서약했다. 백성들도 모두 따라 서약했다"라고 했다. 이 내용은 「신명기」 6:4, 5에 전하는, 차후 이스라엘 민족의 전통적 기도문인 셰마Shema의 첫 구절인 "너, 이스라엘아 들어라. 우리의 하느님은 야훼시다. 야훼 한 분 뿐이시다. 마음을 다 기울이고 정성을 다 바치고 힘을 다 쏟아 너의 하느님 야훼를 사랑해라." 라는 구절과 부합한다.

그런데 「신명기」도 몇 차례의 보완, 편집 단계를 거쳐 완성된 만큼이때에 발견된 문제의 율법책이 언제 누구에 의해 만들어진 책인지도 문제가 되고 있다. 요시야왕 당시에는 이 책이 모세가 전한 것이라고 믿었다(「역대기 하」 34:14). 그런데 앞에서도 보았지만 정치, 사회, 종교적 상황이나 국제 정세 등을 참작하면 요시야 개혁은 히스기야 개혁의 재판임을 부인할 수 없다. 전 왕대의 불신앙을 청산하면서 야훼에 대한 신앙을 새롭게 해 민족의 정체성을 유지하며 자주적으로 국가를 발전시키고자 하는 정책이었다. 히스기야왕 말년 이후 60여년에 걸친 야훼 신앙 쇠퇴기에 진전된 개혁안이 마련되었을 가능성도 높지 않고, 두 왕대의 개혁에도 진전은 있지만 대단한 도약이 있는 것은 아니다.

따라서 성전에서 발견된 '율법책'은 아마도 히스기야왕대에 편찬되었다는 '원신명기(「신명기」12장~26장)'를 벗어나지 못할 것으로 여겨진다. 요시야왕대와 후대에 약간의 추가 편집이 가해지며 완성된 「신명기」 내용은, 이미 히스기야왕대에 다시 주목된 시온신학이나 요시야왕대의 보다 적극적인 유일신 종교 정책에 부합되는 내용이다. 히스기야왕과 요시야왕대의 종교 개혁 정책은 「신명기」에 근거한 「신명기」적 개혁 운동인 것이다. 므낫세 왕과 아몬왕 그리고 요시야왕 초기의 긴 세월을 통해 야훼의 성전은 거의 방치되면서, 예루살렘 성전의 전통적인 사독 계열 야훼 제사장 집단의 세력도 크게 쇠잔해져 있었다. 이러한 가운데 히스기야왕대에 편찬되었을 '원신명기'는 이용되지 않고 유명무실한 책으로 여겨져 방기되었다가 그야말로 예루살렘 성전에서 대제사장 힐기야에 의해 '발견'되는 일이 벌어졌던 듯하다. 당시는 아직도 문자화된 책보다는 여전히 구전과 관습에 의해 성전이 운영되었음을 보여주는 일이기도 한데, 그처럼 유명무실했을 '율법책'의 성전 내 발견은 유다의 엘리트들이 쇠락한 야훼 신앙의 부흥에 다시 적극적 관심을 갖게 되면서 나타난 것이다.

　'율법책'의 발견은 야훼 신앙의 엘리트들-일부 제사장 계열, 레위인 계통, 선지자 계열, 서기관 등-에게 새로운 지적 자극을 주었다. 우선은 이 '율법책'의 실체를 파악해야 하는 지적 의무가 그들에게 부여되었다. 그들은 이 책을 모세의 책으로 여겼다. 요시야왕의 지원을 받으며 '원신명기'를 보완, 편집하고 「신명기」가 지향하는 야훼 통치의 역사, 곧 이스라엘 민족의 역사에 대한 관심과 연구로까지 나아가게 되었다. 율법책은 모세의 것으로 여겨진 만큼, 이집트 탈출 역사에까지 이르는 역사의식을 갖게 되고 역사서의 성격을 갖는 일부 서책의 구체적 저술에도 나섰다. 「여호수아서」의 핵심을 이루는 가나안 땅에 대한 정복과 지파별 분배 내용이 요시야왕대의 영토적 열망을 반영하는 것으로 보인다든지, 여로보암왕이 쌓은 베델 제단을 다윗 왕조의 요시야라는 이가 부숴버릴 것이라 예언되었다는 「열왕기 상」13:2의 내용 등은 이와 같은 작업이 주로 요시야왕대에 진행되었으리라는 점을 입증해준다.

그런데 역사서 저술 작업이 애초부터 국가적 지원에 의해 집단적으로 이루어진 것인지, 선구적 지성 개인 차원에서 먼저 추진된 것인지는 문제로 남는다. 『성경』의 역사서에는 자료로서, 왕정에서 편찬했을 가능성이 있는 유다나 이스라엘의 역대 왕들에 관한 『유다왕 역대지략』과 『이스라엘왕 역대지략』뿐만 아니라 편찬 주체를 정확히 알 수 없는 노래 시집으로 보이는 『야살의 책』이 있음을 전하고 있다. 필자는 세계적으로 가장 이른 시기에 만들어진 「신명기」계 역사서의 초기 작업은, 창의적이고 역사 의식에 투철한 열정적 지성에 의해 창발創發되었을 개연성이 더 높다고 생각한다. 전 세계적으로도 공자나 헤로도토스, 사마천 등 초기 역사가들은 치열한 시대 정신을 가진 열정적인 지성들이었다. 주요 기초 자료의 대부분은 국가적으로 편집되었겠지만, 현재 전해지는 『성경』의 역사서 형태 저술은 창조적 개인에 의해 이루어진 일이 아닐까 생각된다.

「신명기」계 역사서는 저명한 유다왕국 말기의 대선지자 예레미야와 그의 조수이자 서기였던 바룩이 협력해 저술된 것이라는 주장도 있는데,[74] 그 가능성을 가볍게 볼 일은 아니다. 예레미야는 국가 형성 이전에 이스라엘 야훼 신앙을 선도하던 실로 '야훼의 집' 제사장 계통의 유

---

74) R.E.프리드만, 『누가 성서를 기록했는가』 326쪽, 이사야 옮김 (한들출판사, 2010)

서 깊은 종교적 가계에서 난 예민한 지성인이었다. 그는 유다왕국의 핵심 지배층과도 유대를 가진 선지자였다. 「신명기」계 역사서와 「예레미야서」에 보이는 역사관은 대동소이한데, 일부 학자들이 주목하는 약간의 차이는 후대에 가미된 것일 수도 있고, 같은 저자의 것이라고 해도 세월과 시대적 환경에 따라 변화할 수 있음을 생각하면 지나치게 의식할 일은 아니다.

성전에서 '율법책'의 언약 내용을 지키기로 제사장, 장로들, 나아가 백성들과 함께 거국적 규모와 형식으로 약속한 요시야왕은 율법책의 내용에 따라 당시의 혼합주의적 다신 신앙을 대거 제거, 정비하는 작업에 나섰다. 「열왕기 하」23장에는 그 구체적 내용이 보인다.

4. 왕은 대사제 힐키야[힐기야]와 부사제와 문지기들에게 명해 야훼의 전 안에서 바알과 아세라와 하늘의 별을 섬기는 데 쓰던 모든 기구들을 치우게 했다. 그는 그 기구들을 예루살렘 성 밖 키드론 벌판에서 불사르고 그 재를 베델로 가져갔다.

5. 그는 또 유다 각 성읍과 예루살렘 인근 지역에 있는 산당들에서 제물을 살라 바치도록 유다 왕들이 세웠던 가짜 사제들을 파면하고, 바알과 해와 달과 성좌들과 하늘의 별들에게 제물을 살라 바치던 자들을 모두 파면했다.

6. 또 아세라 목상을 야훼의 집에서 들어내다가 예루살렘 성 밖 키드론 골짜기에서 불사르고는 가루로 만들어 공동 묘지에 뿌렸다.

7. 왕은 또 여인들이 아세라 대신 음란을 피우던 남창의 집들을 야훼의 전에서 허물어버렸다.

8. 그는 유다 모든 성읍에서 사제들을 불러들이고 게바에서부터

브엘세바에 이르기까지 전국에서 그들이 제사 드리던 산당들을 모두 부정한 곳으로 만들었다. 성문으로 들어가면서 왼쪽으로 성주의 이름을 따 여호수아의 문이라 불리는 문이 있는데 그 문 앞에 있던 염소 귀신들을 섬기는 산당을 헐어버렸다.

9. 산당들에 있던 사제들은 예루살렘에 있는 야훼의 제단에 올라가지 못하게 했지만 그러나 다른 사제들과 함께 누룩이 들지 않은 떡은 먹게 했다.

10. 왕은 벤힌놈 골짜기에 있는 도벳을 부정한 곳으로 만들어 아무도 자녀를 몰렉에게 살라 바치지 못하도록 했다.

11. 또 유다 왕들이 태양신을 모시는 말 동상을 야훼의 전 문 어귀에 있는 야훼의 전 내시 나단멜렉의 행랑채 곁에 세웠었는데 그것도 부수고 태양신이 타는 병거는 태워버렸다.

12. 그는 유다 왕들이 아하즈[아하스]의 다락방 옥상에 세운 제단들과 므나쎄[므낫세]가 야훼의 전 안팎 뜰에 세운 제단들을 모두 헐어 가루로 만들어 키드론 골짜기에 뿌렸다.

13. 또 왕은 이스라엘 왕 솔로몬이 시돈 사람들의 역겨운 아스다롯 여신상과 모압인의 역겨운 그모스 신상과 암몬인의 역겨운 밀곰 신상을 모시기 위해 예루살렘을 마주보는 그 멸망의 산 남쪽에 세웠던 산당들을 부정한 곳으로 만들었다.

14. 석상들을 부수고 목상들은 토막을 내고 사람의 해골을 거기에 너저분하게 널어놓았다.

15. 왕은 또한 이스라엘을 죄에 빠뜨린 느밧의 아들 여로보암이 베델에 세웠던 산당과 제단도 허물고 돌들을 부수어 가루를 만들었으며 아세라 목상은 태워버렸다.

16. 요시아는 산 위에 공동묘지가 있는 것을 보고 사람을 보내어 무덤 속에서 해골을 꺼내어 제단 위에 놓고 불살라 그 제단을 부정하게 했다. 여로보암이 축제 때에 그 제단 앞에서 제사 드릴 때 하느님의 사람이 외친 야훼의 말씀이 이렇게 이루어졌다. 거기에는 그 하느님의 사람이 묻힌 무덤이 있었는데, 요시아는 그 무덤을 보고

17. 저기 보이는 저 비석이 무엇이냐고 물었다. 그 마을 사람들이 "유다에서 온 하느님의 사람의 무덤입니다. 그가 일찍이 말하기를 임금님께서 베델의 제단을 이렇게 하시리라고 했습니다."

18. 그러자 왕이 말했다. "그분을 건드리지 마라. 아무도 그 유해에 손을 대지 마라." 이 말을 따라 그의 유골은 사마리아에서 온 예언자의 유골과 함께 아무도 손을 대지 않았으므로 그대로 남아 있게 되었다.

19. 이스라엘 왕들은 사마리아의 여러 성읍 언덕마다에 산당을 세워 야훼의 속을 썩여드렸는데, 요시아는 베델에서 한 것처럼 그 산당들도 철거했다.

20. 그는 그 곳 산당들의 사제들을 모두 제단 위에서 죽여 사람의 해골과 함께 그 제단 위에서 불사르고는 예루살렘으로 돌아왔다.

21. 왕은 또 전국민에게 명령을 내렸다. "이 언약법전에 기록되어 있는 대로 너희 하느님 야훼께 감사해 과월절[유월절]을 지켜라."

22. 그래서 지킨 과월절[유월절] 축제는 일찍이 판관[사사]들이 이스라엘을 다스리던 시대나 왕들이 이스라엘과 유다를 다스리던 어느 시대에도 없었던 것이었다.

23. 예루살렘에서 야훼를 기려 과월절[유월절] 축제를 지킨 것은 요시아 왕이 즉위한 지 십팔 년 되던 해의 일이었다.

24. 요시아는 또 유다와 예루살렘에서 도깨비나 귀신을 불러 물어보는 자들과 가문의 수호신과 온갖 역겨운 우상들을 눈에 띄는 대로 쓸어버렸다. 이렇게 해 요시아는 사제 힐키야가 야훼의 전에서 찾아낸 책에 기록되어 있는 조문들을 시행했다.

25. 요시아처럼 야훼께로 돌아가 마음을 다 기울이고 생명을 다 바치고 힘을 다 쏟아 모세의 법을 온전히 지킨 왕은 전에도 없었고 후에도 없었다.

우선 4절과 6절에 보이는 바, 오랜 세월 동안 혼합적인 신앙 행태로 인해 혼란상을 보이던 예루살렘 성전을 야훼 신의 신전으로 환원하는 조치를 취했다. 6절에 보이는, 치워버린 야훼 전에 있었던 아세라 상은 므낫세 왕이 설치한 것으로 보인다(「열왕기 하」21:7). 5절은 다신 신앙 혼합주의적 신앙에 젖어 있던 이전 왕들과 연결된 혼합주의적 신앙의 온상 지방 산당들의 제사장들을 파면하는 조치였다. 이와 같은 조치는 당연히 '원신명기'에 보이는 명령에 근거한 것이었다.

다른 내용들은 가나안의 전통적 신앙이나 수입되어 토착화 단계에 돌입한 이방 신앙들을 제거하는 조치였다. 본래 팔레스타인 지역은 다신 신앙 혼합주의적 신앙이 널리 유행하고 있었으나 히스기야왕의 개혁이 중단되고 므낫세왕대 이래 이방 신앙이나 전통적 신앙 등을 용납하는 정책을 취하면서 아시리아를 위시해 그 연원을 알 수 없는 것들까지 다양한 신앙이 만발했다. 이토록 분잡한 신앙 형태를 대거 제거, 정리했던 것이다.

히스기야왕대에 비해 요시야왕대의 종교 개혁이 진일보했음을 명징하게 보여주는 사실도 있다. 13절에 보이는 바와 같이 솔로몬이 이방의 아스다롯, 그모스, 밀곰 등을 제사 지내도록 그 신상을 설치한 멸망산 산당을 더럽히고 신상들을 깨뜨린 것이다. 히스기야왕이 위대한 조상 솔로몬왕에 대한 존경심이나 그들 신들의 모국을 외교적으로 의식해 예외로 남겨 두었을 이 산당과 그 신상들까지 부숴버릴 만큼 요시야왕의 「신명기」 준수 의지는 확고했다. 야훼의 영토 내에 다른 신상의 존재를 예외 없이 제거하는 확실한 태도를 보인 것이다. '원신명기'에 해당하는 「신명기」12:2,3의 '쫓아낼 민족들의 신들을 섬기던 자리를 다 파멸하고 제단을 헐고 주상 아세라상 신상들을 불사르고 찍어내라'는 내용을 문자 그대로 실행했던 것이다.

앞서 언급했듯이 요시야왕대는 「신명기」계 역사서가 저술되기 시작했을 만큼 역사 의식이 고양되어 가고 있었다. 따라서 당시 정치 종교적 엘리트들은 히스기야왕처럼 야훼에게 충성스러웠던 왕이 왜 말년에 징벌을 받아 아시리아에 재종속되었는지 탐구했을 것이다. 아마도 그의 두드러진 야훼 명령 불복종 사례라고 여겨졌을 멸망산의 이방신 신당 존치를 가장 직접적 원인으로 인식하게 되었을 듯하다. 따라서 히스기야왕 같이 실패하지 않기 위해서라도 그가 남겨둔 멸망산 이방신당을 과감하게 파괴했던 것이다. 여기서 시온신학을 재정립해 가던 히스기야왕대의 과도적 자세와, 이미 율법책(「신명기」)이라는 전범典範을 가지고 시행되는 요시야왕대의 종교 개혁의 속도나 정도가 다름을 알 수 있다. 위에서 인용한 구절들을 보면 요시야왕은 다른 선대 왕들이 설치한 단이나 신상, 신당 등도 예외 없이 정리, 제거하고 있다. 당시의 개혁이 '율법책'에 따른 확고한 「신명기」적 원칙을 따르고 있음을 볼 수 있다.

예루살렘과 유다 지역의 다신 신앙 양태를 확실하게 정리, 정비한 요시야왕은 옛 북이스라엘 지역으로서 자신의 영향력이 미치는 베델의 제단도 파괴했다. 과거 아시리아의 지배 하에 들어가며 주민 전출입이 있었던 그 지역은 종교적 혼합이 크게 증대되었을 것이다. 바로 그 지역에 있었던, 예루살렘 성전의 정통성에 도전했던 북이스라엘 여로보암왕이 세웠던 베델 제단을 훼파한 것이다. 요시야 18년을 전후한 시기는 아시리아가 바벨론(신바빌로니아)의 공세에 의해 멸망을 향해 가던 극히 혼란한 상황이어서, 이 지역 일대에 대한 아시리아 제국의 영향력은 사실성 거의 없었을 것이다. 이러한 상태에서 요시야는 예루살렘 성전의 정통성과 유일한 야훼 처소로서의 의미를 분명하게 천명하고자 베델 제단을 파괴했던 것이다. 북이스라엘 건국 시 베델에 설치되었던 황금 송아지 신상은 이스라엘 멸망 과정에서 아시리아가 빼앗아 가고, 유사 신상이나 제단만 남아있는 상황이었을 것이다.

그런데 베델 제단은 물론 사마리아 지역 여러 산당들까지 파괴한 요시야왕은, 사마리아 산당들에 있었던 제사장들을 전부 단 위에서 죽이고 해골을 불살랐다고 한다(20절). 주로 정치적 의도에 의한 이 유일신 종교 운동이 가진 폭력성을 단적으로 보여 주는데, 다양성과 신앙의 자유를 억압하기 십상인 유일신 신앙의 문제점을 그 성립 과정에서부터 드러내 보인 것이다. 유대교나 그리스도교 신자들은 야훼 신이 유일하게 스스로 존재하는 살아있는 신이라거나 특별히 유능한 신이기에 우상에 불과한 다른 신들을 없앴다고 보지만, 고대 이스라엘 역사를 통해서 본 바로는 객관적 증거가 없는 주장이다. 야훼 신은 주로 정치적 필요에 의해 이스라엘인들에게 선택되었고, 그 성격이 규정되었다. 이 사건은 현대인으로서는 도저히 용납할 수 없는 잔인함의 극치라 할 수 있는데, 그만큼 요시야왕 측의 정치·종교적인 의지의 철저함을 보여준 것이다. 이때 산당의 제사장들이 모두 잡혀 처형된 것은 아무래도 이들이 자신의 신앙에 확신을 갖고 제단을 사수하려다가 일어난 일일 수도 있다. 요시야왕의 행동은 잔인하고 유치하지만 예루살렘 성전의 유일성, 정통성을 당시 백성들에게 확인시키는 방법으로는 매우 효과적이었을 것이다. 요시야왕에 의한 베델 제단의 파괴는, 「열왕기 상」13:2에 보이는 바와 같이 기원전 10세기 여로보암왕 시대에 이미 예언된 것처럼 「신명기」계 역사가들에 의해 서술되었다.

앞의 인용 내용을 보면, 요시야왕의 종교 개혁에서는 일부 이방신이나 다른 신들을 섬기던 제사장들을 파면하는 조치도 있었다(5절). 아마도 본래 제사장 가문 출신이 아닌데 왕들이 자의적으로 임명해 대개 전대 왕이 설치한 산당에 근무하던 이들이었던 것으로 보인다. 한편, 지방 제사장을 차별적으로 수용하기도 했다. 지방 신전이나 산당을 완전히 폐쇄하면서 그곳에서 야훼 신과 다른 신들을 섬겨온 제사장들을 수도로 오게 했으나 예루살렘 성전의 제단에 오르지는 못하게 했다(8절). 그동안 그들이 행해온 혼합주의적 신앙 제사 행태를 부정한 행위로 판단했던 것이다. 다만 사독 계열을 제외한 레위인 등이 다수였을 이들 지방 제사장 출신들에게는 성전 제사장들의 음식을 주어 최소한의 생계를 보장해주었다. 이로써 제사 체계의 인적인 면에서 야훼 신앙의 중앙 집중화를 확인할 수 있다. 이제 예루살렘 성전은 온 나라에서 유일한 하나님의 집으로, 이곳에서만 제사를 드릴 수 있으니 제사 문제를 「신명기」가 제시한 원칙대로 실현하게 된 것이다.

위와 같은 야훼 신앙의 중앙 집중화 과정은 신상과 주상(돌기둥, 마쩨봇) 그리고 각종 우상의 제거도 수반했다. 신상이나 우상 그리고 전통적으로 이어온 신성에 관한 표식과 같은 주상까지 제거함으로써, 유다

왕국 내 공공 신앙에서는 신 자체를 상징하거나 표시하는 모든 신상이나 성물이 제거된 것이다. 이에 따라 예루살렘 성전 지성소에 모셔진, 야훼가 친히 십계명을 새겨주었다는 두 돌판을 담은 언약궤(법궤)는 유일한 신성의 상징, 야훼 신의 상징으로서 확고한 입지를 갖게 되었다. 적어도 유다왕국의 공공 신앙에서 신상이나 우상이 완전히 사라짐으로써 이제는 언약궤를 발등상으로 삼아 예루살렘 성전 지성소에 보이지 않게 존재하는 야훼 신만이 국토 내의 유일한 신이 된 셈이다. 「신명기」 6;4의 '이스라엘에 한 분 뿐인 신 야훼'가 확립된 것이다. 요시야왕에 의한 유일신 신앙의 확립은 주로 한 민족신 중심의 신앙 통일로 국력을 결집해 국제적 격랑 속에서 국가를 지켜내겠다는 정치적 의도의 실현이었다.

이처럼 요시야왕은 공식적으로 이스라엘 역사상 최초로 전통적 다신 신앙을 극복하고 야훼 유일신 신앙을 확립하는 대 역사를 이루었다. 과거 이집트 18왕조의 파라오 아켄아텐(BC 1353~1335경)이, 스스로 태어난 유일한 참 신인 태양신 아톤을 숭배하게 하고 자신만이 아톤 신을 모시는 자로 자임하며, 태양신을 나타내는 태양 원반 이외의 다른 모든 신상들을 훼손했던 아마르나 종교 개혁과[75] 비견할 만한 개혁을 이룬 셈이다.

아켄아텐의 종교적 개혁에 대해서는 논란이 적지 않다. 그런데 그의 부친이자 이집트사에서 두드러진 번영을 누린 파라오 아멘호텝 3세의 대표적 별명이 '눈부신 태양 원반'이었다는 사실로 보아 부왕 숭배나 자

---

75) 도널드 레드포드, 「아켄아텐의 유일신앙」, 『유일신 신앙의 여러 모습들』 24~31쪽, 강승일 번역, (한국신학연구소, 2008)

기 왕실의 신성화와 유관한 일이지 않았을까 싶다. 아멘호텝 3세 때 이집트는 아프리카 수단에서 메소포타미아의 유프라테스강 유역까지를 지배했다. 아버지는 아들에게 신적인 존재로 비칠 여지도 있어, 위대한 제왕인 부친에 대한 숭배의 마음이 있었을 법도 하다. 더구나 이 왕실은 이집트화한 누비아, 곧 북수단 지역 출신이었다.[76] 한국의 신라 중고기의 왕실이 진골인 귀족들과 달리 자신들만 성골임을 주장했던 사실과 견주어 볼 만하다. 더구나 이집트에서 전통적으로 파라오는 신의 현신이라 여겼던 만큼, 위대한 파라오이자 눈부신 태양 원반이란 별명을 가진 부친을 신 자체로 고양시키며 자신의 독점적인 지위를 확고히 하려 했을 만하다. 거기에 아문Amun 신 등 기존의 신들을 섬겨온 사제들은 신전을 중심으로 막대한 경제력을 갖추고 권력을 행사했던 만큼 제거의 대상이었을 것이다. 아켄아텐은 아문 신의 대제사장을 축출해 채석장에서 일을 시키기도 했다.[77]

위와 같이 전통과 충돌 요소가 있는 아켄아텐의 유일신 개혁에 비해, 요시야왕도 다른 신들을 부정하고 그들의 신상을 훼손하며 하나의 신만 믿을 것을 추진한 점에서는 같은 양상이나, 전통적 민족신을 유일신으로 고양했던 점이 그와 다르다. 이와 같은 양자의 지향 차이로 인해, 아켄아텐의 사망과 함께 아마르나 개혁이 곧 무효화한 데 반해 요시야왕의 개혁은 민족적 성원에 의해 긴 생명력을 유지할 수 있었다.

한편, 요시야왕의 개혁이 전방위적이지만 그 영향력은 역시 한계가 있었다. 당시 주민들 개인이나 가족 안에서는 여전히 전통적 다신 신앙

---

76) 도널드 레드포드, 위의 책, 18,19쪽
77) 도널드 레드포드, 같은 책, 29쪽

을 크게 떨쳐낼 수 없었는데,「예레미야서」등에 보이는 요시야왕 사후의 다양한 민간 신앙 상태 등을 보면 그러한 점을 알 수 있다.

다시 돌아가 인용한 『성경』 구절을 보면, 요시야왕은 발견된 율법책의 내용에 따라 유월절을 거국적으로 지켰다(21~23절). 히스기야왕대에도 시도되었지만 그때는 다신 신앙이 청산되지 않았고, 처음 해보는 일이라 준비도 덜되었고, 백성들의 호응도 미진했다. 그에 비해 요시야왕대의 유월절은 사실상 아시리아 제국으로부터 해방된 분위기에서 시행되어 민족 해방을 기념하는 이 명절에 대한 성원과 열기는 대단했다. 더구나 각종 전통 신앙이나 이방 신앙을 예외 없이 제거, 정리하고 지방 제사장 조직까지 해체한 강력한 왕권에 힘입어 강한 추진력을 얻었다. 적어도 공식적으로는 다신 신앙이 부정된 만큼 온 민족이 기념할 유일한 신과 관련된 축제로서 유월절은 국가, 사회, 종교적으로 큰 비중을 갖게 되었다. 이때의 유월절 축제는, 예루살렘 성전에 지방 백성들까지 모임으로써 유일한 하나님의 처소(집)를 중심으로 한 야훼 신앙의 중앙 집중화와 그를 기반으로 한 왕의 중앙집권적 지배를 구현했다.

요시야왕의 야훼 유일신 운동과 제의의 중앙 집중화 운동은 이와 같이 재발견된 「신명기」에 근거해 수행되었다. 국제 관계에 본격 노출된 히스기야왕대에 시도된 민족 신앙을 강화해 활로를 모색하려던 자주적 정책을 극단화한 데는 여러 의도가 있었다.

대표적으로는 민족 신앙을 중심으로 자주적 국가 운영의 의지를 분명하게 보여준 것이다. 여기에는 민족신의 권위를 절대화함으로써 그동안 흔들려왔던 왕의 권위를 확고히 하려는 의도가 깔려 있다. 아시리아 제국의 멸망과 더불어 자국의 독립을 선포하며 야훼 신과 강력하게 맺어진 관념적 부자 관계를 재확인하면서 오랜 속국의 왕으로 약화된 국왕의 권위를 공고히 하고자 한 것이다. 자주적 국가 운영의 천명은 전통적으로 이어온 제국과 강국들에 의한 지배와 간섭에 대한 강한 반발심을 반영하고 있다. 일찍이 북이스라엘의 아합왕과 엘리야의 종교적 대립에 보이기 시작한 대외적 요인이 요시야왕의 유일신 추구 정책에도 보다 강력한 영향을 미쳤던 것이다. 타 신들의 존재를 인정하는 단일신 신앙 체계를 유지할 만도 한데 굳이 배타적 유일신을 선포하고 나선 데에는, 이처럼 약소국 이스라엘의 대외적 강박 관념이 작용한 면도 있다. 그러나 일시 호전된 국제적 상황에서 과도하게 추진된 약소국의 자주적 노선은 그 장래가 밝지 않았음이 추후 역사로 증명되었다.

정치 경제적으로 보아 이 운동은 지방 세력가들의 개입을 제거해 국왕과 수도 중심의 통치와 경제력의 집중을 통한 국력 향상을 목표로 한 것이었다. 지방의 산당은 그곳 제사장은 물론 지방 장로 등의 영향력을 뒷받침하고 있었다. 이들 지방의 유력자들은 희생 제사 등을 통해 거두어들인 제물은 물론 민간의 재판 등을 주관하는 지역 사회의 실질적 지배자였다. 국가로서는 이와 같은 중간 지배자들을 배제해 왕의 통치를 지방에도 철저하게 관철하고 싶었던 것이다. 히스기야왕대에서 본 바와 같이, 제국의 침략 등에 효과적으로 대처하기 위해서는 백성 일반에 보다 강력한 통제력을 확립하고 인구를 집중시킬 필요가 있었는데, 그것들은 우선 지방 분권적 요소들을 제거할 때 달성될 수 있었다. 특히 예루살렘 성전으로의 제의 집중화는 지방 제사장들이 거두어들이던 제물이나 십일조, 기타 헌물 등을 집중적으로 장악할 수 있는 매우 유용한 방법이었다. 아울러 수도에 있던 이 성전을 중심으로 유월절 등 각종 절기를 운영하면 백성들이 수도와 국왕에 크게 의지하고 의식하며 국가 구성원으로서의 정체성 인식이 제고되고, 나아가 성전이나 수도 주민들은 순례자들을 통해 경제적 이득을 얻는 등, 왕권의 강화와 국력 향상에 직접적인 효과를 낳았던 것이다.

한편 요시야왕대에 확립된 야훼 유일신 신앙은 왕과 지배층의 정치적 의도에서 나온 매우 일방적이며 폭압적인 억지 정책의 결과이기도 했다. '율법책의 발견'이 직접적 동기였다고 하지만, 그 책은 그것을 야훼 신의 명령으로 믿는 자들에게만 지침이 될 수 있는 것이었다. 다신 신앙이 일반적인 당대에 삼자들도 수긍할 만한, '야훼 신만 유일한 신'이라는 근거가 달리 있었던 것이 아니었다. 앞서도 보았듯이 고대 이스라엘의 역사에서 야훼 신 자체가 다른 신들에 비해 뛰어난 능력이나 특성이 있었던 것이 아니다. 민족신으로 선택받고 다윗왕조의 신으로 선포되면서 민족, 국가적인 공식 유일신으로 지지받을 여건을 잘 갖추고 있었을 뿐이었다. 야훼 신이 본래 유일신이었다는 타당한 근거와 설득력이 있었다면 다른 신앙을 가진 제사장을 가차 없이 살해하며 강압적인 신앙 개혁 운동을 추구할 이유가 없었을 것이다. 대외적 위기 속에서 국민들을 일치, 단합시키기 위해 다른 신앙을 폭력적으로 파괴, 제거했던 것이다. 살아있고 전능하며 무한한, 하나 뿐인 신의 감화력과 능력 때문이 아니라 그를 내세운 요시야왕의 권력과 강제력에 의해, 민족 국가의 정체성을 강화하기 위해 억지로 확립된 것이다.

이스라엘 야훼 종교사에서 가장 중요한 사건인 야훼의 유일신화가 이처럼 그 신의 존재나 능력, 감화력과 무관하게 이루어진 것은, 추종자들의 이 신이 역사를 주관하고 계시하는 거룩한 유일신이라는 확신이 설득력이 없음을 입증해준다. 민족적 위기 속에 보다 강력한 후원자가 필요한 상황에서 기원전 7세기말 이스라엘의 왕과 엘리트의 절실한 필요에 의해 유일신은 발견되고 확립된 것이다.

이처럼 급작스럽게 정치적 의도에서 추진된, 취약한 기반의 유일신 신앙은 신속한 숙성이 절실했다. 이에 민족주의적인 성향의 국왕과 사제들의 주도 하에 '원신명기'에 대한 보완 작업이 따랐고, 이어 그 「신명기」의 신학을 기준으로 이스라엘 전 역사를 재구성하는 「신명기」계 역사서가 저술되기 시작하였던 것이다. 유일신을 세우는 과정이 인위적이고 파괴적이며 강압적이었던 데서 이미 예상할 수 있듯이, 억지로 유일신이 된 야훼에 대한 신앙을 굳건히 세우기 위해 이스라엘인에게 절대적 충성과 믿음을 강조할 수밖에 없었다. 당대 국제 관계에서 시행된 조약을 통해 제국이 그의 종속국 군주들에게 요구한 충성도는 물론, 그것을 넘어선 무조건적인 수준이 요구되기도 했다.

요시야왕의 유일신 신앙 개혁을 반영하고 있는 십계명의 제1·2계명은 야훼 하나님만을 섬길 것을 명령하면서 다른 신들 및 우상에 대한 신앙을 금지하고 있다(「출애굽기」20:3~6). 심지어 야훼 신은 제2계명에서 스스로를 '질투하는 하나님'(5절)이라고 하고, 자신을 섬기지 않는 자들은 본인뿐 아니라 3,4대 후손에 이르도록 죗값을 갚게 하겠다고 협박하며 다른 신들에 대한 신앙을 크게 경계한다. 이러한 내용이야말로 야훼 유일신 신앙이 다신 신앙의 기반 위에서 특별한 의도로 추구되었다는 사실을 분명하게 보여준다. 야훼 신이 본래부터 살아있는 유일한 신이었다면 이처럼 다른 신들을 의식하며 질투할 이유는 없었을 것이다. 이들 계명에는 야훼 유일신 신앙을 조속하게 확립하기 원하는 왕과 정치·종교 지배층의 조바심이 반영되어 있다.

현대인들은 신의 횡포에 경악하지 않을 수 없겠지만, 자녀를 얻을 수 없는 노년에 나이 많은 정실부인을 통해 주신 외아들을 제물로 내놓으라고 해도 무조건 따라서 준행했다는 아브라함의 신앙 같은(「창세기」

22:1~19) 절대적 믿음을 강조할 수밖에 없었던 것이다. 키에르케고르 (1813~1855) 같은 철학자도, 아브라함이 노년에 하나님이 아들 이삭을 주고 후손이 번창하리라고 하신 일과, 주신 그 아들을 제물로 바치라는 명령간의 부조리를 알면서도 다만 신을 믿고 명령에 순종했다고 하며 그의 신앙을 지극히 높은 수준이라고 평가했다.[78] 그런데 그가 이와 같은 유일신 신앙 성립 과정의 인위적이고 강제적인 역사를 알고, 또한 이삭 관련 설화가 이 운동의 목적과도 연관되어 의도적으로 윤색되었거나 창작되었을 수도 있다는 사실을 알았다면, 그렇게 억지스런 논리를 궁구해 아브라함의 신앙을 높이 사는 수고를 하지는 않았을 것이다.

이스라엘 야훼 신앙의 주요 특징으로 신과 추종자 인간 간의 굳건한 인격적 믿음을 꼽는다.[79] 그런데 이러한 특징은, 야훼 신이 다른 신들과 달리 본래부터 유별한 인격적 존재였기 때문이 아니라 약소민족 이스라엘이 다른 민족들에 비해 더욱 민족신에 절실하게 매어달릴 수밖에 없었고, 요시야왕대의 지극히 정치적인 운동이 내놓은 유일신에 대한 신뢰나 신앙을 민족 성원들로부터 끌어내기 쉽지 않아 '믿음'을 강조할 수밖에 없었던 현실이 반영된 것이다. 사실 이스라엘 백성들은 다신 신앙 상태에서 정치적 의도로, 인위적으로 제시된 야훼 유일신과 늘 거리감을 보여 주었다. 기원전 7세기 이전은 유일신 신앙을 가진 『성경』 저자들이 다신신앙 상태의 과거 역사를 재구성한 덕분에 그렇게 보이게 되었고, 그 이후는 궁극적 존재로 높여진 유일신 신앙의 수준을 따라가기 어려웠기 때문이었다.

---

78) 쇠얀 키에르케고르 지음, 『공포와 전율』, 임춘갑 옮김 (도서출판 치우, 2011) 69쪽

79) 미르치아 엘리아데 지음, 『세계종교사상사』1 267~270쪽, 이용주 옮김 (이학사, 2014)

약소국에서 제기된 유일신 신앙 운동이 갖는 한계와 문제점도 적지 않았다. 국내적으로는 지배층의 의지와 노력에 따라 유일신의 체통과 위상을 어느 정도 유지할 수 있었겠지만, 대외적 압박이 커질 때 이 신앙은 오히려 이스라엘 민족에게 커다란 부담과 장애로 다가왔다. 아울러 형상도 없고 다른 신들의 존재도 전혀 인정하지 않는, 관념성 높은 이 신앙이 엘리트가 아닌 고대사회의 일반인들에게 얼마나 지속적으로 삶의 동반자 역할을 해주었을지도 의문이다. 이러한 유일신 개념과 신앙을 유지·발전시키기 위해서는 각고의 지적 노고가 따라야 했다. 이스라엘 민족은 민족적 위기에서 중동, 나아가 세계적으로도 아주 독특한 신앙 형태를 선택한 것인데 그만큼 약자인 그들의 역사 행로도 순탄치만은 않을 수 있었다. 약자가 지나치게 높은 꿈이나 이상을 추구하게 되면 본인은 물론 주변에도 상당한 부담을 주는 것은 인생사에서도 경험하곤 하는 일이다.

그런데 요시야왕대에 제시된 야훼 유일신 개념은 결과적으로 현대까지도 전 세계적인 아브라함 종교들에 이어지고 있으니, 그 성립 과정의 문제점에도 불구하고 역사적 의미는 적지 않다. 요시야왕에 의해 유일신 신앙이 선포된 후 국가 멸망과 바벨론 유수, 제국들의 지배 등 민족 대고난이 지속됨으로써 오히려 이 신앙은 민족의 존속을 위한 정체성의 거의 유일한 기반이 되었다. 그리하여 문제 많은 유일신 야훼 하나님을 끝끝내 변증하는 공교롭고 풍성한 신학과, 제국의 압력에도 굴하지 않는 절대적 충성을 낳게 되었다. 그리하여 이 종교는 본토에 재정착한 이스라엘 민족은 물론 그들의 흩어진 동포인 디아스포라 상당수에게서 강력한 지지를 받음은 물론, 그들과 접촉한 이방인들에게까지 호기심의 대상이 되어 주목을 받고, 일부 신앙으로 받아들여지기도 했던 것이다.

유일신교의 종교적 개혁을 단행한 요시야왕의 최후는 다소 허망했다. 재위 31년이던 기원전 609년, 요시야왕은 바벨론의 남하를 저지하기 위해 군대를 이끌고 유프라테스를 향해 올라가던 이집트의 파라오 느고(네코2세) 측에 의해 죽임을 당했다. 「열왕기 하」23장에서는 그가 죽게 된 자세한 이유나 상황을 전하지는 않는다. 「역대기 하」35장은 비교적 자세한 내용을 전한다. 요시야가 느고의 군대에 맞서 방비하자 파라오는 자신의 군대가 유다를 치려는 것이 아니므로 방해하지 말 것을 요구했다. 그러나 요시야는 돌아가지 않고 므깃도 골짜기에서 싸웠는데 이집트 군사의 화살에 맞아 예루살렘으로 급거 환궁한 후 죽었다.

이 기사의 사실성에 대해는 부정적인 견해도 있지만, 당시 국제 정세로 보아 실상에 가까운 내용으로 보인다. 당시 파라오가 속한 이집트 제26 왕조는 성립 과정에서 이미 군사적 정복에 나서 이집트에 군대를 주둔시키고 있던 아시리아의 도움을 받아 양국은 동맹국이 되었던 것이다. 아울러 이집트로서는 새로운 강적 바벨론이 아시리아를 멸망시키고 패자로 등장하는 것이 부담스러워 사태를 방관할 수만 없었다. 그리하여 바벨론군의 남하를 막기 위해 이집트의 대군이 출동했다. 이집트군이 올라가는 길의 길목과도 같았던 므깃도에서 양측은 만났고, 파라오 느고의 경고에도 불구하고 요시야왕이 대항하다 변을 당했던 것이다. 여기서 주목할 만한 점은 요시야왕이 파라오의 명을 거역하고 대항했다는 점이다. 객관적으로 보아도 이집트가 훨씬 강국인데 그는 파라오의 경고를 순순히 따르지 않았다.

아시리아는 이미 3년 전인 기원전 612년에 바벨론과 미디아의 연합군에 의해 수도 니느웨를 함락당해 패잔 세력으로 소멸되고 있었다. 이런 사실을 알고 있던 요시야왕은 아시리아의 패망을 기정사실화하며 자국의 자주 독립성을 높이고자 했고, 그것을 위해 친바벨론적인 행보를 했을 가능성이 있다. 요시야왕은 이집트의 지원에 의한 아시리아의 존속을 바라지 않았을 것이다. 그는 아시리아가 바벨론의 공격에 의해 멸망에 처했기에, 야훼 신앙을 회복하고 전면적인 종교 개혁까지 단행할 수 있었다. 요시야 측의 입장에서 보면 바벨론에 의한 아시리아의 멸망은 자신들이 다시 회복해 새롭게, 열렬히 신앙하는 야훼 신이 내린 상이라고 여겼을 수도 있다. 요시야왕대에 더욱 강화된 「신명기」 신학이 이를 지지해 주었을 것이다. 요시야 개혁의 주도 세력이었을, 성전에서 발견된 율법책을 왕에게 전했던 서기관 사반의 손자인 그달리야가 후일 유다왕국이 망한 다음 바벨론 느부갓네살왕(네부카드네자르2세)에 의해 유다를 관장하는 장관에 임명된 사실이나, 선지자 예레미야가 시종 바벨론에 대한 저항보다는 협조를 주장했던 것을 참고할 수 있다.

다만 요시야왕과 유대 집권층은 국제적 패권이 동요하는 중에 당분간 전통적인 강대국 이집트가 아시리아를 대신해 팔레스타인에서 지배력을 행사할 수도 있다는 점을 간과했다. 요시야왕이 죽은 뒤 여호와아스를 왕으로 세웠으나 이집트에 의해 곧바로 폐위된 사실을 보면, 국제적 패권 교체기라는 대전환 국면에서 당시 유다 집권자들은 다소 섬세하지 못하고 안일하며 낙관적인 국제 정세 인식을 가졌던 것이다.

아시리아의 멸망이 야훼의 뜻이고 그로부터의 해방이 야훼에 대한 충성의 대가라고 여긴 이상, 요시야왕 측은 이 역사적 추세를 누구도 막을 수 없고 막아서도 안 된다고 여겼을 것이다. 아울러 종교 개혁의 강도를 보아 요시야왕은 자신이 유일신 야훼에 의해 특별히 선택받았다는 확신에 취해 있었을 것이다. 요시야왕을 비롯한 그의 측근들은 아시리아의 멸망에 들뜨고 야훼 유일신 신앙에 몰입되어 다소 냉정을 잃은 상태에서 신앙 너머에 있는 엄혹한 국제 정세를 제대로 보지 못했던 듯하다. 근거 없이 신앙이나 신념에 취해 자신의 능력이나 현실적 여건을 무시하고 만용을 부리다가 큰 실패를 하는 것은 현실에서도 종종 볼 수 있다. 다윗의 길로 행하고 좌우로 치우치지 않은 왕으로 평가되는 그는(「열왕기 하」22:2) 다윗과 같은 위대한 왕임을 자임했을 가능성이 높다. 아울러 율법책을 발견해 장로와 백성들과 함께 율법책의 명령대로 살 것을 언약했던 요시야왕은 자신을 모세와 같은 민족의 지도자로 자부했을 가능성도 높다. 특히 모세가 야훼의 도움으로 이집트 파라오의 방해를 물리치고 출애굽의 대역사를 이루었다고 믿은 만큼, 자신도 그와 같이 야훼의 도움에 힘입어 이집트의 파라오 느고를 물리칠 수 있다고 자신했을 개연성도 있다.

요시야왕의 어이없는 죽음으로 그의 측근과 지지자들은 충격에 빠졌고, 이후 국제 정세는 그들의 유일신 야훼와 더불어 오리라고 여긴 자주 번영의 꿈을 무산시켰다. 결국 고대 종교 역사상 매우 드문 선택이자 성취라고 할 수 있는 약소국 유다 요시야왕대에 성립된 유일신 신앙은, 제국들의 경쟁이 강화되는 세계사 속에서 국가 발전과 민족 번영으로 귀결되지 못하고, 민족 수난사 속에서 민족의 정체성을 지키고자한 약소민족의 힘겨운 가능성으로 남게 되었다.

7

바벨론 유수와 해방(BC 538)의 역사를
통해 도달한 우주적 유일신 신앙

1) 두려움과 절망, 분노의 대상 바벨론

기원전 7세기 말, 유다왕국이 자리한 팔레스타인 일대에는 제국간의 패자 교체를 향한 숨가쁜 대결이 펼쳐지고 있었다. 그것은 아시리아의 멸망과 이집트의 일시적 부상, 그리고 바벨론의 패권 장악으로 귀결되는 과정이었다.

구체적 사건들로 보면, 바벨론(신바빌로니아)과 메디아 연합군에 의한 기원전 612년 아시리아의 수도 니느웨의 함락, 바벨론의 남하 저지를 위해 북상 중인 이집트 파라오 느고(네코Ⅱ)에 의한 요시야왕의 죽음 (BC 609), 그리고 바벨론과 이집트가 정면 대결한 유프라테스강 인근 갈그미스(카르케미시Carchemish) 전투에서 바벨론의 승리(BC 605), 바벨론의 이집트 공격(BC 601)에서의 무승부와 양국의 큰 무력 손실 사태였다. 이후 바벨론은 순탄치는 않으나 결국 시리아나 팔레스타인 등에 대한 지배권을 확보했다. 이집트는 바벨론에 대항하는 의미 있는 세력이었지만 바벨론의 우세를 꺾을 수는 없었다.

요시야왕이나 여호아하스왕은 일시 재부상했던 이집트에 적절히 대응하지 못하고 불운을 맞았다. 국제적 역학 관계 재편성 속에 약소국 유다왕국의 운명은 풍전등화와 같고 외교 정책을 주도적으로 추진할 입장도 아니라서 국내적으로도 정치 세력이 갈리고 대립이 심해졌다. 이러한 중에, 요시야 사망 이후의 왕들의 행태는 「열왕기 하」에 의해 모두 야훼 보시기에 악했다고 평가되고 있으니, 요시야왕의 야훼 유일신 운동은 정도의 차이는 있지만 이집트 아켄아텐의 종교 개혁처럼 이전의 상태로 환원되는 양상을 보였을 것이다. 기원전 597년 예루살렘 함락과 함께 바벨론에 잡혀가있던 제사장 에스겔이 예루살렘의 완전한 패망을 예언하는 「에스겔」 6:4에는 "너희 제단들은 쑥밭이 되고 너희가 섬기던 석상들은 산산이 부서질 것이다. 너희는 칼에 맞아 너희 우상들 앞에 넘어질 것이다."라고 해 요시야왕 사후 유다왕국의 신앙 형태가 거의 예전의 상태로 되돌아갔던 것을 보여준다. 국왕 중심의 요시야 종교 개혁이 갖는 한계를 보여주는 것이다.

요시야왕 사후, 야훼 신앙이 중심을 잡지 못하고 흔들리는 중에 유다 내의 민족주의자들과 친이집트파와 친바벨론파의 대립이 극심하게 되었다. 「예레미야서」를 보면 새로운 강국 바벨론과 손잡고 충성할 것을 시종 주장하던 선지자 예레미야는 고향 사람들한테도 생명의 위협을 받는 등 반대파들에 의해 협박을 받고 옥에 갇혔다. 왕도 그를 석방하기 주저할 정도였다. 중동 일대의 패권이 교체하던 와중에 유다의 왕이나 집권층도 정세 판단에 큰 애로를 겪고 있었다. 아시리아를 멸망시킨 새로운 제국 바벨론이 승자가 될 가능성을 예레미야가 제대로 판단한 것인데, 인접 강국으로 익숙하고 일시 재부상했던 이집트에 대한 기대를 버리지 못한 다수파 기득권 세력들의 생각은 달랐으며 강고했다.

「에스겔서」나 「시편」에 전해지는 바벨론 포로기에 생성된 시 등을 보면, 유다왕국 사람들은 기본적으로 잘 알려지지 않았던 군사 대국 바벨론에 대해 두려움과 적대감이 컸다.

그런데 요시야의 신앙 개혁을 지지했고 민족신 야훼의 참 선지자임을 자부한 예레미야가 왜 자주적 결사 항전을 독려하지 않고 바벨론에 항복을 주장했는지 의문이 들기도 한다. 물론 그의 국제적 통찰력이 남달랐다고 볼 수도 있으나, 그는 어디까지나 야훼가 보여주고 지시한 내용을 예언했다고 주장하고 있다. 그는 자신이 야훼의 참 예언자임을 자부하며 거짓 예언을 하는 자들을 비난하고 저주하기도 했다(「예레미야」 28장). 이와 같은 예레미야의 예언과 행동은 특별한 것이 아니었다. 제국의 침략에 노출된 기원전 8세기 말과 6세기 전반에 활동한 유다왕국의 다른 대예언자 이사야나 에스겔도 유사한 양상이었다.

아시리아의 침공 앞에 있었던 이사야나, 바벨론 침공 앞에 놓인 예레미야나 에스겔은 침략자들에게 저항하라고 촉구하지 않았다. 이들은 모두 강대국의 침공을 야훼에 대한 유다왕국의 불신앙의 대가로 보았다. 이사야는 아시리아가 야훼의 징계의 매(막대기)라고 말하기도 했다 (「이사야」 10:5). 그리하여 이들은 강대국들의 침략을 야훼의 징계로 받아들일 것을 주장했다. 예레미야 같은 경우는 바벨론에 잡혀간 동포 포로들에게 편지를 보내 바벨론을 위해 기도하고 정착하고 번성하도록 노력하라고 부탁하기도 했다(「예레미야」 29:1~10). 야훼의 징계이니 벌을 잘 받으라는 셈이었다. 그러면서 이들은 하나같이 그 징벌은 끝나고, 죄는 용서받을 것이며, 수십 년 내에 반드시 해방되어 본토로 돌아오리라는 것을 예언하기도 했다. 예레미야는 70년, 에스겔은 40년이 되면 바벨론으로부터 해방될 것이라고 예언했다.

이집트에 의해 폐위된 여호아하스왕을 이은 여호야김왕(BC 608~598)은 이집트에 의해 세워진 왕으로, 속국의 왕으로서 충성을 다했다. 그런데 바벨론이 갈그미스 전투에서 승리하면서 유다왕국은 자연스럽게 바벨론의 속국이 되었다. 그러다가 바벨론과 이집트의 재대결에서 무승부가 연출되며 이집트의 건재 가능성이 보이자 여호야김왕은 바벨론을 배반했다. 이에 바벨론은 유다를 침공했고 예루살렘을 포위하기에 이르렀다. 「역대기 하」에는 그가 바벨론 군에 잡혀간 것으로 나오지만, 그는 예루살렘 함락 전에 사망해 예루살렘에 묻혔다. 당시의 상황이 얼마나 절망적이었는지 「예레미야」22:19에는 여호야김왕이 죽으면 "죽은 나귀를 치우듯이 끌어내다 묻으리라. 예루살렘 성문 밖 멀리 끌어내다 던지리라."고 예언했을 정도이다. 왕이 장례를 제대로 치르지도 못하고 성문 밖에 시신이 내던져질 것으로 예언했던 것이다. 여호야김왕은 성이 함락되기 전에 죽어 장례를 치룬 만큼, 예레미야의 이 예언은 이루어지지 않았다. 그런데 이루어지지 않은 예언을 후대에 편집하면서도 그대로 둔 것에 유념해야 한다. 이와 같은 사실은 「이사야서」나 「에스겔서」 등에도 보인다. 사실성의 추구보다는 야훼의 말씀이라고 믿었던 예언에 대한 외경심에서 예언 성취 여부에 크게 매이지 않았으며 후대 편집자도 손을 대지 않았던 것이다.

여호야김왕이 죽은 후 아들인 여호야긴이 왕위에 오르지만 예루살렘성 포위 끝에 바벨론에 항복해 재위 3개월 만에 폐위되고 바벨론으로 잡혀갔다(BC 597). 이때 예루살렘은 크게 약탈을 당했는데 왕궁이나 예루살렘 성전의 보물이나 금그릇 등도 약탈, 파괴되었다(「열왕기하」24:13). 아울러 예루살렘의 수많은 백성들과 지방 장관들 그리고 군인들과 기술자 등이 바벨론으로 잡혀갔다. 나중에 신비적 환상을 자주

본 선지자 에스겔도 그때 잡혀간 제사장이었다. 여호야긴왕은 포로로 잡혀간 초기에는 유다 왕으로 예우를 받았는데, 이후에는 20년 간 옥에 갇혀 있다가 기원전 562년경에 옥에서 나와 다시 왕으로 예우받았다.[80]

바벨론왕은 여호야긴왕을 끌고 가면서 대신 그의 숙부인 맛다니야, 곧 시드기야를 왕으로 세웠다. 그런데 시드기야왕 역시 바벨론으로부터 벗어나기 위해 노력했다. 그도 이집트에 대한 기대를 갖고 결국 바벨론을 배반했다. 이에 바벨론군은 그의 재위 9년(BC 588)에 예루살렘을 포위했다. 장기간 포위된 성 안의 사람들은 극심한 기근에 시달렸다. 마침내 시드기야왕 11년에 왕은 군사와 함께 성에서 도망치다가 잡혀 바벨론 왕에게 끌려가게 되었다. 바벨론의 왕 느부갓네살(네부카드네자르2세)은 왕으로 임명한 자신을 배신한 시드기야를 잔혹하게 처벌했는데, 그가 보는 앞에서 왕자들을 죽이고, 그의 눈을 빼고, 사슬로 묶어 바벨론으로 끌어갔다. 양자가 맺은 조약을 봉신인 시드기야왕이 어김으로써 잔혹한 처벌을 받은 것이다. 이후 느부갓네살은 예루살렘의 왕궁과 성전 그리고 모든 집을 불살라 버렸다. 예루살렘 성전의 놋기둥이나 놋으로 만든 성물이나 기물 등도 바벨론으로 뜯어갔다. 그의 시위대 장관이 유다의 대제사장 스라야와 부제사장 스바냐와 내시와 왕의 시종 등을 잡아 시리아의 립나에 있던 바벨론 왕에게 가니 그들도 모두 쳐죽였다. 바벨론 군대는 예루살렘 성벽을 모두 헐었으며 많은 사람들을 잡아 갔다. 다만 가난한 사람들은 남겨 두어 과수원을 관리하고 농사를 짓게 했다. 이처럼 유다왕국은 예루살렘이 폐허로 변하며 멸망하게 되었다(BC 586).

---

80) 라이너 알베르츠 저, 『포로시대의 이스라엘』 145~147쪽, 배희숙 옮김 (크리스챤다이제스트, 2006)

그 후 예루살렘은 포로 귀환 이후 재건되기까지 사람이 거의 살지 않았다. 자주독립을 추구하는 것은 정상적이고 지지할 일이지만, 유다 왕국 말기의 왕이나 지도자들이 뚜렷한 방책도 없이 새로운 절대 강국을 배신하며 저항하고 얻은 결과는 이처럼 처참했다. 바벨론은 왕족이 아닌 그달리야를 장관으로 임명해 남겨진 백성들을 다스리게 했으나 왕족인 이스마엘이 그를 살해했고 남은 사람들은 이집트로 망명했다. 이집트에 대한 끈질긴 기대를 다시 확인하게 된다. 이때 예레미야는 그 사람들에게 거의 강제로 끌려가 이집트에 가서 살다가 죽었다.

유다왕국 사람들은 처음부터 바벨론 제국을 매우 두려워했다. 익숙한 이웃 이집트에 비해 그들은 비교적 낯선 지방 사람들이었다. 더구나 그들은 아시리아를 타도하고 새로운 제국을 세워가고 있었던 만큼, 많은 민족들과 전쟁을 하면서 사납고 악한 인상을 주는 파괴와 약탈을 마지않았다. 붙잡힌 시드기야왕 앞에서 아들들을 죽이고 왕의 눈을 뽑아버리며, 대제사장이나 부제사장 그리고 왕의 시종들을 가차 없이 처형하는 바벨론 왕의 행태를 보면서 유다 사람들은 더할 수 없는 두려움에 떨었을 것이다.

바벨론 포로 생활은 두려워한 것에 비하면 견딜 만했다. 포로라고 했지만 이주당한 다른 나라나 민족의 백성들처럼 메소포타미아의 니푸르 Nippur 지역에 여러 마을을 이루고 모여 살았다. 바벨론은 강제로 이주시킨 이집트, 아스글론, 시돈, 시리아 북부 지역인 멜리드와 네아랍 등지의 백성들을 니푸르 근처에 집단 거주시켰는데, 그들은 출신 고향 이름을 딴 지명을 사용했다.[81] 유다 출신 포로민들은 농사를 짓는 등 평범

---

81) 김영진, 『이스라엘 역사』 388쪽, (이레서원, 2012)

하게 살았다. 신앙을 강요당하거나 포기하도록 요구받지도 않았다. 뒤늦게 기원전 2세기에 편찬된 『구약성경』 「다니엘서」에서 전하는 바벨론의 종교 탄압 이야기는 후대에 만들어진 것에 불과하다. 후에 페르시아의 고레스(키루스) 왕에 의해 본토로 귀환이 허락되었을 때, 정착에 성공한 유다 포로민들 다수는 귀환하지 않고 바벨론에 남았다.

생활이 안정되면서 바벨론 이주지는 점차 살만한 곳이 되었지만 유다 포로민들은 기본적으로 불안하고 불안정해 짙은 향수에 젖은 상태였다. 아무리 정착이 성공적이고 비교적 너그러운 행정이 이루어지고 있었지만 고향을 빼앗기고 강제 이주된 그들의 심정은 기본적으로 비참한 것이었다. 더구나 바벨론이 유다의 하층 농민 등을 현지에 그대로 살도록 하고 지배층, 지식층, 기술자, 군인 등을 포로로 잡아 이주시킨 만큼, 민족 국가의 운명에 책임감을 가졌던 포로민들 상당수는 이스라엘 민족과 역사, 그리고 야훼 신앙의 단절 가능성에 노심초사했다.

유다 출신 포로민들이 바벨론에서 야훼 신앙을 어떻게 바라보고 있었는지는 개인이나 가족, 직업, 신분 등에 따라 여러 양상을 보였으나 적어도 초기에는 나라의 멸망으로 무능력이 입증된 유일신 야훼에 대해 회의하게 되었다. 야훼를 계속 신앙해야 하는지 아니면 다른 신을 숭배해야 하는지 혼돈에 빠지고 절망하기도 했다. 이스라엘의 죄악으로 인해 멸망당했다고 아무리 선지자들이 외쳐도 그들 다수는 야훼의 능력 부족이 멸망의 이유라고 생각했다(「이사야」50:2). 어떤 이들은 야훼께서 자신들에게 도대체 관심이 없다고도 했다(「이사야」40:27). 그리하여 대다수 포로민들은 희망은 끝장났다고 넋두리하고 있었다(「에스겔」37:11).

물론 그들 중에는 절망적 상황 속에서도 오히려 야훼 신앙에 강한 희망을 두고 견뎌내는 이들도 있었다. 이러한 포로민 시절 일부 유다 출신 지성들의 정서를 표현한 시로 「시편」137편이 있다. 아마도 성전에서 찬양을 담당했던 레위인 출신 시인이 지은 듯하다. 여기서는 『새 번역 성경』에 실린 내용을 옮겨 본다.

1. 우리가 바빌론[바벨론]의 강변 곳곳에 앉아서, 시온을 생각하면서 울었다.

2. 그 강변 버드나무 가지에 우리의 수금을 걸어 두었더니,

3. 우리를 사로잡아 온 자들이 거기에서 우리에게 노래를 청하고, 우리를 짓밟아 끌고 온 자들이 저희들 흥을 돋우어 주기를 요구하며, 시온의 노래 한 가락을 저희들을 위해 불러 보라고 하는구나.

4. 우리가 어찌 이방 땅에서 주님[야훼]의 노래를 부를 수 있으랴.

5. 예루살렘아, 내가 너를 잊는다면, 내 오른손아, 너는 말라비틀어져 버려라.

6. 내가 너를 기억하지 않는다면, 내가 너 예루살렘을 내가 가장 기뻐하는 것보다도 더 기뻐하지 않는다면, 내 혀야, 너는 내 입천장에 붙어 버려라.

7. 주님[야훼여], 예루살렘이 무너지던 그 날에, 에돔 사람이 하던 말, "헐어 버려라, 헐어 버려라. 그 기초가 드러나도록 헐어 버려라" 하던 그 말을 기억해 주십시오.

8. 멸망할 바빌론 도성아, 네가 우리에게 입힌 해를 그대로 너에게 되갚는 사람에게, 복이 있을 것이다.

9. 네 어린 아이들을 바위에다가 메어치는 사람에게 복이 있을 것이다.

아마도 포로로 잡혀간 후 비교적 이른 시기에 있었던 일인 듯하다. 시인은 이방의 땅 바벨론의 강가에서 일하다가 쉬는 사이에 파괴된 고향 예루살렘을 생각하며 마음속으로 울었던 것이다. 당시 대다수 포로민들은 노예가 아니라 국가의 토지를 경작하는 일종의 작인 농민이었다. 야훼께 예배하며 연주하던 수금을 가지고 와서 버드나무 가지에 걸어두었던 듯한데 바벨론 사람들, 아마도 감독자들이 그 수금으로 예루살렘의 재미있는 노래 좀 연주해 흥을 돋우어 보라고 청했던 듯하다. 야훼를 찬양하는 노래를 이방에 붙잡혀온 야훼 백성의 처지에서 어찌 부를 수 있단 말인가? 야훼를 찬양하는 노래를 그곳에서 불러 그분을 조롱이라도 하란 말인가?

야훼의 집이 있는 예루살렘을 내가 잊거나 기억하지 않는다면 오른손아 말라버리고 혀야 천장에 붙어, 다시는 수금을 타지 못하게 하고 다시는 노래하지 못하게 하려므나! 예루살렘 성이 무너지던 날, 철저히 헐어져 버리라고 박수치며 호응하던 에돔 사람들을 기억해 그 뿌리까지 헐어 주십시오. 우리에게 한 것처럼 파괴자 바벨론을 멸망케 하는 이에게 복이 있을 것이며, 그들이 한 것처럼 그들의 아이들을 바위에 매어 쳐서 죽이는 자가 복이 있으리라! 하는 내용이다.

그 복수의 일념이 소름끼치지만, 죽이고 빼앗고 잡아온 자들에게 아무 일도 없었던 것처럼 네 고국의 노래 하나를 불러 흥을 돋우어 보라는 말을 들은 포로의 입장에서는 이런 심사가 솟구칠 듯하다. 더구나 그토록 숭배하던 거룩한 야훼 신의 집 예루살렘 성전을 파괴하고 자기를 잡아와서는 야훼 찬양에 쓰이던 수금으로 신나는 곡을 연주해 보라는 요청에 살의가 솟을 만도 하다. 성전에서 찬양을 담당했던 레위인인 듯한 이 시인은 예루살렘 성전의 야훼 찬양에 쓰이던 수금을 가장 소중한 보물로 여겨 포로가 된 길에도 잘 싸서 가지고 나섰을 것이다. 다시 예루살렘에 돌아가 성전에서 연주하기 전에는 결코 연주하지 않겠다고 맹세하고 자신의 일터에 걸어 모셔놓고 보기만 했을 수도 있다.

결국 그는 수금으로 노래를 연주했을까, 아니면 끝내 응대하지 않다가 욕을 먹거나 두들겨 맞기라도 했을까? 감수성 있는 어느 바벨론인이라도 있어서 그만 일어나 하자며 사태를 수습했을까? 적어도 그의 속내로 보아서는 연주를 하지 않았을 것이라 여겨진다. 불과 수십 년 전 요시야왕대에 예루살렘 성전을 정화하고 예배의 격식을 회복하고 성심껏 오직 하나뿐이라고 여긴 야훼 신을 찬양했는데, 이제 그 모든 기쁨을 앗아간 바벨론에 대해 이와 같은 복수심으로 노래하고 있을 뿐이다.

2) 에스겔의 환상 속 공중에 펼쳐진 야훼의 영광

그러나 모두가 혼돈과 절망에만 빠져 있거나 적개심만 품고 살 수는 없었다. 특히 바벨론 포로 사회에서 지도적인 입장에 설 수밖에 없었던 사람들, 왕족이나 제사장 출신, 귀족, 장로 등은 분노나 절망, 그리고 특히 패배한 신 야훼에 대한 회의에 빠져 있는 동포들을 달래고 추슬러야 하는 처지였다. 이러한 입장에 있었던 대표적인 사람이 「에스겔서」의 주인공인 에스겔(에제키엘)이었다.

「에스겔서」는 후대의 편집이 가미되긴 했지만 역사적 실상을 비교적 잘 반영하고 있다고 평가받는다. 에스겔은 부시의 아들로서 제사장임을 밝히고 있다(「에스겔」1:3). 그는 여호야긴왕이 잡힌(BC 597) 지 5년째 되던 해(BC 592)에 포로로 잡혀가 있던 그발강가에서 야훼 신의 대단한 나타나심(영광)을 환상으로 보았다. 그때 그의 나이는 30세였다. 제사장 가문 출신인 경우 제사장 직분을 본격적으로 수행하는 나이다. 예수도 30세부터 공생활을 했다고 추정하는데 복음서의 기술은 이러한 고대 이스라엘의 전통과 관련성이 없지 않다.

그의 출생을 역으로 환산해 보면 그는 요시야왕의 본격적인 종교 개혁이 있던 해(BC 622) 즈음 태어났다. 유다왕국, 나아가 북쪽 옛 이스라엘 남부에 모든 신상이나 제단이 제거되고 오직 예루살렘 성전에 계신 야훼 하나님만 믿도록 제사의 중앙 집중화, 유일신 신앙이 천명된 대개혁 시기에 태어난 것이다. 파란만장한 삶을 살았던 예언자 예레미야보다는 조금 뒤에 태어났다. 그는 사독 계열 제사장으로 보이는데, 요시야 종교 개혁의 중심에 서 있는 예루살렘 성전에 대대로 근무했던 정통 야훼 제사장 집안이다. 그의 성장기에는 종교 개혁이 역동적으로 추진되었으며 유다왕국은 야훼의 왕국을 향해 가고 있었다. 물론 다신 신앙 전통에 젖어있던 일반 백성들의 경우는 불편하고 불행한 면이 있었겠으나, 적어도 예루살렘 성전에 복무하던 야훼 제사장 가문에서 자란 에스겔은 유일하고 전능하신 야훼 신에 취해 행복한 시절을 지냈을 가능성이 높다. 물론 제사장으로서의 소양을 교육받기도 했을 것이다.

그러다가 13세 즈음 요시야왕의 갑작스런 죽음을 맞게 되고, 이어 유다왕국의 종교 개혁은 동력을 잃고 좌절하게 되었다. 소년 에스겔의 충격과 고민이 없지 않았을 것이다. 그러나 망국이 다가오고 혼란이 가중되는데도 가문의 제사장으로서 그의 지위는 지속되었다. 나라가 망해가는 시절에 유다왕국 제사장 출신 청년의 번민이 있었겠지만 「에스겔서」를 통해 보면 그의 가정이나 그 자신은 유일신 야훼 신앙에 투철해 별다른 흔들림이 없었던 것 같다.

그러다가 그는 25세 청년으로 바벨론에 끌려오게 되었다. 이미 예루살렘 성전 신앙으로의 집중화, 그리고 유일신 신앙을 정립했던 제사장들은 바벨론에 끌려와 망연자실할 수밖에 없었을 것이다. 그들은 본업이자 생업인 야훼 성전에서의 제사 행위를 전혀 할 수 없게 되었다. 함께 잡혀온 여호야긴왕의 왕위 회복을 막연히 기대하거나 이집트의 도움에 의한 고국의 회생 가능성에 기대를 걸기도 했겠지만, 성전을 약탈당하고 포로로 잡혀온 처지에서 절망감을 떨칠 수 없었을 것이다. 그러나 그들은 종교적 사제로서의 역할을 마냥 방기할 수 없었다. 제사를 드릴 수는 없었지만 포로민들이 찾아와 고국의 소식이나 자신들의 해방 가능성 등을 물었으며, 바벨론에서의 신앙 문제나 생활상의 애로 등을 상담하기도 했다. 물론 기도나 예배도 했을 것이다. 「에스겔서」에 보이는 에스겔을 찾아오는 장로들이나 동포 포로민들의 존재는 그와 같은 상황을 잘 보여주고 있다.

그렇게 포로 사회 내의 지도적 입장에서 제사장으로 본격 활동할 나이에 이른 에스겔은 고뇌하던 차에 마침내 환상(환시, 이상)을 통해 야훼를 만나는 신비체험을 했다. 「에스겔서」를 보면 후대 사제 계통의 편집이 있었다고 해도 그는 자신의 죄를 고백하거나 회개하는 내용이 보이지 않는데, 히스기야왕이나 요시야왕대의 개혁적 야훼 신앙에 함께 했을 자기 가문과 제사장으로서 자신의 역할에 확고한 자부심을 가졌던 듯하다. 어찌 보면 「신명기」의 응보적 역사관에 서있었을 그는 나라가 망하는 사태가 자신이나 자신이 속한 제사장 가문과는 무관하다고 생각했을지도 모른다. 다른 예언자들처럼 에스겔도 이스라엘 민족을 대상화해 자신과는 다소 무관한 듯 강한 질책을 가하기도 한다.

"아비가 신 포도를 먹으면 아들의 이가 시다.'라는 속담을 다시는 쓰지 못하게 되리라"라며(18:2,3) 죄의 값은 공동체가 아닌 개인별로 각자 감당할 것이라는(14:12~20) 그의 윤리관은 이러한 인식과 무관하지 않다. 그런데 위와 같은 속담을 다시 쓰지 못하게 하겠다는 내용은「예레미야」31:29에도 보인다. 보다 분리되고 개별화한 윤리 의식은 앞서 기원전 8세기 전반에 재위했던 유다의 아마샤왕이 부왕인 요아스왕을 죽인 자들을 처형하되 모세의 율법에 따라 그 자녀들은 죽이지는 않았다는 데서부터 사회 경제적 변화가 법에 반영되었음을 볼 수 있다(「열왕기 하」14:6). 이러한 인식의 바탕에서 에스겔은, 후대 사독 계열 사제 계통의 편집과 개입이 가해진 결과일 수도 있지만, 미래의 새로운 성전을 상상하면서도 민족의 우상 숭배나 혼합주의 신앙과 무관하다고 여긴, 자신이 속한 사독계 제사장들에게 계속 제사장 임무를 맡으라고 했던 것이다.「에스겔」44:15은

"이스라엘 족속이 나를 떠났지만 레위인 사제들 가운데서도 사독의 후손만은 이 성소를 떠나지 않고 지켰으니, 내 앞에 가까이 나와 나를 섬기도록 해라. 내 앞에 나와 기름과 피를 바치는 일을 해라."

라고 하며 레위인 제사장 일반과 구분해 사독계 제사장들에게만 확실한 신뢰를 보내고 있다.

그러나 아무리 에스겔이라고 해도 예루살렘 성전에 계시는 야훼가 나라를 다스리신다는 시온신학이 와해 직전인 심각한 상황에서 번민이 있었을 것이다. 야훼 제사장으로서 시온신학이나「신명기」신학에 투철하게 살았다 해도 예루살렘 성전의 1차 함락(BC 597)을 경험하고 포로로 잡혀온 상황에서 내적 번민이 없을 리는 없었다. 여전히 전능한

유일신 야훼의 능력에 의한 대반전을 기대하면서도 힘없이 약탈된 예루살렘과 성전을 뇌리에서 떨칠 수는 없었을 것이다. 유일신 야훼 신앙에 투철한 제사장으로의 그의 자부심과 현실의 괴리는 내적으로 심각한 번민과 혼란을 낳았을 듯하다. 그는 성격상 추락한 제사장의 체통을 지키려고 분투했을 터이기에 번민의 정도가 더욱 크고 깊었을 것이며, 그 와중에 가장 먼저 이러한 신비 체험을 한 듯하다. 성전의 희생 제사를 통해 야훼 신에 대한 속죄의 중개자 역할을 자부했을 제사장 입장에서는 이질적인 경험을 했던 것이다.

「에스겔」 1장에 보이는 신비 체험은 그 묘사가 지나치게 세밀해 실제로 신비체험을 한 자의 기록이라기보다는 나중에 삼자가 추정해 뒤이어 나타나는 야훼 영광 기사들과 함께 일괄 편집했을 가능성이 높다. 그럼에도 자존심 강하고 사명감에 투철한 좌절 직전의 지성 에스겔이 번민과 구도 끝에 신비 체험을 맞았을 가능성 자체를 부인할 수는 없다. 그 후 그의 행적을 보아도 그러한 계기를 통해 포로민 상태에서의 예언자 역할이 가능했을 것이다.

「에스겔」 1장이 전하는 니푸르 지역 그발강가에서의 환상 체험은, 야훼 신이 성스런 동물 모양 천사인 그룹들(cherubim)에 의해 모셔져와 허공, 흔히 하늘로 일컫는 공중에 보좌를 두고 앉아있는 놀라운 장관이었다. 불과 수십 년 전에 중앙 집중화된 유일신 신앙에서 예루살렘 성전 지성소에 앉아있다고 여겼던 야훼가 이방에 출현한, 경천동지할 이변이 일어난 것이다.

좌우 만군이 시위하는 중에 하늘 보좌에 앉으신 야훼 신은 이미 「열왕기 상」 22 : 19에 보인다. 미가야 선지자가 북이스라엘의 아합왕과 유다 여호사밧왕의 요청에 의해 예언하는 내용에서이다. 그리고 나아가 가나안의 엘 신이나 야훼 신이 주재한 신들의 천상 회의 흔적이 「신명기」32:8,9이나 「시편」89:7,8에도 나타나 있다. 따라서 천상의 보좌에 앉은 신 야훼가 본질적으로 이색적인 것은 아니다. 그러나 오랜 세월 예루살렘 성전 지성소에 처소를 둔 야훼 신을 신앙해온 당대 유다 백성들로서는 충격적인 장면이었을 것이다. 내용이 다소 길지만, 신비한 비행 물체가 출현해 흥미롭기도 하며, 신의 현현을 구체적으로 묘사하고 있고, 이방에 야훼 신이 출현했다는 이스라엘 종교 역사상 매우 중요한 사건이라고 할 수 있는 만큼 「에스겔」 1장 전부를 인용해 보겠다.

1. 삼십년 되던 사월 오일이었다. 그때 나는 그발강가에서 포로들 속에 끼여 있다가 하늘이 열리며 나타나는 신비스런 광경의 발현을 보게 되었다.

2. 그 달 오일은 바로 여호야긴 왕이 사로잡혀 온 지 오 년 째 되는 날이었다.

3. 그 날 부지의 아들 에제키엘[에스겔] 사제가 바빌론의 그발강가에서 야훼의 말씀을 받았다. 거기에서 그는 야훼의 손에 잡혔던 것이다.

4. 그 순간 북쪽에서 폭풍이 불어오는 광경이 눈앞에 펼쳐졌다. 구름이 막 밀려오는데 번갯불이 번쩍이어 사방이 환해졌다. 그 한가운데에는 불이 있고 그 속에서 놋쇠 같은 것이 빛났다.

5. 또 그 한가운데는 짐승 모양이면서 사람의 모습을 갖춘 것이 넷 있었는데

6. 각각 얼굴이 넷이요 날개도 넷이었다.

7. 다리는 곧고 발굽은 소 발굽 같았으며 닦아놓은 놋쇠처럼 윤이

났다.

8. 네 짐승 옆구리에 달린 네 날개 밑으로 사람의 손이 보였다. 넷이 다 얼굴과 날개가 따로따로 있었다.

9. 날개를 서로서로 맞대고 가는데 돌지 않고 곧장 앞으로 움직이게 되어 있었다.

10. 그 얼굴 생김새로 말하면, 넷 다 사람 얼굴인데 오른쪽에는 사자 얼굴이 있었고 왼쪽에는 소 얼굴이 있었다. 또 넷 다 독수리 얼굴도 하고 있었다.

11. 날개를 공중으로 펴서 두 날개를 서로 맞대고, 두 날개로는 몸을 가리고

12. 돌지 않고 앞으로 날아가는데, 바람 부는 쪽을 향해 곧장 앞으로 움직이게 되어 있었다.

13. 그 동물들 한가운데 활활 타는 숯불 같은 모양이 보였는데 그것이 마치 횃불처럼 그 동물들 사이를 왔다갔다 하고 있었다. 그 불은 번쩍번쩍 빛났고, 그 불에서 번개가 튀어나왔다.

14. 그 불은 번개처럼 이리 번쩍 저리 번쩍 했다.

15. 그 짐승들을 바라보자니까, 그 네 짐승 옆 땅바닥에 바퀴가 하나씩 있는 게 보였다.

16. 그 바퀴들은 넷 다 같은 모양으로 감람석처럼 빛났고 바퀴 속에 또 바퀴가 있어서 돌아가듯 되어 있었는데

17. 이렇게 사방 어디로 가든지 떠날 때 돌지 않고 갈 수 있게 되어 있었다.

18. 그 네 바퀴마다 불쑥 솟은 데가 있고 그 둘레에는 눈이 하나가득 박혀 있었다.

19. 그 짐승들이 움직이면 옆에 있던 바퀴도 움직이고 짐승들이 땅에서 떠오르면 바퀴도 떠올랐다.

20. 그 짐승들은 바람 부는 쪽으로 움직였는데, 바퀴에는 짐승의 기운이 올라 있어서 바퀴도 함께 떠올랐다.

21. 그 바퀴에는 짐승의 기운이 올라 있어서 짐승들이 움직이면 바퀴들도 움직이고 짐승들이 멈추면, 바퀴들도 멈추었다. 짐승들이 땅에서 떠오르면, 바퀴들도 함께 떠올랐다.

22. 그 짐승들의 머리 위에는 창공 같은 덮개가 수정같이 환히 빛나며 머리 위에 펼쳐져 있었다.

23. 그 창공 밑에서 짐승들은 날개가 서로 맞닿게 두 날개를 펴고 나머지 두 날개로는 몸을 가리고 있었다.

24. 짐승들이 나느라고 날개를 치면 그 날개 치는 소리가 큰 물소리 같았고 전능하신 분의 음성 같았으며 싸움터에서 나는 고함 소리처럼 요란했다. 그러다가 멈출 때에는 날개를 접었다.

25. 머리 위에 있는 덮개 위에서 소리가 나면 날개를 접었다.

26. 머리 위 덮개 위에는 청옥 같은 것으로 된 옥좌같이 보이는 것이 있었다. 높이 옥좌 같은 것 위에는 사람 같은 모습이 보였다.

27. 그 모습은 허리 위는 놋쇠 같아 안팎이 불처럼 환했고, 허리 아래는 사방으로 뻗는 불빛처럼 보였다.

28. 사방으로 뻗는 그 불빛은 비 오는 날 구름에 나타나는 무지개처럼 보였다. 마치 야훼의 영광처럼 보였다. 그것을 보고 땅에 엎드리자, 말소리가 들려왔다

마치 야훼가 정체 불명의 우주선을 타고 내린 것 같은 상황을 전해

주고 있다. 예루살렘과 유다 땅에서 유일신으로 인식되기도 했던 야훼 신은, 바벨론의 마르둑Marduk 신에게 패배한 셈이니 바벨론의 유다 포로민들에게는 높이 평가될 수 없는 처지였다. 앞서 요시야왕대에 자기 민족 영토 안에서는 유일신의 지위까지 올랐지만 바벨론 제국의 군사력 앞에서는 아무런 능력을 발휘하지 못해 여호야긴왕을 위시한 많은 백성들을 포로로 내어줄 수밖에 없었던 것이다. 그런데 그 기원전 597년의 예루살렘 1차 함락 이후 5년 뒤 갑자기 그 야훼 신은 바라볼 수 없을 정도의 신비와 영광으로 그발강가에 있던 30세의 포로민 제사장 에스겔에게 나타난 것이다(1절).

아마 다른 포로민들과 마찬가지로 에스겔도 성전이 약탈당한 이후 야훼 신이 어찌 하고 있는지 내심 궁금했을 것이다. 느부갓네살왕이 시드기야를 왕으로 임명한 만큼 언약궤는 그대로 두었을 것이나 야훼 신의 체면은 말이 아니었다. 그나마 예루살렘에 새로운 왕 시드기야가 세워져 바벨론에 대항하고 있는 형세이니, 야훼 신도 그와 백성들을 도와주고 있겠지 하는 정도였을 것이다. 그런데 그 신이 갑자기 국경을 넘어 바벨론 그발강가에 나타난 것이다.

이것은 매우 의미심장한 상황이다. 우선은 패배한 신, 자신의 신전조차 약탈당한 무능한 신이 국경을 넘어 당시 최대 강국 바벨론에 나타난 것이다. 그는 건재했다. 마르둑Marduk이나 아누Anu, 에아Ea를 위시한 여러 저명한 신들이 있는 메소포타미아에 별다른 방해도 없이 신비한 그룹의 호위를 받으며 영광스럽게 모습을 드러낸 것이다. 신상으로 된 신이라면 패전해 적국에 끌려가거나 승리한 점령군과 함께 타국에 갈 가능성은 있다. 그런데 패전국의 민족신이 승리한 적국에, 그것도 국경을 넘어 공중에 영광스럽게 좌정하고 있는 것이다.

『성경』은 매우 당연하게 야훼 신이 친히 찾아온 것으로 말하고 있으며 유대교나 그리스도교 신자 상당수는 야훼 신의 자기 백성들에 대한 끊임없는 관심과 사랑으로 인해 이런 상황이 나타났다고 볼 것이다. 그러나 이는 객관적인 사실과 거리가 있다. 이 일은 그곳에 있던 모든 이들이 볼 수 있는 일이 아니었다. 정착촌의 여러 포로민들 중에 제사장 에스겔만 본 환상 속의 일이었으니, 에스겔의 종교적 번민과 구도의 결과로 생겨난 지극히 심리적이고 뇌신경학적인 작용 속에 일어난 일이었을 가능성이 높다. 다윗왕과 솔로몬왕에 의해 제사장으로 임명된 사독 제사장의 후예로 남다른 자부심을 가졌던 그가, 포로로 잡혀와 야훼 신에 대해 일견 확신을 유지하면서도 내적으로는 실망, 회의, 좌절 등을 수없이 경험하다가 이윽고 맞이한 종교적 신비 현상이었을 것이다. 결국 이것은 에스겔이 오랜 좌절과 회의와 고투 끝에 맞은 신비로운 만남이었던 것이다. 모세나 예수처럼 영광스러운 신의 신비를 만나게 되었던 듯하다.

야훼 신은 앞서 아하스왕대에 산지의 은둔 왕국 유다가 강력한 아시리아 제국의 침략에 직접 영향을 받게 되면서 능력과 존재의 한계가 적나라하게 인식되고 의심받았다. 북이스라엘이 아시리아에 멸망하면서 야훼 신에 대한 의혹은 한결 심화되었다. 이에 히스기야왕을 거쳐 요시야왕은 오히려 야훼 신앙을 강화하는 민족주의적 종교 개혁 정책으로 문제를 돌파하고자 했다. 예루살렘 성전으로 제의를 집중하고 다른 모든 신상을 우상시해 제거함으로써 유다왕국 내에서 야훼 신은 공식적으로는 유일신의 지위를 확보하게 되었다. 따라서 진실로 야훼 유일신 신앙을 따랐던 자라면 어떤 상황에서도 그 신의 유일성을 의심해서는 안 되는 일이었다. 그 신은 다른 신과 달리 형상화, 신상화를 거부했으니 성전이 1차 크게 약탈되었다고 해도 그 신의 존재가 어찌 될 리는 없었다. 인간이 조성한 형상에 매이지 않으니 공간에 구애될 이치도 없었다. 언약궤와 함께 하지 않고, 그 신을 표상하던 다른 성물과 함께 하지 않는다고 해도 그 신은 바벨론 포로민과 동행할 수 있는 존재였다.

그러나 아무리 논리적으로 이러한 인식이 가능하다 해도, 국경을 넘어 멀리 이방에서 한 유다 포로민이 겪은 이 체험은 특별한 역사적 의미를 가진 것이었다. 요시야왕 때에 다소 거칠게 설정되었던 유일신 신학이 드디어 포로기의 고난을 수년간 겪은 치열한 사제에 의해 이방에서도 실존적으로 확신된 사건이었다.

여전히 예루살렘 성전을 야훼의 집이라고 말하는 사람들이 적지 않았지만, 에스겔은 무형상의 유일신을 예루살렘 성전이 아닌 바벨론의 그발강가에서 만난 것이다. 이 경험은 유일신 야훼에 대한 더욱 큰 확신을 가져왔다. 그는 국가의 멸망과는 관계없이, 그리고 국경을 넘어서도 믿을 수 있는 유일한 신이라고 확신하게 된 것이다. 물론 다른 포로민들은 이와 같은 이해에 이르지 못했다. 그들은 여전히 야훼에 대해 절망하고 회의하며 확신을 갖게 된 에스겔의 말에 귀를 기울이지 않았다. 「에스겔」 33장에 다음과 같은 내용이 보인다.

30. "너 사람아, 네 겨레가 담 곁에서 또 집 문 앞에서 네 말을 하며 서로 끼리끼리 '야훼께서 무슨 말씀을 내리셨는지 가서 들어나 보자.' 하며

31. 구경거리나 난 듯 너에게 모여올 것이다. 나의 백성은 네 앞에 앉아서 말을 듣기는 하겠지만 그대로 실행하지는 않을 것이다. 말로는 좋다고 하면서도 마음으로는 제 좋을 대로만 하리라.

32. 너는 수금을 뜯으며 고운 소리로 사랑의 노래나 읊는 사람으로 보일 것이다. 그래서 그들은 네 말을 듣기는 하겠지만, 그대로 실행하지 아니하리라.

33. 그러다가 네 말이 들어맞는 것을 보고서야 저희 가운데 예언자가 있었음을 알게 될 것이다."

에스겔의 예언을 가벼운 구경거리처럼 여기던 이와 같은 상황에서, 야훼는 사람들이 듣든지 말든지 자신의 말을 그들에게 그대로 전달하라고 했다(2:7). 에스겔은 야훼의 말씀을 열심히 전했지만 사람들은 건성으로 듣고 말았던 것이다. 그래서 그는 때로 벙어리처럼 지내기도 했다고 한다.

유프라테스강 유역 니푸르의 그발강가에 나타난 야훼의 영광은 그 뒤에도 몇 차례나 더 에스겔에게 나타났다. 개인은 물론 유다 포로민들이 겪고 있는 정치·종교적 상황이 너무나 혼란스럽고 절망적이었던 만큼 그의 간구는 절실했고, 그만큼 그의 환상 속에 야훼의 현현이 드러나곤 했던 것이다.

에스겔의 예언 활동은 그의 나이 50세 정도가 되는 기원전 약 572년경에 마무리되었다. 따라서 그는 바벨론 포로기의 초반에 예언자로 활동하며 가장 혼란스럽고 절망적인 시절을 보낸 것이다. 완고하며 원칙적인 사제의 면모를 유감없이 가졌던 그이기에, 포로민들이 냉담한 반응을 보이는 가운데도 야훼 신앙을 여일하게 환기시킬 수 있었다. 상황에 좌우되지 않는 그의 성품으로 인해 그의 예언과 신탁은 위로보다는 무거운 질책이 큰 비중을 차지하고 있다.

그는 초기부터 유다와 예루살렘의 우상 숭배나 이방 종교 숭배 등의 배교 행태, 약자를 억압하고 탈취하는 사회적 불의, 성적 타락 등 비윤리적 행위 등을 집중적으로 비난, 질책하고 있다. 북이스라엘보다도 더한 타락으로 인해 유다, 예루살렘은 더욱 비참한 멸망을 당하게 되어있다고도 했다. 내용도 엄정하고 무겁지만 「에스겔서」는 실로 매우 많은 장들을 이어가며 유다와 특히 야훼의 유일한 성소로 선택되었으나 그 역할을 하지 못한 예루살렘에 대해 지나치다 싶을 정도의 질책을 쏟고 있다. 이 점은 유대교에서도 부담을 느끼고 있다고 한다. 위로나 희망은 극히 단초를 비치는 정도면서 멸망의 원인이 유다와 예루살렘 사람들에게 있다고 말하는 것이다.

백성들, 특히 바벨론 포로민들의 야훼에 대한 회의와 불신, 그리고 전쟁 패망에 대한 민족신에 대한 책임 추궁에 민감하고 적극적으로 대응했던 셈이다. 유다왕국의 최종 멸망이 다가오면서 야훼 신은 예루살렘 성전을 일시 떠나서 이방인 가운데 흩어져 있는 백성들의 성소가 되어주겠다며(11:16) 그의 영광이 예루살렘을 떠나는 장면을 에스겔이 환상 속에서 보기도 했다(11:22~24). 이제 야훼 하나님은 자신의 의지에 의해 예루살렘을 일시 떠나 이방에 포로가 된 백성들 중에 계시다가 돌아오겠다고 함으로써 바벨론 포로민의 신앙적 정통성을 주장할 빌미를 주었다.

「에스겔서」는 국가의 멸망과 연관해 유다와 예루살렘에 대한 질책을 길게 퍼부은 후, 주변 민족이나 국가들에 대한 저주를 쏟고 있다(25장~32장). 신에게 퍼붓지 못한 원망과 질책을 다른 대상들에게 쏟아 붓고 있는 것으로 보인다. 유다가 망하는 과정, 예루살렘이 점령되고 파괴되는 과정에서 바벨론을 돕거나 기뻐하거나 방관한 민족과 국가들에 대한 원망과 부정적 예언이 퍼부어진다. 아몬, 모압, 에돔, 블레셋, 두로,

시돈, 애굽(이집트) 등이 그 대상이었다.

에스겔이 유다나 예루살렘 사람들의 불신앙과 죄악을 질책해도 포로민들의 반응은 차가운 편이었다. 그들은 에스겔의 예언을 듣기는 했지만 반응은 거의 없었다. 포로로 끌려와 있는 이들에게 민족신 야훼가 패전에 책임이 전혀 없다는 선포는 감동을 줄 리 없었다. 아마도 이렇게 싸늘한 반응을 힘겹게 여긴 예언자 에스겔은 주변 민족이 그동안 이스라엘이나 유다에 보여준 역사적 행태를 거론하며 비난을 퍼붓게 된 것이다. 유다 멸망 과정에 쾌재를 부르거나 이익을 챙기기 위해 유다와 예루살렘의 멸망을 반가워했던 주변 민족 국가들을 비난함으로써, 타 민족과의 관계에서 의의가 드러나기 마련인 민족신의 존재감을 환기시키고 동포의 동질감을 불러일으키고자 했던 것이다. 불을 낸 범인보다 불구경을 하는 이웃들을 더 비난하는 꼴이다. 그것이 어느 정도 호응을 얻었는지 알 수 없으나 예언서들이 종종 이방 민족을 저주하는 것으로 보아, 민족신 야훼에 대한 원망을 해소시키고 민족 구성원 간의 동질감을 유지하는 데 효과가 있기는 했던 것 같다.

그러나 에스겔의 이방 민족 국가에 대한 저주 예언은 그보다 앞선 예언자들인 이사야나 예레미야의 경우와는 약간 다른 양상이 있다.

이사야는 북이스라엘을 멸망시키고 남유다왕국을 위협하던 아시리아가 야훼의 도구로 사용된다고 하면서도 그 나라가 반드시 처참하게 멸망할 것을 예언했다(「이사야」10:25). 예레미야도 바벨론에 일견 우호적인 것처럼 보이지만 종국에는 바벨론이 멸망할 것을 예언하고 있다(「예레미야」50장). 이것은 민족신이 국제적인 대결 국면을 맞이하면서 나온 불가피한 논리라고 여겨진다. 민족 내부에서의 문제라면 민족신은 당연히 순종과 불순종, 의와 불의에 따라 복과 화를 적절히 준다고 하면 된다. 그러나 민족 국가 밖에 있는 제국의 침략을 받고 특히 그것이 지속적으로 영향을 미치는 경우가 문제이다. 이 경우 민족신은 자신이 필요에 의해 강력한 외부의 적을 동원했다는 주장 밖에 할 수가 없다. 이러한 경우는 기원전 9세기에 새겨진 모압 왕 메사의 비에도 이미 나타나 있다. 모압의 민족신 그모스Chemosh가 자기 땅의 백성들에게 진노했기 때문에 북이스라엘 왕 오모리가 그 땅을 지배하게 되었다고 했다.

이처럼 약한 민족의 신은 휘하의 민족을 징벌하기 위해 외부 세력을 동원했다는 주장으로 자신에게 제기될 수 있는 회의를 피하기 마련이다. 그런데 외부 세력의 동원으로 자기 민족이 완전히 멸망하고 재기할 수 없다면 민족신 자체의 존립이 문제가 되기에 용서와 회복을 반드시 언급할 수밖에 없었던 것이다. 그래서 이스라엘이나 유다는 야훼 예언자들의 기본 신학이기도 했을 계약 사상, 「신명기」적 신학에 의해 불신앙에 대해 징벌을 받을 것이나 처벌을 받은 후에는 반드시 회복되어야 했다. 「이사야」48:9은 "나는 나의 이름을 위해 노여움을 참았고 나의 영광을 위해 분노를 억제했으며 너희를 멸하지 아니했다."라며 명백하게 이러한 논리를 피력하고 있다.

예언자들이 크게 의존했다고 여겨지는, 회개와 용서(회복)가 가미된 「신명기」적 논리, 율법의 타협적 응보관은 보수적 신학자나 설교자들의 호들갑과는 달리 사실 그리 어렵거나 놀라운 신학이 아니다. 응보주의는 제국과 종속국 간의 조약에만 나오는 것이 아니라 세계 고대사회의 일반적 인식이었고, 자기 백성이 벌을 받고 회복되지 못한 채 영원히 소멸하는 것은 민족신 자신의 소멸로 귀결되는 일이었다. 따라서 민족신 스스로 자신을 보전하고 영광을 누리기 위해서는 자기 백성을 반드시 살려 회복시켜야 했던 것이다.

이런 이유로 인해 역사를 주관한다는 역동적인 야훼 신은 스스로 타국을 불러들여 자기 백성을 징치했다고 해도, 자기 백성을 징치한 아시리아나 바벨론을 반드시 멸망시키겠다고 예언했던 것이다. 그래야 자신을 섬길 백성을 되찾아 유지시킬 수 있었다. 여기서 우리는 고대 이스라엘의 민족신인 야훼를 과연 『성경』 「출애굽기」 6:3 등에 말하고 있는 전능한 신(God Almighty)이라고 할 수 있는지 근본적인 의문을 품을 수밖에 없다. 그 신은 역사적 고난과 난제 속에, 그가 부정될 수 있는 여러 위기 속에서도 오히려 그 민족들이 제공하는 변호와 변증에 의해 어렵사리 생명력을 유지했던 관념적 존재일 수도 있는 것이다.

그런데 에스겔은 이사야나 예레미야와 달리 야훼가 징치의 도구로 사용한 바벨론에 대해 멸망의 저주를 드러내지 않았다. 앞서 「시편」 137편에서 당시 바벨론에 잡혀온 포로 시인은 바벨론에 대한 처절한 복수의 저주를 퍼붓고 있었다. 그러나 「에스겔서」에는 그런 내용이 나타나지 않는다. 속내야 다르지 않았을 지라도, 에스겔은 이사야나 예레미야와는 전혀 다른 상황에서 다른 양상의 예언을 했던 것이다. 바벨론보다는 오히려 유다왕국을 적극적으로 돕지 않아 결국 망하게 한 애굽(이집트)에 대한 저주를 매우 장황하게 쏟아내고 있다. 아울러 주변의 두로, 시돈, 암몬, 모압, 세일, 에돔, 블레셋 등 유다왕국 멸망에 일조하거나 조롱한 나라들에 대한 저주만을 퍼붓는 것이다. 이것을 어떻게 보아야 할까?

에스겔이 바벨론을 드러내 저주하지 못한 것은 그가 죽을 때까지 바벨론 치하에서 살았다는 사실에서 비롯되었을 것이다. 이스라엘 민족의 회복을 소원하면서도 끝내 바벨론의 멸망을 공개적으로 말할 수는 없었던 것이다. 이러한 「에스겔서」의 내용이 바벨론을 의식한 3자의 편집에 의한 결과라고 할지도 모르지만 『성경』의 편집은 바벨론 지배가 끝난 훨씬 후대에까지 지속되었던 만큼 그것이 정확한 이해는 아닐 것이다. 이사야나 예레미야는 위기에 처해 있었지만 조국이 일단 존속하고 있을 때에 예언 활동을 했다. 자국에서 자민족을 향해 하는 예언은 타 강대국의 이목을 의식할 필요가 없다. 그러나 에스겔은 유다를 멸망시킨 바벨론에 살며 예언을 했다. 지도자급의 제사장으로 바벨론 제국의 감시를 받는 처지에서 바벨론을 공개적으로 저주할 수는 없었을 것이다.

그런데 에스겔의 상황에 따른, 이와 같은 저주 예언의 자기 검열은 결과적으로 바벨론 포로 사회에 적지 않은 영향을 주었다. 그의 선배 예언자들과는 다른 예언의 양상은 바벨론 포로민들의 정착에 긍정적인 영향을 주었을 것이다. 에스겔이 앞서 느부갓네살 왕이 유다를 정복할 것이라는 예언을 한 후에, 바벨론에 대한 저주 예언이 나오지 않자 포로 사회는 예레미야의 권고와 더불어 바벨론 정착에 나설 명분을 더욱 얻은 듯하다. 그리고 이와 같은 양상은 결국 포로민 자신들의 평화와 번영을 위해 바벨론의 평화를 기도하기에 이르며(「예레미야」 29:7) 이방 적국에 대한 열린 의식을 조장했을 것이다.

한편, 이방 민족에 대한 에스겔의 저주 예언이 실현되지 않은 경우가 이목을 끌기도 한다. 『성경』에 보이는 성취되지 않은 예언들의 문제와 연관된 것들이다. 「에스겔서」에는 두로가 바벨론의 느부갓네살 왕에게 망한다고 예언했으나(26장) 그렇게 되지 않았다. 또한 해당 주체는 분명하게 적시하지 않았으나 아마도 바벨론이 40년간 이집트를 점령해 그 나라가 황무지가 될 것으로 예언한 듯하다(29:11). 그러나 느부갓네살이 두로에서 수고한 대가를 못 얻었기 때문에, 40년간 이집트를 정복하게 해 약탈하게 하겠다고 보다 구체적으로 예언했다(29:17~20). 그런데 바벨론의 이집트 정복은 끝내 이루어지지 않았다. 사실 이집트를 바벨론이 정복할 것이라는 예언은 「예레미야서」에도 보인다(43:10~13). 앞의 두로에 대한 에스겔의 예언은 예루살렘이 재함락된 기원전 586년경이고, 뒤의 두로와 연관된 예언은 그의 생애 말년 기원전 570년경에 나왔다. 따라서 앞의 예언이 맞지 않았음을 의식하고 다시 예언한 것으로 보이기도 한다. 그렇다면 앞의 예언을 에스겔 스스로나 제3자의 편집 과정에서 뺄 만도 한데 그렇게 하지 않았다. 처음의 예언을 고치지 않고 그대로 기록해 전한 것이다.

이것은 신의 말씀이라고 여긴 예언에 대한 경외심에서 비롯된 것이다. 또한 『성경』 저자나 편집자들은 역사적 사실을 우선시하는 역사가가 아니다. 그들은 예언의 실현 여부에 관심을 가졌지만 그 사실성에 매이지는 않았다. 어떤 예언이 신의 말씀으로 믿어져 왔는가 하는 점과, 그것이 율법에서 말하는 응보율과 회개와 용서의 야훼 신이 역사를 운영하는 법칙에 따른 것인가 하는 점 등에도 주목해 전했던 듯하다. 결국 앞서 본 예레미야는 물론 에스겔 같은 대예언자의 예언도 다 들어맞지는 않았음을 『성경』 스스로 보여준다. 보다 후대의 학개나 스가랴의, 유다왕국을 회복할 메시야를 기대하는 예언에는 다윗의 후손이자 여호야긴왕의 손자인 페르시아의 총독 스룹바벨이 왕이 될 것이라는 예언이 있었는데 그것도 성취되지 않았다.

성취되지 않은 예언이 구약시대에 문제가 되고 있음은 『성경』의 여러 구절에서 보인다. 「신명기」 18:22을 보면 "그 예언자가 야훼의 이름으로 말한 것이 그대로 이루어지지 않으면 그 말은 야훼께서 하신 말씀이 아니다. 제멋대로 말한 것이니 그런 예언자는 두려워할 것 없다."라며 실현되지 않은 예언은 거짓 예언이라고 한다. 이 기준을 두고 보면 에스겔도 일부 제멋대로 예언한 예언자가 된다. 이 기준을 엄정히 대입한다면 이사야나 예레미야도 같은 부류로 볼 수 있다. 설화적 내용이지만 「열왕기 상」22:20 이하에는 천상의 어느 영이 예언자들에게 거짓 예언을 하게 해 아합왕을 죽이겠다고 하니 야훼가 허락해 결국 아합왕이 죽었다는 내용이 나온다. 참 예언 여부에 대해 고대 이스라엘인들의 고민이 없지 않았던 것을 알 수 있다. 『성경』에 전해지지 않는 많은 예언들의 실현 여부도 당연히 문제되기도 하였을 것이다.

「예레미야」18:7~9을 보면 "나는 한 민족 한 나라를 뽑아 뒤엎어 없애버리기로 결심했다가도, 벌하려던 민족이 그 악한 길에서 돌아서기만 하면 내리려던 재앙을 거둔다. 그렇지만 한 민족 한 나라를 심고 세우기로 결심했다가도, 그 민족이 나의 말을 듣지 않고 나의 눈에 거슬리는 짓을 하기만 하면, 약속한 복을 집어치운다."라고 했다. 인간의 대응 방식의 변화에 따라 신의 계획도 바뀐다고 말하는 것이다.

결국 성취되지 않은 예언은 인간에 구애받지 않는 신의 자유와 경륜에서 온 것으로 언급되기도 한다. 신은 인간의 반응에 따라 언제나 그 계획을 바꿀 수 있으며 예언자는 그 수단에 불과하다고 보는 것이다.[82]

그러나 이러한 해석은 『성경』이 주장하는 야훼 신의 무한성, 전능성을 제한하는 중차대한 문제를 수반한다. 미래를 다 알고 미래사를 창조한다는 신이 경과와 결과는 다 예측하지 못했는가 하는 의문을 낳는다. 더구나 인간의 대응에 따른 신의 계획의 수정은 역사가 신이 아니라 인간에 의해 주도됨을 사실상 인정한 셈이다. 신앙적 입장을 보다 양해하고 본

---

82) 강승일, 「성취되지 않은 예언의 문제—고대 이스라엘 예언의 경우를 중심으로」, 『장신논단』46(1), 2014, 33쪽

다면, 성취되지 않은 예언은 예언자의 인간적인 한계로 신의 뜻을 온전히 인식하지 못한 결과일 가능성 정도라고 생각할 수 있다. 그럼에도 저명한 예언자들의 자기 예언에 대한 유별난 자신감과는 괴리가 있다.

역사학자의 입장에서 볼 때, 예언은 야훼 신앙에 철저하게 바탕을 두고 말한 예언자 자신들의 판단일 가능성이 있다. 야훼 신을 진리의 기반으로 여겼던 예언자들이 국가와 사회의 문제들에 대해 신에게 꾸준히 의견을 물으며 번민, 고투하다가 얻은 소중한 판단을 신이 주신 '계시'로 여겨 예언 형식으로 말한 듯하다. 그들이 신의 뜻으로 여긴 것은 흔히 꿈이나 환상을 통해 제시되었다(「민수기」12:6). 따라서 인용한 「신명기」18:22에서 이루어지지 않은 예언은 '제멋대로' 한 것이라는 말은 예언의 본질적 속성을 폭로하는 면이 있다. 그래서 참된 예언과 거짓 예언도 있었던 것이다.

고대 이스라엘의 저명한 예언자들은 단순히 모호한 신탁을 말하는 도구가 아니었다. 이들은 지성과 영성을 함께 갖춘 이들로서 사회적 문제, 국가의 진로 등과 유관한 고도의 지적 해법을 목숨 걸고 제시한 열정적 지성이기도 한 만큼, 예언에 개인의 지적 판단력 등이 큰 영향을 미쳤을 것이다. 따라서 실현되지 않는 예언도 존재했던 것이다. 더구나 당시는 합일된 신학이나 신관도 확립되지 않은 상태로 카리스마적 자질의 예언자들이 충돌의 소지가 있는 판단들을 말함으로써 결과적으로 이루어지지 않은 예언들도 적잖이 있었던 듯하다.

다시 본론으로 돌아와, 「에스겔」 33장에서는 드디어 잔명을 유지하던 유다왕국의 예루살렘이 끝내 바벨론 군에 의해 함락되고 멸망한(BC 586) 소식이 기록되어 있다. 그러면서 유다에 토지를 그대로 두고 올 수밖에 없었던 지배층 포로민들의 관심을 드러내 보인다. 유다 땅에 남아있는 자들이 이제 그 땅을 자신들의 땅이라고 주장할 것이라면서, 야훼에 대한 그들의 여전한 불신앙을 거론하며 반드시 그들도 멸망할 것이라 말한다. 토지를 두고 온 지배층 바빌론 포로민들을 위로하기 위한 것이었지만, 지배층에 속하는 제사장 출신 에스겔의 기존 재산권 보장 욕구를 분명히 보여주는 것이기도 한다.

예루살렘이 완전히 파괴되어 유다왕국이 멸망한 다음 에스겔의 예언은 동포들에 대한 위로와 민족 국가의 회복 가능성을 적극 언급했다. 그것은 백성들의 죄악과 불신앙에도 불구하고 이방에서 비난받는 야훼의 명예가 걸린 문제이기 때문이라고 했다. 이방인들이 전능한 유일신이라며 다른 신들의 신상조차 모두 파괴하며 유세를 떨던 야훼 신의 무능을 조롱했던 것이다. 아마도 포로민 스스로 이 일로 크게 주눅이 들기도 했을 것이다(「시편」89:50,51). 야훼 신으로서 그 치욕은 도저히 참을 수 없는 것인 만큼 이방을 멸망시키고 각지에 흩어져 있는 자신의 백성 이스라엘 사람들, 북이스라엘이나 유다 출신 모두를 반드시 다시 불러들여 예루살렘을 회복하겠다고 했다. 「에스겔」 37장에는 골짜기에 버려진 마른 뼈들을 향해 에스겔이 야훼의 명을 대언하자 뼈들이 소생하는 놀라운 기적이 기록되어 있는데, 이 내용은 보다 후대에, 부활 관념이 활성화되기 시작한 기원전 2세기 마카베오 항쟁기 무렵에 삽입된 내용으로 보기도 한다. 37:12에는 '내 백성들아 내가 너희 무덤을 열고 너희로 거기서 나오게 하리라'는 내용이 있는데 이는 『신약성경』 복음서에 보이는 예수의 부활 사건과 관련해 주목할 만하다. 일찍이 에스겔은 40년의 포로 생활이 지나면 민족 국가가 회복되리라는 예언을 한적이 있다(4:6).

에스겔의 민족 회복에 대한 예언은 북이스라엘과 남유다 백성 모두를 고토로 불러들이는 통일을 모색하는 것이라는 특색이 있다. 그는 야훼 신이 두 막대기에 이스라엘과 유다를 기록하고 그것들을 하나가 되게 하는, 보다 구체적인 상징적 행위를 명했다고 했다. 또한 백성들을 고토로 돌아오게 해 다윗 같은 왕을 내서 다스리게 하겠다고 했다(37:15~28). 민족의 통일은 히스기야왕 이래 특히 요시야왕대의 국토확장과 통일 의지를 계승하는 것으로서 예레미야 예언에도 나타나 있다(「예레미야」3:11~18). 북이스라엘보다 더한 타락으로 인해 유다, 예루살렘은 더욱 비참한 멸망을 당하게 되었다고 본 에스겔로서는 유다만의 회복을 주장할 근거도 없었을 것이다. 아울러 포로 생활 중에 이미 백여 년 전에 망해 아시리아에 의해 분산, 정착된 북이스라엘인들과 접촉이 있었기에 가능했던 인식일 수도 있다. 두 나라가 야훼의 백성인만큼 야훼의 명예를 위해서라도 하나의 민족으로 통일될 것을 기대했던 것이다.

그런데 그가 잡혀온 지 20년이 지나도 이스라엘이나 유다가 회복될 조짐은 보이지 않았다. 에스겔과 함께 잡혀온 유다 왕 여호야긴은 꽤 장기간 옥에 갇혀 있는 신세이기도 했다.

에스겔이 마지막으로 야훼의 영광을 환상에서 본 것은 사로잡혀온 지 25년째가 되는 해, 곧 기원전 572년이었다. 50세가 되었을 터인데 당시의 수명으로는 노년에 이른 나이였다. 환상 중에 야훼의 영광이 다시 나타나 그를 데리고 이스라엘 땅으로 가서 높은 산 위에 놓은 다음, 성읍을 바라보게 하며 미래에 건설할 성전을 구체적으로 측량해 보여주었다고 한다(40:1,2). 지루할 정도로 구체적인 건축물의 크기 등이 세밀하게 제시되고 있다. 고루한 제사장 출신 선지자 에스겔이 성전과 연관된 야훼의 도시를 매우 구체적으로 기술한 장문의 성전 관련 기사들을(40장~48장) 직접 저술했을 가능성은 낮으며 그를 계승한 자들이 발전시킨 작품일 가능성이 높다.[83] 다만 그의 성향이나 처지 등을 미루어 그가 성전의 환상을 본 것만은 부인할 수 없을 듯하다.

에스겔의 새 성전 환상은 많은 논란을 낳고 있다. 그가 끌려가 본 것이 천상의 신의 궁전을 말하는 '하늘 성전'인지, 미래에 회복될 예루살렘에 재건될 '지상 성전'의 모형인지, 더 나아가 종말에 이루어질 우주적 하나님의 궁전을 말하고 있는지 매우 분분하다.[84]

우선 종말론적 우주적 성전은 『신약성경』 「요한계시록」 21장에 나오는 거룩한 성, 새 예루살렘으로 보이는데 역사의 종말과 함께 하늘에서 내려와 완성될 야훼의 집, 하나님의 나라라고 할 수 있다. 불과 수년 내지 십여 년 전에 상실한 국가와 민족의 회복을 염원하던 에스겔이 숱한 절망과 고난을 겪은 후 심화된 역사적 종말론을 전제로 할 야훼의 나라를 이처럼 일찍부터 꿈꾸었다고 보는 것은 무리이다. 「에스겔서」 48:35의 '야훼가 계시는 곳(야훼 삼마)' 곧 새 성전의 이상이 차후 종말론에 영향을 미친 것은 사실이나 기원전 6세기에 그러한 종말론적 세계의 설정은 너무 이르다.

에스겔이 성전의 환상을 본 때는 예루살렘 성전이 파괴된 후 10여 년이 지난 즈음이다. 따라서 예루살렘 성전은 현실에서 없어졌던 것이니, 당시 그발강가로 자신을 찾아오신 공중에 보좌를 둔 야훼의 영광과 관련해 이 문제를 보는 것이 좋겠다. 지상 예루살렘 성전은 없어졌고 재건의 희망은 보이지 않던 시절에 '공중 보좌에 앉으신 야훼 신의 궁전'

---

83) 라이너 알베르츠 저, 『이스라엘종교사 II』, 강성열 옮김 (크리스찬 다이제스트, 2004) 119쪽

84) 김상래, 「에스겔 40~48장에 나타난 '새 성전'의 정체성」, 『구약논단』16, 한국구약학회, 2004, 224~243쪽

이 천상에 있음을 상상해낸 것은 자연스러운 귀결이다. '이스라엘의 높은 산'으로 데려가서 보도록 했다고 하니(40:2) 지상의 성전으로 보일 수도 있다. 그런데 야훼 신, 그리고 그와 동일시되었을 원이스라엘인들이 믿었을 '엘 샤다이'는 본래 산의 신으로, 산 위의 하늘 궁전은 문제될 일이 아니다. 야훼 신이 시내산이나 호렙산, 그리고 시온산과 연결되어 있음은 잘 알려진 일이다. 가나안 신앙에서 바알 등 여러 신들이 산다고 여겨진 북방의 자폰Zaphon산을 이스라엘 예루살렘 야훼 신앙은 시온Zion산으로 계승하고 있다(「시편」48:2, 「이사야」14:13. 특히 『새번역 성경』, 『NIV』). 또한 불교에서도 우주의 중심에 있는 수미산 꼭대기에 도리천(33천)이 있어 제석 하느님 등 천신들이 살고 있다고 여긴다.

하늘이 지상에서 멀지 않은 거리라고 여겼고 인공 비행체를 생각지도 못한 그 시절에, 막대한 크기의 공중 천상과 거기에 떠있는 궁궐을 상상한다는 것은 어려운 일이다. 하늘로 솟아 있어 상당 부분이 구름에 의해 가려지는 높은 산 정상에 신의 궁전이 있다고 생각한 것은 자연스러운 면도 있다. 예루살렘 성전만이 유일한 야훼 신의 처소라고 주장하던 제사장들의 입장에서 파괴된 지상 성전 이외에 천상의 성전이 있다는 생각은 큰 위로가 되는 일이기도 했다. 사실 가나안 전통 신앙에서도 엘 신이 주관하는 천상 회의가 있었고 엘 신의 지위를 야훼가 승계한 만큼 그의 궁전이 천상에 있다는 생각을 못할 이유도 없다(「신명기」32:8,9, 「열왕기 상」22:19, 「시편」89편). 더구나 바빌로니아의 창조 서사시 「에누마 엘리쉬」에 보이는 바와 같이 당시 바벨론에도 신의 하늘 궁전 사상이 있었으니 그가 그러한 환상을 본 것이 엉뚱한 일만은 아

니었다.[85]

그런데 「에스겔」43장에는 새 성전 문제가 기존 이스라엘의 죄와 연관되어 서술되고 있다.

11. 너 사람아[인자야], 너는 이스라엘 족속에게 이 성전을 설명해 주어라. 이스라엘이 제 스스로 얼마나 부끄러운 죄를 지었는지 알게 되거든, 성전의 모양을 도면으로 그려 설명해 주어라.

11. 이스라엘이 제 스스로 저지른 모든 잘못을 부끄러워하게 되거든, 드나드는 출입구를 포함해 성전의 건축 양식을 그려주어라. 격식과 원칙에 맞는 설계도를 그려 보여주면서 모두 설명해 주어라. 그래서 하나하나 그 설계를 따라 격식에 맞게 건축하도록 해라.

12. 성전은 이렇게 짓는 법이다. 산꼭대기를 돌아가며 울타리를 친 경내가 모두 거룩하고 거룩한 곳이다. 참으로 성전은 이렇게 짓는 법이다."

이스라엘 민족이 저지른 모든 잘못을 부끄러워하거든 그가 본 성전 양식을 그려 보여주고 그대로 성전을 건설하라는 것이다. 거룩한 야훼의 성전을 이 땅에 짓는 일은 모든 죄를 자복한 다음에나 가능한 일이라는 것이다. 야훼의 전능성을 의심하고 그의 무능력을 민족 멸망의 이유로 생각하는 포로민들에게 새로운 성전의 설계도를 보여주는 것만으로도 모독이 된다고 여긴 듯하다. 그러니 현 상태로는 성전 재건을 허락할 수 없다는 뜻이기도 하다. 그런데 야훼를 불신하고 있던 대다수

---

85) 조철수, 『수메르 신화』 170-171쪽. (서해문집, 2003)

포로민의 입장에서, 당시 상황에 성전 재건의 비전이란 아무 의미도 설득력도 없었다. 사실 에스겔도 (그리고 야훼 신도) 그 점이 내심 신경 쓰였던 것이다. 인용한 내용은 과거의 예루살렘 성전이 야훼에 대한 올바른 신앙을 준행하지 못한 죄에 오염된 곳이라는 생각을 깔고 있는 것이다. 그러한 중에 왕들에 의한 성전 신앙의 오염 행위 등도 지적되고 있다. 야훼만을 위한 제사가 아니라 아세라와 각종 우상이 설치되었던 과거 사실을 상기하고 있는 것이다.

결국 에스겔의 성전은 멸망당하지 않을, 야훼가 계신 참 성전, 야훼만이 계신 성전을 상정하며 야훼의 하늘 궁전을 모범으로 제시하는 것이다. 과거 언약궤(법궤)를 내세워 북이스라엘의 우상 숭배를 비난하고 배척하며 야훼 신앙의 정통성을 자랑하고 신상 없는 유일신 신앙까지 형성했지만, 신은 언약궤가 있던 그 예루살렘 성전도 버렸다. 예루살렘 성전 측이 자부했던 정통 하나님의 집이란 주장은 유다의 왕과 사제 등의 지배 이데올로기에 불과했음이 폭로된 셈이다. 왕과 사제, 백성들이 오염시킨 예루살렘 성전은 그가 머무는 곳이 아니라 떠난 빈 집이었을 뿐이다.

따라서 에스겔에게 보인 절대 거룩함을 강조하는(43:12) 새 성전은 이미 효력 없음이 입증된, 예루살렘 성전 지성소에 모셨던 언약궤에 대한 어떠한 언급도 없는 지성소를 말하고 있다(41:4). 그발강가에도 현현하신 야훼 신이 새로운 성전에 계신다면 그와 같은 십계명 돌판은 별 의미도 자랑거리도 될 수 없었다. 참고로 「예레미야」3:16에서도 "그날이 오면 너희는 이 땅에서 불어나 번성하리라. 이는 내 말이라, 어김이 없다. 그때 다시는 야훼의 계약궤를 말할 필요도 없을 것이며, 마음에 두고 생각할 필요도 없게 되리라. 아쉬워 찾거나 새로 만들 필요도 없으리라."라고 했다. 새 성전은 야훼가 떠난 기존 예루살렘 성전의 구조나 기구, 시설 등과 거리가 멀었는데, 새로운 성전은 실패한 성전에서 본받을 이유가 없기 때문이었다. 새로운 성전은 예루살렘 성전과는 무관한, 하늘의 모델을 따른 절대 거룩한 성소여야 했다.

이 성전과 관련해 대단한 종말론적 계시의 의미를 찾는 것은 역사적 해석이기보다는 종교적, 신학적 해석일 뿐이다. 결국 에스겔은 현실적으로 희망이 거의 보이지 않는 상황에서 제사장 출신답게, 민족 멸망에 예루살렘 성전의 문제점은 무엇이었는지 생각하며 온전한 지상의 성전을 재건해 보고자 천상의 궁전이라는 환상으로 비전을 모색했던 것이다.

그와 그의 후계자들이 상상한 새로운 성전을 중심으로 야훼가 계시는 도성은 단순히 유다와 예루살렘의 영토 회복을 통해 이루어지는 것이 아니었다. 과거 성전의 야훼 신앙을 문란하게 한 국왕의 후원이나 간섭을 철저히 배제하고, 야훼의 절대적인 존엄이 확보될 수 있는 성전 구조와 그것을 유지하기 위한 인적, 물적 체계가 확립된 새로운 도시, 야훼의 성읍을 건설하고자 한 것이다. 멸망하지 않는 영원한 하나님의 도성을 그렸던 것이다. 사실 과거 예루살렘 성전은 다윗의 성, 곧 다윗 왕조의 소유처럼 여겨진 도시 예루살렘에 자리해 왕의 후원과 지휘를 받고 왕정을 위한 신학과 제사를 중심으로 운영되었다.

그러나 이와 같이 이상적인 도시와 성전을 재설계하면서도 에스겔이 속한, 예루살렘 성전에 근무했던 사독 계열 제사장들은 제사장으로 역할을 할 수 있다고 주장했다. 종래 신앙의 일탈에 책임이 있는 레위인들은 제사장에서 제외되고 보조적 업무만 할 수 있다고도 했다 (44:10~14). 그의 환상과 비전은 이상적이었으나 자기가 서 있는 역사와 한계를 벗어날 수는 없었다.

야훼의 마지막 현현과 성전 설계 환상은 교회 내에서는 저명하며 자주 설교되는 내용이다. 그러나 역사적 관점에서 이것은 희망이 전혀 보이지 않던 시절에, 제사장 출신 선지자가 말년에 상상해 볼 수 있는 내용 정도이다. 왕들의 자의적인 행태에 의해 숱한 곡절을 겪었던 왕정시대 야훼 신앙의 역사를 반추한 후, 보다 완전한 야훼 신앙을 회복하기 위한 성전과 그에 관한 인적, 물적 기반의 설계까지 상상해본 것이다. 바벨론 치하에서 내외적 여건상 왕정의 회복을 통한 독립을 말할 처지가 못 되었는데, 수감 중인 여호야긴왕을 의식한 듯 왕의 존재를 인정하되 그 역할을 약화시키고 성전에 대한 간섭이나 지배를 배제한 성전을 그렸던 것이다. 그 이상적인 계획이 실현될 가능성은 거의 없었으니, 예루살렘 성전 재건 이후 페르시아 지배 하에서 일부 성전 운영에 적용된 면이 있다고도 볼 수 있으나, 결국 상상 속의 성전으로 남은 것이다.

이처럼 에스겔 선지자는 유다왕국 예루살렘 성전에서 대대로 복무한 사독계 제사장으로서 야훼 신에 대한 신뢰가 가장 의심받고 회의적이었던 포로기 초기에 야훼 신을 변호, 변증하기 위해 고군분투했다. 그리하여 그는 바벨론 영토 내의 그발강가에서 신의 영광을 만나는 환상을 통해 국가와 민족의 경계를 넘어 함께 할 수 있는 야훼 신을 처음 발견한 것이다. 산지에 있던 약소국의 수도 예루살렘 성전의 지성소만이 아니라 공중에 보좌를 두고 다른 신들의 영역까지 마음껏 나닐 수 있는 야훼 신을 인식함으로써, 소멸의 위기 앞에 선 야훼 유일신론을 소생시켜 보다 보편적으로 적용할 가능성을 구체적으로 제시했던 것이다.

그러나 당시의 포로민들은 야훼를 패배한 신으로 여겨 의심하고 불신하는 등 신앙의 혼돈 상태에 빠져있어 에스겔의 선포가 별다른 호응을 얻지는 못했다. 어쩌면 그가 헛것을 보고 있다고 여긴 이들도 많았을 것이다. 생애 후반으로 갈수록 그는 유다와 예루살렘에 대한 질책을 벗어나 민족의 회복 가능성을 예언했지만 희망적 징조가 보이지 않아 역시 한계에 봉착했다. 그리하여 말년의 환상에서는 야훼가 친히 안내해 준, 야훼가 계실 성읍과 성전을 보기에 이르렀던 것이다. 그가 본 성전의 신은 언약궤에 매이지 않는 보다 자유로운 신으로 진전했고, 왕정으로부터 독립한 명실상부한 신정정치를 지향했으나, 이스라엘 땅의 성전이라는 과거의 신앙 유산을 벗어나지는 못했다. 보다 자유롭고 보편적인 신을 발견했으나 사독계 제사장들이 지키는 이스라엘 새 성전의 지성소에 드나들며 주재하는, 전통적 민족 신앙의 끈을 완전히 놓지 못한 과도적 양상의 신이었다.

3) 야훼 위주의 민족 해방 역사 해석으로 발견된 우주적 창조주 유일신 개념

에스겔이 활동한 바벨론 포로기의 전반기, 포로민들은 여호야긴왕의 복귀 가능성을 막연하게 기대하기도 했지만 대다수는 야훼 신을 원망, 불신하고 두려움과 절망 중에 혼돈을 살고 있었다. 그러다가 여호야긴왕이 562년경 옥에서 풀려나 바벨론 궁정 내에서 과거 유다국의 왕으로서 의례적 예우를 받게 되면서 일시 국가 재건의 희망을 갖게 되었다. 그리하여 「신명기」계 역사서의 마지막 부분에는 그 석방 기사가 추가되었던 것이다.[86]

---

86) 「열왕기 하」 25:27~30. 참조 「예레미야」 52:31~34.

희망은 세월과 함께 서서히 자라고 있었다. 포로민들은 바벨론 제국을 두려워하고 절망 속에 있었지만, 이 제국은 유다 백성들을 특별히 강압적으로 대하지는 않았으며 니푸르 지역에 자리 잡고 살도록 해주었다. 정착도 성공적으로 이루어지고 있었다. 많은 아이들이 태어났다. 평안한 삶은 신의 축복으로 여겨지며 민족의 신앙이 이주민 사이에서 서서히 활력을 찾게 되었다. 신앙이란 매우 보수적인 면이 있는만큼, 제사장 에스겔이 그발강가에서 보았다는 야훼 신은 포로민 사이에서 그 영향력을 되찾아가고 있었다. 예루살렘 성전의 야훼 신은 신상으로 만들어지지 않은 만큼, 형체가 없는 그 신이 공중을 통해 나타나 바벨론에도 그 능력을 발휘할 수 있겠다고 생각했을 것이다. 무엇보다도 포로민들의 이주 정착 생활이 성공적으로 이루어지는 상황은 민족신 개입의 결과로 해석될 여지가 충분했다. 인간은 늘 합리화를하며 살아가는 존재인 만큼, 아마도 이런 즈음에 바벨론에 항복하고그들의 지배에 협조할 것을 목숨 걸고 주장했던 예레미야가 참 선지자였다는 인식이 커지기도 했을 것이다. 바벨론 포로 생활에서의 귀환과예루살렘 성전 재건의 역사를 기록한 「에스라」1:1에는 예레미야의 예언이 이루어져 페르시아의 고레스[키루스]왕에 의해 포로에서 해방되었다고 쓰여 있다.

특히 제사장이나 레위인들, 왕족이나 귀족, 관리 출신 등은 본래 고국에서 믿고 있던 야훼 신앙을 가족이나 개인 차원에서 유지하고 성숙시켰다. 여호야긴왕은 여러 아들을 두었는데 그 손자인 스룹바벨은 첫번째 포로 귀환을 인도해 예루살렘으로 돌아와 성전 재건을 지휘했다.예루살렘 멸망 시의 대제사장 스라야는 느부갓네살왕에 의해 처형되었으나 아들 여호사닥은 포로로 잡혀가고, 그의 아들인 여호수아는 스룹

바벨과 함께 귀환해 예루살렘 성전을 건축하고 재건된 성전의 첫 대제사장이 되었다.[87] 이들 두 가문은 왕실과 대제사장 가문으로서 포로민 사회의 신분 질서나 정체성 유지의 중심적 위치에 있었는데 실제로 기대된 그 역할을 수행했다.

포로민들은 성전 제사를 드릴 수 없었으나, 일부는 고난 속에 기도와 예배 등을 통해 경건의 정도가 오히려 깊어지기도 했다. 앞서도 언급했지만 「에스겔서」에 보이는 바와 같이 포로민들은 제사장이나 레위인들, 장로들 그리고 기타 마을의 지도자들을 중심으로 공동체적, 신앙적 연대를 이루기도 했다. 포로 해방 이후 유다사회에서 중요한 신앙적 기능을 했던 지역 공동체 회당의 원형 같은 것이 있었을 수도 있다. 에스겔을 찾아온 포로민들은 야훼의 말씀을 듣고도 준행하지 않았다고 했는데(33:32), 세월이 경과하며 생활이 안정되자 듣고 준행하는 이들이 서서히 늘어갔다. 그들은 민족의 멸망이 야훼의 무능력이나 무관심 때문이 아니라 자신들의 불신앙에서 온 것임을 인정하고, 과거에는 몹시 싫어했던 예언자들의 경고를 신의 말씀으로 받아들이며 죄를 고백하고 탄식하면서 역사를 상고하기도 했다. 그리하여 여러 예언자들의 심판 예언들이 포로기 이후에도 전해져 결국 『성경』의 일부가 될 수 있었다. 포로민들은 수로를 이용한 관개 농업 뿐 아니라 상업에도 성공하고 일부는 관리가 되기도 했다.

포로민 사회에서 야훼 신앙의 점진적 회복으로 인해 에스겔이나 앞서 활동한 예언자 예레미야의 해방 예언 등에 관심이 본격화되기도 했다. 제사장이나 레위인, 서기관, 그리고 일부 지식인이나 선지자 등은

---

87) 라이너 알베르츠, 앞의 『포로시대의 이스라엘』, 150쪽

현실적 필요와 장래를 대비해 야훼 말씀에 대한 상고와 역사에 대한 관심을 높여갔다. 지금 전하는 『성경』의 상당 부분은 바벨론 포로기에 신학 기반이 형성되어 저술되거나 보완, 편집된 것들이 많아 이런 점을 알 수 있다.

바벨론 포로 사회는 전에 비해 보다 특색 있고 중요한 종교적 관습을 확립하기도 했다. 민족 정체성의 유지와 다른 민족과 구별의 필요성, 그리고 현지 귀화로 인한 민족 성원의 이탈 방지 등을 위해 남아의 할례 예식을 도입하고 음식 규정을 강화했으며 안식일 성수 계명을 확립했다.[88] 이런 문화 양식들은 예루살렘 귀환 후에도 잘 지켜지며 유대인의 정체성을 규정하는 중요 조건이 되었다. 위와 같은 문화적 관습은 혼란스러운 상황보다는 안정된 시절에 시행하기 용이한 것들이었다. 포로민들은 강대한 바벨론 제국의 영토 안에서 오히려 과거 약소민족 시절보다는 평화와 안식을 누리고, 타민족과 접촉이 많아지며 이방 문화 등에 대한 인식이 열리면서 새로운 것을 모색할 여건이 확대되었다.

할례는 이집트인, 아랍인, 모압인, 에돔인도 지키던 풍습인데, 그것을 종교적 정체성과 연결해 민족 구성원의 자격과 연관된 제도로서 규정했다. 이중 아직도 뚜렷하게 연원이 설명되지 않는 고대 이스라엘 민족의 관습으로, 인류를 무제한의 노동으로부터 일정 정도 해방시키는 데 기여한 안식일의 제도화는 크게 주목할 만한 것이다. 주기적 생활 리듬 속의 휴식은 다른 민족들에도 있는 것이지만, 그 먼 고대사회에서 피지배자 일반인 민중들의 정기적 휴식을 강제 규정하는 이 안식일 제도는 그 사회의 약자들에게 구체적인 은총이었다.

---

88) 라이너 알베르츠, 위의 책, 151,152쪽

안식일 곧 샤바트Shabbat 제도는 바벨론 종교에 있었던 초하루, 초이레, 보름날에 행해진 신을 위한 정결례 의식이나, 특히 보름날 곧 샤파투sapattu가 '신의 심장이 쉬는 날'이라며 신의 휴식을 위해 인간들이 조심하는 종교 의식을 행한 관습에서 영향을 받은 듯하다.[89] 메소포타미아 신화에서는 신의 휴식이 방해받고 깨어지면 재해나 질병 등 탈이 난다. 또한 노동에 시달려온 하위계층 신들의 휴식을 위해 인간을 만들었다고도 한다.[90] 이처럼 휴식은 신의 특권이고, 신이 화가 나서 재앙을 일으키지 않도록 인간들은 신들을 달래고 조심해야 한다고 생각했다.

포로기 이전 유다왕국의 생산력 및 문화 수준에서 백성 일반의 정기적 안식을 제도화했을 개연성은 매우 낮다. 오경에 보이는 안식일 준수 규정은 포로기 이후에 첨가된 것으로 보아야 할 것이다. 다른 민족들이 행했던 할례를 받아들여 이스라엘 민족의 문화로 제도화한 것처럼, 그들은 바벨론 종교 풍습에서 힌트를 얻어 안식일을 제도화했을 것이다. 그러면서도 자신들의 경험과 신앙의 현안을 반영해 보다 창의적으로 제도화에 이른 것으로 보인다.

민족신의 성전이 없어진 상태에서, 민족 신앙을 지켜내기 위해 가급적 다수의 종교적 절기를 제도화하는 것이 유용했을 것이다. 종교적 절기를 지켜 민족 신앙의 정체성을 외적으로도 적극 표현하고 타민족과 구별할 수도 있었다. 그들은 적극적으로, 정기적이고 연속적인 절기를 생각해 마침내 7일 만에 반복되는 안식일을 제도화했을 듯하다. 이 새로운 제도를 철저히 지키도록 안식일의 준수를 십계명 중 하나로

---

89) 조철수, 앞의 책 88,172,173쪽
90) 「에누마 엘리쉬」 여섯째 토판 5~9행(조철수, 앞의 책 174쪽).

규정하고, 야훼와 이스라엘 민족 사이의 영원한 표징(sign)이라며 그 철저한 준수를 명했다(「출애굽기」31:17). 안식일의 제도화는 메소포타미아 종교 관습의 수용과 창조적 변용이었다고 여겨진다.

한편 안식일은 신을 달랜다는 바벨론 종교 본래의 의도를 반영해 그 날에 일하는 자는 죽여야 한다는 엄격한 명령을 수반했지만(「출애굽기」31:14), 신의 휴식뿐 아니라 종이나 나그네를 포함한 모든 인간들의 휴식, 심지어 일하는 가축의 휴식까지를 명령한 놀라운 진보를 이루었다. 이것은 포로기라는 특수한 상황에서 전쟁에 패배한 야훼 신 위신의 추락을 반영한 것일 수도 있겠지만, 다신 신앙을 벗어나 유일신 신앙을 가진 그들로서는 하위 계층 신들의 휴식을 인간들이 대신해 야훼와 함께 휴식할 수도 있었을 법하다(「시편」82:6,7. 「요한복음」10:34 참조). 어쩌면 안정 상태에 이른 중후기 바벨론 포로 생활 속에, 역설적으로 약소 민족에게 온 휴식과 회복 등이 불행 중 다행스런 축복으로 해석되며 백성들도 함께하는 휴식이라는 적극적 의미를 인식하게 되었을 가능성도 있다. 포로민들은 자신들이 포로가 된 것이 불신앙에 의한 징벌이 아니라 세계를 향해 야훼 신앙을 전파하는 '이방의 빛'이 되기 위한 것이라고(「이사야」49:6), 과감하고 적극적인 의미를 새롭게 부여하기도 했다.

안식일 성수 의무에 대해 『성경』은 두 가지로 그 근거를 들고 있다. 「신명기」5:15은 "너희는 이집트 땅에서 종살이하던 일을 생각해라. 너희 하느님 야훼가 억센 손으로 내리치고 팔을 뻗어 너희를 거기에서 이끌어내었다. 그러므로 너희 하느님 야훼가 안식일을 지키라고 너희에게 명령하는 것이다."라고 했다. 바로 앞 5:14에는 자신과 가족은 물론 종이나 나그네, 나귀 등 가축들까지도 다 안식하게 하라고 했다. 그러면서 "그래야 네 남종과 여종도 너처럼 쉴 것이 아니냐?"라고 덧붙인다. 종들의 노고에도 특별한 관심을 표하는 것이다. 「출애굽기」에는 안식일에 대해 20장과 31장 두 곳에 상호 유관한 기사가 나온다. 20:11에는 "야훼께서 엿새 동안 하늘과 땅과 바다와 그 안에 있는 모든 것을 만드시고, 이레째 되는 날 쉬셨기 때문이다. 그래서 야훼께서 안식일에 복을 내리시고 거룩한 날로 삼으신 것이다."라고 했다. 바로 앞 절인 20:10에는 「신명기」5:14와 같이 가족은 물론 종과 나그네, 그리고 가축의 휴식을 명하고 있다.

위 『성경』의 두 구절은 내용상 「신명기」5장이 앞서 기록되었을 것이다. 만약 「출애굽기」20장 내용이 먼저 나왔다면, 안식일의 휴식을 천지창조 이후 신의 거룩한 휴식과 연계하는 것이니 감히 「신명기」저자나 편집자가 안식일의 주목적을 인간이나 가축 등이 노동으로부터 휴식하는 것이라고 말하지는 못했을 것이다. 「신명기」5장은 아직 야훼의 우주적 창조주 신학이 확립되지 않은 상태에서 종의 노동에 관심이 집중되어 있다. 야훼 신도 이스라엘 민족을 이집트의 종 상태에서 해방시켰기에 휴식 없는 종 상태의 노동을 금한다는 것이다. 이것은 아무래도 바벨론 포로기와 같은 집단적 종 상태를 전제로 하지 않으면 나오기 어려운 내용이다. 그야말로 포로민으로 종처럼 휴식도 모르고 잘 살기 위해 애쓰는 동포들을 위해 종교적 지도자들은 휴식을 통한 민족의 장기적 존속과 보존을 생각하며, 거기에 민족의 구별이라는 의도까지 실어 안식일 휴식 의무를 창안했을 듯하다. 결국 「출애굽기」20장 기사는 「신명기」5장의 안식일 관련 기사가 나온 후에, 야훼 창조주 신학이 강화되고 완성되어 7일간의 우주와 만물 창조 역사가 체계화된 이후에 쓰인 것으로 보아야 한다. 거기서 안식일은 이제 창조의 역사와 관련해 신과 그의 형상을 닮은 피조물이 함께 안식하는 거룩한 날로 승화되었다. 안식일을 통해, 인간은 이제 단순한 신의 피조물이 아니라 창조의 신과 함께 존재적 이유를 확인하며 살 수 있는 존귀한 존재(「이사야」 49:5)가 된 것이다.

이와 같이 바벨론 포로 시대에 있었던 변화 속에 보다 두드러진 포로민 출신 지성이 있었다. 그는 현전하는 「이사야」 40장에서 55장까지를 저술했거나 그 기본 신학을 정립한 사람이다. 그 익명의 지성이 저술한 부분은 제사를 강조하지 않으며 탁월한 시적 영감을 드러내고 있어 제사장 출신이라기보다는 성전에서 찬양을 했던 이로 여겨지곤 한다. 웃시야왕대에서 히스기야왕대까지 수십 년간 유다왕국에서 활동한 본래의 이사야와 관련된 자료나 전승 등을 편집한 「이사야서」의 두 번째 부분과 연관된 그를 흔히 제2이사야라고 통칭한다. 제2이사야는 포로기의 후반기라고 할 수 있는 바벨론의 멸망(BC 539) 직전이나 직후까지 활동했던 인물이다.

바벨론 제국을 멸망시킨 영웅은 페르시아의 키루스(고레스)대왕이다. 그런데 키루스는 이미 기원전 550년경에 자신의 외조부가 다스리던 메디아왕국에 대항했는데, 메디아 군사들이 키루스에게 왕국을 넘겨주었다고 한다. 나아가 기원전 547년경 당시의 강국이자 유능한 크로이소스왕이 다스리던 소아시아의 리디아를 정복했다. 키루스와 크로이소스 두 영웅적 왕에 대한 이야기는 그리스 헤로도토스의 『역사』에 자세히 기술되어 있다. 키루스 대왕은 마침내 기원전 539년에는 바벨론에 입성해 바벨론제국(신바빌로니아)을 멸망시켰다. 키루스는 용인과 용병에 탁월하고 너그러운 인격을 가진 인물로 그리스 지식인들에게도 익히 알려진 인물이었다.

당시 신바빌로니아 왕 나보니두스Nabonidus(BC 555~539)와 종교적으로 대립하고 있던, 바벨론의 마르둑 신을 숭배하던 제사장들이 협조하고 주민들이 반기는 중에 그는 바벨론에 무혈 입성했다. 나보니두스 왕은 바벨론 도시 출신이 아니라 북부 시리아의 도시 하란 출신 군지휘관으로 군사 반란을 통해 신바빌로니아 왕위에 올랐다. 그의 어머니는 하란의 달의 신, 신Sin을 섬기는 대사제였다. 따라서 그는 바벨론제국이 우선적으로 섬기던 바벨론의 벨 마르둑 신을 제쳐두고 신Sin을 적극 숭배했으며, 자신의 고향이 있는 서부 지역에 큰 관심을 두었고 십 년 이상 아들을 섭정으로 둔 채 수도를 비워두기도 했다. 이러한 신바빌로니아의 내부 균열 속에 키루스는 전투나 강압이나 고성도 없이 조용히 대제국의 수도를 접수했다. 그 장면은 「이사야」42:1,2의 "여기에 나의 종이 있다. 그는 내가 믿어주는 자, 마음에 들어 뽑아 세운 나의 종이다. 그는 나의 영을 받아 뭇 민족에게 바른 인생길을 펴주리라. 그는 소리치거나 고함을 지르지 않아 밖에서 그의 소리가 들리지 않는다."라는 구절과 연결될 수도 있다.

키루스 대왕은 복속된 민족들의 정체성을 존중하고 본토에서 살도록 하는 정책을 폄으로써, 바벨론 유다 포로들의 고토 귀환 명령을 내려(BC 538) 해방을 가져온 왕으로 알려져있다. 물론 유다 지방은 곧 페르시아의 총독을 통해, 알렉산드로스 대왕이 점령하기 전까지 약 200년 동안 페르시아의 식민 지배를 받았으니 완전한 해방과는 거리가 있었다. 그럼에도 망국과 포로로서의 바벨론 강제 이주를 통해 민족 멸절의 대 위기를 맞았던 이스라엘 민족에게 본토 귀환은 해방으로 기억되었다.

제2이사야는 탁월한 종교시들이 담겨 있는, 소위 '제2이사야서'(「이사야」(40~55장)를 쓴 놀라운 통찰력과 예민한 감수성을 가진 시인이자 예언자이다. 그는 절망을 딛고 정착에 성공하며 번성하기도 하는 자기 민족의 소생을 역사 속에서 체감하고 있었다. 아울러 이스라엘 민족의 해방을 고대하며 국제 정세에 귀를 기울이고 있었다. 아마도 그는 키루스가 메디아 왕국을 접수한 때부터나 리디아 정복이 있었던 즈음에는 키루스 왕에 관해 알게 되었을 것이다. 이 새로운 영웅에 의해 메소포타미아의 패권이 바뀔 가능성도 익히 예상했을 것이다.

당시 바벨론제국은 하란 출신 나보니두스가 황제로 재위하고 있어 바벨론을 위시한 메소포타미아 주민들과 대립적인 형세이기도 했다. 절망 중에도 생활 속에 희망을 키워주시더니, 먼 동방 메디아에서 알 수 없었던 영웅을 불러내시어 바벨론을 흔들려는 징조를 신의 섭리로 여겼던 듯하다(46:11). 여기서 민족 해방 가능성에 대한 고무와 위로, 그리고 키루스에 대한 기대를 보이는 노래들이 나왔다(44:28, 45:1). 무엇보다도 이와 같이 전혀 기대하지 않았던 새로운 국면의 도래를 창출하신 야훼 신에 대한 신앙 고백과 찬사가 이어지고 있다. 너무나 큰 고난을 당해왔던 이스라엘 백성과 그들로부터 소외되고 불신받았던 야훼 신 사이에 질책과 위로, 그리고 격려와 기쁨이 오가는 중에도 희망이 흐르고 있었다. 민족 해방을 가져온 키루스 대왕을 『성경』은 이방인 중 유일하게 야훼가 기름 부어 세운 자[메시야]로 기록했다(45:1).

오랜 고난을 겪어온 이스라엘 백성들에 대해 야훼 하나님은 위로하라고 외치고 있다(40:1). 수고했다는 것이다. 물론 자신의 수고가 적지 않았음을 곳곳에서 주지시킨다. 백성들의 불신에도 불구하고, 아브라함이나 다윗과 맺은 옛 언약을 기억해 모세의 율법으로서는 정죄될 수밖에 없었던 많은 죄악들에 은혜를 베풀어 용서하겠다는 의지를 보인다.

이것은 제2이사야만의 신학은 아닌데, 포로기의 신학은 응보적, 쌍무적 계약 관계를 중시하는 「신명기」 신학을 넘어, 율법 체제 이전의 옛 조상들에게 일방적 은혜로 약속된, 「창세기」에 보이는 노아나 아브라함에게 베푼 신의 언약의 역사도 포함된 희망의 가능성을 높여갔다.

아울러 민족 해방은 패배자로 비난받는 야훼 신의 명예를 지키기 위해서라도 이루어질 것임을 밝히고 있다. 이것은 선배 예언자들이 이미 주장한 내용이기도 하다. 조상과의 언약을 기억해 용서하든지, 불명예를 씻기 위해 이스라엘 민족을 해방시키는 일은 결과적으로 이방인들에게 야훼 신이 참 신임을 증명하는 일이기도 했다. 야훼 신은 다른 우상 신들이 할 수 없는 자기 백성의 해방을 실현함으로써, 이방인들까지도 참된 신 야훼에게 돌아오게 하려는 의도가 있음도 선포하고 있다. 민족 해방의 가능성 앞에서 자긍심이 한껏 높아진 야훼 신은 바벨론을 위시한 우상 숭배 신앙에 대해, 주로 그 물질적 재료나 제작 및 운송 방법 등 현상적인 면으로 신랄한 비판을 가했다. 우상들과 달리 형상을 숨기고 나타내지 않는 신이지만(45:15) 오히려 이방에까지 능력을 발휘하고 있다며 그 자부심을 드러내고 있다.

전체적으로 예언자 제2이사야는 두 가지 차원에서 종전과 다른 새로운 인식의 진전을 이루었다.

무엇보다도 그는 포로가 된 이스라엘 민족의 긍정적 역할론을 제기했다. 물론 그도 이스라엘 민족이 죄를 용서받고 해방되기 위해 야훼 신에게 회개할 것을 촉구하고 있다(55장). 이것은 「신명기」나 다른 예언자들도 늘 하는 말이다. 제2이사야는 이런 상투적인 이해를 넘어서 나아갔다. 이방으로 잡혀온 일이 단순히 죗값에 그치는 것이 아니라 이방에 대한 하나님의 선교를 위한, 즉 이방을 위한 어둠 속의 불빛과 같은 역할을 담당하기 위한 섭리라고 적극적으로 해석했다(49:6). 이에 따라 이스라엘 민족은 야훼께서 보시기에 존귀한 자라고 자부하게 되었다(49:5). 여기서 이스라엘의 고난이 갖는 순교자적 의미가 포착되어, 고난 받는 종의 노래를 통해 부각되고, 죗값을 치를 만큼 고생했으니 이제는 위로하고 위로하라는 명이 나온 것이다. 아직도 마음을 다 풀지 못하고 야훼 신과 서먹한 관계에 있었던 상당수의 백성들을 일면 달래고 크게 고무시키는 것이다.

1. "위로해라. 나의 백성을 위로해라." 너희의 하느님께서 말씀하신다.

2. "예루살렘 시민에게 다정스레 일러라. 이제 복역 기간이 끝났다고, 그만하면 벌을 받을 만큼 받았다고, 야훼의 손에서 죄벌을 곱절이나 받았다고 외쳐라." (「이사야」 40장)

13. "이제 나의 종은 할 일을 다 했으니, 높이 높이 솟아오르리라.

14. 무리가 그를 보고 기막혀 했었지. 그의 몰골은 망가져 사람이라고 할 수가 없었고 인간의 모습은 찾아볼 수가 없었다.

15. 이제 만방은 그를 보고 놀라지 않을 수 없고 제왕들조차 그 앞에서 입을 가리리라. 이런 일은 일찍이 눈으로 본 사람도 없고 귀로 들어본 사람도 없다." (「이사야」 52장)

1. 그러니 우리에게 들려주신 이 소식을 누가 곧이들으랴? 야훼께서 팔을 휘둘러 이루신 일을 누가 깨달으랴?

2. 그는 메마른 땅에 뿌리를 박고 가까스로 돋아난 햇순이라고나 할까? 늠름한 풍채도, 멋진 모습도 그에게는 없었다. 눈길을 끌 만한

볼품도 없었다.

3. 사람들에게 멸시를 당하고 퇴박을 맞았다. 그는 고통을 겪고 병고를 아는 사람, 사람들이 얼굴을 가리고 피해 갈 만큼 멸시만 당했으므로 우리도 덩달아 그를 업신여겼다.

4. 그런데 실상 그는 우리가 앓을 병을 앓아주었으며, 우리가 받을 고통을 겪어주었구나. 우리는 그가 천벌을 받은 줄로만 알았고 하느님께 매를 맞아 학대받는 줄로만 여겼다.

5. 그를 찌른 것은 우리의 반역죄요, 그를 으스러뜨린 것은 우리의 악행이었다. 그 몸에 채찍을 맞음으로 우리를 성하게 해주었고 그 몸에 상처를 입음으로 우리의 병을 고쳐주었구나.

6. 우리 모두 양처럼 길을 잃고 헤매며 제멋대로들 놀아났지만, 야훼께서 우리 모두의 죄악을 그에게 지우셨구나.

7. 그는 온갖 굴욕을 받으면서도 입 한번 열지 않고 참았다. 도살장으로 끌려가는 어린 양처럼 가만히 서서 털을 깎이는 어미 양처럼 결코 입을 열지 않았다.

8. 그가 억울한 재판을 받고 처형당하는데 그 신세를 걱정해주는 자가 어디 있었느냐? 그렇다, 그는 인간 사회에서 끊기었다. 우리의 반역죄를 쓰고 사형을 당했다.

9. 폭행을 저지른 일도 없었고 입에 거짓을 담은 적도 없었지만 그는 죄인들과 함께 처형당하고, 불의한 자들과 함께 묻혔다.

10. 야훼께서 그를 때리고 찌르신 것은 뜻이 있어 하신 일이었다. 그 뜻을 따라 그는 자기의 생명을 속죄의 제물로 내놓았다. 그리하여 그는 후손을 보며 오래오래 살리라. 그의 손에서 야훼의 뜻이 이루어지리라.

11. 그 극심하던 고통이 말끔히 가시고 떠오르는 빛을 보리라. 나

의 종은 많은 사람의 죄악을 스스로 짊어짐으로써 그들이 떳떳한 시민으로 살게 될 줄을 알고 마음 흐뭇해 하리라.

12. 나는 그로 하여금 민중을 자기 백성으로 삼고 대중을 전리품처럼 차지하게 하리라. 이는 그가 자기 목숨을 내던져 죽었기 때문이다. 반역자의 하나처럼 그 속에 끼여 많은 사람의 죄를 짊어지고 그 반역자들을 용서해 달라고 기도했기 때문이다. (「이사야」53장)

「이사야」 40장은 포로생활로부터의 해방을 확신하면서 백성들을 위로하고 있는 외침이다. 이제는 죗값을 다 받았다고 외치고 있다. 더구나 죗값의 두 배는 받은 셈이라고 제법 큰소리를 친다. 그만큼 흥이 났던 것이다. 아마도 키루스 대왕이 바벨론을 점령하기 직전이거나 점령한 직후의 기쁜 심사를 보여주는 듯하다. 기쁜 마음에서 그랬겠지만 죗값을 두 배는 받았다는 외침은 차후 포로민들이 갖게 될 자부심을 충동하는 것이었다.

야훼 신에 대해 확신도 부인도 못하고 어정쩡한 신앙을 유지하던 많은 이들도, 제법 어깨를 추스르며 해방과 귀환의 대열에 참여할 수 있도록 기운을 북돋은 것이다. 결국 이와 같은 외침은 이스라엘 민족의 포로 생활이 만방에 야훼 신의 능력을 확인하게 해 그들도 참된 신으로 돌아오게 하려는 섭리에서 나왔다는 신학적 해석을 불러왔다. 자기 백성을 해방시키는 참 신으로 인해 이스라엘 민족에게 이방의 왕들이 일어서 예의를 표하고 방백들이 경배할 것이라고도 말했다(49:7). 이제 야훼 신은 소멸 직전에 있던 한 약소국의 민족신에서 온 세상, 우주의 신으로 나아가고 있는 것이다. 야훼 신에 대한 이방 만민의 신앙이 가능함이 선포된 것이다.

인용한 「이사야」 52, 53장은 '고난 받는 종의 노래'로 알려져 있다. 저명한 종교사학자는 이 노래를 가장 위대한 종교시라고 찬사를 보내고 있다.[91] 그리스도교에서는 이 시를 예수 그리스도의 고난을 예언한 노래로 매우 소중하게 여긴다. 예수는 종말의 이상을 현실에서 살아낸, 시대를 너무 앞선 선각자였기에 기득권자들의 미움을 사서 죽임을 당했다.[92] 이 노래를 통해 예수의 희생적 삶을 관조해 볼 수 있지만 이 노래 자체가 예수의 출현을 예언하기 위한 것은 아니다.

고난 받는 종의 실체가 무엇인가에 대한 견해 차이가 있지만, 53:2의 "메마른 땅에 뿌리를 박고 가까스로 돋아난 햇순"은 야훼의 징벌을 받아 너무나 절망적인 포로 생활을 하면서도 가까스로 생명과 희망을 이어가는 이스라엘 민족을 가리키는 듯하다. 41:8에는 "너, 이스라엘, 나의 종, 너, 내가 뽑은 자, 야곱아, 나의 친구 아브라함의 후예야"라고 해, 이미 이스라엘 민족이 하나의 종처럼 인식되기도 한다. 국가 패망과 강제 이주, 포로 생활의 혼돈, 메마른 광야 같은 절망의 악조건을 뚫고 포로민들은 근근이 희망을 꽃피우고 있었다.

그런데 이 노래는 이스라엘 백성의 상당수가 불신앙이나 불의로 죄를 지었지만, 죄 없는 사람들까지 한 민족 성원으로 덩달아 죗값을 받았던 것을 조감해 나온 듯하다. 일부 구성원이 잘못을 저질러도 구성원 전체가 벌을 받는 일은 지금도 군대 등 단체 생활에서는 종종 있는 일이다. 앞서 본 대로 예레미야나 에스겔은 이미 '아비가 신 포도를 먹었으므로 아들의 이가 시다고 하는 속담을 다시는 쓰지 못하게 되리라'

---

91) J.B. 노스 저, 『세계종교사』 상 255쪽, 윤이흠 역 (현음사, 1986)

92) 김기홍, 『역사적 예수』, 창비, 2016(2017), 403쪽

며, 죗값을 각 개인이 치르게 될 것이라 말했는데 그 윤리 의식을 일면 계승하고 있다. 이런 관점에서 이 해방, 구원이 당도한 이유를 민족 구성원 내의 의인들이 죄 없이 다른 동포들의 죗값을 같이 치러 이루어진 면이 있다고 노래하는 것이다.

제2이사야는 모든 이스라엘 사람이 처참한 고난을 당했는데 그들 중 신실한 자, 의로운 자들도 적지 않다고 보았던 것이다. 이들은 야훼의 종 이스라엘이란 이름으로 마치 자기도 큰 죄를 지은 것처럼 포로로서 비참한 운명을 묵묵히 동포들과 함께 감당했던 것이다. 이방인들이나 죄가 많은 사람들조차 포로들은 전부 신에게 같은 죄를 지어 죗값을 받는 것이라고 간주했던 것이다. 그래서 이스라엘 민족은 단체로 죄인처럼 살며 죗값을 치렀던 것이다. 결국 소수의 의인들은 치루지 않아도 될 죗값을 같이 감당했던 것이다.

그들의 몰골도 역시 다른 포로들과 다를 리 없었으니 죄인, 악인이라 손가락질 당하고 멸시를 당한 것도 물론이다. 심지어 죽어서도 그저 죄인들과 함께 묻혀 잊혀져갔다. "폭행을 저지른 일도 없었고 입에 거짓을 담은 적도 없었지만 그는 죄인들과 함께 처형당하고, 불의한 자들과 함께 묻혔다."(9절) 하니, 이제 오히려 야훼의 책임이 문제될 수도 있는 계제에 이른 것이다. 「신명기」 신학에 의해 공의와 정의의 준수를 명령했던 야훼 신은, 이제 죄 없이 희생당한 이스라엘의 의인, 나아가 그들이 포함되어 있는 이스라엘 민족 자체에 빚을 진 꼴이었다. 더구나 그들은 "반역자의 하나처럼 그 속에 끼여 많은 사람의 죄를 짊어지고 그 반역자들을 용서해 달라고 기도했기 때문에"(12절) 야훼 신은 그들의 기도를 들어주지 않을 수 없게 되었다는 것이다. 그래서 야훼는 이 백성들을 높이 들어 해방시키고 행복하게 살도록 할 수밖에 없다고 노래한다(52:13). 이스라엘 민족 안에 야훼의 의를 알고 율법을 마음 깊이 품어 지키는 의인이 있다는 제2이사야의 확신은, 51:7(『개역한글 성경』)의 "의를 아는 자들아, 마음에 내 율법이 있는 백성들아, 너희는 나를 듣고 사람의 훼방을 두려워 말라, 사람의 비방에 놀라지 말라"라는 구절을 통해서도 확인할 수 있다.

이처럼 '고난 받는 종의 노래'는 실로 공교하며 자칫 야훼에 불경한 노래가 될 수 있는데도 그 진실을 부정할 수 없기에 누구도 이 노래를 발칙하다고 말하지 않는다. 슬기로운 자녀가 엄한 아버지에게 진실하면서도 지혜롭게 마치 다른 사람 이야기인 것처럼 잘못이 없는 아이까지도 함께 심한 벌을 주시는 것을 완곡하게 항의하고 있는 것이다. 그래서 이 노래의 진면목을 알아보는 이들은 찬사를 아끼지 않는 것이다.

새로운 역사 전개의 원인을 인간에게서도 찾고 있는 제2이사야의 놀라운 통찰력을 높이 평가하지 않을 수 없다. 그저 민족신의 마음대로, 거저 은혜로만 해방의 대 역사가 주어진다고 하면 해방된 이 민족은 여전히 빚진 자의 심사를 벗어날 수 없을 것이다. 응보적 율법에 의한 것이 아니라 노아나 아브라함 같은 조상과 맺은 은혜의 언약에 근거해 민족 해방이 이루어짐을 감사하게 여기면서도, 민족 구성원 내에서 온전한 희생을 드린 의로운 이들을 기억하고 선양함으로서 일말의 자부심을 고취할 근거를 마련한 것이다. 신의 이름과 영광만 추구한다면 민족 전체가 타락해 버려진 운명이 될 수밖에 없었던 데 반해, 오히려 그 고난 속에서 수고한 인간의 가치를 발견한 것이다. 이 놀라운 해방의 역사가 많은 이들의 희생을 바탕으로, 이렇다 할 잘못도 없이 죽고 다치고 옥살이 한 동포들의 고난을 딛고 이루어졌음을 기억하면서, 역사에 대한 그들의 기여를 차분하고도 선명하게 환기하는 것이다. 결국 그는 역사란 신과 인간이 맞잡고 이루어가는 것임을 말하고 있다. 제2이사야는 신의 일방주의를 강력하게 내포한 기존 유일신 신앙 개념에 매이지 않고 역사에서 인간의 기여라는 진실을 보았던 것이다.

「이사야서」는, 기원전 8세기 말에 활동한 원래의 이사야와 관계된 1~35장에서는 공정(justice)과 정의(의, righteousness)가 중심 주제인데, 제2이사야서(40~55장)에서는 그것이 정의와 구원으로 짝지어 나온다.[93] 앞서 유다왕국이 멸망을 향해 가던 시절에 선지자들이 국가 사회적인 변화와 혼란 속에서 외친 공정(공평)과 의(정의)가, 포로기의 해방의 역사에서는 야훼 신의 의(정의)와 구원으로 연결되고 있는 것이다. 고대 이스라엘에서 신의 의(정의)는 포괄하는 내용이 넓은 편인데, 이에 조금 앞서 기록되었을 「신명기」계 역사서인 「사사기」5:11이나 「사무엘 상」12:7에도 구원이 의로운 일이라는 말이 나온다(『새번역 성경』). 유다 멸망 과정에서도 제국의 손아귀에서의 구원이 신의 의로 말해지고 있었던 것이다.

제2이사야도 본래 야훼 신이 외친 최고의 윤리인 공정과 정의를 기반으로 포로 해방이 온다는 인식을 가지고 있었다. 의(정의)로운 신은 죗값 이상으로 고난을 겪고 나아가 만방에 야훼가 참 신임을 전파하기 위해 고난을 당한 이스라엘 민족, 특히 의인들의 희생 때문에라도 구원을 이루어주고 계신다는 확신을 조심스럽게 말하고 있다. 공정-정의가 정의-구원으로 연결되면서 제2이사야는 원 이사야와 특별한 관계를 찾을 수 없음에도 불구하고 「이사야」39장을 연결 고리로 같은 책에 편성될 수 있었던 듯하다.

---

93) 에리히 쳉어, 『구약성경 개론』 755쪽, 이종한 옮김 (분도출판사, 2012)

「이사야」39장은 히스기야왕이 자신의 병문안을 온 바벨론 사신들에게 온갖 보물을 자랑하며 보여준 것을 알고 이사야가 바벨론에 의한 멸망을 예언했다는 내용이다. 그 사실성이 논란되고 있으나, 적어도 39장을 연결 고리로 제2이사야의 바벨론으로부터의 해방 예언이 원 이사야의 행적에 연계 기술될 수 있었다. 사실 제2이사야의 신학은 벽지인 예루살렘 산지에서 형성된 전통 민족적, 보수적 시온신학을 가진 이들에게는 세상 만민에 대한 야훼 신앙의 개방 등 충격적 요소가 있다. 따라서 이러한 충격을 완화하기 위해서도 제2이사야의 후계자들이 이사야 선지자처럼 전통적 신앙에서 확고한 위치를 차지했던 이와 의도적으로 연결하려 했을 수도 있다.

제2이사야가 발견한, 종전과 차원이 다른 인식 중 또 하나는, 포로민의 역사를 통찰해 야훼 신의 유일무이한 창조성을 확신하게 된 것이다.

이것은 야훼 신 개념 발달사에서 매우 중요한 진전이다. 야훼 신은 역사 경험을 통해 보편적 창조주 유일신으로 확신 받은 것이다. 국제 무대에 선 제2이사야에 의해, 어떤 신의 존재도 일체 부정하는, 완성된 유일신 개념의 형태가 나타난 것이다.[94] 앞서 요시야왕대의 유일신 신앙은 초보적이고 정치적 의도가 앞선 것으로, 국가를 자주적으로 발전시키고 왕권을 확고히 하기 위해 민족 내적으로 다른 신앙을 용납하지 않은 것이지, 다른 민족이나 국가의 신들에까지 적극적인 관심을 두지는 않았다. 물론 대외적으로도 유대인의 유일신 신앙이 인정된 것은, 제국의 식민지로서 상당한 세월을 더 경과한 기원전 2세기 중엽의 마카베오 항쟁을 거쳐 하스몬 왕국으로 독립함으로써 이루어졌다고도 한다.

---

94) 오택현, 「제2이사야에 나타난 역사이해」, 『신학과 목회』18, 영남신학대학교, 2002, 50,51쪽

제2이사야보다 앞서 상당 부분 저술·편집되었을 「신명기」나 「신명기」계 역사서를 보면 야훼가 창조주라는 점이 강조되지는 않는다. 거기서는 이집트로부터의 해방자, 인도자로서의 야훼가 드러나 있다. 이스라엘 민족은 야훼가 노예 상태에서 해방시킨 야훼의 재산이자 종으로 여겨졌다. 「신명기」9:29은 "이 백성은 주님께서 그 크신 힘과 펴신 팔로 인도해 내신 주님의 소유요 주님의 백성입니다."라고(『새번역 성경』) 했고, 「레위기」25:55에는 "이스라엘 백성은 나의 종, 내가 이집트 땅에서 이끌어낸 나의 종이다. 나 야훼가 너희의 하느님이다."라고 했다. 제2이사야도 가나안의 바알 신화를 저변에 깔고 있는 해방자인 야훼 신이 주도한 출애굽 신화를 알고 있어, 바다의 괴물 라합을 토막 내고 용을 찔렀던 야훼께 다시 한 번 해방의 역사를 연출해 주실 것을 요청하기도 했다(「이사야」51:9,10). 그도 다른 포로민 엘리트처럼 신화의 고장 바벨론에 와서 마르둑 신화 등 많은 신화를 접하면서 자민족의 신화에도 관심을 갖게 되었던 것이다.

물론 이스라엘 민족도 창조신화를 이미 가지고 있었다. 메소포타미아나 이집트, 그리고 가나안의 신앙과 신화 영향권 속에 있었던 옛 조상들에게 창조신화가 없을 리는 없었다. 「창세기」2:4 이하에 실린 창조신화는 매우 단순하고 고졸한 내용이다. 소위 야훼 문서(J문서) 자료로 여겨진다. J문서는 기원전 10세기 중반 솔로몬왕대나 그 약 1세기 뒤에 만들어졌다고도 한다. 초목도 인간도 비도 없이 안개만 자욱한 땅이 배경이다. 바로 거기서 신이 흙으로 사람을 만들고 생기를 불어넣었다. 나무 등은 그 후에 만들어졌다. 매우 소박한 이야기인데, 훗날 에덴동산 이야기가 첨가된 것으로 보인다. 이스라엘 왕국 시대보다 훨씬 앞선 고대 메소포타미아 신화에는 반란을 일으켰던 신 하나를 죽여 그 피를 점

토에 넣어 사람으로 만들어 하급 신들이 해오던 힘든 일들을 시켰다는 내용이 있다.[95]

　그런데 지금 『성경』에서 대표적 창조 기사인 「창세기」 1장에서는 빛과 어둠(낮과 밤)을 만드는 첫날부터 시작해 하늘과 바다와 땅, 채소와 과일나무, 해와 달과 별들, 어류와 조류, 육상 동물과 인간에 이르는 6일간의 창조와 제7일 안식일로 된 창조 역사가 전해진다. 이 기사는 소위 사제계 문서(P문서)로서 포로기 이후의 작품이다. 「신명기」는 다소 예외적이지만 「창세기」를 포함한 『성경』의 오경은 포로기로부터 저술되어 기원전 400년경에 완성되었다고 본다. 따라서 이 6일간의 창조와 제7일의 안식이라는 창조 역사는 바벨론 포로기 이후의 작품이다. 내용으로 보아도 안식일 준수가 확립된 포로기 이후의 신앙 단계를 반영하고 있다. 이미 요시야왕의 종교 개혁 때 해와 달과 별에 대한 숭배를 제거한 바 있으나(「열왕기 하」 23:4, 5, 11), 이제 그것들을 창조주의 단순한 피조물로 확실히 하고 있다는 점도 후대의 산물이다. 무엇보다도 「창세기」 1장의 신화는 창조 역사를 체계화하기 위한 고민이 들어있어 상대적으로 후대의 산물임이 분명하다. 결국 오경이 말하는 창세 신화는 제2이사야 활동기까지도 이렇다 할 체계화에 이르지 않았을 것이다. 제2이사야서의 창조 관련 내용들을 보면 「창세기」 1장에 보이는 창조사의 순서 등은 전혀 고려되지 않고 있다. 사람을 비롯해 빛과 어둠, 하늘과 땅, 별들이나 산과 골짜기 나무 등 자연 만물은 물론이고 행복이나 고난, 정의와 승리, 구원까지도 야훼에 의해 창조되었음을 필요에 따라 그때그때 제시하고 있을 뿐이다(「이사야」 44:24, 45:7, 8, 12).

---

95) 조철수, 앞의 책, 88, 175쪽

「창세기」보다 훨씬 앞서 나온 메소포타미아나 이집트, 그리고 가나안의 신화에는 창조주임을 주장하는 신들이 적지 않다. 가나안의 엘 신 등을 수용·계승한 면이 있는 야훼 신이 엘의 지고신, 창조주로서의 역할을 배제했을 이유가 없다. 그런데도 제2이사야서에는 새삼스럽게 야훼가 창조주임을 두드러지게 강조하고 있다. 하늘을 펴고 땅을 깔았던 존재가 야훼임을 주장하며(45:12, 48:13) 나아가 '나는 처음이요 마지막'인 존재라고 했다(48:12). 고대 중동에 널리 알려진 창조 신화들이 많은데 뒤늦게 이와 같이 야훼가 창조주임을 강조하고, 더구나 유일신임을 주장하는 것은 다른 어떤 계기와 확신에서 온 것이라 할 수 있다.

그런데 제2이사야의 창조 개념은 전통적인 천지, 바다, 천체 등과 인간과 만물이 신의 창조였음을 주장할 뿐 아니라 그것을 역사와 관련해 보는 통찰력을 드러낸다.

21. 야훼께서 이르신다. "떼를 지어 오려거든 오너라." 야곱의 왕께서 이르신다. "너희의 신상들을 모시고 오너라.

22. 썩 나서서 말해 보아라. 앞으로 무슨 일이 있을지, 지난날에 무슨 일이 있었는지, 기억해 둘 터이니 말해 보아라. 결말을 알 수 있도록 앞으로 올 일을 미리 말해 보아라.

23. 장차 될 일을 말해 보아라. 그대들이 신인 줄을 알 수 있도록 좋은 일이든 나쁜 일이든 좀 해보아라. 우리 모두 불안해져 두려워하지 않겠는가. (「이사야」41장)

8. 나는 야훼다. 이것이 내 이름이다. 내가 받을 영광을 뉘게 돌리

랴? 내가 받을 찬양을 어떤 우상에게 돌리랴?

9. 전에 말한 일들은 이미 이루어졌다. 이제 새로 될 일을 내가 미리 알려준다. 싹도 트기 전에 너희의 귀에 들려준다. (「이사야」42장)

19. 보아라, 내가 이제 새 일을 시작했다. 이미 싹이 돋았는데 그것이 보이지 않느냐? 내가 사막에 큰 길을 내리라. 광야에 한길들을 트리라.

20. 사막에 물을 대어주고 광야에 물줄기를 끌어들이리니, 뽑아 세운 내 백성이 양껏 마시고 승냥이와 타조 같은 들짐승들이 나를 공경하리라. (「이사야」43장)

9. 처음부터 이루어진 일들을 생각해 보아라. 내가 신이다. 나밖에 없다. 내가 하느님이다. 나와 같은 자 또 어디 있느냐?

10. 처음부터 장차 있을 일을 일러주고 일이 이루어지기도 전에 미리 알려준 자, 나밖에 없다. '무엇이든지 내 뜻대로 된다. 나는 결심한 것은 이루고야 만다.' 하고 주장할 자, 나밖에 없다.

11. 나만이 해돋는 곳에서 독수리를 불러오며, 먼 곳에서 내 뜻을 이룰 사나이를 불러온다. 나는 한 번 말한 것은 이루고야 만다. 계획을 세운 것은 그대로 하고야 만다. (「이사야」46장)

인용한 구절들을 보면, 야훼 신은 자신이 미리 말한 모든 일이 이루어졌다고 말한다. 그러면서 다른 신들에게 장래 일을 미리 말해 결과를 시험해 보자고 자신 있게 말한다. 46:11에서는 심지어 먼 곳에서 자신의 뜻을 이룰 사나이, 곧 키루스대왕을 불러올 것을 확언한다. 사막과 광야에 큰 길을 내서 이스라엘을 구원할 일이 이미 시작되었는데 그 낌새를 아직 모르냐고 자신 있게 말하고 있다(43:19). 그는 무엇이든 자신의 뜻대로 이루어진다고 확실하게 말한다. 절대 자유로운 존재, 그래서 자신만이 신이라고 하는 것이다(46:9). 우주적 유일신을 천명하고 있는 것이다.

야훼의 예언자인 예레미야나 에스겔을 통해 예언한 민족 해방이 이루어지고 있었던 것이다. 70년 만의 해방을 장담한 예레미야의 예언은 몇몇 사람만 아는 은밀한 것이 아니라 예루살렘의 왕부터 모든 이들이 알 만큼 논란과 사단을 불러왔다. 에스겔의 환상과 해방 예언도 그 극적인 내용으로 보아 포로민들에게 널리 알려졌을 것이다. 사람들은 절망으로 이스라엘 민족이 영원히 멸망할 것이라 여기고 있었지만 이들 야훼의 예언자들만은 다른 이들이 믿거나 말거나 외쳤는데, 위대했던 바벨론 제국의 멸망과 함께 그 예언이 이루어진 것이다. 이러한 예언을 하도록 한 다른 신은 당시에 없었다. 객관적인 입장으로 보면 국제 관계가 변해 운 좋게 이루어진 일이라고 할 수 있다. 그러나 인간사에 적극 관여하는 민족신의 개입에 의한 역사의 가변성을 믿고 희망의 끈을 놓지 않은 이스라엘 극소수 지성들의 입장에서는, 야훼 신의 예언이 성취된 것으로 받아들여진 것이다. 제2이사야는 그들 중 가장 대표적인 사람이었다.

혼돈과 절망 속에 예측 난망한 세월을 통과하며 서서히 이루어진 일, 곧 역사를 통해 얻은 야훼 신에 대한 확신은 장래에 대한 예언이 성취될 것이라는 확신도 주었다. 국제 정세의 대 변동 속에서 야훼의 예언자 제2이사야가 품은 민족 해방 가능성에 대한 예상을 신의 계시로 선언하기에 이르렀던 것이다. 지금 바벨론을 향해 오고 있는 키루스왕은 야훼 신이 명하셔서 움직이고 있다고 선포하는 것이다.

결국 제2이사야는 역사의 주관자가 야훼임을 확신에 차서 말하고 있으며, 야훼는 참 신으로서 그만의 창조력으로 역사조차 만들어낼 수 있음을 선언하는 것이다. 그런데 그가 겪고 통찰한 역사는 이스라엘 민족만의 역사가 아니라 바벨론이나 페르시아 등의 제국까지 포함한, 당시로서는 세계적 범위의 역사였다. 세계적 규모에서 이루어지는 역사를 미리 말하고 제 뜻대로 할 수 있는 자는 없다. 아시리아제국도 망하고 그 막강한 바벨론제국도 멸망 직전에 처한 만큼 세상의 어떤 제왕도 역사를 제 뜻대로 할 수 없음이 입증된 것이다. 당연히 새로운 영웅 키루스왕도 자기 뜻과 계획대로 다 이루지 못할 것이었다. 국가 멸망의 절망 속에서도 예언자들이 미리 내다본 민족 해방이 국제적 역학 관계의 대변화를 통해 이루어지면서, 야훼 신은 이제 세계의 역사를 주관할 뿐 아니라 누구도 마음대로 할 수 없는 역사를 창조할 수 있는 신이 된 것이다. 제2이사야는 신이 이루어가는 역사를 신의 창조 행위로 보고 있다. 적어도 제2이사야가 만나고 있는 야훼 앞에서 역사는 곧 창조되는 것이었다.

역사에 대한 이러한 확신은 종래의 신앙 전통에서 온 면도 없지는 않다. 출애굽 신화는 야훼 신이 인도해 민족 해방을 이룬 이야기이다. 그러나 그것은 공포된 예언이 역사를 통해 성취된 것은 아니었으며, 더구나 개인이 몸소 역사적 성취를 확인할 수 있는 수십 년 내에 이루어진 일도 아니었다. 이미 「신명기」에도 보이는 출애굽 역사를 알고 감복하며 믿은 이스라엘 백성들도, 막상 바벨론 포로 상태에 들어가자 야훼 신을 불신하고 혼돈과 절망 상태에 빠졌다. 결국 제2이사야의 역사를 신의 창조 행위로 보는 인식은 자신과 동족들이 몸소 겪은 역사 경험에서 온 확신이라는 점에서, 그 실존적 의미가 단순히 전통적 신앙의 묵수와는 비할 바가 아니다.

산간벽지 예루살렘을 벗어나 세계적 제국의 마당에서 겪은 수십 년 간의, 처절한 약소민족 이스라엘의 역사 속에서, 뛰어난 통찰력과 감수성을 갖춘 제2이사야는 세계적 차원의 신에 대한 비약적인 인식을 갖게 되었던 것이다. 제2이사야서 부분에서 일부 내용을 인용해 야훼 신의 창조성에 대해 좀 더 살펴보겠다.

27. 야곱아, 네가 어찌 이런 말을 하느냐? 이스라엘아, 네가 어찌 이런 주장을 펴느냐? "야훼께서는 나의 고생길 같은 것은 관심도 두지 않으신다. 하느님께서는 내 권리 따위, 알은 체도 않으신다."

28. 너희는 모르느냐? 듣지 못했느냐? 야훼께서는 영원하신 하느님, 땅의 끝까지 창조하신 분이시다. 힘이 솟구쳐 피곤을 모르시고, 슬기가 무궁하신 분이시다.

29. 힘이 빠진 사람에게 힘을 주시고 기진한 사람에게 기력을 주시는 분이시다.

30. 청년들도 힘이 빠져 허덕이겠고 장정들도 비틀거리겠지만

31. 야훼를 믿고 바라는 사람은 새 힘이 솟아나리라. 날개쳐 솟아오르는 독수리처럼 아무리 뛰어도 고단하지 아니하고 아무리 걸어도 지치지 아니하리라. (「이사야」 40장)

7. 빛을 만든 것도 나요, 어둠을 지은 것도 나다. 행복을 주는 것도 나요, 불행을 조장하는 것도 나다. 이 모든 일을 나 야훼가 했다.

8. 하늘아, 높은 곳에서 정의를 이슬처럼 내려라. 구름아, 승리를

비처럼 뿌려라. 구원이 피어나게, 정의도 함께 싹트게 땅아, 열려라. 이 모든 것을 창조한 것은 나 야훼다."

9. 아! 네가 비참하게 되리라. 자기를 빚어낸 이와 다투는 자야. 옹기그릇이 옹기장이와 어찌 말다툼하겠느냐? 옹기흙이 어찌 옹기장이에게 "당신이 무엇을 만드는 거요?" 할 수 있겠느냐? 작품이 어떻게 작자에게 "형편없는 솜씨로군." 하고 불평할 수 있겠느냐?

10. 어느 누가 제 아비에게 "왜 이 모양으로 낳았소?" 할 수 있겠느냐? 자기 어미에게 어찌 "이 모양으로 낳느라고 그 고생을 했소?" 할 수 있겠느냐?

11. 이스라엘을 빚어 만드신 거룩하신 이, 야훼께서 말씀하신다. "내 자식들의 일로 너희가 나를 심문하는 것이냐? 이 손으로 하는 일을 이래라 저래라 명령하는 것이냐?

12. 땅을 만든 것은 나다. 그 위에 사람을 창조해 놓은 것도 나다. 이 손으로 내가 하늘을 펼쳤다. 그 모든 별들에게 내가 명령을 내렸다. (「이사야」 45장)

나중에 인용된 「이사야」 45장의 내용을 보면, 야훼가 역사적 창조주임을 회의적으로 생각하는 포로민들을 향해 신 스스로 자신이 창조주임을 애써 천명하고 있다. 해방이 이루어지지 않은 상황에서 제2이사야의 선각자적 인식이 일반 동포들에게는 여전히 믿기지 않았던 것이다. 포로민들로서는 패전한 약소민족신의 어이없는 넋두리 정도로 이해되었던 것이다. 신의 말씀, 곧 신탁을 대언하는 형식의 이 기사는 제2이사야 자신의 경험을 중심으로 말하는 것이 아니라 지식과 추론이 많이 가미되었기에 관념적이고 상투적인 면이 있다. 빛과 어두움, 행복과 불행도 야훼가 만들고 조장하는 것이라고 했다(7절). 후대 이스라엘 종교 사상에 영향을 주는, 선과 악의 대결을 특징으로 하는 페르시아 조로아스터교 이원론의 영향은 보이지 않고 창조주 한 분에 의한 선과 악의 운영과 조정을 말하는 일원론적 관념을 보여준다. 하늘과 땅은 물론 구름을 만든 것도 야훼 자신이라고 했다. 정의나 승리, 구원까지도 자신이 만드는 것이라고 했다.

사람도 흙으로 빚어 만들고(45:9,12) 이스라엘 민족도 만들었다는데 (43:1) 이스라엘 포로민 상당수는 야훼가 창조주임을 신뢰하지 않았다. 그런 것을 다 만들 수 있는 창조주이고 승리와 구원도 이룰 수 있다면서 어찌 당신을 믿은 이스라엘 백성들은 포로민 처지로 만들었느냐며 따지고 들었다(40:27). 제2이사야는 옹기장이 비유를 들어 만드는 자, 곧 창조주 신의 자유를 설파했겠지만 옹기가 아닌 생각하는 존재로서 실망과 불신으로 꼬인 포로민들의 심사를 달래기엔 역부족이었다.

그런데 앞서 인용한 「이사야」 40장에서는 세련되지는 않았지만 경험을 통해 얻은 바를 말함으로써 사람들이 보다 공감할 수 있는 내용이 제시되며 야훼가 창조주임을 주장하고 있다. 사실 창조나 창조주라는 표현이 흔히 사용되지만, 창조의 실상을 인간이 알 수는 없다. 피조물이 창조의 내막이나 초월적인 창조주의 존재 방식 등을 제대로 알기란 불가하다. 그러므로 상대적으로 후대에 등장한 창조신화의 의미도 도외시할 이유는 없는 것이다.

인용한 29절 이하에는 일상적 예를 들어 매우 인간적으로 야훼 신의 창조성을 소개하고 있다. "힘이 빠진 사람에게 힘을 주시고 기진한 사람에게 기력을 주시는" 그 행위를 무엇이라 할 수 있을까? 이 부분의 저자 제2이사야는 28절에서 '그 분은 힘이 솟구쳐 피곤을 모르고 지혜가 무궁하시기에 땅의 끝까지 창조하셨다'고 말하고 있다. 제2이사야의 논리로 보면 힘이 다 빠져버린 사람에게 힘을 주고, 기운이 다한 사람에게 기력을 주시는 일도 창조 행위이다. 죽은 사람에게 힘을 주고 기운을 돋워 다시 살려낸 셈이다. 죽은 자를 다시 살려내는 것은 창조와 같은 일이다. 힘이나 기력이 다했다는 것은 일이나 운동을 열심히 한 결과일 수도 있겠지만, 이것은 정신 및 육체적인 극심한 절망 상태를 말하는 것이다. 요시야왕대의 종교 개혁을 통해 다른 신들을 배제하고 유일신 야훼 하나님의 나라를 소리 높여 선포했다가 처참하게 망해 의지할 곳도 없어진 유다 포로민들이 역사에서 체험한 절망 상태였다.

앞서 에스겔 관련 내용에서 보았지만 절망 상태의 유다 포로민들은 에스겔 선지자의 질책이나 신탁에 관심도 반응도 없었다. 전쟁에 져서 포로가 된 사람들에게 민족신 야훼는 실망 자체였으며 초기 바벨론 포로민 사회는 혼돈과 절망의 바닥이었다. 그런데 시간이 흐르면서 포로민의 정착은 어려움 없이 이루어지고, 아이들이 태어나 잘 자라고, 유다 포로민 공동체가 조금씩 활성화되면서 마침내 야훼 신앙, 민족의 역사를 연구하고 저술·편집하는 일들이 이루어진 것이다. 그리고 드디어 바벨론을 위협할 동방의 영웅 키루스가 나타나 희망을 더욱 북돋았다. 없어진 힘이 다시 솟고 사라진 기력이 다시 생겨나는 놀라운 일이 포로민들에게 일어난 것이다.

제2이사야를 위시한 유다 출신 일부 지성들은 고난과 절망 속에서도 조용히 역사해 변화를 만들어내는 어떤 존재를 감지하고 의식하기에 이르렀다. 그는 그 존재가 종교 문화적 전통에 따라서 당연히, 수십 년 내 민족 회복을 예언했고 적지이자 이방인 그발강가의 에스겔에게 나타나 자기 백성들에 대한 애착을 보여준 야훼 신이라고 여겼던 것이다.

과거에 절망을 주었던 그 신이 포로민들에게 힘과 기력을 다시 주었다고 여겼다. 전에 없던 민족적 비전과 자식들에 대한 희망도 생겨났으며 조국을 회복하고 예루살렘 성전을 다시 조성해보겠다는 소망이 샘솟게 되었다. 이것은 전능한 존재의 창조 행위라고 할 수 있었다.

여기서 제2이사야나 포로기 유대인 지성들의 창조 개념이 무無에서 유有로의 창조일 가능성을 생각해볼 수 있다. 절망 상태에서 희망 상태로의 전환은 그렇게 볼 만한 점이 있다. 그러나 제2이사야는 역사 속에서 신의 창조적 역할에 주목했을 뿐, 거기서 창조 개념 자체를 추론해 심화시킨 자는 아니다. 메소포타미아나 가나안의 창조신화들을 보면 창조 작업은 혼돈이나 무질서를 상징하는 티아마트(염수)나 바다 등을 죽여 땅과 하늘을 만드는 방식으로 시작되고 있다. 결국 먼 고대의 중동에서 무로부터 유의 창조를 생각해낸 적은 없었다. 대체로 강의 범람, 민물과 바닷물의 만남에서 번성하는 생물 등을 보면서 생명의 근원이 물에 있다고 생각해 창조 개념이 형성된 것으로 보인다. 「창세기」2:4 이하 이스라엘의 보다 전통적 창조 기사도 아직 비가 내리지 않은 황무지에서 에덴동산까지 이어지는 창조 이야기로 펼쳐진다. 따라서 제2이사야나 기타 지성들이 갑작스럽게 창조 개념을 깊이 연구해 무에서의 창조를 말했을 가능성은 없다. 메소포타미아 신화나 가나안 신화 등의 영향을 받아 바벨론 포로기 이후에 재정리되었을 「창세기」 1장에 보이는 창조신화에도, 천지가 창조되기 전에 이미 물이 있어서 신이 그 위에서 움직이고 있었던 것으로 전해진다(「창세기」1:2). 야훼의 예언에 의해 실현된, 제2이사야가 자랑스럽게 말하는 키루스왕을 통해 이루어진 해방의 역사도 전에 없던 영웅을 돌연 만들어낸 것이 아니라 이방에 존재하는 왕을 지명해 불렀다고 말하고 있다.

이스라엘 민족, 특히 포로민의 역사를 통해 제2이사야 등이 더욱 확신하게 된, 역사를 주관하는 그 어떤 존재는 자신들이 유일신으로 선포하고 신앙해온 야훼를 벗어날 수 없었다. 자신들이 의심했던 민족의 유일신 야훼는 국경과 상관없이 역사하시어 바벨론 영토 내 그발강가에도 나타나고 페르시아의 키루스대왕을 해방의 도구로 사용하실 정도이니, 세계적 차원의 우주적 창조주이자 유일신임을 확신하고 고백하게 된 것이다. 제2이사야는 이방 땅에 포로민으로 살면서도 야훼 신은 '처음이요 마지막인' 유일신이자(44:6) 우주적 창조주임을 자부했다. 처음이요 마지막인 참 신은 곧 유일신인데, 그 외의 다른 신은 허상이고 우상에 지나지 않았던 것이다.

자신과 동족이 겪은 역사를 통해 창조주 유일신 야훼를 발견한 제2이사야는 "야훼를 믿고 바라는 사람은 새 힘이 솟아나리라. 날개 쳐 솟아오르는 독수리처럼 아무리 뛰어도 고단하지 아니하고 아무리 걸어도 지치지 아니하리라"(31절) 라고 노래했다. 포로민이지만 스스로 체감하고 있는 신앙에서 고양된 상태를 기쁘고 자신 있게 설파하며 동포들에게 야훼 신앙을 회복할 것을 촉구했다. 야훼 신은 오랫동안 율법과 예언자들을 통해 끊임없이 말씀을 주시어 이스라엘 민족사를 이루어 왔는데, 이제는 이방에서도 구원, 해방을 미리 약속하고 이루어주시니 창조주라 여겼던 것이다(45:8). 말로 한 약속이 결국 구체적 현실로 나타나니 (무에서 유가) 창조되었다고 말할 수 있었던 것이다. 이처럼 이스라엘 민족이 기원전 6세기 후반에 만난 역사를 주관하는 창조주 개념은, 민족 역사 경험의 산물로 당대 인간들에 의해 확신된 것이라는 특색이 있다.

한편 이와 같이 야훼 신이 역사의 창조주임을 확신하게 되자 제2이사야는 메소포타미아나 가나안 신화, 그리고 자민족의 신화에도 보였던 만물의 창조주라는 전통적 신 개념도 더욱 보편적으로 확대할 수 있었다.

그가 겪고 통찰한 역사는 이스라엘뿐 아니라 바벨론이나 페르시아 등의 제국들까지 포함한, 당시로는 실로 세계적 범위의 역사였다. 따라서 당대 세계 역사를 야훼 신의 창조 행위로 봄으로써 세계 만물의 창조주로서 야훼 신을 자신 있게 천명할 수 있었다. 인간과(45:12) 하늘과 땅 만물은(44:24) 물론, 빛과 어둠(45:7), 하늘의 별들(40:26), 나무나 산림, 행복과 불행, 정의와 승리, 구원까지(45:7,8) 당대 사람들이 같이 누리고 보고 이용하는 만물 만사가 그의 피조물로 자리매김하게 된 것이다. 앞서 요시야왕대의 종교 개혁에서 해와 달과 별들[일월성신]에 대한 신앙을 철폐했지만, 당시 중동의 일월성신에 대한 굳건한 신앙 양태로 보아 그것들이 야훼의 단순한 피조물이라는 관념으로까지 나아갔을 것으로 보기는 어렵다. 제2이사야가 활동한 당시 바벨론제국의 마지막 왕 나보니두스(BC 555~539)는 달의 신인 신Sin을 섬겨서 마르둑 신의 사제들과 갈등하기도 했다. 요시야왕대의 개혁은 유일신 신앙을 천명한 것이지만 기본적으로 유다와 이스라엘 정도를 범주로 이집트나 아시리아, 바벨론 등 강대국의 신앙까지 대항할 이념이나 국력을 갖추지는 못했다.

이처럼 세계 만물에 대한 야훼 신의 창조를 확신하게 되면서, 만물들이 피조물로 확실하게 인식된 점은 종교 사상사적으로 매우 의미 있다. 땅이나 하늘, 산천수목, 일월성신 등을 신의 피조물로 봄으로써 이제는 천체나 자연만물을 신으로 섬겨온 오랜 전통을 확실히 극복할 수 있는 인식 기반을 정립한 것이다. 제2이사야만의 창안일 리는 없겠지만 「창세기」1장에 보이는 포로기 유다 지성들이 갖게 된, '만물이 야훼 신의 피조물'이란 인식은 수많은 자연만물의 신들에게 매였던 고대인들을 해방시켜준 면도 있었다. 그리고 이러한 인식이 보편적 야훼 유일신 개념 확립을 도운 것도 물론이다.

제2이사야는 야훼가 창조주임을 누차 강조하면서, 아직도 야훼를 의심하며 다른 신상이나 우상을 숭배하는 동포 포로민들을 향해 줄기차게 그 허구성을 강조했다. 야훼 신이 역사와 만물의 창조주임을 확신하게 되자 피조물인 인간의 위상이 자연 도출되었는데, 그 피조물 인간들이 또 다른 피조물인 나무나 금속으로 신상을 만들어 신으로 모시는 것은 도저히 용납이 불가능했던 것이다.

9. 우상을 빚어 만드는 자들은 하나같이 바람잡이, 아무 덕을 끼칠 수 없는 것들을 소중히 여기는 바보들이다. 그렇게 눈이 멀어 멋도 모르고 우상을 섬기다가 결국 창피나 당하리라.

10. 수입을 바라지 않고 신상을 빚어내거나 우상을 부어 만들 자가 있겠느냐?

11. 우상과 짝하는 자들은 무안이나 당하리라. 우상을 만드는 것은 결국 인간, 하나도 빠지지 말고 출두해라. 모두들 어이없이 창피를 당하리라.

12. 숯불에 달군 쇠를 망치로 두드려 모양을 만드는 대장장이를 보아라. 팔을 걷어붙이고 만드느라 시장해 허기지고 물도 마시지 못해 기진맥진했구나.

13. 목수는 줄을 늘이고 석필로 금을 그어 모양을 그린다. 끌질하고 걸음쇠로 선을 그어 가며 사람의 초상을 뜬다. 이렇게 잘난 사람의 얼굴 모습을 본떠 우상을 만들어 그것을 신전에 모신다.

14. 송백을 찍어낸다. 삼목이나 상수리나무를 베어낸다. 숲 속에서 싱싱하게 자란 나무들이다. 심어둔 송백이 비를 맞고 큰 것들이다.

15. 땔감밖에 되지 않는 것들, 베어다가 몸이나 녹이고 빵이나 굽는 데 쓸 것들, 그런 나무로 신이랍시고 만들어 예배를 드리는구나. 신상이랍시고 만들어놓고 그 앞에 엎드려 큰절을 하는구나.

16. 반 토막으로는 불을 피우고 그 불에 고기를 구워 배불리 먹으면서 흥얼거린다. "아, 뜨뜻하게 불까지 쬐니 좋기도 하구나!" 이렇게 불을 쬐면서

17. 남은 토막을 가지고 신이랍시고 만들지들 않느냐? 신상이랍시고 만들어놓고 그 앞에 엎드려 큰절을 하며 예배하고, "당신이 나의 신입니다. 나를 구해 주십시오." 하고 기도까지 하는구나.

18. 이렇게 모두들 지각이 없고 철이 없는 것들, 눈은 닫혀 아무것도 보지 못하고 마음은 어두워 아무것도 깨닫지 못하는 것들.

19. "반 토막으로는 불을 피우고 그 이글이글 타는 장작불에 빵을 굽고 고기를 구워 먹자. 남은 토막으로는 신상을 만들어놓고 그 나무 토막 앞에 엎드리자." 하고 말하는 생각도 없고 지각도 없고 철도 없는 것들.

20. 재티나 먹고 사는 것들. 생각이 비뚤어져 터무니없는 짓이나 하는 것들. "내 오른손에 붙잡고 있는 것이 허수아비나 아닐까?" 하고 반성하기는커녕 그 터무니없는 생각에서 도무지 헤어나지를 못하는구나 (「이사야」 44장)

한쪽 나무토막으로는 불을 피우고 나머지 토막으로는 신상을 만들어 신으로 섬기는 행위를 비판하고 있다. 당대인들이 일상에서 관습적

으로 흔히 했던 신상 조상 및 우상 숭배 행태를 비판하는 것이다. 당대 중동에서는 나무토막으로 신상을 만들어도 종교적 의례 등을 통해 신으로 태어난다고 보고 믿어왔는데, 이제 그 종교적 의례의 의미 등을 배제한 채로 신상 우상 숭배를 마음껏 비웃고 있다. 예시가 매우 현실적이고 단순하며 사실감이 높아 일반인들에게도 상당한 설득력을 가질 만한 논리를 전개하고 있다. 이것은 사실 신상이 없어 가시적인 면에서는 호소력이 떨어질 수 있지만, 오히려 여러 가능성을 말하기 유리한 창조주 야훼 신의 능력에 대한 확신에서 나온 것이다. 일찍이 실로 야훼의 집에서 예루살렘 성전으로 계승된, 신상 없이 십계명 돌판을 넣은 언약궤(법궤)만 야훼의 성물로 섬기던 신앙 전통이 빛을 발하는 셈이다. 그 자신감을 다음과 같이 말하고 있다.

1. 벨 신이 엎드러진다. 느보 신이 거꾸러진다. 그 우상들이 짐승과 가축에게 실려간다. 들어다 올려놓으면, 짐승이 싣고 가다가 지치도록 무거운 짐이 된다.

2. 다 함께 거꾸러지고 엎드러져 짐을 건지기는커녕, 저희들 자신이 귀양살이로 끌려가는구나.

3. "야곱 가문아, 내 말을 들어라. 이스라엘 가문에서 살아남은 자들아, 들어라. 너희가 세상에 태어날 때부터 나는 너희를 업고 다녔다. 모태에서 떨어질 때부터 안고 다녔다.

4. 너희는 늙어가도 나는 한결같다. 너희가 비록 백발이 성성해도 나는 여전히 너희를 업고 다니리라. 너희를 업어 살려내리라.

5. 누구의 모습을 내가 본떴겠느냐? 누구의 모습을 나와 비교해 서로 같다 하겠느냐?

6. 돈자루에서 금을 꺼내고 은을 저울로 달아내면서 은장이를 고용해 신상을 만들게 하고 그 앞에 엎드려 예배하기를 꺼리지 않는 자들,

7. 그들이 어깨에 들어올려 메어다가 자리잡아 안치하면 제자리에 선 채 움직이지도 못한다. 아무리 불러도 대답이 없고, 누구 하나 곤경에서 구해 주지도 못한다.

8. 이를 생각하고 부끄러움을 알아라. 너 반역자들아, 이를 마음에 새겨두어라.

9. 처음부터 이루어진 일들을 생각해 보아라. 내가 신이다. 나밖에 없다. 내가 하느님이다. 나와 같은 자 또 어디 있느냐?

10. 처음부터 장차 있을 일을 일러주고 일이 이루어지기도 전에 미리 알려준 자, 나밖에 없다. '무엇이든지 내 뜻대로 된다. 나는 결심한 것은 이루고야 만다.' 하고 주장할 자, 나밖에 없다.

11. 나만이 해돋는 곳에서 독수리를 불러오며, 먼 곳에서 내 뜻을 이룰 사나이를 불러온다. 나는 한 번 말한 것은 이루고야 만다. 계획을 세운 것은 그대로 하고야 만다.

12. 마음이 꺾여 승리를 생각할 수 없는 자들아, 내 말을 들어라.

13. 나는 곧 승리한다. 멀지 않았다. 내가 즉시 구원을 베풀리라. 나 시온에 구원을 베풀고 이스라엘에게 나의 영광을 입혀주리라.
(「이사야」46장)

1,2절은 바벨론의 신년 축제에서 신상들이 퍼레이드를 벌이는 장면을 두고 멸망을 예상하며 그때 보일 신상들의 무능력을 비난한 것으로 보인다. 그러나 바벨론 멸망 얼마 전에 있었던 왕권 교체에 따라서 마

지막 왕인 나보니두스가 왕위에 오르면서 일어났던 상황을 묘사한 듯도 하다. 새로 제국의 왕위를 차지하게 된 하란 출신의 왕 나보니두스(BC 555~539)가 바벨론의 벨신(마르둑)과 그 아들 신인 느보신을 배제하고 자기 고향의 신이자 달의 신인 신Sin을 적극 숭배하면서 절대 권위의 기존 신앙이 배제되는 과정에서 그동안 섬겨온 우상 신의 무능력을 신랄하게 말하는 듯도 하다. 그러면서 이스라엘, 곧 야곱 족속과 태초부터 꾸준히 함께하고 있는 자신과 다른 우상 신들을 감히 비교하지 말라고 한다. 자신은 역사에서 아무 역할도 못하고 죽어있는 우상이 아니라, 미래를 미리 알려 주고 결심한 바를 반드시 이루며 살아 역사하는, 태초부터 변함없이 존재하는 신이라 주장하고 있다.

그러면서 자신이 동방의 한 사나이를 불러 새 역사를 이룰 것이니 기대하라고 말한다(11절). 제2이사야를 통해 장래의 역사를 예언하는 것이다. 키루스왕의 활약에 대한 기대를 이렇게 말하고 있다. 야훼에게서 멀어져 마음이 굳어 있는 백성들을 반드시 구원해 줄 것이라 선언하고 있다. 이스라엘 백성을 억압하는 이방 제국을 넘어뜨리기 위해 또 다른 이방의 한 영웅을 도구로 부를 것이라는 비전은, 유다 멸망 전까지는 인식하지 못했던 것으로, 제국 바벨론 체류의 경험에서 얻은 확장된 세계적 시각에서 나온 것이다. 결국 수년 후에 키루스왕이 마침내 바벨론을 점령하고(BC 539) 유다 포로의 해방령을 내렸으니(BC 538), 살아 있고 역사를 창조해내는 야훼에 대한 제2이사야 추종자들의 확신이 어떠했을지는 달리 강조할 필요가 없다.

물론 역사를 이루고 미래를 창조해내는 유일한 우주적 창조주 야훼가 인용된 『성경』과 같이 세세히 말하는 것은 다소 격에 어울리지 않는다. 그러나 기원전 6세기는 여전한 고대사회로 신상 숭배가 일반적이었다. 따라서 대중들은 가시적인 신상을 숭배하는 데 익숙했다. 보이지도 않는 야훼 신이 모든 일을 이루어왔고 역사를 창출해내고 있다는 주장은 너무 관념적이라 거짓에 불과하다고 여기기 십상이었다. 신상 신앙을 점점 배제해 온 이스라엘 민족들에는 조금 다른 문제일 수도 있었겠지만, 그들 다수도 여전히 신상 숭배에 젖어 있었다. 이처럼 신상 없는 우주적 유일신 창조주 신앙은 이제 막 확산되고 있었던 만큼 낮은 단계에서부터 힘들여 설명하고 선포해야 했던 것이다. 더구나 야훼는 패배한 망국의 신이라 신뢰를 크게 상실했던 만큼, 새로운 변화가 그로부터 온 것이라는 제2이사야의 주장이 쉽게 받아들여질 리 없기도 했다.

그런데 「이사야」 44장과 46장을 보면, 제2이사야는 우상 숭배 비판을 통해 마침내 신을 찾아가고 있다. 우상 숭배에 관해 매우 끈질기게 비판하고 마침내 역사를 주도하는 창조주 유일신 야훼를 찾아 주장하고 있다. 앞에서도 언급했지만 이 내용들은 거룩한 창조주의 체통에 어울리지 않을 만큼 세세하다. 그런데 이 과정은 신의 존재를 찾아가는 절실한 작업이었다. 기원전 6세기 당시의 일반적인 신앙 형태인 여러 우상이나 신상 숭배를 끈질기게 비판하는 것은, 당시로서는 보다 보편적인 신을 찾아가는 작업의 필요불가결한 과정이었다.

개인들도 흔히 가지고 있던 신상부터 거대한 제국의 신상 숭배까지 비판하고 난 뒤, 그래도 인간사를 운영하고 있는 어떤 실체에 대한 접근을 시도했던 것이다. 개인들이 만들어 섬기는 일상적인 우상들의 덧없음을 넘어, 역사적 현실을 통해 도시나 제국의 신상으로 섬겨지던 저명한 신들의 몰락을 확인하면서, 마침내 그 모든 국면을 이루어내는 어떤 신을 찾아간 것이다. 그 끝에서 우상 신들과는 차원이 다른, 영원히 변함없이 존재한다고 생각되는 '비교할 수 없는 분(40:18, 46:9)', '유일한 구원자(43:11)', '처음이요 마지막인 유일한 신(44:6)', '인간을 배려하는 유일한 창조주(45:18)'를 만난 것이다. 자신과 민족의 신앙 전통과 역사적 경험을 통해 그는 역사와 만물의 유일한 창조주 야훼를 확인했다. 역사가 그 능력과 존재를 확인해 주며, 신상 숭배가 아니었기에 가시적인 부침이나 소멸도 없는 실체를 인식하기에 이르렀다. 제2이사야는 마침내 형체를 숨기고 계셔서(45:15) 드러나 보이지는 않으나 세계 역사 속에서 운동하고 있는 이 우주적 존재가, 자기 민족을 해방시켜 구원하신, 신상도 없이 믿어져 온 야훼 신이라고 확신하게 되었다.

결국 제2이사야는 민족의 수난 속에서도 희망의 역사를 창출하는 야훼 신을 보편적 참 신이라 확신하게 되었다. 그러한 통찰력으로 이미 키루스왕의 활약이 바벨론 포로사회에 전해진 초기에, 장차 그에 의해 유다 포로들이 해방될 것이라는 예언을 한 것이다. 그리고 마침내 그 예언이 거의 실현됨으로써 유다인 포로민들은 야훼 신이 살아있으며 역사를 창조해내는 신임을 확신하게 되었다. 이렇게 되면서 망국 전에 있었던 예레미야의 예언이나 바벨론 유수 초기에 있었던 에스겔의 해방 예언도 이루어질 것이 확실시 되었다. 제2이사야나 그의 추종자는 물론 상당수 유다 출신 포로민들은 히스기야왕대를 거쳐 요시야왕대에 정치적 의도에서 추구된 야훼 유일신 신앙과는 달리, 이스라엘 민족의 의도나 노력과는 무관하게 세계사적 규모에서 이루어지는 역사를 주관하는 야훼 신을 발견해 해석할 수 있었다. 그것은 그들의 조작이 아니라, 이스라엘 민족을 둘러싼 세계사의 흐름이 그들에게 보여주었다고도 할 수 있는, 한 단계 질적 비약을 이룬 신 개념이었다.

시온산의 예루살렘 성전에만 계시며 이스라엘 내에서만 활동하는 유일신이 아니라, 민족이나 국가의 경계를 넘어 하늘 보좌에서 바벨론이나 페르시아는 물론 우주적으로 절대적인 영향력을 행사하며 새로운 역사를 창조하는 보편적 유일신 창조주 야훼 신을 발견한 것이다. 보편적 창조주를 새롭게 찾고, 모든 백성(만민)이 함께 기도하는(56:7) 시대를 통과해, 마침내 새 하늘과 새 땅이라는 이상 사회, 하나님의 나라가 도래할 희망까지 설계하게 되었다(65:17~25). 이렇게 야훼 신의 위상이 세계와 우주적 차원으로 격상되면서 이스라엘인들은 이 신을 더욱 경외하게 되어 점차 그의 이름을 표기하되 소리내어 읽지 않기에 이르렀다. 그리하여 이스라엘에서 전통적으로 신을 가리키는 다른 용어인 '엘로힘'으로 표시하든지, '야훼'로 쓰고도 주인, 곧 주主를 뜻하는 '아도나이Adonai'로 대체해 읽었다. 아도나이는 『70인역 헬라어 성경』(Septuagint)에서 '키리오스Kyrios'로 번역되었는데 『신약성경』에서는 예수를 지칭하는 용어로 널리 사용되었다.

제2이사야 등이 이스라엘을 포로 상태에서 해방시켜줄 민족신 개념을 벗어나지 못한 중에도 보다 보편적인 세계적 유일신에 다가갔지만, 그 인식 과정에는 치명적인 문제점이 있었다. 당시 이스라엘 포로민들의 해방 역사가 야훼의 능력에 의한 것이라는 아전인수식 해석을 누가 얼마나 긍정할 수 있겠는가 하는 것이다. 국가 멸망 시에는 예레미야나 에스겔 등을 통해 자기 백성의 불신앙과 타락을 징벌하는 것이라더니, 우연히 예언된 압제 기간이 거의 맞았다고 제국 간의 세력 교체를 마치 야훼 자신이 계획한 것처럼 주장하는 것을 얼마나 많은 이들이 받아들일 수 있겠는가 하는 점이다. 그래서 당시의 유다 출신 포로민들 중에도 그에 동의하지 않는 경우가 많았다. 그래서 제2이사야는 힘들게 그들을 설득해야 했다. 키루스 대왕을 불러 들여 해방의 역사를 이루겠다고 해서 그리 되었다면, 호언장담한 예루살렘의 회복과 함께 올 것이라는 이스라엘의 영광이(「이사야」52:1~13) 이루어지기는커녕 페르시아의 식민지가 되고 만 사실은 어떻게 보아야 하는지, 그 문제도 남은 것이다.

사실 제2이사야의 역사 해석은 자국의 민족신 위주의, 지극히 주관적이고 아전인수 격인 해석이다. 포로로 부득이 넓은 세계에 던져져서 보다 큰 범주의 세계사를 경험했지만, 폭넓은 객관적 진실의 추구로 나아가지 않고 약소민족의 지성답게 오히려 강력하게 전통 안에 버티고 서서 자폐적으로 역사를 해석했던 것이다. 페르시아나 제3국의 역사라면 전혀 다른 해석을 전개했을 것이다. 제2이사야가 말하는 대로 그처럼 제국들의 역사를 조정할 수 있는 전능하고 유일한 신이라면, 애초 이스라엘이나 유다왕국의 멸망을 막아주거나 이스라엘 민족이 다른 나라들을 정복하게 해 야훼 신의 가르침을 펼쳤어야 설득력이 있다. 키루스 대왕 같은 영웅을 자국에서 길러내지 못한 상태에서 페르시아의 역사를 마치 자신이 주도한 것처럼 말하며 타국 역사의 주도권을 가로챈 꼴이 되고 만 것이다.

결국 제2이사야가 발견한 우주적 유일신 개념은 어떤 자존自存적 실재가 미래의 역사를 계시하는 중에 감추어져 있던 일면을 민족 해방사를 통해 드러낸 것이 아니라, 고대 이스라엘 지성(들)의 주관적이고 민족종교적 관점의 역사 해석을 통한 하나의 관념 체계였다. 세계적, 우주적 신 관념이라지만 다른 세계 민족들이 공감하고 지지한 것이 아닌 이상 대내적, 민족 내적 설득력만 가진 미숙한 상태의 관념이자 개념에 불과했다. 그것은 세계인들이 공감하며 따르기에는 너무 먼, 이스라엘 민족만의 것이었다. 이 개념은 결국 페르시아의 식민지가 되고 만 유다 본토로 귀환한 포로민들과 바벨론 유수 이후 세계로 흩어진 이스라엘인-디아스포라-들을 위한 개념이었다. 자국 국경을 넘어 한결 보편화된 유일신 개념을 부여잡고 이스라엘인들은 넓은 세상에 흩어져 자신들의 정체성을 유지하며 역사의 과정을 헤쳐가야 했고, 또 그렇게 했던 것이다.

그렇다고 어느 한 약소민족이 절망 속에서 자신을 추스르고 보전해 나가기 위해, 민족 신앙의 기반에서 존속과 발전을 위한 비전을 발견한 것을 비난할 이유는 없다. 물질적인 것은 물론 관념적인 것들도 인간의 삶에 절실하며, 자신들의 관념적, 정신적 기반인 민족 신앙에 희망을 걸고 미래를 도모한 그들의 수고를 높이 평가하지 않을 수 없다. 더구나 그 노력의 결과로 얻어진 신 개념은 오늘날까지 전 세계 가장 많은 추종자들에게 '살아 역사하는 창조주'로서 정치, 종교, 문화적 영향력을 발휘하고 있다. 모든 우상과 각국의 신들을 부정하고 그 너머에 역사하는 초월적 실체를 역사 경험을 통해 규명해 냄으로써, 보편적 실재를 구체적이고 실존적으로 제시하는 신기원을 이룬 것이다. 그것은 신 개념의 발달사에서 고대 그리스의 과학자나 철학자들이 이룬 일자—者 개념과 더불어 인식의 비약이었다.

이처럼 이스라엘 야훼 신의 역사는 기원전 6세기 제법 이른 고대에 민족이라는 울타리를 넘어 보다 보편적인 우주적 창조주 유일신 개념에 이르렀다. 세계적으로 가장 널리 신봉되는 보편적 신이 약소민족에게서 나왔다는 것은 일견 모순처럼 보이나, 약자라서 오히려 한결 강력한 신을 필요로 했으며 더욱 열정적으로 살아야 했고 성찰을 멈출 수 없었던 고대 이스라엘인들의 역사에 대한 절실한 대응의 결과라고 볼 수 있다. 야훼는 약소민족의 역사적 신앙이었기에 그 뒤의 계승 종교들까지도 살아 역사하는 신에 대한 간절한 소망과 약자에 대한 배려와 정의, 사랑을 기조로 할 수밖에 없었다. 그래서 세상의 절대 다수인 수많은 약자들에게 그토록 강력한 호소력을 지니게 된 것이다.

고대 이스라엘의 유일신 야훼의 실체

『구약성경』은 야훼 신이 히브리인을 이집트에서 해방시키기 위해 홍해를 바람으로 갈라 건너게 하여 광야를 떠돌며 살게 했다고 한다. 그런데 그들 장정 60만, 가족까지 합해 2~3백만 대규모 인원이 40년간 광야 생활을 한 고고학적 흔적은 발견되지 않았다. 고고학자들은 수백년 후에 있었던 고대 이스라엘왕국 건국 시의 인구가 10만도 되지 않았다고 본다. 「여호수아서」에 쓰여 있는, 여호수아가 히브리인들을 지휘해 요단강 건너 가나안의 여리고성이나 아이성을 기적적으로 정복했다는 사실도 없었음이 확인되었다.

야훼 신은 가나안 하층민들이 이집트의 지배에 저항, 이탈하며 기원전 13세기에 시작된 이스라엘 민족 형성과정에서 팔레스타인 남방의 부족(들)이 숭배하던 신으로서, 그 지역의 일부 유목민들과 더불어 중앙고원지대 원이스라엘인들(proto-Israelites) 사회에 유입되었다.

가나안의 지고신 엘 신의 무리(엘로힘)에 들었다가 다른 신과 융화, 동화 과정을 거치며 점차 이스라엘의 민족신으로 여겨지게 되었다. 예루살렘의 다윗 왕조 성립과 함께 왕국의 신으로 선포되었으며, 북이스라엘에서는 아합 왕비 이세벨과 함께 온 동맹국 페니키아의 바알 신 멜카르트의 도전에 그 위상이 크게 흔들렸다. 기원전 8세기 중후반 사회경제적 분화가 심화되어 사회적 유대감이 약화되고 외국의 침략이 예상되던 중에는 아모스나 이사야 등 예언자들에 의해 정의의 신으로 선양되었으나, 동시대 유다의 아하스왕에게는 이웃 강대국의 군사적 위협에 전혀 힘이 되어주지 않는 무력하고 무능한 신으로 여겨져 불신앙되었다.

민족과 국가의 대외적 위험이 증대된 중에, 히스기야왕과 요시야왕의 자주 독립 지향의 정치적 의도에 따라 다른 신들의 신상을 다 깨부수고 제단을 헐며 제사장들을 죽이기도 하는 등, 다른 신앙을 배제하며 국내적으로 배타적 유일신이 되었다. 본래부터 살아있고 전능한 유일신의 감화력과 능력에 의한 것이 아니라, 민족의 위기 속에 보다 강력한 후원자가 절실하게 필요했던 요시야왕과 유다왕국의 엘리트들이 유일신 신앙을 강압적으로 확립했던 것이다.

바벨론 포로기의 절망 끝에 민족이 해방되면서, 예언자 제2이사야 등은 민족주의적이고 주관적인 역사 해석으로 야훼 신만이 오로지 국제적으로도 역사해 해방을 가져왔다며 다른 신들의 존재를 부정하고 야훼를 보편적, 우주적 유일신으로 선포했다. 이것은 아전인수 격인 해석이었으나, 각 민족 국가의 모든 가시적 우상과 신상 너머 '보이지 않으나 살아 역사하는' 우주적 유일신 개념을 상정함으로써, 보편적 신 개념의 발달사에서는 비약적인 신기원을 이루었다.

고대 이스라엘 역사에서 야훼 신의 성격과 위상의 주요 변화 과정을 보면 『구약성경』이 주장하는, 천지 창조 이전부터 스스로 살아있고 계시하며 역사의 주체가 되는 전능하고 유일한 야훼 신은 실제로 존재하지 않았다. 그 신은 홍해를 가르고 기적들을 행했다고 자랑하면서도 정작 이스라엘 민족이 전쟁에서 패하고 바벨론 제국의 포로가 되며 페르시아나 마케도니아, 로마의 식민지가 되고 예루살렘 성전이 불타 이산을 당할 때도 적들을 막아주거나 격퇴하지 못하고 백성의 죄를 탓하며 변명만 늘어놓았다. 사실 그는 역경 속에서도 다른 방법이 없었던 고대 이스라엘인들이 기대하고 믿어온 관념상의 존재, 상호주관적 실재였던 것이다.

야훼 신앙이나 그를 계승한 그리스도교에서는 '의인은 믿음으로 말미암아 살리라'(「하박국」2:4, 「로마서」1:17, 「에베소서」2:8)는 등 인격신에 대한 '믿음'을 유독 강조하고 있다.[96] 장차 큰 민족을 이루게 하겠다는 야훼의 약속을 믿고 노년에 기적적으로 얻은 아들 이삭을 번제의 제물로 바치라는, 신의 명령이 가진 모순에도 불구하고 무조건 순종했다는 아브라함은 의롭게 여겨지며 믿음의 조상으로 칭송받았다. 참된 그리스도교 신앙에 천착해 현대의 많은 그리스도교 지성인들로부터 신뢰받는 철학자 키에르케고르(1813~1855)는 아브라함이 '부조리한 것'을 믿는 경지에 이르렀다고 높이 평가하기도 했다.[97] 야훼 종교는 상상 속에 존재하는 관념적인 신, 약소민족의 유일신 신앙을 지키기에 절실했던 만큼, 그러한 '부조리'를 내포할 정도의 헌신적인 믿음을 모범으로 제시할 수밖에 없었던 것이다. 키에르케고르가 한 세기 뒤에 태어나 고대 이스라엘의 역사상을 더욱 자세하게 알았더라면 그같은 판단은 하지 않았을 것이다. 야훼 신은 엘 신이나 바알 신의 뒤를 이어 고대 이스라엘의

---

96) M. 엘리아데 저, 『우주와 역사』 155쪽, 정진홍 역 (현대사상사, 1979)

97) 쇠얀 키에르케고르 지음, 『공포와 전율』 39, 69쪽, 임춘갑 옮김 (도서출판 치우, 2011)

역사 속에 등장해 위상과 성격이 변모해간 관념상의 존재였던 것이다.

『성경』이 말하는 야훼 신앙을 중심으로 고대 이스라엘의 역사를 조망해 보면, 야훼 신이 스스로 계시하고 주도해 역사가 이루어진 것처럼 보일 수도 있다. 『구약성경』은 야훼가 이스라엘 민족을 선택해 자기 백성으로 삼고, 이집트에서 해방시켜 젖과 꿀이 흐르는 행복한 땅으로 인도하려 했다고 한다. 그러나 이미 앞서 역사적 고찰을 통해 보았듯이, 야훼 신이 이스라엘 민족을 택한 게 아니었다. 이집트 제국의 지배에서 벗어나 민족을 형성해가던 원이스라엘인들이 남방의 일부 유목민과 더불어 원이스라엘 사회에 유입된, 전쟁에 능할 것이라 기대한 야훼 신을 민족신으로 받아들이면서 비로소 야훼 신앙은 이스라엘에서 역사적 의미를 갖게 되었다. 실로Shiloh의 성소에 있던 야훼의 집에는 야훼가 직접 모세에게 주었다는 십계명이 적힌 돌판을 넣은 언약궤(법궤)가 있어서, 이스라엘인들은 전쟁에 나갈 때 이것을 메고 나가 싸웠다. 물론 블레셋과의 전쟁에서 패배해 적에게 언약궤를 빼앗겨 체면을 크게 구기고 장황한 변명을 하기도 했다. 힘없는 약소민족의 신은 말이 많을 수밖에 없었는데, 물론 그것은 신의 말이라기보다는 사제나 서기관, 사관 등의 말, 사실상 변명이다.

『성경』은 야훼 신이 사울이나 다윗을 선택했다고 하지만 다윗이나 솔로몬왕은 야훼 신을 왕국의 공식적 신으로 선포했을 뿐, 오히려 다른 신앙도 인정했다. 『성경』은 솔로몬왕이 타국 출신의 왕비를 위해 이방신의 신전을 세우고 그 신들을 섬긴 사실을 두고 야훼가 친히 질책한 내용을 전하고 있다(「열왕기 상」11:11). 그런데 야훼 신이 유일하고 절대적인 권위를 가지고 살아 역사하는 신이었다면, 예루살렘 성전을 건축하고 야훼의 언약궤를 지성소에 모셨던 신앙의 왕 솔로몬이 그렇게 하도록 두지 않았을 것이다. 아합왕 때에 대선지자 엘리야가 갈멜산에 모인 백성들에게 '야훼냐 바알이냐' 하며 신앙의 대상을 선택할 것을 요구했다는데(「열왕기 상」18:21), 이것이야 말로 고대 이스라엘인들이 신과 신앙을 선택했다는 사실을 분명히 보여준다. 한국 삼국시대의 소수림왕이나 침류왕, 법흥왕 등도 정치적 의도에서 불교를 선택 수입했다.

　무능한 야훼 신에 대한 아하스왕의 불신과 이방신 신앙 추구는 물론이고, 히스기야왕이나 요시야왕의 야훼 유일신화 종교 개혁도 왕과 국가의 정치적, 정책적 선택이었다. 바벨론 포로기의 민족 해방 역사와 관련해 예언자 제2이사야 등이 발견한 우주적 유일신의 개념도 객관적으로 인정할 만한 것이 아니라 자폐적이고 주관적인 견해나 해석으로, 선택의 문제일 수 있다. 페르시아 키루스(고레스)왕에 의한 바벨론 제국의 멸망(BC 539)과 이스라엘 민족의 본토 귀환은 야훼 신의 역사를 창조하는 능력이라기보다는 페르시아의 성장을 중심으로 한 국제적 세력 관계의 변화로 설명하는 것이 훨씬 객관적이고 설득력이 있다.

　『구약성경』이 보여주는 야훼 신 주도의 고대 이스라엘 역사는 기원전 7세기 요시야 개혁(BC 622) 이후 야훼 유일신 신앙인인『성경』의 저자나 편집자들이 자신들의 신앙적 신념을 과거로 소급 투사해 저술하고, 아울러 후속 저자나 편집자들도 같은 신앙에 서서 앞대 저자들을 답습함으로써 나온 결과이다. 따라서 거기에 그려진 역사상은 사실 자체와는 상당한 거리가 있는, 신앙적 기준과 민족의 소망이 반영되어 분식되고 왜곡된 것이다. 현대에도 보수적 그리스도교 신자들은 인간들이 이룬 모든 일을 신(하나님)이 주관한 일로 보는데, 그러한 시각이『성경』의 저술에 적용되어 있는 것이다. 한국의 장로교회 중 가장 규모가 큰 명성교회의 김삼환 목사는 세월호가 침몰한 것은 하나님이 나라가 침몰하려고 해 미리 경고하기 위한 것이었다고 설교했다는데,[98] 모든 역사를 신이 주관한다고 보니 인간들의 총체적인 무능과 부패, 무책임에서 온 비극적 참사에 대해 일반인의 정서와는 거리가 먼 해석을 하게 된 것이다. 이는『성경』속 역사의 진실을 이해하는 데 참고가 된다.

야훼 신앙은 야훼 신의 계시를 유독 강조해 왔고, 계시 종교라는 사실을 비교적 널리 인정받고 있다. 그러나 신의 계시나 예언자의 예언은 종교와 신화가 큰 영향력을 행사했던 고대 중동의 다른 나라들과 신들에게서도 흔히 있었던 현상이다.[99] 그리고 잘 알려진 바와 같이『성경』에 전하는 예언들 중에는 이루어지지 않은 것들도 많고 심지어 거짓 예언을 하는 자들도 있었다(「신명기」18:22, 「열왕기 상」22:20).

이러한 것들은『성경』에 전하는 예언이 전능하고 무한하며 거룩한 궁극적 실재인 신의 계시라는 확신을 주저케 한다. 절대 참 신이 있어 계시하고 역사했다면 거짓 예언자들이 함부로 활약할 리 없으며, 참 신의 틀림없는 계시라면 예언자나 전승자들도 극히 조심해 잘못 전할 가능성이 거의 없었을 것이다. 무엇보다도『성경』의 주장대로 정확한 미래 예측이 가능하고 역사를 창조하는(「이사야」48:5~7) 신이라면, 자기가 선택한 이스라엘 민족에게 그처럼 고난을 주고 이산離散해 수천 년간 망국민으로 지내게 하는 고초를 면하게 해주었어야 할 것이다. 그러한 고난은 신이 자녀를 사랑하는 마음에서 그 민족을 연단시키기 위한 것이라 설교되기도 하지만, 자녀가 피폐해질 정도에 이르도록 두는 것은 부모의 능력 부족이거나 학대에 불과하다.

---

98) "세월호는 하나님이 침몰시킨 것"『뉴스앤조이』, 2014.5.28. 기사

99) 구체적 사례의 하나는, 북시리아 마리(Mari)에서 발견된 고대 문서에 보이는 아닷(Adad)신의 메시지에 보인다.(리차드 S. 히스 지음, 『이스라엘의 종교』 106쪽, 김구원 옮김 (CLC, 2009))

종교적 신비 현상이 심리학이나 뇌과학, 사회과학 등의 도움으로 보다 이해가 가능해진 만큼,『성경』에 계시나 신비가 다수 등장한다는 점만으로 야훼 신이 다른 신들과 달리 특별한 실재, 살아 있는 계시의 신이라고 단정할 수는 없다. 종교학에서 말하는, 신성과 연관되어 끌리면서도 매우 두려운 불가언적 신비 경험, 곧 누멘적인 것(das Numinöse)이[100]『성경』에 있다고 해서 그것이 과연 신의 존재를 입증하는 것인지는 의문이다. 그러한 현상은 당면했던 인간의 상태나 여건만으로도 설명 가능한 종교적 경험일 수 있다. 그러한 현상은 다른 종교에도 있으며 해석의 근거가 된『성경』자료의 전승이나 저술·편집상의 문제점도 고려할 필요가 있다.

무엇보다도 야훼 신이 스스로 선택하고 주관했다는 고대 이스라엘 민족의 역사가 망국과 이산의 참극으로 끝났던 사실에서,『성경』이 말하는 이스라엘의 전능하고 유일한 참 신 경험의 진실성은 의심받을 수밖에 없다. 사실『성경』이 전하는 계시의 내용은 당대 사회의 지성이라면 판단 가능한 수준이며, 그런 것에 의해 이스라엘이 멸망과 고초를 면하지도 못했던 만큼 그 위상과 성격을 특별하게 주장할 근거는 없다. 계시나 예언 등 종교적 신비 행위가 오늘날보다는 분명히 많고 주목을 끌며『성경』저자들에 의해 의미가 과장되었겠지만, 신통력 등에 따른 신비나 기적은 불교 등 다른 종교들에서도 흔히 있었다고 주장된다.『성경』에서는 같은 야훼 신의 계시를 받았다는 예언자들의 예언이 정면 대립되기도 하고(「예레미야」28장), 왕들이나 당시 사람들은 예언을 절

---

100) 루돌프 옷토 지음,『성스러움의 의미』37~40쪽, 길희성 옮김 (분도출판사, 2013)
　　한편, 20세기 유대교 랍비 헤셸은, 아브라함과 예언자들이 만났던 것은 누멘이 아니라 충만한 하느님의 보살핌이었다고 보았다.(요수아 J. 헤셸 지음,『예언자들』360쪽, 이현주 옮김 (삼인, 2015))

대 지지하기보다 때로는 무시했고, 그것이 갈등의 요소가 되기도 했다.

종교적 계시는 흔히 신의 주도에 따른 것으로 기록되어 있으나, 그것을 받았다는 예언자의 심리 상태나 의지, 정서적·사회적 상황과 연관되었을 가능성이 더 크다. 그것은 누구나 목도할 수 있었던 객관적 사건이 아니라 개인의 환상이나 꿈을 통해 일어났던 것이며(「민수기」 12:6), 전승 과정을 통한 변질의 가능성도 적지 않다.

이스라엘의 역사와 그 고난의 여정을 온몸으로 겪어낸 것은 이스라엘 민족 구성원들이었다. 민족 형성, 국가 성립, 국가 멸망, 그리고 포로 해방의 단계마다 역사한다고 여긴 신을 찾아 그 개념을 발전시킨 이들도 그들이고 그들의 지성들이었다. 야훼 신이 그처럼 역동적으로 그려진 것은 약소민족의 존속과 발전, 그리고 승리를 향한 염원에서[101] 나온 역사에 대한 적극적인 대응과 성찰의 결과였다. 강대국 이집트의 가나안 지배에서 탈출하면서 시작된 민족 형성 당시부터 이 민족은 긴장감을 갖고 역사 속에 약자로서 생존 가능성을 모색했던 것이다.

그들은 약소민족으로서의 순탄치 않은 경험을 통해 고대인으로서는 당연하게 자신들을 돕고 있다고 여긴, 살아서 역사에 조응하는 신의 존재와 개념을 추구하며 발견해 갔다. 약소민족으로서 자신들의 역량을 실존적으로 파악할수록 그들은 고난과 절망 속에도 이어지고 있는 민족의 역사가 어떤 존재(신)의 도움에 의해 이루어지고 있고, 그래서 그와 함께 가야 한다고 고백할 수밖에 없었던 것이다. 그러한 확신은 민족적 위기가 커질수록 증대되어 일개 민족신에서 국내적 유일신을 거쳐 끝내는 이방에서도 역사하는, 만민이 섬길 수 있는 우주적 창조주

101) 김기흥, 『역사적 예수』 19쪽 (창비, 2016)

유일신을 발견하기에 이르렀다. 이 약소민족이 끝내 승리하고 존속하기 위해 너무도 강력한 유일신을 설정한 만큼, 그 신은 그 민족의 역사에 큰 희망인 동시에 무거운 짐이 되기도 했다.

약자는 공평과 정의를 소망하기 마련인데 야훼 신에 대한 그들의 기대는 결국 민족 사회 내적으로, 나아가 국제적으로 모든 약자들도 존재 의의를 가질 수 있는, 만민이 함께 행복한 세상을 전망하게 했다. 그러한 세상은 세계적 규모로 이루어진 자민족 해방의 역사까지 미리 예언하고 끝내 성취해낸 우주적 유일신 창조주 야훼에 의해 가능하다고 여겼다. 이처럼 야훼 신앙은 약소민족의 역사적 신앙이었기에, 그리스도교 등 그 뒤의 계승 종교들까지도 살아 역사하는 신에 대한 간절한 소망과 약자에 대한 배려와 정의와 사랑을 기조로 하게 되었고, 그래서 세상의 절대 다수를 차지하는 수많은 약자들에게 강력한 호소력을 지니게 되었다.

한편 이스라엘의 지성들은 민족의 절박한 처지로 인해, 거대한 영토에서 독자적 역사 세계를 스스로 구가했던 인도나 중국의 철학자들처럼 비인격적이고 탈시간적인 궁극적 실재 '브라만Brahman'이나 '도道'를 궁구해 제시할 만한 지적 여유가 없었다. 갈급하고 굴곡 많은 역사에서 분노와 질투, 사랑을 반복할 수밖에 없는 모순투성이 인격신을 민족신으로 부여잡고 역사의 대전환을 희망하며 나아간 만큼 억지스러운 면도 있어, 보다 보편적이고 철학적인 인식 체계 등의 학문적 향기를 남기는 데는 한계를 보였다.

바벨론 포로기에 이스라엘인들이 발견한 자민족 위주의, 그러나 이방의 만민들에게도 열린 우주적 창조주 유일신 개념은 페르시아와 마케도니아 등 제국들의 연이은 억압적 지배 속에 자민족의 정체성을 수호하기 위해 민족신앙적 속성을 지키려다 보수화하기도 했다. 한편 교류와 융합의 헬레니즘 시대를 통해 이방인들에게도 서서히 그 의미와 가치가 인정되고, 유대교 내에서도 헬레니즘의 영향을 받아 그리스 문화를 적극 수용하고자 하는 개방적 세력이 등장해 보수적인 일반 민족 구성원들과 대립하기도 했다.

그러던 중 셀레우코스왕조 안티오코스 4세 에피파네스왕(BC 175~164)의 민족 신앙 탄압을 끈질긴 민족적 투쟁, 곧 마카베오 항쟁으로 이겨내고 하스몬왕조를 건설하기에 이른다. 앞서 페르시아 제국의 지배 이래 야훼 유일신 신앙은 제국의 통치에 협조하는 선에서 민족 신앙으로서의 자율성을 누렸다. 그러다가 닥친 에피파네스왕의 종교적 탄압은 유대인들의 투쟁적 저항을 유발했고, 그 과정에서 경건주의가 크게 활발해지는 등 유일신 신앙은 대외적 차원에서도 적극 표명되었다. 이러한 민족 신앙의 강화 분위기는 로마제국의 지배 하에서도 다시 드러나며 1세기 후반에서 2세기 전반 양측의 대충돌을 낳는 원인이 되었고, 결국 로마군에 의해 예루살렘 성전은 대대적으로 파괴되고 이스라엘 민족의 비극적 대이산離散이 일어난 것이다. 한편 제2이사야 등에 의해 싹튼 우주적 유일신 신앙과 함께 일어난 타민족에 대한 개방적 신앙 흐름은, 예수와 그의 추종자들에 의해 다시 한번 강조되며 세계적 종교인 그리스도교의 탄생으로 이어졌다.

이스라엘 민족이나 국가 차원에서만이 아니라 드물게 개인적 차원에서 야훼 신의 존재에 대한 문제가 제기되기도 했다. 『성경』에는 욥의 고난 등 그 실상을 알게 해주는 내용이 있다.

『구약성경』「욥기」에 전하는 바와 같이, 야훼 신을 철저하게 믿었던 욥과 같은 사람도 그 신이 진정 자신에게 납득할 수 없는 고통과 고난

을 주신 것인지, 신의 존재 자체를 의심하기에 이르렀다.「욥기」의 저자
는 욥의 근본적인 회의에 답변이 궁색해지자 문제의 정곡을 피해 교묘
히 변죽만 울리는 (욥의 친구 등의) 장문의 논쟁을 실어 독자들을 지루한
혼란에 빠뜨렸다. 결국 그는 역사적으로 확인할 수 없는, 야훼 하나님이
현현해 자신이 창조주라고 설파했음을 전하며 신의 존재가 입증되었다
고 보았다(42:5,6). 신을 크게 두려워한 고대 이스라엘에서는 이러한 답
변이 용납되었고, 그래서 『성경』에도 실리게 되었던 것이다.

그러나 신이 현현해 피조물인 인간이 창조주 신의 존재를 의심한 것
을 질책했다는 내용만으로는 완전한 답이 될 수 없다. 질문의 핵심을
피해간, 교묘하게 오도된 답변은 인생의 고난과 관련하여 신의 존재 여
부를 되묻게 한다. 야훼 신이 의로운 참 신이라면, 정직하고 충성스런
신자의 고통이나 고난이 없어야 한다고 생각하는 사람들에게 「욥기」
의 답변은 충분하지 않다. 이 문제는 이 신이 살아 역사하는 무한하고
유일한 창조주라고 보는 한 합리적이고 설득력 있는 답변이 불가능하
며, 관념상의 실재로 인정할 때만 이해가 가능해진다. 관념상의 신은 인
간에게 현실적 고난이나 고통을 직접 주거나 그것을 허락할 수 없으니,
욥에게 큰 고난이 있었다면 그것은 신과 무관하게 일어난 것이다.「욥
기」의 저자는 관념적인 신을 살아 역사하는 신으로 보고 있어 설명하
기 어려운 구체적 현실의 문제에 그처럼 궁색한 답변을 할 수밖에 없었
고, 지금까지도 수많은 진지한 사람들을 고민스럽게 만들고 있는 것이
다. 욥의 고난의 발단이 된, 사탄이 신에게 가서 욥이 진정 충성된 자인
지 시험해보자고 한 이야기(1:6~12)도 신화적 사고를 가진 옛 사람들
이 풀기 어려운 이 문제의 답을 찾다가 생각해내거나 빌려온 상상의 산
물에 지나지 않는다.

이처럼 고대 이스라엘 역사를 통해 본 야훼 신은, 그의 예언자들을 통해 계시해 온 이스라엘 민족의 구원과 해방, 그리고 영광을 제대로 실현해 주지 못했다. 아울러 그 민족 구성원의 개인적 문제를 해결해 주지도 못했다. 물론 그 민족이 신의 명령을 제대로 따르지 않았다는 이유를 대고 있으나, 그들이 맞은 고난과 파국의 역사로 볼 때 결국 그 신은 『구약성경』이 주장하는 것처럼 천지와 자연 만물은 물론 역사까지 창조한, 자존하며 영원불변하고 전능하며 유일한 객관적 실재는 아니었던 것이다. 그 신은 비극과 고난에 찬 역사 속에 약소민족 이스라엘의 존속과 승리를 향한 절실하고 유일한 소망의 가능성으로서 민족 구성원이 지지하고 믿었던 상호 주관적 실재로, 시대적 상황에 따라서는 역량부족이 드러나 종교적 엘리트들에 의해 끊임없이 변명·변증되며 변모를 거듭한 관념상의 존재였다.

| 보론 |

위기에 처한 현대 그리스도교와 신

1) 야훼 하나님에서 삼위일체의 하나님으로

고대 이스라엘의 야훼 신앙이 보편적 유일신 신앙을 향해 힘들게 나아
가는 중에, 소아시아의 그리스계 학자들과 그리스 본토의 학자들에게
서 전혀 다른 형태의 신에 대한 인식이 출현해 성숙하고 있었다.

현재는 터키 영토인 소아시아의 밀레투스를 중심으로 활동한, 기원
전 7세기에서 6세기에 걸쳐 살았던 탈레스 등 고대 그리스의 과학자들
은 만물의 근원을 탐구했고, 우주에 대해서도 새로운 이해 체계를 구축
해갔다. 그들은 천문 관측과 기하학, 수학을 이용한 이성적 탐구를 통해
우주와 별들에 관한 다양한 지식과 인식을 갖게 되었다. 지구가 둥글다
는 사실을 확신하게 되고, 일식이 예측되었으며, 지구 자전설이 제기되
기도 했다. 에라토스테네스(BC 275~194)는 지구 둘레의 길이를 현대
의 측정값에 근접하게 계산해냈다. 전 시대 가시적 범주의 고정적이고
단순한, 별들이 그리 높지 않은 천장 같은 하늘에 붙어 있다고 여긴 하
늘, 땅, 지하 세계의 3층 구조 우주관을 넘어, 둥근 지구를 중심으로 행

성들이 운행하는 천구天球들로 이루어진, 당시로서는 새롭고 역동적인 거대한 우주론을 정립했다.

지구는 무거운 원소들로 구성되어 천체들의 중심이 된다고 여긴 그들은, 지구를 중심으로 천구들의 바깥에 무게가 나가지 않는, 영적이고 무한하며 거대한 실재(신)가 베일 뒤에 있다고 보았다. 그리하여 그리스의 올림포스산에 살았다는 인격적인 제우스신 무리와는 전혀 다른 차원의, 이 거대한 우주를 품고 있는 신의 존재를 상정하게 되었다. 이와 같이 과학자들이 관측과 기하학, 수학적 계산 등을 통해 얻은 결과로 추론한 신은 전통적 신화를 통해 전해온 인격적 신들과는 전혀 다른 차원의 이성적 신뢰를 얻게 되어, 지식인을 비롯한 많은 사람들이 보편적이고 초월적인 신의 존재를 확신하게 되는 변화를 가져왔다.[102]

과학자들의 성취에 힘입어 그들의 동료이자 후배이기도 했던 그리스의 철학자들은 궁극적 존재와 가치를 탐구했다. 불변의 존재와 변화무쌍해 온전할 수 없는 존재물들을 구분하고, 궁극적 실재로서의 일자一者를 추론해 냈으며, 그것으로부터 다양하게 존재하는 만물에 이르는 인식을 체계화했다. 기원전 6세기 말에서 5세기 중엽까지 살았던 파르메니데스로부터 시작된 존재와 존재물의 구분은 플라톤(BC 427~347)의 이데아론에 의해 풍성해진 신과 만물(존재물)에 대한 층계적인 이해 체계를 거쳐, 아리스토텔레스의 존재물 내 '자연의 사다리'를 지나, 기원 후 3세기 신플라톤주의 철학자 플로티노스(AD 205~270)에 의해 물질→영혼→정신→일자(신)에 이르는 '존재의 계층' 구조로 발전했고,

---

102) 그레고리 라일리 지음, 『하느님의 강_그리스도교 신앙의 원류를 찾아서』 68~73쪽, 박원일 옮김 (한국기독교연구소, 2005)

이를 그리스도교에서 수용해 차후 서양의 사회, 학문, 문화 전반에 기본적 인식의 틀로서 심대한 영향을 미치게 되었다.[103]

아울러 이러한 헬레니즘의 배경 속에 유대인 상위 계층도 운동 경기와 음악, 호머의 시를 위시한 문학 등 그리스 문화를 학습·수용하게 되었다.[104] 그 중 종교성이 풍부한 플라톤을 중심으로 한 그리스 철학은 유다이즘에 큰 영향을 미쳐, 알렉산드리아의 유대인 지성 필로의 저작에 그 흔적이 보이고, 나아가 『신약성경』의 「요한복음」에는 육화肉化된 로고스로서의 예수 그리스도가 드러나게 되었다.

이처럼 지중해 일대를 중심으로 동서가 융합의 과정을 연출했던 헬레니즘 시대를 경과하며 이스라엘의 역사적, 우주적 유일신 신앙과 그리스의 철학적 신(일자) 체계가 만났다. 그리스의 철학자 플라톤은 궁극적 존재로 선의 이데아를 설정해 인간에게 선한 신을 선사했는데,[105] 그를 비롯한 그리스의 철학자들은 오랜 역사를 지녔으나 방어적이고 민족 신앙의 성격을 떨쳐내지 못한, 당시 유일신으로 제법 널리 알려져 있던 이스라엘의 인격신 (야훼) 하나님을 다른 민족도 보편적으로 받아들일 수 있도록 논리적인 가교를 놓았던 것이다.

그리스 철학과 이스라엘의 유일신 신앙을 적극 융합하고 나선 것은 개방적이고 탈 민족적, 보편적 종교를 지향한 새로운 종교, 그리스도교였다. 그리스도교 성립 초기 영지주의자들은 『구약성경』에 보이는, 심술궂고 질투하는 야훼 신을 궁극적, 영적 실재인 참 하나님 (하느님)과는

---

103) 김용규, 『신』, Ivp, 2018, 103~142쪽

104) 마르틴 헹엘 지음, 『유대교와 헬레니즘 1』 243~258쪽, 343쪽, 박정수 옮김 (나남, 2012)

105) 김용규, 앞의 책, 712,717쪽

거리가 있는 불완전한 하등 신으로 보기도 했다.[106] 그러나 그리스도교 정통 교회는 이와 같은 영지주의를 배제하고, 당대 최고 학문으로 여겨진 그리스 철학을 적극 수용하되 이스라엘의 역동적이고 역사적인 신의 특성을 확고히 지켰다.

이러한 중에 그리스도교 내에서는 이 종교의 중심인 예수가 사람인지 신인지, 그리고 전통적인 이스라엘의 신 하나님과 어떤 관계인지를 두고 이해가 분분하면서 많은 논란과 곡절을 겪었다. 거기에도 신플라톤주의가 큰 영향을 미치며 일자-정신-영혼을 그리스도교의 신에 대입해 셋이며 하나인 성부-성자-성령의 삼위일체三位一體 신(하나님)이 확립되었다. 삼위일체 하나님 개념의 탄생에 그리스도교를 적극 옹호하며 니케아 종교 회의(325)를 개최·주관한 로마 콘스탄티누스 황제의 영향력 등, 황실의 정치적인 필요와 권력 관계가 중요한 배경이 되었던 점도 주목해야 한다. 삼위일체 신도 스스로의 능력과 계시에 의해 갑자기 출현한 것이 아니라 많은 사람들이 수고와 희생을 통해 찾아내고 연마해낸 것이었다.

삼위일체의 신은 논란이 시작된 처음부터 지금까지도 이해하기 매우 어려운 개념이다. 성립 과정에서 로마 황실 내의 권력 투쟁과도 연관되어 수십 년에 걸쳐 치열하게 벌인 논란과 내분, 그에 따른 큰 희생, 언뜻 이성적이라기보다 대중적이랄 수 있는 아타나시우스 등의 예수 숭배 논리 등을 수용한 것에 대한 비판도 적지 않다. 그러나 당대 그리스도교가 맞이한 역사적 현실과 예수로 인해 형성된 새로운 종교 집단의 성격으로 볼 때, 그리스도교 탄생과 유지의 핵심적 주체이자 제자들

---

106) 송혜경, 『영지주의자들의 성서』, 한남성서연구소, 2014, 236~244쪽.

과 함께 살며 강력하고 확실한 감화력을 남긴 예수를 신으로 격상시킨 일은 필요불가결한 면이 있었다. 이스라엘을 넘어 훨씬 넓은 세계를 향해 나아갈 새로운 종교 그리스도교에는 보다 보편적이고 발전된 신 개념이 절대적으로 필요했던 것이다.

아울러 야훼 신이 자존하는 불변의 객관적 실재가 아니라 상호 주관적인 관념적 실재라고 보면, 추종자들을 감화시켜 신으로 받들어진 인간 예수를 신으로 보는 것도 문제될 일은 아니었다. 사실 메소포타미아 일대에 있었던 고대 아카드의 왕 나람신Naram-Sin(BC 2254경~2218경 재위)은 살아서 신으로 숭배되었고, 고대에는 신과 인간이 서로 사랑하고 결혼도 했다고 여겨진 만큼 위대한 스승을 신으로 보는 것이 엉뚱하고 억지스러운 일만은 아니었다. 아리우스파의 주장과 같이 성부만이 자존 불변하는 유일한 실재이고 예수는 하나님의 아들로 여겨졌을 뿐이라거나 신 같은 인간이었다고 했다면, 그리스도교는 그처럼 민족을 넘어서는 보편적 종교로 확고하게 자리하기 어려웠을 것이다. 아리우스파는 철학 등 학문 수준이 높았던 데 비하여 역사적, 시대적 감각은 예민하지 못했다고 보인다. 신플라톤주의에 정통하고 매우 이성적인 아리우스의 예수에 대한 인식이 진실일 가능성이 높아 보이지만, 유일신(야훼) 하나님도 상호 주관적 실재에 불과하다고 본다면 그의 견해도 시대적 한계에 갇혀 있었다는 것을 부인할 수 없다.

삼위일체 신에 대한 이해에는 견해차가 있으나, 이스라엘의 전통적 유일신 하나님 성부와 신으로도 여겨졌던 인간 예수, 그리고 신의 구원이 성도들에게 이루어질 수 있도록 역사하는, 신의 영을 위격화한 성령을 각각으로 나누면서도 하나로 보는 것은 매우 공교로운 신 개념이었다. 이것은 특정인이나 집단에 의해 기획되거나 창작된 것이 아니었기에 역사 속에서 초기 그리스도교인들이 발견해나간 것이라고 할 수 있는데, 이는 그들이 가지고 있었던 매우 소중한 세 가지 신 개념의 융합에서 나온 것이었다. 오랜 신앙의 연원이 되는 아버지 신의 절대적 권위와, 성육신으로 받아들여진 예수라는 인물이 보여준 현실에서의 감화력과, 현재와 미래에 성도들에게 구원의 소망이 될 거룩한 영적 존재의 필요성을 모두 살려 하나의 신으로 엮어낸 놀라운 신 개념이었다. 차후 그리스도교는 많은 영예와 파란과 위기들을 겪었지만 이렇게 융복합된 새로운 신론을 기반으로 세상의 도전에 대응했다.

오래된 것은 고대사회에서 확실한 신뢰를 받았으니 야훼 하나님은 여전히 그 존재 가치가 높았다. 실현된 역사는 확신을 주었기에 기적과 감화력에 빛나는, 전승과 복음서가 뒷받침된 예수는 소망의 확실한 표징이자 그리스도교의 얼굴이었다. 이들로부터 오는 신뢰는 미래에도 영적인 신이 동행해 구원을 이루어 주리라는 믿음의 기반이 되었다. 시대와 추종자들의 요구에 부응해 예수의 지위를 높이려다 보니 성부 하나님의 위상이 타격을 입어 은퇴 직전의 지고신처럼 퇴색된 면이 있으나 전통과 현실을 반영해 과거는 물론 현재나 미래에도 살아 역사하는 신으로 이보다 더 좋은 구성을 만들어내기 어렵다고 여겨진다. 물론 이런 신을 하나의 실체로 구체화할 수 없었던 만큼, 그 구성과 성격, 운동 원리 등을 설명하는 논리는 억지스럽고 혼란스럽기도 하다. 그런데 역사의 현실에는 모순도 있는 만큼, 채택된 신앙의 논리가 반드시 철학이나 과학의 논리와 일치하거나 경쟁 논리보다 우월해야 하는 것은 아니다. 내적으로도 논란이 적지 않았던 이 삼위일체 신을 유대교나 그보다 후대에 출현한 이슬람교에서는 인정하지 않는데, 전통적 야훼 신앙에서 보면 이는 유일신 개념이 크게 변질되었기 때문이다.

그리스 철학이 이성적 탐구와 합리적 추론을 중시했지만 궁극적 실재란 관찰되거나 경험으로 확인할 수 있는 것이 아니고 논리적 추론에 의해 인지된 지극히 관념적 실재이다. 결국 히브리의 역사적 신과 그리스의 탈시간적, 궁극적 실재인 일자는 모두 관념적인 실재였다. 헬레니즘을 경과하며 확대된 세계에서 보다 보편적인 궁극적 실재로 신을 찾는 풍조가 지속되고, 구세주를 기대하는 민중들의 심리 또한 강력했기에 오랜 전통을 가진데다 약자에게 관심이 큰, 이스라엘 유일신 신앙을 바탕으로 현실의 구세주라 큰 기대를 받은 예수를 믿는 그리스도교가 점차 널리 퍼진 것이다. 이러한 상황에서 오랜 세월을 거치며 역사적 실체로 신봉되던 이스라엘의 신이 여러 변모를 거친 관념적 존재에 불과하다는 사실은 의식되지 않은 채 높은 논리성을 갖춘 일자 관념에 힘입어 영원 불변의 실체처럼 보편적인 위상을 차지할 수 있었다. 다만 이단시되었던 그리스도교 영지주의자들은 야훼 신을 궁극적 실재보다는 낮은 단계의 하급 신으로 보았다. 그리스도교와 그리스 철학이 위력을 발휘했던 서양 중세사회에서 그리스도교의 신이란 인간의 언어로는 도저히 그 본성을 표현할 수 없다거나, 세계에 내재하며 동시에 초월하는 영적 존재, 최고의 존재, 최고의 본질 등으로 여겨지며 서구 신학 및 지성계에서 절대적 위상을 차지했다.

한편 헬레니즘 시대의 대표 철학으로 그리스도교와 별도로 로마에서 크게 융성했던 스토아철학은 모든 탐구의 목표가 평온한 마음과 확실한 도덕을 낳는 행동 양식을 제시하는 것이라 보았다. 신의 계시보다는 자연법의 존재를 주장해, 영원한 우주 질서와 불변하는 가치의 근원을 드러낼 수 있는 인간 본유의 이성이 곧 인간 존재가 따라야 할 모범이라고 보았다. 이성의 빛에 의해 하나의 도시인 세계의 시민들은 충성스런 시민으로서 덕과 올바른 행위에 대한 믿음을 가지고 세상일에 적극적이어야 할 의무가 있다고 보았다. 자연법을 주장한 스토아철학은 그리스도교의 역동적이고 인격적인 신관과는 거리가 멀었지만 윤리적인 면에서는 상호간 상당한 영향을 미쳤다. 민족을 차별하지 않는 것, 마음을 비우는 데서 오는 행복 등을 공유했다.[107]

중세사회를 거쳐 14세기에 이르러 이탈리아를 중심으로 무역 등 상업의 발달로 도시가 활성화되면서 르네상스 문예부흥 운동이 일어났다. 고대의 인문 전통에 대한 관심 증대 및 부활과 더불어 건축, 미술 등의 분야가 활발한 양상을 띠며 유럽으로 번져갔다. 앞선 중세 그리스도교 사회에서 인간의 삶이란 신과 사제들에게 억압당한 채 죄의식에 젖어 사후의 천국을 목표로 순례자의 길을 걷는, 종교적이고 염세적인 것이었다. 중세를 대표하는 스콜라철학도 아리스토텔레스의 철학을 수용하고 이성적 요소를 크게 보강하려 했지만 그리스도교 신앙을 적극 옹호하는 수준에서 맴돌았다. 예수는 민중과 함께 이 땅에서 천국을 이루고자 했으나, 사도와 사제들은 그를 신으로 만들고 민중을 그의 충성스런 신도로 만들어 교황과 사제들이 주도하는 세상을 만들었다. 르네상스는 막대한 부를 바탕으로 진취적 행보를 하던 도시들을 기반으로, 중세적 삶과 문화에 대한 반동의 양상을 띠며 보다 인간적이고 이성적인 그리스 로마 문화로의 복귀를 추구했다. 그리하여 삼위일체의 절대 신을 모시고 영예를 누리던 그리스도교는 쇠퇴의 과정에 들어갔다.

르네상스와 과학혁명, 산업혁명과 근대화를 거치면서 그리스도교의 신은 이성을 앞세운 철학과 과학에 의해 의심받았다. 18세기 후반

---

107) 『다음백과』 '스토아 철학' 항목 참조.

에 이르면 프랑스나 독일, 영국의 지식인 다수는 신의 창조 행위만 인정하고 자연과 우주는 자연 원리에 따라 기계적으로 움직이는 것으로 보며, 『성경』이 말하는 인격신의 계시 등은 인정하지 않는 이신론자들이 되었다. 이신론은 헬레니즘시대 스토아철학의 영향이기도 한데, 미국 독립운동을 주도한 인사들의 상당수도 이신론자였다. 데이비드 흄(1711~1776)은 진리의 인식 가능성 자체에 대한 강력한 회의론을 제기했다. 정신이나 영혼이 실재가 아니라고 보아 그리스도교의 영혼 불멸설은 존립 근거를 잃게 되었고, 인과 관계에 의한 과학 법칙의 성립 가능성조차 의심받아 과학의 존립 기반이 위태로워지기도 했다. 이에 루소(1712~1778)는 지성보다 감정의 우월성을 주장하며 지성계가 유물론, 무신론을 향해 가는 데 반해 종교를 옹호했다. 그는 신과 같은 초감각적 문제에 대해서는 감정이 이성보다 우월하다고 대담하게 주장하며, 계몽주의에 반해 개성과 자유, 비합리성 등을 옹호하는 유럽의 낭만주의에 일조했다. 흄과 루소에 의해 지적 충격을 받은 칸트(1724~1804)는 신의 존재 여부 판단은 불가하다는, 다소 현실을 감안한 판단을 내렸다.[108] 그 뒤 그리스도교의 창조주 하나님은 다윈의 진화론(1859)에 의해 큰 상처를 입은 후, 결국 과거의 영향력을 크게 상실해 1880년대 니체에 의해 '신은 죽었다'는 선언을 맞기에 이르렀다.[109]

20세기 들어 양자역학의 불확정성 원리나 아인슈타인의 상대성 이론에 의해 근대 과학의 결정론적 확신이 흔들리고, 과학과 함께 다른 여러 분야에서도 불확실성이 크게 의식되었다. 자신만만했던 근대 과

---

108) 윌 듀란트 지음, 『철학이야기』 283~333쪽 참조, 황문수 옮김 (문예출판사, 2001)
109) 프리드리히 니체, 『니체전집13 차라투스트라는 이렇게 말했다』 131,428,470쪽 등, 정동호 옮김 (책세상, 2018)

학에 의해 수세에 몰리던 그리스도교 측에서는 신의 존재 가능성에 대한 기대를 놓지 않고 창조론을 적극 제기하기도 했다. 그러나 과학에서 불확정성이 제기된 것 자체가 과학 발전의 결과이며, 확실한 진리와 계시에 의한 역사를 주관한다고 자처한 그리스도교 신의 존재가 불확실성이란 틈새에 기대어 변증될 수는 없는 것이다. 신은 본디 초월적 존재로 여겨지는 만큼 자연 세계의 경험을 통해 성립되는 과학에 의해 입증되거나 부정될 수 없으나,[110] 적어도 첨단 과학이 주도하는 현대 지성세계에서 야훼 신에 연원을 둔 그리스도교의 인격적인 신이 되살아날 가능성은 없어 보인다.[111]

2) 표류 중인 그리스도교와 신의 장래

그렇다면 이렇게 역사와 함께 점진적으로 그 개념과 성격이 발견되고 보강·확장되며, 서구 근현대 지성들에게 난타를 당했으나 아직도 가장 많은 인류가 믿고 있는, 옛 이스라엘 민족이 발견해 낸 그 유일신은 지금 평안하실까?

다들 알다시피 예전 같지는 못하다. 유대교는 존속하지만 메시아를 기다리는 민족적 종교로서의 한계를 벗어나지 못하고, 그리스도교나 이슬람교의 위세는 여전하지만 적어도 서구를 중심으로 한 선진 문명

---

110) 우종학, 『과학시대의 도전과 기독교의 응답』, 새물결플러스, 2017, 77~85쪽 참조.

111) 현대 서구 과학계 지성들의 신에 대한 견해를 알아보는 데는 저명한 우주물리학자 스티븐 호킹의 최근 저술을 참고할 수 있다. 『호킹의 빅 퀘스천에 대한 간결한 대답』(까치글방, 2019), 55~74쪽에서, 호킹은 우주물리학적 지식을 상세히 구사하며 우주에서 인격신의 존재나 그의 창조사가 존재했을 가능성을 부정한다. 그는 과학법칙을 '신'이라 부를 수도 있다면서도, 신의 개입 없는, 과학에 의한 우주 기원의 해명 가능성을 예상하고 있다.

사회에서 그리스도교 신의 위력은 크게 약화되어 있다. 역사의 중심이었던 중세사회의 그리스도교에 비해 근대를 거쳐 현대에 이른 이 종교는 그 주도성을 상실하고 신의 위상도 크게 추락해 있다. 그러한 변화는 철학은 물론 지질학이나 생물학의 진화론, 물리학, 생명과학, 우주과학 등의 발달에 의한 것이었지만, 두 차례의 세계대전과 홀로코스트, 아프리카의 대기근과 아이티 대지진 등의 자연 재앙, 한국에서 벌어진 세월호 침몰 참사, 시리아 내전의 참상 등에 죽은 듯 응답하지 않은 그 신을 살아 역사하시고 전능하신 사랑의 하나님이라 진정으로 믿는 사람들이 많지 않아서이기도 하다. 세계적으로 종교와 연관된 테러 등이 빈발하며 서양을 중심으로 보다 적극적인 무신론이 등장하는 등[112] 그 신의 존재 여부가 다시 논란이 되고 있다는 사실 또한 그 신이 처한 불안한 현실을 대변하고 있다.

이 신은 세계적으로 가장 널리 수많은 추종자들을 거느리고 있는 만큼 각 민족 국가의 전통 신앙이나 여러 신앙 양태 등을 흡수, 융합하며 다양한 양상을 보이면서 그 신을 중심으로 절실하게 하나가 되어 동행하려 하지 않는다. 신조의 차이나 이해 관계에 따라 종파, 교파들끼리 심각하게 대립하기도 한다.

아울러 영리해진 현대 문명사회의 인간들은 이제 신 자체에 큰 매력을 느끼지 못하고 있다. 현대인들은 과학의 지원 속에 신 없이도 앞선 시대의 사람들보다 한결 잘 살고 있다. 비교적 짧은 시간 안에 인간의 힘으로 형성된 인터넷세계는 역사상 그 어떤 전능한 신이나 종교보

---

112) 리처드 도킨스, 『만들어진 신』, 이한음 역 (김영사, 2007)
    크리스토퍼 히친스, 『신은 위대하지 않다』, 김승욱 옮김 (알마, 2008)

다 빠르게 손 안의 전달자를 통해 숱한 정보들을 전해 준다. 소위 '데이터교'는,[113] 기존 종교나 신 자체를 의식할 필요도 없이 현실 생활에 정보의 강물을 저렴한 비용으로 은혜롭게 공급해주며, 개인의 활동 영역이나 취향, 필요까지도 알아채고 빠른 속도로 응답하면서 늘 함께 하며 신의 자리를 넓게 꿰차고 있다. 물론 이 데이터교의 세상에도 인간 사회가 늘 그랬던 것처럼 자본의 술수와 정치적 거짓과 인간들의 욕심과 오류 등이 잠복해 있고, 숱한 문제가 난무하며, 나아가 집중된 연결망 시설 사고의 위험성 등이 상존하고 있지만 말이다.

정말 신은 이제 별 소용이 없는 존재가 되었는가? 아니, 더 나아가 본래부터 인간에 큰 도움이 되지 않는 망상에 불과한 것은 아니었을까? 더러 개인적 경험과 확신에서 다소 애처롭고 뜬금없이 '신은 살아 있다!'고 외치는 사람이 있고, 그것을 열심히 알리는 교회나 방송사도 있다. 개인적으로 힘써 기도한 일이 이루어져 신을 확신하고 고백·간 증하는 신자들이 있지만, 그보다 훨씬 많은 사람들의 간절한 기도가 이루어지지 않았다는 사실은 간과되고 있다. 기세 좋게 7일 동안 우주를 창조하고 휴식까지 했으면서도 이제 역사적 활력을 잃은 그리스도교의 신은, 여전히 그를 지지하고 있는 교양인이나 지성인들에게 슬며시 외면하고 싶거나 쑥스럽고 수고스럽게 변증되어야 하는, 상당히 부담스러운 존재가 되었다.

그리스도교의 신도 역사성을 지녔기에 당연히 흥망성쇠와 수명이 있을 법하다. 안, 마르둑, 아후라 마즈다, 미트라, 제우스 신 등 고대 세계의 수많은 신들이 사라지거나 잔명을 유지하는 정도이다. 신만이 알

113) 유발 하라리, 『호모데우스 ─미래의 역사』 503~554쪽, 김명주 옮김 (김영사, 2017)

고 있다고 여겨지던 신비의 영역을 과학이 급속도로 열어주고 있으며, 교육을 통해 개명된 신자들의 현실에서 신의 효용이 격감한 것은 물론, 적극적인 무신론자들의 주장 등을 통해 신에 대한 회의와 불신이 강화되는 추세이다. 우주물리학, 생물학, 생명공학, 의학, 인공지능, 인터넷의 급속한 발달은 인격적인 신에 대한 기대를 줄였고, 의사나 상담사, 그리고 손 안의 모바일이 종교 사제의 역할을 대신하고 있다. 이러한 중에 기존의 종교는 과거에 가졌던 지도적 위상을 포기하지 못하고 머뭇거리는 실정이다.

그렇다고 기존 종교의 역할이 단기간 내에 사라질 가능성은 없다. 국가 사회가 일찍이 종교화되었던 곳에서는 문화로서도 장기간 존속하게 될 것이다. 문명사회에 비해 상대적으로 낙후된 지역과 주민들이 여전히 많으며 신자 수도 줄지 않고 있다. 이슬람교도는 차후에도 상당 기간 크게 증가할 것으로 예상되고 있다. 선진 문명사회에서도 고령 인구가 크게 증가하면서 종교의 쇠퇴가 지체되고 있기도 하다. 아울러 미국 사회에서 볼 수 있는 바와 같이, 자존심 강한 대중들도 자신의 신앙적 전통이나 확신을 쉽게 포기하지 않으려 한다. 인간이란 모순을 잘 조화하고 절충하는 재주가 탁월한 만큼 첨단의 과학적 혜택과 전통적 신의 은혜를 적절히 조화시키며 살아갈 것이다.

특정 신의 정체를 알게 되고 그 능력에 대한 기대치가 현저하게 준다 해도 인간의 소외나 고독감은 증대될 소지가 많고 고통과 죽음에 대한 두려움이 지속될 것인 만큼, 자신과 내적으로 동행하며 즉자적으로 응답하고 위로해주는 오랜 동반자인 신의 존재를 쉽사리 떨쳐낼 수는 없을 것이다. 여러모로 편리한 세상이지만 사회적, 경제적, 정신적으로 다양하고 신묘막측한 인간들을 모든 문제에서 구원해 줄 만한 과학의 파라다이스는 쉽게 도래하지 않을 것이며, 무엇보다 모두에게 공평하게 오지는 않을 것이다.

따라서 인간들은 미래에도 여전히 개인적, 민족적, 사회적, 경제적 문제로 씨름할 것이다. 문명이 발달한 사회에 우울증 환자가 많고 자살률도 낮지 않은 것을 보면 미래 사회에 대한 낙관이 주저되기도 한다. 인간은 과학으로부터 편리와 혜택을 누리고 있지만 첨단 과학의 융합 기술에 의해 펼쳐질 4차 산업혁명의 부정적인 영향에 대한 두려움은 물론, 핵무기의 위협과 원자력 발전소의 공포, 인공지능이나 생명공학, 인터넷 등 첨단 과학기술 오남용의 피해나 통제 불능의 가능성, 국경 없는 질병, 기후 변화와 그에 따른 생태계의 파괴, 가족의 해체와 역사 이래 최초로 맞은 고령사회가 불러온 부담 등으로 더 심각한 문제에 봉착할 가능성도 있다.[114] 심지어 수명이 급격히 늘어나는 일도 모두에게 반가운 일만이 아님은 사회 여론과, 노령화에 시달리고 성장이 둔화된 현대 국가들의 복지 문제 등을 보면 알 수 있다. 돈 많고 의욕적인 인사들이 중국의 진시황 같이 불로장생을 꿈꾸고 있다지만 국가 사회가 그것을 어떻게 용납할 것인지는 물론, 남들보다 오래 살아남아 자칫 외톨이가 되는 것이 과연 어떤 의미가 있고 행복이 될지 생각해 보면, 죽음을 늦추는 일이 인간을 구원할 가능성은 크지 않을 듯하다.

결국 현재, 그리고 미래에도 인류에게 진리와 구원의 필요성은 있을 것이며 신은 존재할 것이다. 그러나 앞에서 보았듯이 그 신은 결코 야훼로부터 시작된, 아브라함의 종교들이 말하는 신에 머물 수는 없을 것

---

114) 재레드 다이아몬드 지음, 『제3의 침팬지』, 김정흠 옮김 (문학사상, 2019 신장판)에서는 인류가 직면한 가장 절박한 문제로 핵으로인한 대규모 참상 가능성과 환경파괴의 위험을 꼽고 있다(515쪽).

이다. 그 중 그리스도교의 신은 본래부터 살아 지금도 역사하는 불변의 실체가 아니라, 이스라엘 민족은 물론 초기 그리스도교인들의 소망과 더불어 크게 변모한 신이다. 야훼 신앙의 종가라 할 수 있는 유대교의 입장에서는 자신들의 야훼 하나님과 삼위일체의 하나님이 전혀 다른 실재인 것이다.

인간의 역사는 지체되기도 하고 일시 되돌릴 수 있는 것처럼 보이기도 하나 결국은 변화를 수용하며 다음 단계로 나아간다. 따라서 과학적 사유가 크게 확대되어온 근대와 현대를 거치며 그 신의 역사적 실재로서의 능력이나 위상에 대한 불신이 깊어진 만큼 다른 성격과 위상, 그리고 존재 방식을 모색해 나가지 않을까 생각된다. 신약시대 로마제국에서 비롯된 삼위일체 신으로의 변모와 재탄생이 향후 도래할 신의 변화의 전례가 될 수도 있을 듯하다.

항공여행이 일반화되고 다양하고 값싼 포도주도 많은 세상에서, 바다를 갈라 사람을 건네주고 물을 포도주로 만들어 줄 것을 특정 신에게 기대하는 이들은 현저히 줄 것이다. 결국 그 신은 다른 종교들을 의식해 유일신임을 배타적으로 강조하지 않으며, 그러나 창조주임을 포기하지 않는 선에서, 인간이었던 예수의 여전히 호소력 있는 가르침을 앞세워, 가치의 파편화 속에서도 삶의 의미와 기준이 되고, 인간 존재의 내적 동반자, 구원자로 기대되는 정도로 남을 듯하다. 흔히 '문화'라는 역사적 성취는 당대뿐 아니라 후대에도 장구한 영향을 미친다. 상고기에 처음 등장한 왕정이 현대 선진국에서도 일부 유지되는 것이나 고대에 형성된 세계적 종교 사상이 아직도 큰 영향력을 미치고 있음을 보면 알 수 있다. 따라서 역사적, 문화적 실재로서 인간들에게 정신적, 심리적, 실존적인 필요가 있다면, 야훼와의 연관성 유무를 떠나 기존 종교

413

의 신은 사람들 가운데 상당 기간 존속할 것이다.

새로운 세상은 기대와 더불어 두려움도 큰데, 첨단 과학과 데이터체계가 주도하는 세상은 사실 인류에게 큰 중압감을 주고 있다. 평범한 사람들의 일상이 곳곳의 시스템에 체크되어 흔적으로 남는 일은 이미 두려움이 되었다. 성과를 내는 속도도 엄청나게 빨라지고 생산성도 기하급수적으로 높아졌지만, 인간들은 생산에서 소외되고, 인터넷에 의한 적대적 파괴 행위의 피해 또한 빠르게, 막대한 양으로 온다. 인공지능은 인간의 일자리를 빼앗고 있으며, 인간과 적대적인 관계에 돌입할 가능성도 염려되고 있는 실정이다. 그 두려운 세월을 살아가며, 다급하거나 겁나거나 억울할 때마다 깊은 심연에서 부르고 기도했던 존재가 여전히 필요할 것이다. 비록 그의 이름을 부르는 횟수가 적어지며 기대는 낮아진다 해도, 나아가 그의 이름을 부르지 않는다 해도, 오랫동안 인간과 함께 해온 습관이며 기도해야 할 일은 그치지 않을 것이므로 기도 자체가 사라지지는 않을 것이다.[115] 근현대를 통해 구축된 인본주의적 사상이나 질서가 알고리즘과 데이터 체계가 주도할 미래의 역사에서 중요한 방파제이자 반격의 기반이 될 터인데, 그 인본주의와 상당 세월 갈등하며 타협해온 신은 알 수 없는 두려움이 닥칠 때마다 오래된 옛 친구처럼 위로와 용기를 북돋을 것이다.

전통적으로 섬겨온 그 신이 관념적 존재였다고 해도 오랜 역사는 제법 단단한 실재를 낳기도 한다. 과학적 무신론자는 신이 객관적 실체가 아니라 외치고 싶겠지만 20세기 신의 존재를 부정하던 유물론적 공산

---

115) 존 D. 카푸토 지음, 『포스트모던 시대의 철학과 신학』, 김완종·박규철 옮김 (CLC, 2016) 134~145쪽에서는, 무신론자로 통하는 자크 데리다(Jacques Derrida)가 끊임없이 기도하고 있음을 인간이 특정 종교를 넘어서 본래 가지고 있는 종교적인 어떤 것과 연관해 설명하고 있다. 카푸토는 그러한 신앙이 더욱 순수해 보인다고 말하기도 한다.

주의 체제 하에서도 종교는 건재했다. 오랜 인간의 역사를 통해 우주와 만물, 만사의 배후에 있는 객관적 실재로 강력하게 믿어져온 그 존재를 과학으로 명쾌하게 물리치기란 쉽지 않을 것이다. 인간들이 어떤 관념에 대해 역사적, 전통적, 사회적으로 지닌 태도는, 루소가 말했듯 정서적인 영향이 큰 만큼, 타인의 논리적인 설득에 쉽게 무너지지 않는다. 유대교의 랍비들은 신을 규정하지 않고 개인 체험의 영역에 둔다고 하는데, 기존의 제도 종교 안에서도 이처럼 신은 개인별로 인식되는 존재이기도 하다. 2018년 현재 한국의 개신교단이 374개라고 하는데[116] 이처럼 한 종교 안에서도 신에 대한 이해는 차이가 나는 것이다. 마음은 과학적 지식으로 그 메커니즘이 상당 부분 설명된다 해도 쉽게 무너지지 않는 인간의 자부심이다. 마음 속의 신념이나 신앙을 지키기 위해 과거는 물론 현재에도 많은 인간들이 목숨까지 던지고, 조국과 고향과 친척을 떠나 고난을 택하기도 한다.

그럼에도 오랜 세월 인류 역사에서 상당한 주도권을 행사해왔던 그리스도교는 위기에 빠져 현 시대와 사회에 확실한 태도를 취할 수도 없고, 적극적으로 나서지도 못하고 있다. 막대한 잠재적 영향력을 가진 세계적 거대 조직이 진취적인 항해를 하지 못하고, 오히려 그 보수성 때문에 시대의 장애로 여겨지고 있는 것이다. 살아 역사하는 신으로서의 역할도 사라지고, 그 신의 창조 역사조차 신빙성이 부정되는 현실에서, 자신들의 존재 기반을 고대신화에 기초한 문제에 묶여 이렇다 할 행보를 하지 못하는 것이다. 절대 무한한 신에 기반을 둔 종교가 그 신에 대해 자신감이 없는 상태에서 시대의 변화에 적극적인 대안을 제시할 수

---

116) 「전국 교단 총 374개, '대한예수교장로회'만 286개」, 『뉴스앤조이』, 2019.1.2.

없는 것은 당연하다. 인간의 역사를 6천년이라, 천지창조를 불과 1만 년 전이라 주장하기도 하는 그리스도교 교회는 138억 년 전의 우주 탄생과 수백만 년 전 원인猿人류의 출현이라는 과학적 지식, 신이나 『성경』에 관한 역사학적 연구 결과 등을 흔쾌히 용납하지 못하는 등, 자신들의 전통적 신에 대한 미련을 어찌하지 못해 표류하고 있다.

가톨릭교회는 다소 유연한 대처를 하고 있어 앞으로의 변화가 기대되기도 한다. 이미 교황 비오 12세(Pius XII)는 『성경』 해석자들이 현대의 역사적 방법을 사용할 수 있도록 했고(1943) 현재의 프란치스코 교황은 빅뱅이론이나 진화론이 『성경』의 창조론과 충돌하는 것이 아니라는 입장을 보이기도 했다. 그러면서도 성모 마리아 숭배가 강화되고 성인들 또한 과도할 만큼 시성되고 있는데 이를 퇴행적 행태로 볼 것인지, 과학과 다신 신앙적 전통 신앙 형태와의 공존을 도모하는 포용적인 정책으로 보아야 할 것인지는 문제로 남아있다.

개신교는 많은 교파로 나뉘어 있고 통일된 지도력도 없는 중에 현실과 미래에 대한 대응이 극우에서 급진적 진보까지 이르고 있으나, 전반적으로 16세기 종교 개혁의 특성으로 인해 적극적 변화 행보에 한계가 있는 편이다. 그때 외친 '오직 『성경』으로'나 '오직 믿음으로'라는 구호는 당시 가톨릭교회의 부패를 비판하고 공격하는 데엔 유용했으나, 그로 인해 고대에 저술된 『성경』에 매여 융통성이 사라지고 오히려 새로운 시대 변화에 대응하는 데 어려움을 겪고 있다고 보인다.[117] 교회의 갱신을 강력히 외치는 한국 개신교의 저명한 지도자 상당수도 여전히

---

117) 패트릭 콜린스, 『종교개혁』, 이종인 옮김 (을유문화사, 2013) 이 책 28쪽에서는 종교개혁가 마르틴 루터는 근대인이라기보다 중세인이었고, 낡은 질문들에 새로운 답변을 제시하였으며, 결코 새로운 질문을 제시하지 않았다고 한다.

『성경』으로 돌아갈 것을 외치며 초대교회로 가자는 등, 역사의식에서는 너무 순진하거나 타협적인 수준에 머물러있기도 하다.

이처럼 그리스도교 교회가 과학화한 시대를 향해 적극적 행보를 하지 못하는 이유는 분명하다. 자신들이 확신하고 오랫동안 가르쳐 온 신이 살아있고 전능한 역사적 실체라는 점을 사실적 근거로 설득할 수 없고, 『성경』 첫머리 「창세기」에 명확하게 쓰여 있는 창조사를 주장할 수도 철회할 수도 없는 딜레마에 빠져있기 때문이다. 3층 구조의 우주관과 천동설에 서있던, 먼 고대에 특정 민족의 종교용으로 저술된 책을 경전으로 삼고 있는 종교 조직이, 과학 혁명을 넘어 첨단 과학이 인류 발전을 주도하는 현대에도 세계 지성계에 지도력을 행사하는 데 미련을 가지고 있다는 사실은 난센스이다. 우주과학이나 생명과학, 그리고 인지 학문 분야의 새로운 지식 체계들이 학자들에게조차 거대한 미지의 산처럼 쌓여가는 세상에서, 약소민족 이스라엘의 분식된 고대 역사나 메소포타미아, 가나안 등 고대 민족의 신화에서 온 「창세기」의 창조신화를 붙들고 해석하며 인간사와 우주 자연을 다 아는 듯 말할 수는 없는 것이다. 우주나 자연 그리고 삶의 이치를 대강 알아서 근거를 알 수 없는 사명감이나 입담만으로 인류를 가르치고 인도하던 시대는 끝났다. 신학이나 철학 외에도 수백 수천 가지 학문 분야가 형성되어 실로 복잡한 지성계를 이루고 있다.

이제 문명사회에서 종교는 기존의 일방적, 절대적, 배타적 신론이나 사회적 영향력에 대한 미련도 상당 부분 내려놓을 수밖에 없다. 세상을 향해 자신들의 신이 자존하며 역사를 주관하는 실체라며 자신 있게 주장할 수 없고, 세상 학문을 향해 자신들의 신이 창조주라고 설득할 수 없는 현실에서 옛 명성과 주장을 지킬 방법은 없다. 야훼 신이 상호 주관적, 관념적 실재라 인정해도 문제겠지만 그렇지 않다고 버텨보아도 머지않은 장래에 그리스도교는 그 영향력을 현저히 잃고, 고대로부터 전해왔으나 소수 집단으로 남은 몇몇 종교들처럼 될 수도 있다. 시대 변동이 심각한 수준으로 진행되는 만큼, 기존 그리스도교 지성들이 외치는 신앙생활, 교회 운영 개선 등의 대응만으로는 역부족이다. 르네상스 이래 인본주의를 거쳐 첨단 과학화된 세상을 고중세로 되돌릴 수 없는 한, 그리스도교 전통 신의 위상이나 역할을 회복시킬 수는 없다. 자기 스스로의 능력이 아니라 인간들의 신앙적 지지로 힘을 발휘하는 신이 지식 세계의 대변화와 더불어 지성인 지지자들이 크게 줄어든 현실에서 어찌할 도리는 없다. 사회적으로 주도적인 역할을 할 수 없는데 십일조 등 여러 헌금들을 기존 교회나 종교 단체에 내라는 요구도 당당히 할 수 없을 것이다.

그런데 이 종교의 신이 자존하는 영원불변의 실재가 아니고 사람들의 상호 지지에 의한 관념적 실재, 곧 상호 주관적 실재라는 점을 인정하는 것이 과연 필멸의 타격이 되는지는 짚어볼 필요가 있다. 물론 절대 지지해 온 신 관념이 무너지는 것은 충격적인 일이다. 그러나 역사적 사실들을 통해 본 바와 같이, 고대 이스라엘인들은 물론 신약시대 초기의 신자들도 신의 성격과 개념을 새롭게 발견하고 재구성했다. 오랜 역사를 경과한 유일신 신앙에 젖은 현대인에 비해 다신 신앙에 훨씬 익숙했던 고대인들은 신앙의 혼합이나 신의 변모를 불가능한 일로 여기지는 않았다. 그렇게 신의 성격이나 개념이 바뀌어도 그 종교들은 큰 탈 없이 존속하고 발전했다.

우선 그 기세등등한 야훼 신은 가나안의 선배 신인 엘과 바알의 창조주나 농경신으로서의 성격을 흡수 계승하고 그들의 아내 신이었던 아세라를 받아들여 역시 아내로 두었다. 예수도 기존에 비하면 전복적인 가치관을 내걸어 야훼 신앙을 대표하는 유대교의 대제사장, 사두개파, 바리새인 등에 의해 이단시되고 처형되었지만, 그는 신의 반열에 올랐고 그의 종교는 전 세계에 가장 널리 퍼져 있다. 그 예수가 하나님과 본질에서 같은 신이라는 생각을 끝내 인정하지 않은 아리우스파의 사제나 추종자들이 적지 않았지만, 삼위일체의 신을 모신 그리스도교는 4세기 이후에도 더욱 교세를 펼쳐갔다. 코페르니쿠스(1473~1543)는 지동설을 주장할 때 주저하며 공개를 망설였고, 뒤에 망원경 관측을 통해 지동설을 확인한 독실한 가톨릭 신자 갈릴레이(1564~1642)는 천동설에 서있던 교황청에 의해 단죄받고 고통을 겪었지만, 지구는 지금도 태양 주위를 돌고 있으며 가톨릭교회도 여전히 건재하고 있다. 아울러 개신교는 수많은 교파로 나뉘었고, 파생된 유사 교파들도 새로운 메시아나 신을 내세우는 등 나름의 변질되고 혼합된 신 관념까지 가지고 있지만, 자기 종파가 가장 확실하게 그리스도교 신앙에 서 있다고 자부하기도 한다. 그 신은 사실 상호 주관적 실재였지만 이처럼 놀라운 생명력으로 숱한 위기와 도전을 잠재우며 지금까지도 세계적 거대 조직의 중심에 남아 있다.

유일신 신앙에 젖어온 서구인이나 그리스도교 신자의 관점에서 본다면, 절대적 유일신이 아니면 종교가 성립하지 못할 것 같겠지만, 고대에 출현한 세계적 종교 중에 브라만교나 불교, 유교 같은 종교는 특정한 인격적 유일신을 숭배하지 않았다. 유일신이 없어도 도덕이나 윤리, 진리 탐구와 구원(해탈)의 비전에서 높은 설득력이 있으면 종교가 성립되어 오랫동안 큰 영향력을 행사할 수 있었다. 이처럼 신이 종교나 역사에 필수불가결한 주체는 아니다. 절대적인 신이 인간에게 필요한 가치들을 계시한 것처럼 전해지기도 하지만, 사실은 인간들이 발견해온 높은 도덕, 윤리, 삶의 가치나 해방, 구원의 소망 등이 역사에 적용되어 그 신은 물론 그를 앞세운 종교의 존속을 가능하게 한 것이다.

결국 진실은, 그리스도교의 신이 자존하는 영원불변의 실재가 아니었음에도 그 신의 생명은 수천 년 지속되고 있고 앞으로도 쉽게 사라지지 않으리라는 것이다. 그가 자존하는 실재라고 믿어온 인간들에 의해 지지받아온 상호 주관적 실재임에도 수천수를 누리고 있는 것이다. 신은 역시 상호 주관적 실재인 국가나 돈 등과 더불어 인간의 지지가 계속되는 한 존속해, 마치 살아있는 것처럼 영향력을 드러낼 수 있다. 따라서 별다른 회의감이 들지 않는 그리스도교 신자라면 앞으로도 믿어온 신을 계속 신앙하면 될 일이다. 그러나 객관적 실재라 해도 인간들의 공감과 적극적인 지지가 없다면 존재감이 없어질 것은 마찬가지이다. 무신론자들은 동의하지 않겠지만, 인간들이 알 수 없는 궁극적이고 초월적인 실재의 존재 가능성을 부인할 수만은 없는데, 열정적인 추종자집단이 없는 상황에서 그(것)의 존재감은 드러나지 않고 있다.

만약 야훼 신과 그를 계승한 그리스도교의 신이 객관적 실재였다고 한다면 고대 이스라엘에서 보여준 대외적 무능력을 비롯해 그리스도교에 들어와서 십자군전쟁이나 유럽의 제국주의 정책에 동반한 선교 과정에서 숱한 인명 살상의 원인이 되고 지동설을 확인한 갈릴레이를 단죄하는 등의 실수가 적지 않았던 만큼 인간들이 가만히 두고 보지 않았을 것이다. 고대 유다왕국의 왕이었던 아하스왕 때처럼 성전이 폐쇄당해 신으로서 국가 사회적 의미를 잃게 되거나, 심지어 신으로 여겨지던 예수처럼 죽임을 당하거나 달리 파괴되었을 지도 모를 일이다. 그 신은 객관적 실재가 아니라서 오히려 변모가 용이했기에, 그렇게 효용이 다

할 즈음엔 기대를 포기하지 않은 추종자들에 의해 또 다른 변신을 하며 그처럼 오랫동안 살아남은 것이다.

이처럼 우리는 역사를 통해, 이 신이 객관적으로 자존하는 실재가 아니라 해도 필멸하는 것은 아님을 알 수 있다. 아울러 시대에 절실하게 필요한 가치를 찾아내 민족이나 세계 인류의 문제 해결에 빛이 될 만한 면모를 제시해 온 것이 이 신의 존속에 보다 근본적인 요인이었다는 것도 알 수 있다. 인류가 귀하게 여기는 사랑이나 자비, 인仁, 평등, 평화, 자유, 행복, 진리, 구원 등은 특정 신이나 종교와 관련 없이도 그 가치가 떨어지지 않는다. 그러나 사랑, 자비, 인, 진리, 구원 등이 없는 종교나 신은 존재 의미가 없다. 이와 같이 인간들이 종교를 통해 추구해 온 가치들은 신보다 더 소중한 것이다. 물론 신의 지지와 보증을 받는 가치들이 더욱 높은 영향력을 발휘할 수 있고, 기존 종교에서는 그것들의 총화로서 신의 의미를 더 귀하게 생각하고 있지만,[118] 한계에 이르고 있는 유일신 종교들이 그동안 간과해 온 이와 같은 엄연한 사실은 차후 종교의 방향 모색에 최우선으로 고려되어야 할 것이다. 결국 우리는 이 신이 객관적 실재가 아니었다는 진실을 직시함으로써 인간들에게 보다 절실하게 필요한 신의 면모를 새롭게 모색할 수 있는 근거를 갖게 될 것이다.

누구나 알 수 있는 지구상의 어떤 객관적 실재가 인간과 자연과 우주의 진리가 되고 구원을 이루어낼 수는 없을 것이다. 자신도 지구에 존재를 두고 있으면서 우주적 차원의 문제까지를 온전히 해결할 수는

---

118) 김용규, 앞의 책 707쪽에서는 "신 개념은 언제나 그 시대 그 지역에 사는 사람들이 추구하는 가치들의 외연이자 그 정점"이라고 했다.

없을 것이다. 시온산 예루살렘 성전에 처소를 두고 있었다는 이스라엘의 민족신 야훼의 행적에서도 이스라엘 민족이나 인류의 구원을 확인할 수 없다. 힌두교 등에서 말하는 궁극적 실재나 그의 화신이라고 믿어온 신들이 인류의 구원을 완성한 사실도 아직 없다. 어떤 제왕이나 선각자나 영웅도 세상을 구원하지 못했다. 이러한 중에 유대교인들은 여전히 메시아를 기다리고, 그리스도인들도 예수의 재림을 기다리다 지쳐 오히려 망각의 상태에 있다.

결국 인간들은 상호 공통적으로 인정한 상상 속의 관념적인 신에 대해 때론 변명하고, 새로운 필요에 조응해 신을 재발견해 감으로써, 늘 변화하기 마련인 역사 속에서 민족과 인류 차원의 구원을 운운할 수 있었고 있을 뿐인 것이다. 개인의 상상력이 뛰어날 수도 있겠지만, 상호 간의 상상이 공명하게 되면 자신들을 인도할 불멸의 신도 확신할 수 있고, 피라미드도 쌓으며, 우주선을 쏘아 우주를 탐험할 수도 있는 것이다. 상호 주관적 실재는 이처럼 지구상의 그 어떤 객관적 실재보다 한없이 놀라운 성취를 이루어 낼 수 있다. 위대한 건축물을 위시한 지구상의 오래된 문화유산은 대부분 관념적 실재에 불과한 신이 마치 살아 있는 듯, 그를 중심으로 만들어졌다. 어쩌면 그런 의미에서 신은 살아 있다고 표현할 수도 있을 것이다.

오랜 세월 인간과 함께 해온, 놀라운 생존 능력을 가진 이 노성한 종교의 축적된 위력은 당분간 지속될 것이다. 세상에는 여전히 신에게 기대고 있는 대중들이 많기 때문이다. 무겁기도 하고 영예롭기도 한 십자가는 이 기존 종교의 어깨에서 내려졌으나 아직도 끌고는 가야할 처지이다. 앞서 본 바와 같이 그 신은 본래 관념적 실재였고 그 성격이나 기능, 의미 등은 역사와 함께 변모되었다. 따라서 이 신과 종교가 살려면 객관적으로 존재하지도 않았던 종래 신의 실체를 직시해야 하고, 그에게만 매달려 그의 계시와 처분만 기다려서는 안 된다. 기원전 2세기 전반에 있었던 마카베오 항쟁의 초기에, 적군이 안식일에 쳐들어와도 십계명의 안식일 준수 의무를 지키기 위해 도망도 저항도 하지 않았던 옛 유대인 천 명은 죽음을 맞는 수밖에 없었다(「마카베오기 상」 2:29~38).[119]

이 변동의 시대에 그리스도교는 옛 신의 활약과 계시를 기다릴 것이 아니라 인간 사회가 만나게 될 문제에 주목하며 인류의 삶에 구원이 되고 도움이 될 부분을 (크게 기대되지는 않지만, 여전히 옛 이야기에 매어있는 대규모 훈련된 인력과 조직을 일단 작동시켜) 찾아 나가야 할 것이다. 과거 제2이사야나 예수나 바울과 같은 선각자들이 시대적 문제의 해결책을 모색하기 위해 실천한 탐구자와 실천자의 역할을 다시 수행해야 하는 것이다. 야훼 신앙이나 그리스도교의 행로에서는 역사적 문제들을 해결하기 위해 개인이나 일반 사회 조직이 얻기 어려운 새로운 비전을 인간들의 총화와 같은 신의 이름으로, 도전적이고 헌신적인 자세로 모색하곤 했다. 그러한 과정에서 발견된 그 신의 적응 능력이나 생명력은 이 종교의 확장성으로 보아 역사상 가장 뛰어났던 것도 물론이다.

새로운 시대에는 새로운 문제가 발생하고, 종교도 그에 따라 대처해 나아가야겠지만 지금껏 그리스도교가 발전시킨, 인류가 공감하는 지고한 가치들에 다시 주목하는 일도 여전히 의미가 있다. 어쩌면 우리는 인간 사회에 필요한 가치들을 대부분 이미 역사 속에서 찾았을 수도 있기 때문이다. 저명한 종교들이 함께 추구해온 진리나 구원(해탈) 등을

---

119) 『성경』, 한국천주교중앙협의회, 2005(2011), 1029-1030쪽

넘어서는 가치는 달리 없을 것이다. 결국 미래에도 그 우선 순위나 정도와 대상 범주의 조절 등이 과제로 등장할 듯하다. 그리스도교가 추구해 온 주요 가치들은 신분과 계급을 넘어선 사회적 연대와 봉사, 정의, 사랑, 평등, 평화, 자유, 자기 비움, 진리, 구원(해방) 등으로 볼 수 있다. 이것이 그리스도교만의 것은 아니지만, 이 종교가 초지일관 지켜온 약자에 대한 적극적인 관심과 원수까지 품는 헌신적인 사랑과 선한 연대의 추구, 또한 정의롭고 선한 신의 최종적 승리와 구원에 대한 확신은 그 많은 약하고 소외된 인간들에겐 희망의 빛이었다.

그리스도교와 관련해 창조 문제가 크게 주목받기도 한다. 『성경』의 첫 장인 「창세기」 1장은 신의 창조사를 적고 있기도 하다. 현대에 와서 진화론이나 유전자학, 우주물리학 등의 발달로 그리스도교의 창조론이 많은 공격을 받고 있다. 그런데 『성경』의 저자들은 자민족의 현실적 역사에 시달리고 고민하던 이들로서, 우주 창조 자체를 적극 연구한 적이 없다. 「창세기」 1장의 창조사도 바벨론 포로기를 경험한 이후 제사장들이 고대 중동의 신화들과 바벨론의 천문학 정도를 참고·조합·체계화해 유일신 신앙의 신조로 고백한 것을 인간사의 첫머리에 두었을 뿐이다. 그리고 현재의 『성경』 구성 순서와는 달리 「창세기」를 위시한 오경은 「신명기」나 다른 주요 역사서 등이 저술된 이후에야 나온 것이다.

사실 고대 이스라엘인들은 알 수도 없었고, 몰라도 별 문제가 되지 않았던 우주 창조보다는 민족이 처한 고난의 역사 속에서 신의 역사 창조에 절실한 기대감을 가졌다. 그러한 사실은 바벨론 포로기에 활약한 예언자 제2이사야에게서 극명하게 보이는데, 예수도 하나님을 창조주로 주목하지 않았고 오히려 사랑(의 아버지)으로 강조했을 뿐이다. 그리스의 일자—者 개념이 그 신에 융합되면서, 궁극적 실재이자 창조주로서의 신에 대해 철학적 소양이 깊었던 교부들과[120] 근대 지성들이 관심을 갖기도 했지만 관념적 사유를 벗어나지는 못했다. 이런 면들로 보면 그리스도교에서 우주와 자연의 창조는 『신약성경』에 보이는 바와 같이 '믿음으로 아는 것'일 뿐(「히브리서」11:3) 그리 중요한 가치나 심각한 논제도 아니었다.

창조 신조는 우주 만물의 처음에 대한 옛 『성경』 저자들의 신앙적 고백임을 인정하는 선에서 과학의 성과를 수용하며 타협하면 될 일이다. 그 신을 상호 주관적 실재로 보면 그의 창조사가 실제 역사일 수는 없으며, 육상식물이 해와 달보다 먼저 창조되었다는 「창세기」 1장의 창조 신조 정도로는 우주물리학자나 진화생물학자들의 첨단 우주론, 진화의 논리를 이겨낼 수도 없다. 이 신의 창조주 여부가 그리스도교의 존폐를 가를 것 같겠지만, 그 신의 창조사를 믿지 않는 신자들도 적지 않으며 근대 이후 그것이 의심받은 뒤로도 여전히 그리스도교는 존속하고 있다. 학문적 근거의 한계가 분명한데도 학문과 신앙을 혼동하며 창조론자임을 자부하는 사람들의 유별난 취향과는 달리, 많은 신자들은 그 신의 우주 창조 능력보다는 다른 역할을 더 기대하고 있었던 것이다. 물론 학문이란 늘 미완의 것이지만, 우주물리학이 제시한 빅뱅이나 블랙홀 이론과 생물학의 유전자 연구 성과 등을 수용·참조할 때 창조사는 물론이고 인간과 자연, 만물의 실체에 대해 보다 정확한 이해와 대응이 가능할 것이다. 극히 압축된 한 점에서 빅뱅으로 우주와 만물이 시작되었다는 것은 신비 중의 신비가 아닐 수 없으며 그 신비 가운데 마침내 우리 인간도 출현하게 되었다는 것이다. 인간뿐 아니라 동식물, 박테리

---

120) 성 아우구스티누스, 『고백록』 370~504쪽, 박문제 옮김 (크리스챤다이제스트, 2016)

아, 바이러스까지도 기본적으로 동일한 종류의 유전자를 가진 생존 기계로서, '우리'로 표현할 수 있는 진화의 산물이라고 한다.[121] 이 또한 신비로, 다른 모든 생명체가 인간과 공존할 권한이 있는 동등한 존재라는 또 다른 안목을 열어준다. 신념이나 신조가 학문 탐구까지 통제하려 할 때 사회 발전이 지체된 일은 고대나 중세는 물론 소련 및 동구권의 몰락에서 보았으며, 현재도 종교적 정권이 수립되어 있는 나라들이 보여주는 현실이다.

자폐적이기도 한 이스라엘의 민족신 야훼에서 발전해온 그리스도교의 신은 강압적 군주도 대철학자도 아니고 이스라엘만의 구원자도 아닌, 세상 많은 약자들과 늘 함께 하는 친구였다. 그 신은 살아 역사한다고 주장되고 있지만 사실 보다 많은 이들이 믿고 싶어한 실재였다. 그 신이 왕이나 주인이 아닌 친구가 될 수 있다는 믿음은(「요한복음」 15:15) 셋이며 하나인 신 안에 '예수'라는 사람이 있었기 때문이다.

추종자들에 의해 신화적으로 크게 각색된 복음서가 전하는 '신앙의 예수'를 힘들게 넘어서 비로소 만나게 되는 '역사적 예수'는, 겸손하고 성실하며 세상 사람들이 꺼린 사회적 약자와 원수까지도 사랑하고, 가식을 물리치고 옳은 일을 지키고 실천하는 데 자기 목숨까지도 아끼지 않았다. 진정 세상에서 찾아보기 어려운, 사랑에 지칠 줄 모른 선한 구도자이고 선각자인 인간이었다. 그래서 그 객관적 존재인 인간 예수를 아는 사람들과 그의 소식을 전해들은 사람들의 상당수는 그가 신의 아들, 나아가 신이 틀림없다고 믿었던 것이다. 예루살렘 중심의 유대인들은 전혀 기대도 관심도 갖지 않았던 변방 나사렛 출신의 가난한 청년이

---

121) 리처드 도킨스, 『이기적 유전자』 68쪽, 홍영남·이상임 옮김 (을유문화사, 2010)

었지만, 예수는 사회적으로 낙인찍히고 버려진 세리, 창기, 고질병 환자, 가난한 자들과 함께 하며 이 세상을 하나님 나라로 만들려고 분투했다. 보통사람은 할 수 없는 거룩한 일들을 하여 특별한 감동과 감화, 그리고 큰 신뢰를 주었기 때문이었다.[122]

사실 그리스도교는 영지주의자들이 애써 배제하고자 했던, 종래 이스라엘인들이 믿어온 배타적 민족신 야훼 하나님이 아니라 이 객관적이고 역사적 존재인 인간 예수가 있었기에 그토록 역동적이고 호소력 있는 종교가 될 수 있었다. 여기서도 우리는 종교에 '신'이라 여겨지는 실재가 필수불가결한 조건이 아니었음을 볼 수 있다. 앞으로도 약자들은 존재할 것이니 예수처럼 그들의 친구가 되는 자는 신으로 여겨져 장구한 생명력을 얻을 수도 있을 것이다. 근래 학자들이 '역사적 예수'에 주목하고 그를 적극적으로 연구하는 것은[123] 위기에 처한 이 종교의 방향 모색을 위한 의미 있는 대응이라고 할 수 있다. 과학의 시대를 살고 있는 현대인들에게는 전통 교회가 가르쳐온, 신화화된 신앙의 예수보다는 인간, 곧 역사적 예수의 삶이 더 설득력이 높을 것이기 때문이다. 인간 예수는 자신이 처한 절망 상태를 극복하고 역사상 가장 많은 사람들, 특히 자신처럼 절망에 빠져있던 사회적 약자인 민중들에게 삶의 희망과 비전을 열어주었다. 그는 왕이나 메시아, 종교 조직의 교주가 되지 않으려 했지만 추종자들이 그를 끝내 신으로 보려 한 것은 그에게 남다

122) 존 쉘비 스퐁 지음, 『만들어진 예수 참 사람 예수』 395~399쪽, 이계준 옮김 (한국기독교연구소, 2011)

123) 존 도미닉 크로산 지음, 『역사적 예수』, 김준우 옮김 (한국기독교연구소, 2012)
    게르트 타이쎈·아네테 메르츠 지음, 『역사적 예수』, 손성현 옮김 (다산글방, 2001)
    김명수 지음, 『역사적 예수의 생애』, 한국신학연구소, 2004
    로버트 펑크 지음, 『예수에게 솔직히』, 김준우 옮김 (한국기독교연구소, 2006)
    김기홍 지음, 『역사적 예수』 (창비, 2016)

른 감화력과 희망의 가능성이 있었기 때문이다.

이 종교가 시대에 좀더 부응하기 위해서는 철지나고 일방적인 인식이나 신조, 가치들을 내려놓아야 할 것이다. 우선 신화를 역사적 사실로 해석하는 어리석음을 떨쳐내야 한다. 수천 년 전 고대사회에서 전해온 것들은 그 의미를 이해하면 족하다. 다양한 학문을 통해 신화의 의미와 한계 등이 밝혀진 마당에, 설교자 자신도 믿지 않으면서 홍해의 기적을 그대로 믿는 것이 신앙의 요체인 것처럼 말해서는 안 된다. 설득력이 전혀 없는 옛 신화로는 복잡하고 과학적인 현대를 살아갈 수 없다. 살아있는 신을 모시는 종교라고 주장하려면, 고대의 신화적 신앙에 집착하는 퇴행이나 무지를 순수한 복음이라고 억지 부리지 말고 지금 절실한 문제들을 고민해 현대적 사고와 언어로 당장 적용할 수 있는 새롭고 기쁜 소식을 내놓아야 할 것이다.

아울러 『구약성경』에 자주 보이는 주관적이고 아전인수적인 역사 해석에서도 벗어나야 한다. 제2이사야를 비롯해 고대 이스라엘인들이 약소민족으로서의 위기 속에 자민족의 존속과 정체성 유지를 위해 그렇게 한 것은 양해할 수 있지만, 현대의 그리스도교 지성이나 목회자, 일반 신자들이 그들의 일방적이고 억지스러운 해석을 답습하고 지지할 필요는 없다. 진리를 추구한다는 세계적 종교에서 일반 사회의 교양인들에겐 전혀 설득력이 없는 극히 주관적인 해석에 흡족해한다면 실로 어이없는 일이다.

국가와 민족의 정체성, 나아가 유일신 신앙을 확립하기 급급하던 상황에서 강조되었던 신에 대한 절대적 충성과 믿음에 대한 요구도 이제 내려놓아야 할 것이다. 이미 1세기에 예수의 사도 요한은 '신은 곧 사랑'이라고도 한 만큼(「요한1서」4:8), 그 신을 내세운 종교는 충성을 요구하기보다는 먼저 타자에 선한 관심을 두어 사랑하기에 나서야 할 것이다(「요한1서」 4:19). 더구나 종교와 신이 역사적 예수처럼 먼저 나서서 사람을 찾아 사랑하지 않으면 존속하기 어려운 시대이다. 종교 내의 미욱한 성직자나 지도자들이 여전히 신을 빙자해 강압적으로 충성을 받아내고 믿음을 강요하며 일시적인 심리적 위안 외에는 별다른 효력도 없는, 소위 '성령의 은사'를 파는 행태는 고대적 신의 절대적 위상이 흔들리는 오늘날, 전망을 잃고 인격을 포기한 자들로 구성된 무지하고 저급한 사이비 종교 집단에서나 있는 시대착오적 퇴행일 뿐이다. 사회적으로 지도적 역할을 거의 하지 못하면서도 신의 명령을 빙자해 착한 신도들을 협박해 십일조를 받아내려 해서도 아니 될 것이다. 한국의 최근 조세부담률이 20퍼센트 내외인데 교회의 요구는 역할에 비해 지나친 것으로, 부당한 일이다. 돈이 신을 대치할 수 있는 두려운 존재임은 이미 예수도 역설한 바 있는데(「마태복음」 6:24), 비대해진 재정을 관리하는 중에 교회와 목회자가 범한 비리로 지탄을 받는 일이 적지 않은 현실이다.

힘든 일이겠지만 배타적인 유일신 신앙을 내려놓아야 한다. 적어도 다른 신이나 신앙에 대한 배타적인 태도를 지양해야 할 것이다. 경천동지할 일 같겠지만, 사실 현대의 그리스도교는 물론 다른 대표적 종교들도 지도자들이 상호 교류하고 연합 활동을 하는 등 이미 서로를 인정하며 공존하고 있다. 인도나 일본 등 전 세계에서 숱한 신들이 숭배되는 것이 현실이고, 살아있는 유일신이라 주장할 객관적 증거도 없는 상태에서 더는 배타적인 이 신조를 지켜낼 수 없다. 앞에서 본 바와 같이 이스라엘의 유일신 신앙 성립 과정은 신비와 기적으로 포장되었지만, 살아있다는 그 신의 의지와 행위로 성취된 것이 아니었다. 삼위일체의 신 또한 초기 그리스도교와 그 시대의 필요에서 힘든 논란 끝에 탄생한,

크게 변모된 신이었다. 이런 역사를 알고도 그를 본래부터 자존한 영원 불변의 유일한 궁극적 실재라고 할 수는 없다.

그리고 사실 수천 년간 야훼나 그리스도교의 하나님을 모르고 살아온 사람들이 그를 알고 살아온 이들보다 훨씬 많다. 한국인의 조상도 물론 거기에 든다. 참 신이 계시하는 유일신이었다면, 인류의 긴 역사 속에서 불과 3천 년 전 팔레스타인 산지의 약소민족에게만 나타나고 다른 민족에게는 수백 혹은 수천 년 후에, 대개는 큰 희생을 치루며 전파되었을 리는 없을 듯하다. 이제 그리스도교의 신은 인간들이 믿고 의지했던 관념적 존재로, 세계적으로 가장 유력한 신이었다고 말하면 족하다. 앞으로의 문제는 이 종교의 추종자들이 이 세상의 현재와 미래에 어떠한 기여를 할 수 있느냐일 것이다. 그리고도 자존하며 영원불변하는 참 신에 대한 기대가 있다면, 의식적이든 부지불식간에든 그러한 단계에 있는 상당수의 사람들처럼 역사적이고 문화적이며 관념상의 실재인 그리스도교의 하나님은 물론, 그동안 인간들이 섬겨온 모든 신들 너머에 있을지도 모를 하나님의 존재를 모색해 볼 수 있을 것이다.

당연히 타종교의 구원 가능성을 배제하는 가르침도 내려놓아야 할 것이다. '예수를 통하지 않고는 구원이 없다'는 그리스도교의 신조는 『신약성경』「사도행전」4:12의 "다른 이로서는 구원을 얻을 수 없나니 천하 인간에 구원을 얻을 만한 다른 이름을 우리에게 주신 일이 없음이니라"(『개역한글 성경』)라는 베드로의 말을 중심으로 성립되었다. 그런데 부활 사건 이후 흥분하고 고양된 상태에서 자신의 경험과 전통적 신앙에 간혀있던 갈릴리 출신 어부와 그의 동료들의 신앙적 고백에 묶여, 다른 종교에 속한 많은 인간들의 구원과 구도를 위한 각고의 노력의 결실을 부정할 수는 없다. 굳이 따진다면 모세나 다윗왕도 예수를 알지 못했고 그리스도교 신자도 아니다. 고대에 성립된 세계적 종교들의 최종적 목표는 진리와 구원이었다. 핵심 윤리는 사랑, 자비, 인仁 등으로 거의 같은 내용이고, 최고의 생활 원칙도 황금률-남에게 대접을 받고자 하는 대로 너도 남을 대접하라-이었다. 황금률은 유교의 『논어』 「위령공편」이나 유대교의 대학자 힐렐의 가르침, 그리스도교 『신약성경』 「마태복음」 4:12에서 똑같이 강조하고 있다. 온 세상의 지식과 지혜가 교류하고 통합되기에 제한과 제약이 많았던 고대의 여러 종교들의 최고 목표와 윤리와 생활 지침의 일치는, 각 종교가 섬기는 신들을 넘어 어떤 궁극적 실재(신)가 있다고 여길 만한 근거로 볼 수 있을지도 모르나 적어도 그리스도교뿐 아니라 다른 종교나 분야에서도 진리나 구원의 여지가 충분히 있음을 보여준다.

역사학적으로 보면, 하나의 종인 인간들이 오랜 사회생활이란 동일한 경험들을 통해 얻은 사회적 최종 목표나 지혜, 윤리적 가치가 사실 그렇게 다를 이유가 없다. 그러한 지혜와 가치들을 어느 종교가 더 성실하게 지키고 사회적 변화에 잘 적응하며, 더 많은 이웃과 인류, 나아가 자연 만물의 행복 증진에 더 기여할 수 있는가가 관건일 것이다. 천당과 지옥도 이제 빛바랜 노래이다. 그 역시 인간인 사제나 목사, 승려들이 욕심에 젖어 각종 범죄를 적지 않게 저지르는 상황에서 신도들이 존재 여부도 모를 지옥을 크게 두려워할 리 없다. 『구약성경』을 보면 고대 이스라엘에는 천당이나 지옥 개념이 없어서 아브라함이나 모세를 비롯해 고대 이스라엘인들 대다수는 그것들을 모르고 살았다. 그래도 마지막 희망으로 천국은 남겨두었으면 하는 생각도 든다.

앞으로 기존 종교의 사회적, 정신적 영향력이 크게 약화되면서 기존 종교가 할 수 있는 역할은 더욱 축소될 것이다. 그런데 세계적인 종교는, 그동안의 역사를 통해 알 수 있는 바와 같이, 불가능할 듯하고 인기도 없는 인간 본연의 궁극적인 문제나 인류 차원의 과제를 두고 씨름해 나아갈 길을 제시할 때 그 존재 의의가 있었다. 종교의 본질이기도 한 '성스러움'이란 인간들의 기대를 넘어 진실한 감동과 감격을 주는 일에 붙는 찬사이기도 하다. 따라서 종교는 자신들이 섬겨온 신이 창조주인가와 같은 객관적 증명이 불가한 문제로 세상 학문들과 방어적으로 다투기보다는, 사회나 국가가 할 수 없는 가치 있고 의미 있는 일들에 적극 관심을 갖고 문제 해결에 앞장서야 할 것이다. 이제 종교도, 그들이 요긴하게 이용해온 신도, 우주와 자연 그리고 인간의 도리를 제대로 알지도 못하면서 무지했던 전통 사회 인간들 위에 실력 이상으로 군림했던 시절이 끝난 것이다. 사제나 목사들의 교회 내 성범죄나 재정 범죄, 학력 기만 등이 널리 폭로되는 현실이 그것을 입증하고 있다. 이제 사람들은 종교인들과, 그 신에게도 종교 본연의 차원 높은 구도와 고행의 길에 나서기를 기대할 것이다.

종교는 스스로 종교 내, 특히 종교간 평화를 이루는 문제에 적극 나서야 할 것이다. 세상의 평화를 외치는 종교가 내부적으로나 외부적으로 불화할 때 유독 민심에 거스르게 보일 수밖에 없다. 대표적 종교의 최고 지도자들 간에는 상당한 이해와 교류가 이루어지고 있지만, 중하위 책임자들이나 일반 신도들 또한 상호 공존에 적극적으로 임해야 한다. 최근 국제적으로 크게 문제가 되고 여러 국가들이 난색을 드러내는 외국인 난민 수용 같은 문제나, 무한 경쟁적 자본주의 기업들이나 국가가 가급적 후대로 미루고 방기하려는 환경 및 생태계 파괴, 기후 변화 같은 문제에도 관심을 기울여야 한다. 왜 기존 종교에만 어려운 짐을 부과하려는가 물을 수도 있겠지만, 그런 일을 하지 않을 것 같으면 거룩한 신의 뜻을 들먹이지도 말 일이다.

무한 절대적인 신의 권위가 통하지 않는 세상이 와도 역사적 예수나 초기 그리스도교가 이미 보여준 바와 같이, 누구도 쉽게 엄두 내지 못한 의미 있는 일, 가치 있으나 실천하기 어려운 일에 비전을 제시하고 지속적으로 실행한다면, 그 단체나 조직은 거룩한 집단으로 인정받을 것이다. 초기 그리스도인들은 로마제국의 강자 논리가 세상을 주도하던 시대에 민족이나 성별, 빈부나 신분을 뛰어넘는 하나님 나라 운동을 제시하고 펼쳤다(「갈라디아서」 3:28). 그 집단에 대한 사람들의 신뢰와 기대감은 어려운 과제에 기적적인 해결책을 내놓을 수도 있는 신성한 힘이 되어주었다. 그러한 사회적 신뢰는 당연히 그 집단이 믿는 신의 존재감 확대에 지대한 영향을 미쳤다. 물론 역사적 예수가 외친 '하나님 나라'는 아직도 이루어지지 않았지만, 그 외침과 성취를 위한 열정적인 노력마저 없었다면 우리는 인류의 중요한 비전 하나를 만날 수 없었을 것이고, 그리스도교에 대한 기대도 훨씬 낮아졌을 것이다. 논리적으로 정당해 신을 믿는 것이 아니라 자신에게 어떤 이익과 감동을 주는지가 신을 믿는 데 더욱 중요하다는 점을 상기해야 할 것이다.[124]

현재 인류 앞에 펼쳐지는 큰 골칫거리들을 더 들어본다면 사회적 대변동, 국제사회에서 강대국들의 여전한 횡포, 멈출 줄 모르는 자본주의 기업의 이윤 추구를 위한 폭주, 부와 사회적 지위의 편재와 세습화, 가족의 해체, 도전받는 생명 윤리, 취약한 여성과 어린이의 인권, 가난한 노인들의 생존권, 대규모의 피해가 일어나는 인터넷 세상의 범죄, 전쟁, 기근 등이 있다. 보다 근본적인 것으로는 대자본과 첨단과학이 주도하

---

124) 카렌 암스트롱 지음, 『신의 역사』 I 49쪽 참조, 배국원·유지황 옮김 (동연, 1999)

는 이 변화의 시대에 소외되고 있는 인간들이 어떤 의미를 갖고 살아가야 하는지, 진리와 구원에 관한 기준을 찾아 제시하는 일일 것이다. 모든 현대 인류에게 주어진 과제겠지만, 역사적 예수 같이 세상을 꿰뚫어 보는 통찰력으로 자기를 넘어서고 다른 사람들을 섬기며 세상과의 불화不和를 감수하고서라도 답을 찾아온 종교적 전통에서 오히려 그 가능성을 모색해볼 수도 있을 것이다.

아무리 노력해도 이미 옛 것이 되어버린 기존 종교들이 과거의 위상을 유지하기는 점점 더 어려워질 것이다. 낙후된 조직체인 만큼, 축적된 자체 모순을 안은 채 이전 시대에 경험하지 못한 대변화에 저항하거나 뒤따라 가다가 지쳐버릴 가능성이 높다. 결국 점차 기존 종교의 신앙생활 양상도 바뀌고 신의 면모도 크게 변해 위세는 약화되어 갈 것이다. 제도적 종교를 넘어선 열린 종교가 문화와 교양의 일부로 기능하는 중에 기존 종교들은 나무의 등걸처럼 남아있는 자들의 코이노니아(친교) 형태로 잔명을 유지할 지도 모르겠다. 세상의 속도에 지친 자들이 찾아갈 명상 집단이나 따뜻한 마음을 가진 이들의 봉사 단체로 남을 수도 있을 것이다. 발전 경쟁에서 소외된 민족이나 노인 등 특정 집단의 신앙으로 남을 가능성도 있다. 이렇게 (당연하게도) 신의 앞날을 인간이 걱정하는 형세가 벌어지고 있지만 미래의 일을 너무 염려할 것만은 아니다. 그때는 또 무슨 일이 일어날지 속단할 수 없고, 신이나 종교의 운명은 세계사나 고대 이스라엘 역사, 초기 그리스도교의 역사를 통해 본 것처럼 당대 사람들의 상상과 발견과 선택에 맡겨진 일이다.

그의 충성스런 추종자들도 세계사를 주도했던 그리스도교 신의 위상이 이처럼 퇴색한다고 너무 섭섭해 하거나 신앙상의 변화를 두려워할 필요는 없을 듯하다. 기존의 신이나 종교들은 이미 세계사에서 많은 역할을 해왔다. 최고의 가능성과 지고한 가치를 '신'이란 이름으로 추구해온 문화가 지속되고 그 필요성이 있는 한, 신이 당장 소멸될 가능성은 없다. 아울러 삶의 양상이 바뀌면 생각이 바뀌고, 추구하는 삶의 가치나 목표들도 달라져 신의 면모나 역할도 바뀔 수밖에 없다. 따라서 신의 변모와 신앙의 변화 추구를 일탈로 보며 반대할 이유는 없다. 사실 특정한 종교나 신이 아니더라도 사람들이 서로 사랑하고 화합하며, 선한 가치를 추구하고, 자연 만물과도 공존 공생을 도모하며 행복하게 살면 될 일이다. 참으로 선한 신이 있다면 그 이상을 인간에게 바라지는 않을 것이다. 산타클로스의 비밀을 알게 되었을 때 매우 애석했지만 우리는 여전히 크리스마스에 선물을 주고받으며 서로를 격려하고 행복해한다. 이제 인간은 굳이 미켈란젤로의 그림에서처럼 신이라는 상상 속의 할아버지에 매달리지 않아도, 석가모니나 공자, 소크라테스나 예수, 그리고 아인슈타인 등등처럼 스스로 살아가야 할 도리를 알고 상당 부분 지켜낼 만큼 성숙해지기도 하였다. 물론 정든 인격적 동행자인 그 신이 여전히 필요한 이들도 많겠지만, 그들에게는 익숙한 예전의 그 모습으로나 시대 변화에 따라 다른 면모로 재탄생한 신이 다가올 것이다. 전통적인 그 신의 퇴색은 역사 이래 변화를 겪어온 그 신이 이미 새 시대를 위해 변모하기 시작했음을 보여주는 것이다.

이제 그 신에 보다 큰 관심이 있는 이들은 그 신의 실체와 변화의 가능성을 더욱 직시하고, 연관된 문제를 자유롭고 허심탄회하게 사유하고 논의함으로써, 시대변동에 따라 이미 크게 낙후되어 절실하게 요청되고 있는 그의 변모를 촉진해야 할 것이다. 역사 속에서 발견해 온 그 관념적 존재에 대한 기대를 놓지 않은 이들이라면, 스스로를 옛 신의 종으로 묶어두고 묵언하며 계시만을 기다릴 수는 없을 것이다.